OS GRANDES ECONOMISTAS
COMO SUAS IDEIAS PODEM NOS AJUDAR HOJE

LINDA YUEH

OS GRANDES ECONOMISTAS
COMO SUAS IDEIAS PODEM NOS AJUDAR HOJE

Tradução de Janaína Marcoantonio

Texto de acordo com a nova ortografia.
Título original: *The Great Economists – How Their Ideas Can Help Us Today*

Tradução: Janaína Marcoantonio
Capa e ilustrações: David Wardle
Preparação: Mariana Donner da Costa
Revisão: Marianne Scholze

CIP-Brasil. Catalogação na publicação
Sindicato Nacional dos Editores de Livros, RJ.

Y82g

Yueh, Linda, 1977-
    Os grandes economistas: como suas ideias podem nos ajudar hoje / Linda Yueh ; tradução Janaína Marcoantonio. – 1. ed. – Porto Alegre [RS] : L&PM, 2021.
    424 p. ; 21 cm.

    Tradução de: *The Great Economists – How Their Ideas Can Help Us Today*
    ISBN 978-85-254-3934-5

    1. Economia - História. 2. Economistas - História. I. Marcoantonio, Janaína. II. Título.

20-63131   CDD: 330.150922
                          CDU: 330.1(092)

Meri Gleice Rodrigues de Souza - Bibliotecária CRB-7/6439

© Original English language edition first published by Penguin Books Ltd, London
Text copyright © Linda Yueh 2019
The author has asserted their moral rights
All rights reserved

Todos os direitos desta edição reservados a L&PM Editores
Rua Comendador Coruja, 314, loja 9 – Floresta – 90.220-180
Porto Alegre – RS – Brasil / Fone: 51.3225.5777

Pedidos & Depto. Comercial: vendas@lpm.com.br
Fale conosco: info@lpm.com.br
www.lpm.com.br

Impresso no Brasil
Verão de 2021

À minha família

Sumário

Introdução: O que os grandes economistas teriam a dizer
sobre nossos desafios econômicos... 9

Capítulo 1: Adam Smith: O governo deve reequilibrar
a economia?.. 21

Capítulo 2: David Ricardo: Os déficits comerciais
têm importância?.. 46

Capítulo 3: Karl Marx: A China pode se tornar um
país rico?... 69

Capítulo 4: Alfred Marshall: A desigualdade é inevitável?........... 98

Capítulo 5: Irving Fisher: Corremos o risco de repetir
os anos 1930?.. 120

Capítulo 6: John Maynard Keynes: Investir ou
não investir?.. 152

Capítulo 7: Joseph Schumpeter: O que impulsiona
a inovação?.. 176

Capítulo 8: Friedrich Hayek: O que podemos aprender
com as crises financeiras?... 208

Capítulo 9: Joan Robinson: Por que os salários
são tão baixos? 233

Capítulo 10: Milton Friedman: Os bancos centrais
estão fazendo demais? 256

Capítulo 11: Douglass North: Por que tão poucos
países são prósperos? 287

Capítulo 12: Robert Solow: Estamos diante de um
futuro de baixo crescimento? 317

Epílogo: O futuro da globalização 338

Agradecimentos 357
Glossário 359
Bibliografia 362
Notas 375
Índice remissivo 391

Introdução

O que os grandes economistas teriam a dizer sobre nossos desafios econômicos

Em tempos de mudanças fundamentais, a expertise econômica é muito solicitada. Quem melhor para ajudar a definir nosso futuro econômico do que os grandes economistas? O pensamento deles transformou a economia moderna em uma economia caracterizada por prosperidade relativamente sem precedentes, até mesmo nos países mais pobres. Essas ideias do passado podem ajudar a nos guiar ao enfrentarmos os desafios econômicos de hoje.

Este é o momento ideal para avaliar o rumo que a economia mundial está tomando. Depois de atravessar a crise financeira global de 2008 e a Grande Recessão que se seguiu, os Estados Unidos, o Reino Unido, a União Europeia, o Japão, a China e outros estão enfrentando desafios importantes ao tentar promover o crescimento de suas economias e gerar riqueza. Os Estados Unidos, durante tanto tempo o principal motor econômico do mundo, contemplam a possibilidade de desaceleração do crescimento, com o baixo aumento dos salários pesando sobre seu futuro. No Reino Unido, o baixo crescimento da produtividade e o referendo histórico de junho de 2016, que resultou em um voto a favor da saída da União Europeia, afetarão a economia do país durante anos. A União Europeia, enquanto isso, enfrenta questões difíceis sobre como reformar a economia da área do euro para gerar crescimento com uma moeda comum. Há tempos o baixo crescimento é motivo de preocupação no Japão, que está na linha de frente de uma série de políticas econômicas inovadoras para energizar sua letárgica economia, ao passo que a China também enfrenta desafios estruturais ao tentar entrar para o rol dos países mais ricos do mundo. Economias emergentes como as de países na Ásia, na África, na América Latina e no Leste Europeu também estão sob os holofotes. Depois de anos de sólido crescimento, elas estão desacelerando, o que suscita a pergunta: essas nações ainda terão impulso econômico suficiente para erradicar a pobreza no interior de suas fronteiras? Porém, também vivemos uma época de rápida mudança tecnológica, muito similar às Revoluções Industriais anteriores que elevaram nossos padrões de vida. Também consideraremos o que promove a inovação e como aumentar o crescimento econômico.

*

Então, quem foram esses grandes economistas cujas teorias mudaram o mundo e cujas ideias podem nos ajudar com nossos desafios atuais? Foi uma escolha difícil. Aplicar o critério de que a obra deve ter implicações diretas para nossos problemas econômicos atuais ajudou um pouco, mas muitos dos que ficaram de fora da minha lista poderiam ter sido incluídos. Hyman Minsky, por exemplo, é discutido no capítulo sobre Irving Fisher porque o pensamento combinado de ambos nos ajuda a entender melhor a natureza das crises financeiras. E as ideias de Paul Samuelson sobre o impacto distributivo do comércio internacional se apoiam na obra de David Ricardo, e por isso seu pensamento contribui consideravelmente para compreendermos como aqueles que saíram perdendo no processo de globalização discutido no Epílogo poderiam lidar melhor com essa situação.

Isso leva a meu segundo critério: que minha seleção também reflita as questões em que escolhi focar. Era preciso escolher, e por isso reduzi uma lista enorme até chegar a uma lista centrada no crescimento econômico – isto é, na taxa e na qualidade do desenvolvimento. O modo como as economias crescem será afetado pelas escolhas políticas feitas depois da pior crise financeira dos últimos cem anos e no contexto de um mundo globalizado. A crise financeira de 2008 e a ascensão dos mercados emergentes estão entre os fatores fundamentais das últimas décadas que transformaram e continuarão a transformar a economia mundial. A crise mostrou

Introdução

que algumas das antigas maneiras de se fazer uma economia crescer são insustentáveis, ao passo que o rápido crescimento de uma série de países em desenvolvimento indica que é hora de examinar como eles fizeram isso e o que isso significa para os grandes desafios globais, como a erradicação da pobreza. Certos países já confrontaram algumas dessas questões e, portanto, possivelmente têm algo a ensinar para outras nações. Por exemplo, o que podemos aprender com o modo como os Estados Unidos e o Reino Unido vêm reexaminando seus fatores de crescimento depois da crise de 2008, ou com o modo como a China emergiu tão rapidamente como uma economia importante? Outros exemplos incluem a forma como a Europa está planejando aumentar o investimento para promover o crescimento econômico e as tentativas do Japão de acabar com décadas de estagnação econômica por meio de sólida intervenção estatal. Portanto, a qualidade e a natureza do crescimento econômico serão centrais a este livro.

Você notará que escolhi, em sua maioria, economistas de uma safra anterior. Os grandes, como sabemos, tendem a focar em grandes questões gerais, como crescimento, inovação e a natureza dos mercados. É claro que em nossos dias há economistas ilustres que se dedicam a problemas essenciais. Muitos dos últimos laureados com o Prêmio Nobel de Economia estão ativamente envolvidos nos debates atuais sobre políticas econômicas, como o aumento das taxas de crescimento econômico e o papel do gasto público, mas suas pesquisas se apoiam na obra dos criadores dos modelos gerais que formam a base da ciência econômica. Este livro revela quem foram esses grandes economistas, de onde suas ideias vieram e como suas descobertas formaram o pensamento econômico.

Como era de se esperar, o primeiro da lista é Adam Smith. É quase um truísmo que todos os economistas recorrem primeiro a Smith quando confrontados com uma questão econômica. Fui lembrada disso recentemente quando apresentei um programa de rádio na BBC. Perguntei a um acadêmico por que tendemos a negligenciar o setor de serviços, hoje dominante, e em vez disso focamos na indústria manufatureira, que representa apenas um décimo das economias britânica e norte-americana. Ele imediatamente se referiu a Adam Smith, que pensava que o setor de serviços era improdutivo.

Smith acreditava que o setor era composto por "palhaços, músicos, cantores de ópera"[1], cujo produto não podia ser comercializado e, portanto, não contribuía para a produção nacional da mesma forma que a indústria manufatureira. Smith, naturalmente, era produto de sua época, a qual testemunhou o advento da industrialização, que levou a um aumento sem precedentes nos níveis de renda e nos padrões de vida. Seu livro *A riqueza das nações*, de 1776, é a obra inaugural sobre o assunto. O legado de Smith é notório em praticamente todos os aspectos da ciência econômica. Ainda vemos a economia através das lentes que ele criou.

Por isso, Adam Smith é o primeiro grande economista neste livro. Sua ideia da "mão invisível" das forças do mercado – isto é, os efeitos inatos da oferta e da procura, em vez da intervenção direta por parte dos governos ou de outras instituições – é a base da teoria econômica. Conforme explorei no programa da Radio 4, o governo britânico está tentando reequilibrar a economia no sentido de voltar a fabricar produtos, depois que a crise de 2008 revelou as desvantagens de se confiar demais nos serviços financeiros. Até o momento, não teve sucesso. Uma década depois, o setor de serviços se recuperou aos níveis prévios à recessão, mas a indústria manufatureira, não. E não só no Reino Unido. Os Estados Unidos, a China e outras economias importantes também estão tentando reequilibrar suas economias para que possam crescer de maneira mais sustentável. O que Adam Smith diria sobre essas tentativas? Como ele conciliaria seu apreço pela indústria manufatureira com uma aversão à intervenção estatal nas obras da "mão invisível"?

Um economista inspirado por Adam Smith posteriormente veio a ser o pai do comércio internacional. Em 1817, David Ricardo formalizou a teoria da vantagem comparativa, que mostra como cada país se beneficia do livre-comércio. Isso é válido mesmo que o país seja pior do que todos os outros países na produção de qualquer coisa. Contudo, o país deveria focar naquilo que é relativamente mais eficiente em produzir, e a especialização e o comércio o beneficiariam, bem como ao resto do mundo. Mas e se o resultado de comerciar com base na vantagem comparativa for que países como os Estados Unidos e o Reino Unido incorrem em déficits comerciais persistentes, isto é, que o valor dos produtos importados ultrapassa o valor de suas exportações? O que Ricardo recomendaria que os governos fizessem?

Karl Marx via a Revolução Industrial de maneira bem diferente de Adam Smith. Embora também tivesse vivenciado a drástica transformação das economias ocidentais no século XIX, Marx rejeitava os resultados guiados pelo mercado e preferia a coletivização ao capitalismo. Ele via a economia de mercado como exploradora e insustentável, e suas visões levaram a antiga União Soviética e a China, entre outros, a adotarem um sistema comunista, em vez de capitalista.

O colapso da União Soviética geralmente é visto como uma prova do fracasso do planejamento centralizado. Ao adotar reformas de mercado, a China emergiu como a segunda maior economia do mundo. Ainda assim, a China está enfrentando, possivelmente, a parte mais desafiadora de seu processo de abertura econômica. Como Marx avaliaria o caminho que a economia chinesa está traçando?

Do lado oposto ao de Karl Marx no espectro da planificação do mercado estava Alfred Marshall, quase seu contemporâneo. Em vez de o governo administrar a economia, Marshall formalizou como a "mão invisível" de Smith alcança um equilíbrio para a economia por meio das forças do mercado. Ele mostrou como a oferta e a procura determinam o preço e a quantidade de um produto. A crença de Marshall em um mercado autorregulado que tende a um equilíbrio significa que só precisamos de um Estado *laissez-faire*. Não há nenhum imperativo para que o governo intervenha consideravelmente no funcionamento da economia de mercado – por exemplo, nos altos e baixos de um ciclo econômico. Mas e quanto à redistribuição de renda diante da desigualdade crescente? Qual teria sido a visão de Marshall sobre as desigualdades que aumentaram quando os benefícios de uma economia em crescimento foram, de maneira desproporcional, para os 1% mais ricos?

Não há dúvida de que a desigualdade é prioridade na agenda política, um lembrete de que devemos considerar a qualidade e não apenas a velocidade do crescimento econômico. Um best-seller sobre o assunto da desigualdade é o livro do economista francês Thomas Piketty. Sua popularidade reflete uma preocupação generalizada com o fato de que a desigualdade nos Estados Unidos é hoje tão grande quanto na Era Dourada do fim do século XIX. Joseph Stiglitz, que recentemente foi laureado com o Prêmio Nobel de Economia, apontou a desigualdade como uma das causas da lenta recuperação após a Grande Recessão. Então, como Marshall veria o aumento da desigualdade econômica, que com frequência é percebida como uma prova cabal contra o capitalismo? As economias capitalistas são inevitavelmente desiguais?

As preocupações com o crescimento econômico certamente aumentaram desde a crise financeira global de 2008 – a pior retração econômica desde a Grande Depressão dos anos 1930. Os Estados Unidos foram o epicentro, e o Reino Unido foi profundamente afetado. Anos depois, ainda há altos níveis de dívida e um crescimento econômico frágil. Irving Fisher, que viveu esse período, alertou sobre o perigo da espiral deflacionária da dívida depois de crises desse tipo. É o que vem acontecendo no Japão desde a quebra do mercado imobiliário no início dos anos 1990. Conforme a dívida era paga, a produção caía, o que levava a uma queda nos preços ou deflação e a "décadas perdidas" de crescimento. O que Fisher sugeriria para garantir que os países não enfrentassem "décadas perdidas" de crescimento? Corremos o risco de repetir aspectos da década de 1930, que foi caracterizada por uma segunda recessão e pela estagnação do crescimento econômico?

Provavelmente, o economista mais discutido desde a última retração econômica, quando o desemprego voltou a ser um problema preocupante, é John Maynard Keynes. De acordo com o centro de estudos do grupo de nações desenvolvidas conhecido como Organização para a Cooperação e Desenvolvimento Econômico (OCDE), a taxa de desemprego de longo prazo (uma medida daqueles que estão sem trabalho há mais de um ano) teve um alarmante

INTRODUÇÃO

aumento de 77% após a crise de 2008. O desemprego entre jovens chegou a dois dígitos em alguns países europeus, como a Espanha. O impacto é menor nos Estados Unidos e no Reino Unido, mas outras formas de desemprego "oculto", como o subemprego ou o emprego em meio período, são motivo de preocupação nesses países. Portanto, o papel do governo em promover o emprego e retomar o crescimento é fundamental nas políticas públicas.

É bem sabido que Keynes não acreditava na capacidade de autorregulação do mercado, que era o pensamento econômico dominante em sua época. Em vez disso, ele defendia o gasto público – e, se preciso, o déficit orçamentário – para trazer a economia de volta ao pleno emprego. Suas visões foram moldadas pelas taxas de desemprego persistentemente altas que se seguiram à Grande Depressão, e suas ideias o transformaram em uma figura de grande influência até mesmo postumamente, durante o período pós-guerra, que viu o nascimento de grandes programas de governo como o Estado de bem-estar social.

Em mais um paralelo com os dias de hoje, o debate econômico dominante desde a Grande Recessão de 2009 tem sido sobre austeridade – cortar o gasto público e aumentar os impostos para reduzir o déficit orçamentário. Um dos resultados das medidas de austeridade é uma grande queda no investimento governamental/ público/estatal, o que prejudica o crescimento econômico. Olhando para o futuro, o que Keynes aconselharia que os governos de hoje fizessem no que concerne ao investimento público, um importante fator de crescimento e de promoção do pleno emprego na economia?

Outro grande debate econômico é sobre como tornar as economias mais produtivas. Pelos padrões históricos, a recuperação desde a crise financeira tem sido lenta. Aumentar a produtividade, que estagnou em tantos países desenvolvidos, é crucial para a economia crescer; mas isso requer inovação. Esta talvez seja a questão política mais importante para as economias avançadas, e o grande economista em melhor posição para abordá-la é contemporâneo de Keynes e defensor da "destruição criativa": Joseph Schumpeter. A teoria de Schumpeter colocou os empreendedores e os inovadores no cerne não só da recuperação, mas de todo o crescimento econômico. Então, o que ele recomendaria que os governos fizessem hoje para aumentar a produtividade e a inovação?

Outro nome influente que contribuiu para a política econômica daquela época foi Friedrich Hayek. Hayek foi o porta-bandeira da economia de livre mercado. Ele fazia parte da Escola Austríaca de economia, que rejeitava, entre outras teorias, as explicações convencionais dos ciclos econômicos. Hayek era diametralmente oposto às visões de Keynes e acreditava na supremacia das forças do mercado. Ele se opunha ao uso de políticas monetárias – quando o custo e a quantidade de dinheiro na economia são ajustados para influenciar o crescimento –, bem como ao ativismo fiscal de Keynes, o que o colocava em desacordo com grande parte dos economistas. Embora o pensamento de Hayek tenha encontrado abrigo intelectual na Escola de Economia e Ciência Política de Londres, suas teorias ainda não são amplamente aceitas no meio acadêmico. Com o próprio capitalismo agora sob o ataque do movimento Occupy e de outros após a Grande Recessão, as ideias de Hayek estão em voga novamente, enquanto a busca por argumentos para defender o sistema de mercado do ceticismo crescente continua. Essas ideias podem nos ajudar a discernir se a crise financeira tem algo a ensinar.

Joan Robinson, outra das principais pensadoras do século XX, é a única mulher entre os grandes neste livro, o que reflete a escassez crônica de mulheres na ciência econômica. Quando eu era doutoranda em Ciência Econômica na Universidade de Oxford, considerei extremamente esclarecedoras suas teorias sobre os mercados de concorrência imperfeita. Por exemplo, um dos desafios econômicos mais prementes são os baixos salários. O Reino Unido tem a dúbia distinção de ser a única economia no G7 em que o crescimento do salário médio anual não conseguiu acompanhar a inflação durante grande parte da década desde a crise financeira. Uma ausência geral de crescimento nos "salários reais" é um problema que vai além da última recessão, e além das fronteiras do Reino Unido. O Japão e a Alemanha enfrentaram vinte anos de crescimento salarial estagnado para os trabalhadores que recebem

Introdução

o salário mediano, isto é, as remunerações situadas no meio da pirâmide de distribuição salarial. Ainda pior, os salários medianos nos Estados Unidos ficaram estagnados por quatro décadas. A obra de Joan Robinson ajuda a explicar esses fenômenos. Nos dois principais mercados de fatores, o capital e a mão de obra, Robinson mostrou como os desvios da suposição de concorrência perfeita, em que todos os mercados operam eficientemente, podem explicar os baixos salários e por que as remunerações não refletem a produção dos trabalhadores. Indagaremos quais soluções Robinson poderia oferecer para superar o desafio da estagnação salarial que afeta as grandes economias.

O próximo grande economista certamente não careceu de atenção. Milton Friedman cunhou a célebre frase "a inflação é sempre e em toda parte um fenômeno monetário". Friedman acreditava que a quantidade de dinheiro na economia só afetava os preços – e, portanto, a inflação –, mas não a produção nacional no longo prazo, que é a visão monetarista da ciência econômica captada por sua célebre citação. Durante toda a sua longa vida, Friedman permaneceu um defensor do livre mercado e, inicialmente, considerava que até mesmo a instauração do banco central dos Estados Unidos, o Federal Reserve, fora um equívoco. Embora posteriormente tenha aceitado que o Fed era necessário para controlar a oferta de moeda, ele insistiu para que a instituição não fosse ativista e ficasse restrita a esse papel. Obviamente, ele se opunha à visão keynesiana de que as políticas fiscais têm um impacto duradouro sobre a economia.

Friedman, que fez parte da Escola de Chicago, escreveu com Anna Jacobson Schwartz em 1963 um dos livros mais influentes sobre políticas monetárias: *A Monetary History of the United States, 1867-1960* [Uma história monetária dos Estados Unidos, 1867-1960]. Os autores revisitaram as causas da Grande Depressão para entender o que aconteceu e por que levou tanto tempo para as economias se recuperarem da quebra do mercado de ações de 1929. A conclusão foi que as culpadas eram as políticas monetárias, especificamente a redução prematura da oferta de moeda por parte do Fed, o que, segundo argumentaram, causou a quebra e também levou a uma segunda retração econômica, conhecida como "recessão na Depressão", de 1937-1938. Então, o que Friedman diria sobre o uso de políticas monetárias "não convencionais" após a Grande Recessão, com seus paralelos na década de 1930? Os bancos centrais, hoje, empregam uma gama surpreendente de políticas, incluindo flexibilização quantitativa (injeções de dinheiro) e até mesmo taxas de juros negativas (segundo as quais os depósitos dos bancos comerciais no banco central são cobrados) para colocar mais dinheiro na economia. O que Friedman pensaria sobre as atividades dos bancos centrais, que estão, em grande medida, operando em território desconhecido?

Os dois autores seguintes apresentam visões contrastantes sobre os fatores fundamentais para que uma economia cresça e se desenvolva. E ambos exerceram grande influência sobre as políticas atuais.

Douglass North divergiu de muitos de seus contemporâneos por acreditar que as instituições são importantes para o desenvolvimento econômico. Suas visões ganharam relevância nos últimos anos porque as teorias convencionais sobre crescimento não foram capazes de explicar totalmente por que alguns países ficam ricos e outros continuam pobres. Após a Segunda Guerra Mundial, os economistas recorreram à obra de North sobre o papel das instituições para entender por que tão poucos países se tornaram ricos no período pós-guerra. Em consequência, instituições como o Estado de direito foram para a linha de frente das políticas de desenvolvimento. Perguntaremos como North reformaria as instituições para promover o desenvolvimento econômico.

Seu contemporâneo Robert Solow tem uma perspectiva diferente. Solow escreveu sobre o crescimento econômico neoclássico na obra seminal que North considerou incompleta. O modelo de Solow pretende explicar o crescimento examinando a contribuição dos trabalhadores, o investimento das empresas no capital produtivo de uma economia e o papel do progresso tecnológico. À diferença de outras recessões que viram a produção despencar e se recuperar rapidamente, a crise de 2008 viu uma queda brusca

Introdução

no produto interno bruto (PIB), mas uma recuperação lenta. Os economistas têm se mostrado receosos de que este seja nosso futuro coletivo. Há, inclusive, um termo revivido por Lawrence Summers, economista de Harvard, para descrever um mundo marcado por longos períodos de baixo crescimento: "estagnação secular". Este foi um termo usado por Alvin Hansen nos anos 1930, depois da última crise financeira sistêmica, para descrever o baixo crescimento resultante, que se deveu, em parte, ao processo de envelhecimento das sociedades, entre outras questões.[2] O Japão é o precursor aqui, pois é a economia mais envelhecida. Como Solow avaliaria a lenta recuperação após a crise? Ele concordaria que estamos diante de um futuro de baixo crescimento? Nos próximos anos, esta é uma pergunta que permeará todas as economias desenvolvidas.

Por fim, o consenso em torno da globalização está sendo questionado. Depois de décadas em que a abertura para a economia global foi a prioridade para governos do mundo inteiro, há um crescente descontentamento com os ganhos desiguais oriundos do comércio internacional. A economia como um todo se beneficia, mas ainda há ganhadores e perdedores no interior de cada país. No passado recente, os Estados Unidos e o Reino Unido presenciaram o voto público contra o status quo, incluindo a rejeição dos acordos comerciais vigentes. Os grandes economistas diriam que a globalização está em apuros?

O alto crescimento econômico global do período pós-guerra foi promovido, em parte, pela expansão do comércio internacional. Portanto, a prosperidade está ligada à globalização, particularmente nas últimas décadas, com a instauração da Organização Mundial do Comércio (OMC) em 1995, que promoveu a abertura dos mercados globais. A globalização conectou a todos nós por meio da transmissão não só de recursos, como também de ideias de todas as partes do mundo. O conceito de um programa de compartilhamento de bicicletas em Londres pode ser rapidamente adotado no mundo inteiro e utilizado por um aplicativo em Pequim, por exemplo. Porém, a expansão do comércio está cessando, e o sistema multilateral está se fragmentando, dando origem a um sistema de acordos de livre-comércio regionais e bilaterais. Além disso, os acordos comerciais enfrentam a reação dos eleitores quanto aos benefícios desiguais proporcionados pela globalização. O que os grandes economistas diriam sobre o significado disso para o comércio internacional como um propulsor do crescimento econômico no futuro? E, o que é ainda mais importante, como lidar com a reação desfavorável à globalização? A obra de Paul Samuelson, laureado com o Prêmio Nobel de Economia, detalha os efeitos desiguais do comércio internacional sobre os trabalhadores em uma economia. Como lidar com o impacto distributivo, em que a economia como um todo se beneficia, mas alguns (por exemplo, agricultores, operários) são prejudicados? Suas ideias propõem maneiras de ajudar a igualar os que ganham e os que perdem com o comércio internacional, e podem indicar o caminho para o futuro da globalização.

Este livro tratará de descobrir algumas das respostas para as grandes questões econômicas que afetam a todos nós, apoiando-se nas ideias dos grandes economistas. Seu conhecimento coletivo já definiu as políticas que governaram a economia mundial durante um período em que nossos padrões de vida melhoraram significativamente: da Revolução Industrial, passando pela Era Dourada de crescimento econômico após a Segunda Guerra Mundial, até a era digital de nossos dias. Possivelmente, suas ideias também podem ajudar a guiar nosso futuro econômico.

Capítulo 1
Adam Smith: O governo deve reequilibrar a economia?

Amplamente considerado o fundador da ciência econômica, Adam Smith testemunhou o início da Revolução Industrial, que mudou drasticamente o mundo ocidental. Em sua época e nas décadas que se seguiram, o Reino Unido se tornou a primeira economia industrializada do mundo. Esse período extraordinário formou o contexto para um dos mais influentes livros de economia.

A grande obra de Adam Smith, *Uma investigação sobre a natureza e as causas da riqueza das nações*, levou uma década para ser escrita. Define o conceito de "mão invisível", que se refere às forças ocultas do mercado que determinam os preços ao igualar a oferta e a procura. Este se tornou o mantra da economia *laissez-faire*. Embora o próprio Smith nunca tenha usado o termo dessa maneira específica, seus escritos de fato concebiam um papel limitado para o Estado:

> O estadista que procurasse dirigir os particulares sobre a maneira como deveriam empregar seus capitais não só se sobrecarregaria com um cuidado desnecessário, mas assumiria uma autoridade que não poderia ser seguramente assumida por nenhuma pessoa isoladamente e tampouco por nenhum conselho ou Senado, e que nunca seria tão perigosa quanto

nas mãos de um homem que tivesse a insensatez e a presunção de se arrogar a exercê-la.[1]

Smith era ainda mais dúbio no que concerne à cobrança de impostos: "Não há arte que um governo aprenda mais depressa do que a de tirar dinheiro dos bolsos do povo".[2] Adam Smith veria com ceticismo um político que interviesse no funcionamento das forças do mercado. No entanto, é isso que nações pós-industriais como o Reino Unido e os Estados Unidos estão tentando fazer – frear o processo de desindustrialização fomentando a produção industrial e reduzindo a parcela da produção nacional representada pelos serviços. Essa necessidade urgente de reequilibrar a economia surgiu depois da crise financeira de 2008, que revelou a fragilidade de um setor bancário gigante que colocou a economia de joelhos. Isso levou o então ministro das Finanças britânico George Osborne a começar a usar capacetes e a promover a "marcha dos produtores". Nos Estados Unidos, o presidente Barack Obama investiu em indústrias avançadas e de alta tecnologia. Seu sucessor, Donald Trump, explicitamente exortou as empresas a trazerem as fábricas de volta para os Estados Unidos.

O que Adam Smith diria desses esforços? O governo deve reequilibrar a economia no sentido de voltar a fabricar produtos? É possível reequilibrar a economia em países onde o setor de serviços corresponde a mais de três quartos da produção nacional, como é o caso do Reino Unido e dos Estados Unidos? A resposta traz lições para outras economias que podem seguir essas duas nações ao embarcarem na típica trajetória econômica de industrialização seguida de desindustrialização.

Industrialização, desindustrialização e reindustrialização

O Reino Unido se tornou a primeira nação industrializada no fim do século XVIII e início do século XIX, seguido da Alemanha e dos Estados Unidos. O período, que ficou conhecido como Revolução Industrial, viu a economia se transformar de uma sociedade agrária em uma sociedade caracterizada por fábricas de propriedade de mercadores que comercializavam seus produtos tanto no mercado interno como no externo.

Em nossos dias, o Reino Unido e várias outras economias avançadas, incluindo os Estados Unidos, passaram por mais uma drástica mudança estrutural: a desindustrialização. Desde as reformas da era Thatcher, nos anos 1980, que liberalizaram o setor financeiro – notadamente o "Big Bang" de 1986, quando os mercados foram abertos para aumentar a concorrência –, o Reino Unido tem visto a indústria dar lugar aos serviços. (Isto é, em termos relativos. O Reino Unido ainda é o nono maior produtor industrial do mundo, e esteve entre os cinco maiores até por volta de 2004.) De maneira similar, embora os Estados Unidos continuem sendo o segundo maior produtor industrial do mundo (recentemente superados pela China), a economia de serviços representa a maior parte da produção nacional norte-americana. Na União Europeia, o setor de serviços representa 70% do PIB do bloco, mas a União Europeia também conta com algumas das maiores nações industriais no mundo, por exemplo, a Alemanha, a França e a Itália. Até mesmo no maior produtor industrial do mundo, a China, que é um país de renda média, o setor de serviços superou a produção industrial na economia.

Quando os países crescem, tendem a se industrializar, de modo que trocam a agricultura pela indústria manufatureira, que tem maior produtividade ou produção por trabalhador e, portanto, gera salários mais altos. A industrialização é o modo como os países se tornam classe média e prosperam. Então vem a desindustrialização. Nas economias avançadas, a indústria manufatureira começa a representar uma parcela menor da produção, pois, à medida que se tornam mais ricas, os serviços nos setores de finanças, varejo e negócios passam a dominar a economia, ao passo que o emprego migra das fábricas para lojas ou escritórios.

A crise de 2008 revelou o lado negativo de se ter uma economia com um grande setor de serviços financeiros. Os bancos se tornaram mais complexos e interconectados, e sua atividade se tornou mais difícil de entender e de regular. A responsabilidade dos bancos na pior recessão em um século levou a população a pedir que eles obedeçam a regulações mais estritas nos Estados Unidos e no Reino Unido. A quebra também levou os governos norte--americano e britânico a almejar mais produção industrial, e por isso eles tentaram "reequilibrar" a economia no sentido de voltar a fabricar produtos. Esta é uma tarefa e tanto. A indústria manufatureira representa apenas cerca de 11% da produção de valor agregado no Reino Unido, ao passo que, como observamos, o setor de serviços (dominante) representa mais de três quartos da economia. A produção industrial britânica sofreu um declínio e, de contribuir com um quarto do PIB em 1980, passou a contribuir com 20% nos anos 1990, e apenas 12% nos anos 2000. Nos Estados Unidos, o cenário é similar. Na Alemanha, por sua vez, a produção industrial ainda representa cerca de 20% da economia na mesma base de valor agregado. Em seu auge, os serviços financeiros, por si sós, representaram cerca de 8% do PIB do Reino Unido, uma parcela que não é muito menor do que toda a produção industrial britânica combinada. Esta é a essência da desindustrialização, quando a indústria deu lugar a um setor de serviços dominante da mesma maneira que a agricultura foi superada pela indústria manufatureira na época de Adam Smith.

A questão é: os Estados Unidos, e talvez o Reino Unido, podem reverter a desindustrialização? Este é um bordão ouvido frequentemente desde a crise. "Made in America" e "Made in Britain" estão entre as frases proclamadas por governos e empresas depois da pior recessão em um século. Mas reverter o processo de desindustrialização é algo desafiador em uma economia mundial globalizada.

Economias emergentes como a China conseguem produzir mais barato, ao passo que as tecnologias de informação e comunicação reduziram os custos de logística; portanto, a globalização torna mais difícil para as nações ricas concorrer com países que têm um custo de produção mais baixo. De fato, o economista de Harvard Dani Rodrik aponta inclusive para uma "desindustrialização prematura" em alguns países em desenvolvimento que estão passando da agricultura diretamente para o setor de serviços em virtude das forças da globalização, o que pode ter consequências preocupantes para países que ainda não têm uma classe média consolidada. Estamos em território desconhecido. O ímpeto para a desindustrialização é maior no Reino Unido e nos Estados Unidos do que em outras nações. Depois de sofrer sua pior crise financeira em um século, eles estão ansiosos por mudança.

Esta não é a única consideração. Adam Smith pode ser o economista que nomeou a "mão invisível" que permitia que o mercado determinasse o que era produzido e como isso era precificado, mas ele não dava grande valor ao setor de serviços. Como produto de sua época, Smith não acreditava que os serviços pudessem produzir algo que fosse tão valioso quanto o que se produzia em uma fábrica ou em uma padaria. De fato, ele não aprovava grande parte do que constitui a economia moderna; por exemplo, não era a favor de sociedades por ações, que são a base das corporações de nossos dias.

Seu legado continua a afetar atitudes ainda hoje. Até mesmo a maneira como as estatísticas nacionais são coletadas fragmenta os dados da produção industrial em alto nível de detalhes, ao passo que agrupa grande parte do que é produzido pelo setor de serviços. Isso provavelmente também se deve ao fato de que é difícil para os estatísticos quantificar em que um consultor contribui enquanto está sentado à frente de seu computador, ou o que uma reunião acrescenta à produção nacional. Todos nós já participamos de um número suficiente de tais reuniões para saber que não são nem um pouco produtivas!

Portanto, o governo faz bem em tentar reequilibrar a economia? As forças do mercado impulsionadas pela "mão invisível" podem ser redefinidas pelo Estado? O que Adam Smith teria a dizer sobre isso?

A vida e a época de Adam Smith

Adam Smith nasceu em 1723 em Kirkcaldy, um porto marítimo perto de Edimburgo, na Escócia. Seu falecido pai havia sido um fiscal da alfândega, e sua família abastada era amiga de membros do Iluminismo escocês. O movimento escocês foi paralelo ao Iluminismo europeu, que contou com escritores como Voltaire, e foi caracterizado por um foco na ciência e na racionalidade. Esse período foi chamado de Era de Ouro da Escócia, e Smith figurava eminentemente entre seus principais pensadores como o pai da ciência econômica.

Como muitos dos primeiros economistas, ele não tinha formação na área. Em vez disso, estudou física e matemática na Universidade de Glasgow de 1737 a 1740. Foi nessa época que ele também nutriu um interesse por filosofia estoica. Muitos dos primeiros economistas também foram filósofos, entre os quais David Hume e John Stuart Mill, que tiveram grande influência sobre o pensamento econômico.

Smith, então, estudou no Balliol College, na Universidade de Oxford, até 1746. Como não era membro da Igreja Anglicana, ele não pôde se matricular naquela época, e por isso acabou frequentando a faculdade como um aluno ouvinte. Nem é preciso dizer que ele não gostou de sua vivência em Oxford: "A disciplina das faculdades e universidades é, em geral, elaborada não para o benefício dos alunos, e sim para o interesse – ou, melhor dito, para a conveniência – dos professore".[3]

Então, seguindo a tradição de autoaprendizado que caracterizou uma série de experiências em Oxford, Smith passou seu tempo lá estudando os clássicos e as línguas modernas. Uma vez que, em sua visão: "na Universidade de Oxford, a maior parte dos professores públicos, durante esses muitos anos, abdicaram por completo até mesmo de tentar fingir que ensinavam".[4]

Depois, Smith regressou à Escócia e deu uma série de aulas públicas na Universidade de Edimburgo em 1748. Lá ele se tornou amigo de David Hume, uma figura importante no Iluminismo escocês. Foi então que as noções de Smith sobre a "mão invisível" começaram a se formar. Ele pensava que a intervenção estatal na economia era uma perturbação do "curso natural" dos mercados, uma ideia que posteriormente desenvolveu em *A riqueza das nações*. Sua obra seminal defendia um Estado limitado que permitisse que os mercados operassem livremente. Conforme enfatizou em uma de suas aulas: "Pouco se requer, para levar um Estado da barbárie mais baixa até o mais alto grau de opulência, além de paz, impostos baixos, e uma administração aceitável da justiça".[5]

O sucesso das aulas públicas de Smith o levou a obter uma cátedra em sua alma mater. De 1751 a 1764, ele lecionou na Universidade de Glasgow. Primeiro, ocupou a cátedra de Lógica, e posteriormente foi nomeado professor de Filosofia Moral. Durante essa época, ganhou fama com a publicação de suas aulas sobre ética. Em 1759, foi publicado *Teoria dos sentimentos morais*, que o tornou uma figura reconhecida no Iluminismo europeu. Ele descreveu seu período como acadêmico como "de longe, o mais útil e, portanto, o mais feliz e o mais honroso" de sua carreira.[6]

Entretanto, em 1764 Smith foi tentado a deixar a academia por um período lucrativo como tutor particular do terceiro duque de Buccleuch, que era enteado de Charles Townshend, um político. Ele acompanhou o jovem duque por uma viagem de dois anos ao exterior, e passou de 1764 a 1766 em Paris, Toulouse e Genebra.

Foi na França que ele conheceu os fisiocratas, um eminente grupo de economistas que viam a agricultura, e não a indústria manufatureira, como fonte de riqueza. Para Smith, isso divergia da experiência britânica de industrialização, e é um pouco irônico que seus argumentos a favor da indústria manufatureira em relação ao setor de serviços tenham alguns paralelos com o pensamento dos fisiocratas.

Ao voltar para o Reino Unido, Smith se mudou para Londres e passou 1766 e 1767 pesquisando finanças públicas para Charles Townshend, que então era chanceler do Tesouro. Depois, ele voltou a Kirkcaldy para morar com a mãe, e dedicou os seis anos seguintes a escrever *A riqueza das nações*. De 1773 a 1776, regressou a Londres para concluir o livro. A publicação de Smith pretendia influenciar os membros do Parlamento britânico a fim de que eles apoiassem uma resolução pacífica para a Guerra de Independência das colônias norte-americanas. No último parágrafo de *A riqueza das nações*, Smith escreveu que o Reino Unido deveria "se esforçar para acomodar suas vistas futuras e desígnios à real mediocridade de suas circunstâncias".[7] A frase foi mantida em todas as edições subsequentes e refletia a crença duradoura de Smith de que o mercado, e não o Estado, deveria determinar o progresso econômico em todos os aspectos, incluindo o colonialismo.

Adam Smith se aposentou em 1776, o ano em que os Estados Unidos declararam independência, e passou os dois anos seguintes em Kirkcaldy escrevendo outro livro, sobre as "artes imitativas", que versava sobre pintura, música e poesia. Mas, em 1778, ele voltou para a vida pública e se tornou comissário da alfândega da Escócia, seguindo os passos do pai. Ele se mudou para Edimburgo, onde novamente morou com a mãe, Janet Douglas, uma prima que era também a governanta, e seu herdeiro, filho de um primo, David Douglas, que viria a ser o célebre jurista lorde Reston.

Em 1784, Smith terminou a terceira edição de *A riqueza das nações*. Alguns anos depois, ele também concluiu a sexta edição de *Sentimentos morais*, que incluía seus pensamentos sobre a criação de uma constituição, um tema que estava em alta na época da Revolução Americana e de outras revoluções que afloravam no continente, notadamente na França.

Apesar de seu trabalho pioneiro, Adam Smith era extremamente autocrítico quanto ao ritmo lento de sua escrita. Em 1785, ele alegou "indolência da velhice" e tinha dúvidas de que seria capaz de terminar as "Artes imitativas" ou outro livro sobre a teoria da jurisprudência. Ele havia concebido suas grandes obras como uma trilogia: *Sentimentos morais*, *A riqueza das nações* e um terceiro livro sobre direito e jurisprudência, que nunca foi escrito. Surpreendentemente, Smith expressou decepção por não ter realizado mais, e insistiu para que seus manuscritos fossem queimados após sua morte.[8]

Por que reequilibrar a economia?

Antes de examinarmos o que Adam Smith teria pensado do intento, vejamos por que há um debate sobre reequilibrar a economia. É uma questão que está em evidência no Reino Unido, um país que tem um dos maiores setores de serviços entre as economias avançadas.

Como observamos anteriormente, embora os Estados Unidos estivessem no epicentro da crise financeira de 2008, o país continua sendo o segundo maior produtor industrial do mundo, ao passo que o Reino Unido caiu no ranking. Portanto, a experiência do Reino Unido, em particular, possivelmente traz lições para outros países.

Alterar seus fatores de crescimento econômico, é, com efeito, o que o Reino Unido tratou de fazer depois da crise financeira de 2008. Tal política foi chamada de "marcha dos produtores" no governo de David Cameron. O Reino Unido quer reequilibrar sua economia fabricando coisas e vendendo mais de seus produtos no exterior. Ambas as atividades estão relacionadas na era da globalização, em que grande parte da produção industrial consiste em produtos comercializáveis. O governo britânico quer se apoiar menos nos serviços financeiros, considerando a quebra bancária de poucos anos atrás, mas a indústria manufatureira representa apenas cerca de um décimo da economia, ao passo que o setor de serviços representa a maior parte da produção nacional. Além disso, o Reino Unido, que até recentemente exportava mais para a Irlanda do que para a combinação dos mercados emergentes conhecidos como BRICs (Brasil, Rússia, Índia e China), quer se voltar mais para as economias em desenvolvimento e ajudar suas empresas a terem acesso aos mercados que mais crescem no mundo.

Se quiser ter sucesso nessa iniciativa, claramente precisa vender as coisas certas no exterior. No entanto, o déficit comercial do Reino Unido – isto é, a diferença entre o valor dos bens e serviços importados e exportados pelo país – aumentou vertiginosamente e atingiu recordes nos anos após 2008. Este não é um bom indicador para os esforços de reequilibrar a economia. A esperança era a de que, tendo a libra esterlina perdido cerca de um quarto de seu valor em determinado momento após a quebra bancária, uma moeda mais barata impulsionasse as exportações da mesma maneira que ocorreu durante o início da década de 1990, quando a libra abandonou o Mecanismo Europeu de Taxas de Câmbio (MTC) que a havia atrelado ao marco alemão. A última vez que o Reino Unido teve um superávit comercial foi no fim daquela década, em 1997, graças a uma libra esterlina depreciada.

Antes disso, o Reino Unido havia registrado um déficit em sua balança corrente – a medida mais ampla do comércio internacional de um país, que inclui os fluxos financeiros – todos os anos desde 1984. Notadamente, o déficit no comércio de produtos cresceu após o fim dos anos 1990, com mais desindustrialização. Recordemos que a contribuição da produção industrial para o PIB caiu pela metade desde os anos 1980.

Cobrindo parte do déficit comercial geral está a balança comercial de serviços, um número que tem registrado superávit pelo menos desde 1966. Este é um superávit não só duradouro como grande, tipicamente em torno de 5% do PIB. Quando o superávit em receita de investimentos recebidos do exterior é incluído, o historiador econômico Nicholas Crafts observa que o total "invisível" da balança comercial de serviços apresenta superávit há dois séculos, desde 1816.[9]

O Reino Unido é particularmente bom em fornecer serviços, e só fica atrás dos Estados Unidos no que concerne ao total de exportações do setor de serviços em nível mundial. Estes não incluem apenas os serviços financeiros, mas uma gama de serviços empresariais nas áreas de direito, contabilidade, arquitetura, design, consultoria de gestão, software e publicidade. Além disso, o comércio de serviços tende a ter um valor agregado relativamente alto. Uma vez que a competitividade vem da qualidade, e não do custo, as margens tendem a ser maiores. O fato de que as exportações do Reino Unido são cada vez mais representadas por produtos e serviços de ponta pode explicar por que a recente depreciação da libra esterlina não foi capaz de impulsionar o comércio tanto quanto se havia esperado. Os preços ainda importam, mas talvez não tanto quanto antes.

Um dos problemas do Reino Unido é que o comércio global de serviços, que é seu ponto forte, não se abriu da mesma maneira que o de produtos industriais. Desde a Segunda Guerra Mundial, o comércio global de produtos cresceu muitíssimo quando organizações multilaterais como a Organização Mundial do Comércio (OMC) e suas predecessoras reduziram as tarifas aduaneiras e eliminaram práticas restritivas. O comércio global de serviços, no entanto, não foi liberalizado na mesma medida, e isso prejudica o Reino Unido. Já nos países em que o comércio de serviços se abriu, o Reino Unido tende a se sair bem. O ensino superior é um bom exemplo de ramo de atividade no setor de serviços do Reino Unido que atende mercados externos de forma eficaz.

Portanto, reequilibrar a economia e promover a reindustrialização não é tão fácil quanto possa parecer. A recuperação pode ter finalmente ganhado força, mas quais desses negócios a estão impulsionando, e quais setores já se recuperaram? As respostas revelam que a recuperação não se deve ao "reequilíbrio" da economia.

Quase uma década depois, a produção industrial como um todo ainda não recuperou o nível prévio à recessão. Recessões anteriores causaram abalos consideráveis na indústria manufatureira britânica. As indústrias que sobrevieram e prosperaram depois de tais recessões tendiam a estar em nichos mais tecnológicos e especializados.

Há nichos de atividade que estão se saindo bem. A fabricação de bebidas alcoólicas está acima dos níveis de 2008. Há relatos de que os destiladores de uísque escoceses, que representam um quarto das exportações de alimentos do Reino Unido, estão inclusive tendo dificuldade de atender a grande demanda mundial.

A indústria aeroespacial britânica também está se saindo bem. A Rolls-Royce, com fábricas em Derby e Bristol, é uma das maiores produtoras de motores aeroespaciais do mundo. A BAE Systems, com sede em Farnborough, é uma das maiores empresas do mundo na área de defesa e está construindo novos porta-aviões.

Embora a indústria de petróleo e gás esteja em decadência, as despesas operacionais da indústria petrolífera vêm apresentando um sólido crescimento à medida que se torna mais caro extrair o petróleo remanescente, que é mais difícil de se obter. Os custos de desmantelamento também estão em ascensão. Além disso, em várias partes do mundo há grande demanda pela expertise britânica em realizar manutenção de equipamentos de extração e em prospectar e extrair hidrocarbonetos de lugares difíceis. E também há o mercado habitacional. Como ocorreu com a indústria manufatureira, o setor de construção tem enfrentado dificuldades, mesmo quando a economia como um todo se recuperava. A construção de moradias está estagnada. O número de novas moradias concluídas ficou em torno de 150 mil por ano; isso é menos do que antes da crise, e bem abaixo dos 250 mil por ano que muitos especialistas consideram ser necessários para atender a demanda de longo prazo.

O setor de serviços como um todo, no entanto, logo recuperou e então excedeu o nível em que se encontrava antes da recessão. Mas este é um setor grande, que consiste em uma miríade de atividades diferentes, e seu êxito geral esconde algumas dificuldades internas. Dois setores que tiveram mau desempenho são, como seria de se esperar, o bancário e a administração pública. Em 2015, o último ano para o qual os números anuais estão disponíveis, a produção dos serviços financeiros continuava baixa em relação ao nível registrado antes da crise, apesar da melhora nas categorias de pensão e seguros. Nos setores de defesa e administração pública, a produção vem apresentando uma queda contínua. Ao enxugar continuamente o gasto público, o governo provavelmente a fará cair ainda mais.

A produção nas indústrias de telecomunicações e tecnologia da informação se recuperou rápido. O apetite crescente dos lares e dos negócios por novas tecnologias continua inabalado, apesar da gravidade da recessão.

Os serviços profissionais e empresariais, que incluem uma ampla gama de serviços B2B, incluindo direito, contabilidade, consultoria de gestão, arquitetura, pesquisa e consultoria técnica e científica, serviços administrativos e de apoio, recursos humanos, relações públicas, e assim por diante, se contraíram nitidamente durante a recessão. Em comparação com o primeiro trimestre de 2008, a produção foi 15% mais baixa no terceiro trimestre de 2009.

No entanto, a retração durou pouco, e o setor se recuperou solidamente e hoje supera os níveis anteriores à recessão. Está claro, portanto, que o Reino Unido é uma economia baseada em serviços. Sua recuperação após a crise financeira global salienta esse fato. Embora a Grã-Bretanha possa ter sido corretamente descrita como "a oficina do mundo" e "uma nação de comerciantes", já faz algum tempo que nenhuma das afirmações é verdadeira.

A produção industrial e as vendas no varejo, outrora o esteio da economia, foram usurpadas por especialistas aconselhando o mundo sobre como e onde investir, organizando suas empresas, propondo melhores designs de produtos, redigindo contratos, preparando relatórios contábeis e oferecendo conselhos técnicos nas áreas de engenharia, TI, arquitetura e finanças. O produto dessas atividades assume a forma de projetos, designs, especificações, recomendações, códigos de computador, ideias, relatórios, bancos de dados e similares. A atividade empresarial consiste cada vez mais em pessoas sentadas diante de telas de computador e em reuniões para avaliar projetos.

Quão difícil é impulsionar a produtividade e a inovação nos serviços? Em que medida os políticos compreendem mal a importância do setor de serviços? O que significaria para o crescimento econômico se os serviços fossem quantificados corretamente?

É mais difícil elaborar políticas para os serviços do que para a indústria manufatureira, pois os serviços são intangíveis. Mas, nas economias pós-industriais, estes compreendem a maior parte da produção; portanto, há escolha? Promover a inovação no setor de serviços poderia contrabalançar a tendência à diminuição da produtividade – e, portanto, à estagnação dos salários – em sociedades avançadas (algo que investigaremos posteriormente neste livro)?

É difícil quantificar o que pode ser produzido em uma hora por um serviço profissional, tal como uma consultoria, se comparado com a fabricação de um produto. Por exemplo, uma empresa de consultoria de Londres dobrou o preço do mesmo relatório depois que a economia começou a se recuperar. Como o preço é determinado por uma procura mais alta, o custo do relatório subiu, embora o produto fornecido continuasse o mesmo. É complicado distinguir os efeitos de um aumento de preço ou melhoria de qualidade. Não é de admirar que haja dificuldades para quantificar a maior parte da economia. Algumas empresas também estão se dedicando tanto à manufatura quanto aos serviços. Os "manu-services" significam que também subestimamos a evolução de empresas como a Rolls--Royce, que ganha mais dinheiro com assistência e manutenção de seus motores do que vendendo os motores propriamente ditos, e ainda assim continua a ser vista como fabricante, em vez de prestadora de serviços.

Não só a produção de serviços é intangível; o investimento também é. Os economistas estão discutindo se uma melhor quantificação dos ativos intangíveis aumentaria o PIB. Quando pesquisa e desenvolvimento (P&D) e outros investimentos intangíveis foram incluídos, o PIB dos Estados Unidos aumentou 3%.[10] A OCDE estima que o investimento intangível, incluindo aquele em capital humano, como é o caso da educação, e softwares, é tão importante quanto o investimento em maquinário e equipamentos tangíveis no Reino Unido.[11] Desde 2014, os investimentos em P&D no setor privado são incluídos no PIB do Reino Unido. Segundo essa abordagem, o PIB do Reino Unido aumentou em torno de 1,5%.

Investimento intangível é o que faz a maioria das empresas no setor de serviços. Elas investem em pessoas. As empresas de serviços tendem a investir em capital humano, visto que esse é seu principal ativo. A inovação vem de pessoas que fornecem um serviço melhor. Embora a máquina de café seja a mesma, estamos a anos-luz de distância do café morno coado que costumava ser servido nas cafeterias, já que os baristas agora oferecem uma ampla variedade de expressos e cappuccinos. Esse investimento intangível em habilidades para produzir um café de qualidade superior dificilmente é quantificado. Se fosse, então o enigma do baixo crescimento na produtividade do Reino Unido poderia ser mais fácil de se resolver – isto é, se a produção de serviços for de fato maior do que o quantificado. Sir Martin Sorrell, diretor executivo e fundador da WPP, uma das maiores empresas de publicidade do mundo, diz que sua empresa investe 25 vezes mais em capital humano, como programas de treinamento, do que em capital físico no Reino Unido. Ele acredita que serviços como os que sua empresa oferece são subvalorizados quanto à sua contribuição para o crescimento econômico.

A dificuldade geral é como quantificar com precisão os inputs e outputs – em grande parte, invisíveis – das empresas no setor de serviços. Aquele relatório de consultoria que dobrou de custo conta como output duplicado de um serviço nas estatísticas oficiais. Um aumento de preço reflete um serviço melhorado ou simplesmente uma conta mais alta? Há, também, reuniões possivelmente desnecessárias, mas pense naquelas em que decisões são tomadas e processos criativos começam a fluir. As reuniões são um desperdício de recursos ou sessões lucrativas de brainstorming? Tais aspectos imponderáveis explicam por que é difícil saber exatamente quanto da produção nacional do Reino Unido é mal quantificado. Sem dúvida, vale a pena tentar calcular melhor, já que essa parte invisível da economia gera a maior parte dos empregos.

Quantificar melhor o output de serviços também afetaria a balança de pagamentos do país. O Reino Unido teve um déficit comercial persistentemente elevado, apesar da depreciação da libra esterlina depois da crise de 2008. Há escopo para promover as exportações de serviços comercializáveis para ajudar a pagar pelos bens importados. Entre as economias em desenvolvimento, há um mercado crescente para serviços, incluindo a variedade profissional altamente qualificada em que o Reino Unido se especializa, como educação e direito. Mas essas mesmas economias também estão desenvolvendo seu setor de serviços; portanto, para proteger a posição do Reino Unido como segundo maior exportador de serviços do mundo, é preciso considerar a concorrência desses países.

Obviamente, a promoção efetiva do setor dos serviços no exterior e o apoio ao mesmo no mercado interno dependem de uma quantificação clara. Talvez a dificuldade de fazer isso seja o que leva os políticos a focarem em promover a produção industrial. Qualquer que seja a razão, a tentativa de reequilibrar a economia britânica não tem sido exatamente eficaz: os serviços recuperaram os níveis anteriores à crise sem muita ajuda ou atenção do governo, mas a indústria manufatureira ainda não conseguiu fazer isso, quase uma década depois. Portanto, o Reino Unido deve continuar tentando reequilibrar a economia? O que Adam Smith faria?

O que Adam Smith pensaria sobre reequilibrar a economia

O sistema econômico de Adam Smith está formulado em torno de três pilares: a divisão de trabalho, o mecanismo de preços e o meio de troca (dinheiro). Tanto o preço de produtos ou serviços como os salários daqueles que os produzem são ditados pelo mecanismo de preços (que Smith chamou de "mão invisível"). O dinheiro tem uma função, estipulada pelo mercado, de pagar por produtos/serviços, e sua oferta não deve ser distorcida pelo Estado, por exemplo, via políticas mercantilistas em que o objetivo do comércio é obter um superávit de exportações sobre importações e aumentar a reserva de ouro e prata de um país.

Exploremos esses conceitos para discernir como Smith veria o debate sobre reequilibrar a economia.

Está claro que Smith foi influenciado pela ascensão das fábricas. Ele enfatizou a eficiência de uma divisão de trabalho que possibilitava a especialização em um processo de produção que compreendia vários elementos. Para produzir um casaco de lã, por exemplo, era preciso obter a lã, fiá-la, tingi-la, tecê-la e então confeccionar o casaco. Smith usou a fabricação de alfinetes para ilustrar os benefícios da especialização. Ele observou que dez trabalhadores, cada um deles realizando suas tarefas especializadas, eram capazes de produzir 48 mil alfinetes por dia, ao passo que uma única pessoa realizando cada uma das tarefas poderia produzir apenas dez, e no máximo duas centenas. Na visão de Smith, a especialização levava as nações a se tornarem ricas.

Smith também afirmou que, como os ganhos podiam ser trocados por produtos, o preço de um produto e a alocação de recursos deveriam estar relacionados. Ele acreditava que cada produto tinha um preço "natural", que era o custo de produzi-lo. Ele estabeleceu uma distinção entre esse preço e o preço de mercado, que era o preço que os consumidores estariam dispostos a pagar pelo produto. Desse modo, a oferta e a procura governam os preços, e a "mão invisível" guia o mercado rumo a um equilíbrio.

Mas Smith se preocupava com as distorções que poderiam fazer que o preço de mercado se afastasse muito do preço natural. Em sua visão, tanto o Estado como os negócios poderiam distorcer os preços ao interferir nas forças do mercado – o primeiro, cobrando impostos; os segundos, mantendo os preços artificialmente altos. Ele concluiu: "No geral [...] a melhor política [pública] é, de longe, deixar as coisas seguirem seu curso natural".[12]

Essa abordagem é conhecida como *laissez-faire*, embora o próprio Smith nunca tenha usado o termo dessa maneira específica. O conceito tem suas origens em pensadores ingleses e holandeses do século XVII que influenciaram mercadores franceses durante o reinado de Luís XIV, um monarca que era fã de políticas mercantilistas e de intervenções na economia. Conta-se que, quando um ministro francês perguntou a um mercador o que o governo poderia fazer por ele, o mercador respondeu: "*Laissez-nous faire, morbleu, laissez-nous faire!*" ou "Deixe estar, ora, deixe estar!".

De acordo com as teorias de Smith, uma consequência do mecanismo do mercado é que ele possibilita que o interesse próprio leve produtores e compradores a produzirem e comprarem de maneira eficiente. Como observou na célebre declaração: "Não é da benevolência do açougueiro, do cervejeiro ou do padeiro que esperamos nosso jantar, mas da preocupação por seu interesse. Dirigimo-nos não à sua humanidade, mas ao seu amor próprio, e nunca lhes falamos de nossas necessidades, mas das vantagens deles".[13]

Vários produtores tentando vender seus produtos geram a concorrência, que move os preços rumo a um equilíbrio. As receitas, por sua vez, são usadas para pagar salários aos trabalhadores (que também são consumidores), de modo que a economia se beneficia de cada pessoa agindo em interesse próprio em uma sociedade.

Smith não era indiferente às consequências nocivas do interesse próprio, e observou que os indivíduos com mau discernimento estavam sujeitos "à ansiedade, ao medo e à dor; às doenças, à ira e à morte".[14] Em sua maior parte, no entanto, a ambição de um indivíduo por "poder e riqueza"[15] aumentava o bem-estar econômico da sociedade:

> Todo indivíduo [...] nem pretende promover o interesse público nem sabe quanto o está promovendo [...] ele procura apenas sua segurança; e dirigindo aquela indústria de tal maneira que sua produção seja do maior valor, procura apenas seu próprio ganho, e nisto, como em muitos outros casos, é só levado por uma mão invisível a promover um fim que não era parte de sua intenção.[16]

Esta é a premissa do sistema econômico de Smith. Seu encontro com o movimento econômico francês conhecido como fisiocracia contribuiu para suas visões acerca do que significava para a estrutura da economia. Embora discordasse da ênfase do movimento, ele se apoiou em suas ideias. Os fisiocratas valorizavam a natureza e a agricultura, e não consideravam a indústria manufatureira produtiva. Em suas teorias, a agricultura era a única fonte de riqueza, enquanto todos os demais simplesmente consumiam o que os agricultores produziam. Para Smith, o contexto era diferente. O Reino Unido passava por uma revolução industrial por meio da qual a indústria manufatureira estava aumentando tanto a produtividade como as receitas. Smith inclusive testemunhou uma incipiente revolução no consumo quando as classes médias começaram a comprar produtos manufaturados em massa, como vestuário.

Deste modo, Smith desenvolveu essas ideias e criou um sistema econômico que valorizava o potencial produtivo da indústria manufatureira e dos mercadores. No livro III de *A riqueza das nações*, "Do diferente progresso da opulência em diferentes nações", ele argumentou que, contanto que não haja interferência, o capital encontrará o caminho para seu uso mais produtivo.

Depois de revisar a história econômica, Smith argumentou que um caminho havia levado à prosperidade: inicialmente a agricultura, seguida das indústrias e, finalmente, do comércio internacional. Os serviços não eram valorizados, já que Smith não poderia ter concebido a revolução tecnológica que possibilitaria que a produção desse setor fosse comercializada como uma matéria-prima ou um produto manufaturado em escala tão larga como ocorre hoje. Para ele, por exemplo, um quarteto de cordas de Mozart só podia ser apreciado como uma performance, e não como um download ou um CD. Se Smith vivesse hoje, talvez tivesse mudado de ideia para apoiar alguns serviços se estes pudessem ser comercializados e tivessem valor duradouro. Isso lhe daria mais uma razão para se preocupar com a intenção do governo de reequilibrar a economia. Em seu cerne, as ideias de Smith estão centradas em um mercado não distorcido.

Para que seu sistema funcione de maneira eficaz, deve haver concorrência no mercado. Mas Smith também determinou que tais operações devem seguir a legislação e as regras estipuladas pelo governo. O setor bancário é um exemplo revelador. Smith acreditava que deve haver concorrência entre os bancos para reduzir o risco moral, por exemplo, a possibilidade de os bancos se comportarem mal sabendo que serão socorridos. A regulação do governo poderia forçar os bancos a serem mais cuidadosos e a "não estender sua moeda para além da devida proporção ao seu dinheiro".[17] Em outras palavras, os bancos devem depender de seu próprio dinheiro e depósitos para as operações de empréstimo, e não se meter em problemas ao se alavancar de maneiras complicadas.

Ainda mais controverso, e refletindo suas preocupações acerca dos bancos, Smith defendia a estipulação de um teto para as taxas de juros, de modo que "pródigos e projetores" não pudessem usar todo o crédito disponível e excluir as "pessoas sóbrias" que usariam os empréstimos de maneira mais produtiva.[18] (Seu colega filósofo Jeremy Bentham considerava isso uma traição aos princípios de livre mercado de Smith!)

Nesse sentido, Smith concordaria com a necessidade de reformar os serviços financeiros após uma crise. Ele melhoraria a supervisão dos bancos e aumentaria a concorrência para garantir que o crédito fluísse livremente na economia. Seguindo essa mesma linha, Smith acreditava que alguma intervenção do governo era justificada, mas foi específico quanto a em quais áreas. Por exemplo, o Estado deveria manter boa infraestrutura de transportes (estradas, canais, rios navegáveis), já que isso impediria monopólios e fomentaria a concorrência. Sua preferência era ver essa infraestrutura regulada por uma administração local, ou mesmo desregulada, se isso diminuísse o custo de manutenção.[19]

Smith também defendia o gasto público em educação. Ele se preocupava com o impacto da divisão de trabalho sobre as pessoas, em particular o trabalho de montagem repetitivo: "[O trabalhador] naturalmente perde, portanto, o hábito de tal esforço, e em geral se torna tão estúpido e ignorante quanto é possível a uma criatura humana".[20] Em sua visão, o governo tinha a obrigação de neutralizar esse efeito provendo educação universal. Smith também defendia exames públicos para manter padrões educacionais, e focava na ciência, uma característica do Iluminismo escocês: "A ciência é o grande antídoto para o veneno do entusiasmo e da superstição; e onde as classes superiores estivessem protegidas deste veneno, as classes inferiores não poderiam estar excessivamente expostas a ele".[21]

Mas Smith também deixa claro que existem áreas em que o governo não deve intervir, entre as quais a imposição de limites à mobilidade dos trabalhadores e do capital e a implementação de políticas que prejudiquem a concorrência. Em particular, ele acreditava que as restrições à liberdade de comércio e as políticas que favorecem alguns setores de comércio em detrimento de outros forçariam a atividade econômica para canais improdutivos. A intervenção estatal para promover um setor no mercado está fadada a ser menos produtiva do que se os indivíduos, motivados por seus próprios interesses, fossem capazes de decidir que negócios começar ou onde trabalhar ou o que comerciar. Reequilibrar a economia vai contra as advertências de Smith sobre os governos se acreditarem capazes de escolher os setores mais produtivos.

O argumento a favor do reequilíbrio não consegue separar os setores internos da economia da posição comercial de um país, uma vez que a especialização no interior de uma dada economia é afetada pela globalização. Quando o Reino Unido se especializou na indústria manufatureira como a primeira potência industrial, importou produtos agrícolas. Smith certamente viu as interconexões entre o comércio internacional e a estrutura da economia britânica.

De fato, as crenças de Smith sobre um papel circunscrito para o Estado foram influenciadas por sua forte oposição às políticas mercantilistas daquela época. Ele objetou firmemente contra a distorção do mercado internacional provocada pelos mercantilistas ao produzir um superávit.

No livro IV de *A riqueza das nações*, Smith critica o "sistema mercantil". Ele explica por que a política que tenta melhorar a balança comercial impondo restrições é ineficiente. Ele era particularmente contra a regulação do comércio britânico de cereais. E não estava sozinho. Argumentar contra o protecionismo era uma preocupação geral dos economistas do Iluminismo. Smith via as políticas comerciais protecionistas como diametralmente opostas a um mercado que opera de maneira eficiente. Ele reservou suas críticas mais severas às práticas mercantilistas para o modo como os mercadores europeus exerciam seu poder de monopólio nas colônias norte-americanas, afirmando que "proibir um grande povo, porém, de fazer tudo que pode com cada parte de sua produção, ou de empregar seu capital e sua indústria do modo que julgar mais vantajoso para eles mesmos, é uma violação manifesta dos mais sagrados direitos da humanidade".[22]

Embora Smith equiparasse o livre-comércio ao exercício da liberdade econômica, um tema presente em toda a sua obra, ele fez concessões para que a alfândega gerasse receita pública, se necessário:

> Das considerações acima, parece que o Reino Unido deveria, por todos os meios, ser transformado em um porto livre, que não deveria haver nenhum tipo de interrupção ao comércio

internacional, que se fosse possível custear as despesas do governo por qualquer outro método, todos os impostos, taxas e tarifas deveriam ser abolidos, e que o livre-comércio e a liberdade de troca deveriam ser permitidos com todas as nações e para todas as coisas.[23]

Ao contrário de muitos economistas, Smith teve a chance de colocar suas teorias em prática. Como comissário da alfândega na Escócia, ele defendeu a remoção de todas as barreiras comerciais, que só eram justificadas pela necessidade de se obter receita para o que ele considerava propósitos legítimos de se governar um país. Ele defendia a cobrança de impostos sobre as importações e as exportações em um nível moderado, mas não tão alto a ponto de tornar o contrabando lucrativo. Fiel a suas crenças de que as políticas públicas não deveriam distorcer os mercados, ele estipulou que os impostos fossem iguais para diferentes produtores e importadores, de modo que um grupo ou um país não tivesse vantagem sobre outro. Por exemplo, ele percebia a desigualdade de se isentar de impostos as bebidas alcoólicas fermentadas e destiladas (que eram consumidas pelos ricos), enquanto as bebidas preferidas dos pobres eram taxadas.

Após mostrar em que consiste a riqueza das nações e como o crescimento pode ser estimulado, ou pelo menos não desestimulado, pelos governos, Smith, no livro V de *A riqueza das nações*, passou a discutir um gasto público necessário: a defesa. Contudo, ele era contra os britânicos irem para a guerra por suas colônias norte--americanas. Ele instou para que os legisladores despertassem do "sonho dourado" do império e evitassem uma "guerra longa, cara e ruinosa".[24] Smith inclusive defendera que os colonos tivessem representação no Parlamento. Em correspondência com o membro do Parlamento William Strahan (que foi editor de Smith e de Hume) em 26 de outubro de 1775, Smith escreveu que "um monopólio forçado, e a cada dia mais precário, de cerca de 600 ou 700 mil libras por ano de produtos manufaturados, não vale o esforço; [e] que provavelmente preservaremos a maior parte deste comércio, mesmo que os portos da América sejam abertos para todas as nações".[25]

Como era de se esperar, Smith enfatizou os ganhos econômicos que seriam obtidos ao se abrir mão das colônias norte-americanas. Em conformidade com sua visão de que os mercados operam de maneira eficiente, ele viu os benefícios de comerciar com a América mesmo que esta já não fosse uma colônia; de fato, ele estava disposto a comerciar com qualquer um. Preferir um país a outro era, afinal, produto de políticas públicas, e distorcia os mercados de livre concorrência de Smith.

Em suma, portanto, Adam Smith não teria defendido que os governos reequilibrem a economia se fazê-lo significasse introduzir distorções no funcionamento do mercado. Ele foi particularmente veemente quando se tratava do comércio, e via políticas restritivas não só como ineficientes para o mercado, como também distorcivas em relação ao comércio com outros países.

Nem o Reino Unido, nem os Estados Unidos conseguiram reequilibrar sua economia em função da produção industrial ou cobrir seus déficits comerciais depois da crise financeira global de 2008. Em vez disso, um setor de serviços dominante e um déficit comercial persistente continuam a caracterizar essas economias pós-industriais. Smith não teria ficado surpreso. Em seu modelo econômico, o governo não pode mudar fundamentalmente a economia; apenas acrescentar distorções ao modo como o mercado funciona.

Smith não afirmou, porém, que as vantagens econômicas de uma nação não pudessem ser *moldadas*. Ele acreditava na regulação do governo e em políticas elaboradas para melhorar a eficiência do mercado. Ao longo da vida de Smith, o Reino Unido passou por uma mudança estrutural significativa, tornada possível pelas condições estipuladas pelo Estado. O próprio advento da Revolução Industrial é um exemplo de como o progresso tecnológico, que o Estado pode influenciar, alterou fundamentalmente a natureza de uma economia e de uma sociedade. A revolução digital do século XXI poderia inclusive mudar a aplicação das ideias de Smith sobre o setor de serviços improdutivo, uma vez que aquilo que é produzido pelos serviços não expira, e hoje podemos, por exemplo, comprar e apreciar ad infinitum as reproduções de nossas performances musicais favoritas.

Por fim, quanto a remodelar a vantagem de uma nação para que esta seja mais competitiva em um sistema comercial não tão livre, Smith certamente defenderia a liberalização e a abertura. Mas e se o sistema global fosse incapaz de alcançar seus padrões? O próximo capítulo explora de que modo nosso segundo grande economista, David Ricardo, veria o regime de comércio internacional atualmente imperfeito. O Reino Unido e os Estados Unidos deveriam ficar preocupados com seus grandes déficits comerciais em tal sistema?

Um gigante entre os economistas

Smith pode ter sido o pai da economia, mas, como todos os economistas, ele foi alvo de críticas, e não só por defender que os colonos tivessem representação no Parlamento. Por exemplo, seu amigo e contemporâneo, David Hume, questionou a afirmação de Smith de que o aluguel das fazendas poderia compor uma porção do preço da produção. Hume acreditava que o aluguel não influenciava o preço de um produto comercializado no mercado porque o preço é determinado unicamente pela quantidade ofertada e pela procura dos clientes.

Entretanto, Adam Smith foi uma figura influente, embora um tanto excêntrica, durante toda a sua vida. Entre suas excentricidades conhecidas, está o fato de ele bater a cabeça contra a parede enquanto ditava *A riqueza das nações* (ele precisava ditar, porque sua caligrafia era horrível). E, embora tivesse um herdeiro designado, ele doou boa parte de seu dinheiro, quase sempre em segredo.

Seu maior legado é, obviamente, à ciência econômica. Smith é, sem dúvida, o pai da área cujas ideias de um mercado de livre concorrência ainda hoje influenciam nosso pensamento. E ele acreditava no empenho humano acima de tudo:

> O esforço natural de cada indivíduo para melhorar sua própria condição [...] é um princípio tão poderoso que, por si

só, e sem auxílio algum, não só é capaz de levar a sociedade à riqueza e à prosperidade, como também de superar uma centena de obstruções impertinentes com as quais a tolice das leis humanas com demasiada frequência dificulta suas operações.[26]

Capítulo 2

David Ricardo: Os déficits comerciais têm importância?

Comprar mais do resto do mundo do que o país vende: isso tem importância? Esta é uma preocupação para vários países, mas principalmente para as economias avançadas dos Estados Unidos e do Reino Unido, que têm alguns dos maiores déficits comerciais persistentes. Como discutimos no capítulo sobre Adam Smith, o comércio está relacionado à desindustrialização. Portanto, esta é uma dificuldade que outras economias podem muito bem enfrentar à medida que se desenvolvem. Mas, para o Reino Unido e os Estados Unidos, é uma questão premente hoje, com possíveis lições para outros países. O que um grande déficit comercial diz sobre a saúde da economia?

Esta é uma questão antiga, mas que veio à luz quando o déficit na balança corrente do Reino Unido, que é a medida mais ampla que inclui fluxos de investimento e comércio internacional, atingiu recordes históricos depois da crise financeira de 2008. Não há dúvida de que existem preocupações sobre o déficit comercial do Reino Unido. O Banco da Inglaterra alertou sobre as consequências de os estrangeiros pararem de investir no Reino Unido depois que o país sair da União Europeia, o que tornaria mais difícil financiar o déficit na balança corrente.

Os Estados Unidos também têm um grande déficit comercial, mas gozam do privilégio de o dólar americano ser a moeda de reserva do mundo. Isso significa que os estrangeiros emprestam dinheiro mais prontamente para os Estados Unidos para financiar seu déficit. Mas a posição do dólar tem sido questionada pela ascensão de moedas como o renminbi chinês (RMB).

O cerne da questão é: importa se os Estados Unidos ou o Reino Unido têm um grande déficit comercial? Este tem sido o caso há décadas. As tensões geopolíticas podem ser maiores, mas a sustentabilidade econômica do déficit mudou muito?

A questão do comércio internacional foi objeto de muitas análises ao longo dos séculos, particularmente com relação ao Reino Unido. Este foi um dos primeiros assuntos abordados pelos economistas no fim do século XVIII. A revogação das protecionistas Leis do Trigo em favor de uma abertura para a economia mundial marcou o início de uma era de globalização que contribuiu para a prosperidade do Reino Unido.

Foi nessa época que a obra inaugural sobre comércio internacional foi escrita por David Ricardo. *Princípios de economia política e tributação* é considerado um dos clássicos da ciência econômica.

Então, o que Ricardo diria sobre os déficits comerciais persistentes vivenciados pelo Reino Unido, bem como por outras nações desindustrializadas, como os Estados Unidos? A teoria da vantagem comparativa de Ricardo, segundo a qual os países ganham com o comércio mesmo que sejam menos eficientes do que seus parceiros comerciais na produção, transformou o pensamento acerca do comércio internacional e mostrou por que a globalização oferece benefícios significativos. Mas, para entender o contexto da teoria econômica de Ricardo, devemos primeiro examinar sua vida.

A vida e a época de David Ricardo

Embora seja um dos economistas mais influentes de todos os tempos, cujas ideias ainda hoje permeiam a profissão, David Ricardo nunca foi para a universidade. Nascido em 1772, ele posteriormente seria deserdado por sua família judaica ao se casar com uma quacre; Ricardo, no entanto, usou as conexões de seu pai na Bolsa de Valores de

Londres para criar a própria fortuna. Ele se tornou um dos homens mais ricos do Reino Unido; também se tornou economista e, mais tarde, parlamentar.

Ao contrário da maioria dos economistas, Ricardo foi um investidor de sucesso. Ele era um verdadeiro corretor, e, como seu pai, negociava principalmente títulos públicos. De modo similar a seu quase contemporâneo Nathan Mayer Rothschild, ele era o que na época se conhecia como "negociador de empréstimos": negociava para obter um grande volume de títulos da dívida pública e então os vendia para o mercado por sua conta e risco. Durante a Batalha de Waterloo, ele apostou contra uma vitória francesa investindo em títulos do governo britânico. Com esse único lance, tornou-se um dos homens mais ricos da Inglaterra. Quando morreu, sua fortuna foi estimada em cerca de 700 mil libras.[1]

Outro indicador de suas habilidades de investimento é que também era proprietário de terras. Aos 43 anos de idade, havia ganhado 600 mil libras e comprado o Gatcombe Park, em Gloucestershire, que pertence à princesa Ana desde 1976. A decisão de Ricardo de comprar terras pode ter tido a ver com o fato de que ele queria se tornar um *country gentleman*. Seus investimentos lhe deram uma renda anual de aproximadamente 28 mil libras: 10 mil libras vinham de suas propriedades, 10 mil libras, de hipotecas, e 8 mil libras, de ações francesas. Convertido para a moeda de hoje, o valor de suas propriedades foi estimado em 350-400 milhões de libras, com uma renda anual de aproximadamente 15 milhões de libras. Sua riqueza e posição contribuíram para suas teorias econômicas, que se basearam em uma sociedade dividida em três classes.

Assim que ficou rico, Ricardo passou a focar menos em negócios. Ele começou a escrever sobre economia por casualidade. Seu interesse por economia, ou o que era conhecido como economia política, foi despertado inesperadamente quando ele se deparou com um exemplar de *A riqueza das nações*, de Adam Smith, durante uma visita a Bath em 1799. Foi só uma década depois que ele escreveu seu primeiro ensaio sobre economia. Quando tinha quase quarenta anos, Ricardo publicou uma série de artigos econômicos no *Morning*

Chronicle. Seus escritos foram publicados um ano depois como *The High Price of Bullion: A Proof of the Depreciation of Banknotes* [O alto preço do ouro, uma prova da depreciação das notas bancárias]. Devido à guerra com a França, a oferta de ouro na Inglaterra estava sob pressão, e por isso o Banco da Inglaterra havia parado de pagar suas notas em ouro. Ricardo argumentou que, ao estar livre dessa restrição, o banco central passou a imprimir dinheiro demais, o que contribuiu para a inflação alta da época. Essa crítica em sua primeira publicação o levou à atenção de alguns dos principais pensadores da época: Thomas Malthus, Jeremy Bentham e James Mill, pai do eminente filósofo John Stuart Mill.

Em 1815, um aumento das tarifas sobre o trigo importado, conforme as Leis do Trigo, o levou a escrever sua próxima grande obra, *Essay on the Influence of a Low Price of Corn on the Profits of Stock* [Ensaio sobre a influência de um baixo preço do cereal sobre os lucros do capital]. O argumento contra tais leis protecionistas foi o fundamento para sua influente obra futura, que estabeleceu as bases para os modelos comerciais na ciência econômica. Em 1817, foi publicada *Princípios de economia política e tributação*. Não só os argumentos de Ricardo levaram à revogação das Leis do Trigo, como também ele se tornou um legislador.

Na época em que publicou os *Princípios*, Ricardo morava em Grosvenor Square, em Londres, e em Gatomb Park (o "e" foi acrescentado depois). Ele foi eleito xerife de Gloucestershire em 1818 e entrou para o Parlamento naquele ano. Ocupou esse cargo até sua morte, alguns anos depois.

Em 1823, aos 51 anos, relativamente jovem, morreu inesperadamente de uma infecção no ouvido. Deixou a esposa, Priscilla, e sete de seus oito filhos. Dois filhos o sucederam no Parlamento. As propriedades de Ricardo foram divididas entre seus familiares, e parte de sua fortuna foi deixada para seus amigos Malthus e Mill.

A carreira de Ricardo como economista pode ter sido breve, mas, ao longo dela, sua teoria da vantagem comparativa consolidou seu lugar na história como o pai do comércio internacional.

Como Adam Smith, Ricardo viveu em uma época de grandes mudanças. Sem dúvida, suas visões sobre o comércio foram influenciadas pelos debates protecionistas sobre a agricultura.

Para dar uma ideia de o quanto o país mudou, menos de um quinto da população inglesa vivia na metade setentrional do país em 1751. No início do século XIX, isso havia subido para um quarto da população, devido à industrialização. A parcela da população urbana aumentou de um quarto em 1751 para um terço. A Inglaterra havia se tornado o país mais urbanizado da Europa ocidental.

A Revolução Industrial fez com que o Reino Unido se tornasse o país mais rico da Europa, mas a produção agrícola não cresceu tão depressa quanto a população. Em consequência, houve uma forte dependência da importação de alimentos e matérias-primas. Essas duas categorias constituíam quase a totalidade das importações na época em que o Reino Unido era o maior comerciante do mundo devido a seu império colonial.

Ainda assim, contrariando a percepção popular, a indústria manufatureira do início do século XIX continuou ofuscada pelos ofícios e pelo comércio varejista. As ocupações mais populares eram as de padeiro, ferreiro, açougueiro, pedreiro, carpinteiro, taberneiro, sapateiro, alfaiate e, é claro, lojista. E, apesar da prosperidade do país, o crescimento real dos salários, isto é, o aumento salarial menos a inflação, não conseguiu acompanhar a produção per capita de 1760 a 1850. O consumo por pessoa inclusive ficou estagnado entre 1780 e 1820.[2]

Mas os frutos da Revolução Industrial estavam rendendo para alguns. Os proprietários de terras estavam se saindo bem, e os donos do capital também, uma vez que investiam em fábricas e maquinário. Em consequência, a desigualdade aumentou. Em 1810, os 10% mais ricos possuíam em torno de 85% da riqueza total. Esse percentual subiu para mais de 90% em 1900. Os 1% mais ricos detinham mais de 50% da riqueza da nação no início do século XIX, um número que subiu para quase 70% no início do século XX.[3] Com sua fortuna de mais de 600 mil libras, por pouco Ricardo não foi considerado um dos 179 milionários do Reino Unido, mas era um dos 338 que tinham pelo menos meio milhão de libras.

Na época de Ricardo, mais da metade dos homens ricos do Reino Unido eram proprietários de terras, uma estatística ainda mais surpreendente porque a Revolução Industrial criou fortunas para os industrialistas. Além das terras, os ricos estavam no comércio e nas finanças – por exemplo, eram banqueiros, corretores, mercadores e proprietários de navios. Com origem na City de Londres, o centro financeiro do mundo, e dono de vastas propriedades no campo, Ricardo tinha um pé em cada barco da elite de sua época. A camada inferior da sociedade era a classe recém-criada de trabalhadores assalariados. Em meados do século XIX, a parcela de trabalhadores que recebiam salários industriais havia aumentado para cerca de 80%, mais do que dobrando em um século.[4] Assim, uma estrutura social simplificada, em três camadas, formava a base dos modelos econômicos de Ricardo. Por exemplo, os *Princípios* determinam uma economia capitalista com três classes em que a acumulação de capital depende dos lucros gerados pelos capitalistas que administram as indústrias do Reino Unido.

Além disso, Ricardo acreditava que as perspectivas econômicas do Reino Unido seriam determinadas pela luta entre os proprietários de terras, protecionistas, e o restante da sociedade. Ele observou: "o interesse do proprietário de terras é sempre oposto ao interesse de todas as outras classes na comunidade".[5] Ricardo viu os proprietários de terras pressionarem por leis protecionistas como as Leis do Trigo, que os ajudariam, mas prejudicariam a economia.

Outro aspecto importante das ideias de Ricardo é que ele seguiu a definição de Jeremy Bentham de utilidade para uma sociedade, que defendia a maior felicidade para o maior número de pessoas. Desse modo, ele estabeleceu uma base utilitarista para seu argumento a favor do livre-comércio. Como era o sistema econômico mais produtivo, o comércio tinha o potencial de satisfazer o critério de Bentham.[6] No modelo comercial de Ricardo, visto que a economia como um todo se beneficia do comércio internacional, as consequências distributivas têm menos importância.

Seu modelo de comércio internacional refletia sua crença na natureza científica da economia política. Esta não era uma visão amplamente aceita. Quando entrou para o Parlamento, Ricardo foi tratado com grande respeito, mas não depois que propôs um imposto sobre o capital para quitar a dívida nacional, algo considerado "uma ideia absurda" até mesmo por seus amigos.[7] Praticamente todos os economistas do século XVIII pensavam que a dívida nacional era uma má ideia e que algumas medidas drásticas eram necessárias para quitá-la. O azar de Ricardo é que ele foi, talvez, o mais convincente. Depois disso, as atitudes com relação a ele mudaram. Ele passou a ser visto como um teórico, um epíteto que não se pretendia um elogio. Ricardo defendeu a teoria econômica contra aqueles que se apoiavam unicamente nos fatos. Com efeito, de acordo com o historiador econômico Mark Blaug, "o divórcio entre a teoria abstrata e o trabalho prático nunca foi mais completo do que no auge da economia ricardiana".[8] Isso fez com que Ricardo fosse criticado por nomes importantes como Walter Bagehot, editor do *The Economist*: "Até o fim de seus dias, ele nunca compreendeu o que estava fazendo. Ele lidava com abstrações sem saber que o eram; acreditava totalmente que estava lidando com coisas reais".[9]

O economista austríaco Joseph Schumpeter inclusive cunhou o termo "vício ricardiano", que salienta o suposto hábito de Ricardo de fazer "suposições heroicas".[10] Schumpeter criticou Ricardo por incluir suposições em uma representação simplificada da economia a fim de produzir os resultados desejados.[11]

Entretanto, o impacto de Ricardo na ciência econômica é permanente, e não só na área do comércio internacional. Ricardo desenvolveu a teoria da "renda econômica". Quando mais terra é cultivada, os agricultores aram menos terra produtiva. Mas um *bushel** de trigo é vendido pelo mesmo preço, que não depende da produtividade da terra. Portanto, os agricultores não ganham mais se tiverem de trabalhar mais para produzir um *bushel* de trigo. Desse modo, apenas os proprietários de terra ganham com os preços mais altos da terra devido à escassez. Eles não realizaram nenhum esforço

---

* O *bushel* é uma unidade de medida de volume para cereais; é usada nos países anglo-saxões e equivale a 36,36 litros (N.T.)

para receber os aluguéis mais altos cobrados dos agricultores. Obviamente, isso está de acordo com a visão de Ricardo de que os proprietários de terra eram caçadores de renda. O "*rent-seeking*" [caça à renda] é um dos conceitos de economia mais amplamente usados atualmente, por exemplo, para explicar por que a corrupção política persiste em alguns países ricos em petróleo, visto que há um incentivo para buscar acumular as "rendas" obtidas com a venda de petróleo e não as dividir com o país como um todo.

O modelo ricardiano de comércio internacional

A abordagem de David Ricardo ao comércio internacional tem origens em sua história de vida, ao passo que seu interesse por economia foi despertado pela leitura de *A riqueza das nações*; portanto, não é de se surpreender que ele tenha desenvolvido em mais detalhes a abordagem de Adam Smith.

Smith escreveu: "Se um país estrangeiro pode fornecer-nos uma mercadoria mais barata do que nós poderíamos fazê-la, melhor comprá-la dele [...]".[12] Igualmente, Ricardo focou no que gerava eficiência. Seu foco não estava em obter um superávit comercial ou evitar um déficit, mas em aumentar o comércio que tornava uma nação mais produtiva. Tanto Ricardo como Smith argumentaram contra a doutrina mercantilista do século XVIII de que uma balança comercial e monetária favorável, incluindo o acúmulo de ouro e prata, levava ao crescimento econômico. Eles expuseram a falácia de que o caminho para o crescimento era almejar um superávit comercial em vez de trabalhar eficientemente e produzir bens para a economia.

Os escritos de Ricardo sobre comércio internacional estavam interligados a seus pensamentos sobre as três grandes questões da época: estabilidade da moeda, dívida nacional e proteção da agricultura. A teoria do comércio internacional envolve mais do que simplesmente avaliar como o setor de exportação e importação está se saindo. Em vez disso, ele preferia pensar no comércio como empresas nacionais e seus consumidores vendendo e comprando para além das fronteiras nacionais. Daí sua visão de que a análise do comércio deveria estar associada a políticas econômicas internas.

O acontecimento que moldou as ideias de Ricardo foi o debate parlamentar sobre as Leis do Trigo, protecionistas, em junho de 1813, que impunham tarifas e restrições aos cereais importados a fim de manter altos os preços internos. (Apesar do nome, "trigo" então se referia a todos os cereais cultivados, e não apenas ao trigo.) Na teoria de Ricardo, "os lucros gerais devem cair, a não ser que haja melhorias na agricultura ou o cereal possa ser importado a um preço mais baixo".[13] O modelo de Ricardo se baseou no que ele observara. A lei dos rendimentos decrescentes significa que há uma tendência natural de que o lucro por unidade marginal produzida diminua, porque o preço unitário cai à medida que a oferta aumenta. Então, para o Reino Unido, a capacidade de comerciar livremente no exterior, sobretudo alimentos, era importante para o crescimento econômico. Ricardo via um conflito entre os proprietários de terras, que eram os proponentes das Leis do Trigo, e o restante: "A situação [dos proprietários de terras] nunca é tão próspera quanto quando o alimento é escasso e caro; ao passo que todas as outras pessoas são enormemente beneficiadas ao obter comida barata".[14]

Ricardo e as Leis do Trigo

Na época das Leis do Trigo, o Reino Unido já tinha uma longa história de intervenção do governo. O Estado esteve fortemente envolvido na regulação e tributação do comércio durante todo o século XVIII e início do século XIX. Durante a Revolução Industrial, as políticas comerciais do Reino Unido eram essencialmente mercantilistas. As Leis do Trigo impunham tarifas significativas sobre os produtos agrícolas, ao passo que as Leis de Navegação protegiam o setor de transporte marítimo ao exigir que todo o comércio inglês usasse navios ingleses.

Desde o reinado de Guilherme e Maria, o governo britânico ofereceu apoio financeiro a sua principal base política, os proprietários de terras. Os cereais britânicos estavam entre os mais caros da Europa, mas até 1760 o Reino Unido se manteve como um importante exportador de cereais graças a subsídios do governo.[15] No fim do século XVIII, houve um breve período de liberalização comercial entre o Reino Unido e a França, mas, com as Guerras Napoleônicas, isso acabou. Seguiu-se o restabelecimento das Leis do Trigo em 1815. O comércio não foi muito livre durante grande parte da primeira metade do século XIX.

Adam Smith excluíra os alimentos ao defender o livre-comércio. Já Ricardo não estava muito preocupado com a dependência de países estrangeiros para a obtenção de alimento, observando que mesmo durante as Guerras Napoleônicas a França continuou a exportar cereais para o Reino Unido ao ser pressionada por exportadores franceses. Ricardo também rejeitou a afirmação de que o livre-comércio de cereais aumentaria a volatilidade dos preços dos alimentos. Ele chamou atenção para a Holanda, que dependia quase totalmente do fornecimento externo, e mesmo assim não registrou instabilidade nos preços dos alimentos.[16]

Ricardo acreditava que o comércio levava à especialização, o que aumentaria a eficiência da produção. O livre-comércio de cereais, de acordo com Ricardo, teria "uma tendência a aumentar o salário real dos trabalhadores [...] todos os capitalistas, sejam eles agricultores, produtores industriais ou mercadores, terão um grande aumento dos lucros".[17] Embora alguns pudessem sair perdendo,[18] os ganhos econômicos para o país como um todo eram muito mais importantes, ou, como ele colocou: "Lamento muitíssimo que considerações de uma classe em particular sejam usadas para obstar o progresso da riqueza e da população do país".[19]

A campanha de Ricardo contra as restrições ao comércio exerceu um papel importante na revogação das Leis do Trigo em 1846, 23 anos após sua morte. Além disso, seus argumentos contra a emissão excessiva de dinheiro por parte do Banco da Inglaterra levaram à Lei Bancária de Peel, de 1844, que estabeleceu um estrito padrão monetário anti-inflacionário para o banco central.

Depois dessas duas mudanças políticas históricas, o Reino Unido rapidamente se tornou a "oficina do mundo", exportando produtos manufaturados como convém à primeira nação industrial do mundo. O país se tornou uma das principais economias mais abertas do mundo, dominando o comércio internacional até a ascensão dos Estados Unidos.

Uma história de dois déficits comerciais

Embora o Reino Unido continue sendo uma das economias mais globalizadas, desde seu auge no século XIX também adquiriu um grande déficit comercial. O conceito mais amplo foi discutido no capítulo anterior. Aqui, examinaremos essa questão em detalhes. Desde a crise de 2008, o déficit externo do Reino Unido atingiu um recorde. O déficit na balança corrente do Reino Unido, de 5,2% do PIB em 2015, foi o maior desde pelo menos 1948. A balança corrente, ou transações correntes, é uma medida ampla que inclui os produtos e serviços comercializados, bem como o dinheiro que entra e sai do país. O déficit, portanto, inclui a movimentação de dinheiro feita por grandes empresas multinacionais entre países, o que não é motivo de preocupação. Mas o déficit comercial estrutural subjacente em produtos e serviços, que exclui os fluxos de dinheiro, é de aproximadamente 2% do PIB. Isso é o que justifica a discussão. É por isso que precisamos perguntar se o Reino Unido deve se preocupar por consistentemente comprar mais do que vender no exterior. O Reino Unido pode continuar fazendo isso? Esse déficit comercial considerável é medido corretamente? Essa segunda pergunta surge porque a maior parte da economia – mais de três quartos do PIB – é composta de serviços, como educação e finanças.

As duas perguntas estão relacionadas. Se a maior parte da economia britânica não é medida corretamente, é provável que a exportação de serviços também esteja sendo quantificada de maneira imprecisa. Portanto, é possível que o déficit comercial do Reino Unido em produtos e serviços não seja tão grande quanto aparece nas estatísticas oficiais, o que poderia significar que não há tanto motivo para preocupação.

E o Reino Unido vende muitos serviços no exterior. Em 2015, a exportação de serviços atingiu um superávit recorde de mais de 5% do PIB. Isso certamente vai contra o cenário de um déficit comercial total cada vez pior. Atrás apenas dos Estados Unidos, o Reino Unido é o segundo maior exportador de serviços no mundo. Já o comércio de produtos registrou um déficit recorde de mais de 7% do PIB, resultando em um déficit líquido de 2%.

O superávit no setor de serviços poderia levar o déficit comercial a um equilíbrio? Isso não é totalmente inconcebível. O economista de Harvard Ricardo Hausmann e seu coautor Federico Sturzenegger estimam que o grande déficit comercial dos Estados Unidos seria, na verdade, um superávit se os ativos que geram receita, mas não podem ser vistos, fossem considerados adequadamente.[20] O mesmo pode muito bem ser verdadeiro com relação ao Reino Unido.

Sendo assim, quão imprecisa é a medição da parte dominante, porém invisível, da economia britânica, o setor de serviços? Visto que as exportações de serviços são chamadas de balança invisível, certamente a probabilidade de medição imprecisa aumenta. Também há os "manu-services" de empresas nos setores de engenharia e software que produzem bens e serviços, e estes são facilmente mal classificados pelos estatísticos. Se os serviços fossem medidos com mais precisão, talvez pudéssemos nos preocupar um pouco menos com o déficit comercial.

Também há um grande espaço para crescimento na exportação de serviços. À diferença do que ocorreu com a indústria manufatureira, a liberalização do comércio global no pós-guerra não progrediu tanto no setor de serviços. Praticamente todo o comércio global de produtos está protegido por um amplo acordo multilateral supervisionado pela Organização Mundial do Comércio (OMC). Já o setor de serviços não viu o mesmo grau de abertura dos mercados. A liberalização do setor de serviços ajudaria a melhorar os déficits comerciais do Reino Unido e dos Estados Unidos, uma vez que ambos estão entre as maiores economias baseadas em serviços. No momento, os exportadores de serviços do Reino Unido enfrentam mais barreiras comerciais do que seus equivalentes nos setores primário e secundário, mas se, por exemplo, o Acordo sobre o Comércio de Serviços (TiSA, na sigla em inglês), que atualmente vem sendo negociado por alguns membros da OMC, se concretizar, os mercados seriam abertos para o comércio de serviços de maneira similar ao que ocorre com os produtos manufaturados, e os serviços enfrentariam muito menos obstáculos ao comércio exterior, o que reduziria o déficit do Reino Unido. O comércio de serviços está mudando mesmo sem um novo acordo comercial multilateral. Como já observamos, os mercados emergentes demandam cada vez mais os tipos de serviços profissionais altamente qualificados em que o Reino Unido se especializa, como educação e direito. Talvez não seja suficiente para superar o déficit de produtos comercializados, mas a procura por serviços está crescendo.

Como no Reino Unido, a maior parte da economia dos Estados Unidos é composta de serviços como varejo, indústrias criativas e atividade bancária. A desindustrialização dos últimos cinquenta anos foi associada a uma perda de trabalhos manuais bem remunerados e salários estagnados. Está parcialmente relacionada com a globalização e o surgimento do *offshoring* ou deslocalização, o fenômeno pelo qual as nações com baixo custo de mão de obra assumem a produção de bens manufaturados mais básicos.

Também como no Reino Unido, o déficit comercial é uma questão persistente nos Estados Unidos, mas há sinais de mudança. Na última década, algumas fábricas têm regressado ao território norte-americano. A indústria manufatureira norte-americana está passando por um renascimento? As "indústrias avançadas" lideram a recuperação dos Estados Unidos, de acordo com a Brookings Institution, um centro de estudos em Washington, DC.[21] Estas são indústrias que investem muito em P&D e são mais focadas em tecnologia. O renascimento do "Fabricado nos EUA" estava acontecendo antes da política "América em primeiro lugar" do presidente Donald Trump.

De maneira um tanto inesperada, o Tennessee é um dos estados que lideram o renascimento da indústria manufatureira. A maior fábrica de carros da América do Norte, pertencente à empresa japonesa Nissan, está situada na terra da música country, e não em Michigan. A Nissan decidiu concentrar mais da sua produção de carros no Tennessee nos últimos anos, exportando para mais de sessenta países no mundo todo, mas as linhas de produção de hoje não são algo que Henry Ford reconheceria. Braços robóticos montam os carros, enquanto outros robôs dirigem e levam suprimentos por uma fábrica com quase 500 mil metros quadrados. Portanto, mesmo com a produção industrial em expansão, são necessários menos trabalhadores do que antes.

Não são só as empresas estrangeiras que estão indo para os Estados Unidos. Depois de décadas em que a produção vinha deixando os Estados Unidos, empresas norte-americanas como a Stanley Black & Decker, que estavam fabricando em países como a China, têm retornado. A Stanley Black & Decker recentemente produziu sua primeira ferramenta elétrica nos Estados Unidos depois de mais de 25 anos. O catalisador foi uma rara combinação de fatores que impulsionou a produção industrial norte-americana. A extração de petróleo de xisto no país reduziu os custos com energia e tornou os Estados Unidos competitivos novamente. O aumento dos salários em mercados emergentes como a China é outra razão. A Stanley Black & Decker calcula que custa quase a mesma coisa produzir nos Estados Unidos ou na China, considerando-se os custos de transporte e logística. Além disso, os Estados Unidos mantiveram sua posição de líderes tecnológicos, de modo que a produtividade é alta.

Quanto ao Tennessee, o estado tem uma longa história de inovação. A bomba atômica foi desenvolvida no leste do Tennessee. O financiamento federal hoje fomenta as indústrias avançadas – portanto, aquelas com uma alta proporção de gastos com P&D e trabalhadores qualificados nas áreas de ciência, tecnologia, engenharia e matemática (STEM, na sigla em inglês). Por exemplo, o financiamento para o Laboratório Nacional Oak Ridge apoia o desenvolvimento de impressão 3D (também conhecida como "fabricação aditiva"). Esse processo automatizado só requer programação humana para que um único braço robótico produza a carroceria de um carro, secretando camada após camada de plástico. Os produtores industriais associados, que fornecem as partes e distribuem os produtos, também se beneficiam. A empresa que trabalha com o Oak Ridge para criar os plásticos que tornam a carroceria forte o suficiente para suportar a pressão na estrada é um lembrete de que a produção industrial ainda se baseia em fábricas, como atestam o cheiro de plástico derretendo e o ruído de rotação mecânica que acompanham esse processo de alta tecnologia.

Para que a relocalização e a reindustrialização aconteçam, portanto, é preciso que as pessoas vejam a indústria sob uma nova luz. Os norte-americanos realmente contemplam voltar para o trabalho no chão da fábrica? Uma preocupação comum das empresas é a escassez de mão de obra qualificada. Eu realizei uma pesquisa informal com estudantes da Universidade do Tennessee e descobri que a maioria deles não via seu futuro na produção industrial. Alguns queriam financiar essas plantas, enquanto outros afirmavam que não eram bons o bastante em matemática para trabalhar em indústrias avançadas. Mas todos concordavam que a indústria manufatureira tem um problema de imagem: pode ter provido um emprego adequado para a geração de seus pais, mas não é para eles.

Ainda assim, o lado da inovação está florescendo. No Laboratório Nacional Oak Ridge, uma centena de estudantes se reúnem diariamente depois da aula e competem para construir o melhor robô. Uma das placas que vi dizia "Fabricado nos EUA", mas em caracteres chineses. É sua maneira de sinalizar que as etiquetas "Fabricado na China" nas roupas e nos aparelhos eletrônicos logo enfrentarão forte concorrência. Estimular a concorrência e melhorar a produção econômica é o que David Ricardo teria previsto quando as nações comerciam entre si e instigam umas às outras.

Como a indústria manufatureira avançada está mudando os padrões de comércio

De acordo com a Brookings Institution, indústrias avançadas, como a fábrica automatizada da Nissan que discutimos anteriormente, cresceram 30% mais rápido que o PIB dos Estados Unidos desde 1980. Em uma época de baixo crescimento salarial, as indústrias avançadas também registram um aumento nas remunerações cinco vezes mais rápido que a média para os Estados Unidos. Desde o início da Grande Recessão de 2009, essas indústrias geraram cerca de um milhão de empregos.

No entanto, a Information Technology and Innovation Foundation, um instituto de pesquisa independente com foco em políticas públicas voltadas para inovação e tecnologia da informação, atribuiu o ressurgimento de empregos na indústria manufatureira a uma recuperação da recessão. Essa opinião foi ecoada pelo Centro de Pesquisas Econômicas e Empresariais da Universidade do Tennessee. Eles preveem que os empregos na indústria manufatureira caiam novamente e que o setor retorne à tendência de longa data de cortar empregos diante da concorrência externa e da automação. Isso é consistente com a tendência observada desde 1950, segundo a qual a produção industrial norte-americana aumentou em termos absolutos, mas caiu em relação ao PIB, visto que os serviços cresceram mais depressa.

No Reino Unido, o padrão é similar. Assim como nos Estados Unidos, a produção industrial britânica cresceu em termos absolutos nas últimas décadas. Mas, em relação ao PIB, a produção industrial hoje representa aproximadamente um décimo da produção nacional. Apesar da última recessão, o Reino Unido ainda está entre os dez maiores produtores industriais do mundo, e a maior parte dos gastos com P&D, mais de 70%, vai para esse setor. Em comparação com sua parcela do PIB, a produção industrial faz uma contribuição maior para as exportações, correspondendo a aproximadamente metade do que o Reino Unido vende no exterior. Mas o Reino Unido ainda importa mais produtos industrializados do que exporta, e por isso há um déficit comercial. Mais uma vez como os Estados

Unidos, as indústrias que vendem no exterior tendem a estar em setores avançados, de modo que empresas focadas em tecnologia e com trabalhadores qualificados em STEM constituem a nova face da produção industrial. Mas não houve uma recuperação de empregos na indústria em setores de alta tecnologia como a indústria química, farmacêutica ou automotiva. Apenas a indústria aeroespacial viu um aumento de empregos quase uma década após a recessão. Além disso, a produtividade da mão de obra, que é a produção por trabalhador, é baixa. O Reino Unido está acima da média mundial, mas fica atrás de outros países, como os Estados Unidos e a Alemanha. O Reino Unido também poderia passar por uma relocalização da indústria manufatureira? Uma questão é a escassez de trabalhadores qualificados em STEM, que frequentemente é mencionada nas pesquisas empresariais como um impedimento para os empregadores do Reino Unido.

Então, onde isso deixa as economias avançadas como o Reino Unido e os Estados Unidos? Mesmo que a produção industrial seja trazida de volta para os Estados Unidos ou para o Reino Unido, é improvável que a indústria manufatureira se torne a maior parte de sua economia. O emprego também provavelmente sofrerá pressão da robótica e da automação. Ainda assim, os Estados Unidos, com a experiência de relocalização da produção, têm lições a ensinar para o Reino Unido e a outros países quanto ao modo de se tornar mais competitivo em indústrias avançadas, o que, por sua vez, traz implicações para os fatores de crescimento e também para a posição comercial de um país.

No capítulo anterior, aprendemos o que Adam Smith diria sobre as tentativas dos governos de reequilibrar suas economias. Mas e quanto ao assunto relacionado do estabelecimento de políticas comerciais? O que David Ricardo aconselharia que os governos fizessem diante dessas tendências e de um déficit comercial grande e persistente?

A teoria da vantagem comparativa de David Ricardo

A teoria da vantagem comparativa de David Ricardo afirma que cada país deve produzir e comercializar aquilo em que é relativamente mais eficiente. Mesmo que a China possa produzir tudo a um custo mais baixo, os Estados Unidos ainda devem produzir aquilo em que são relativamente melhores, e a China deve fazer o mesmo. Portanto, é do interesse de cada país se especializar quanto ao que produz e negociar por aquilo que já não produz tanto. Nenhuma nação é totalmente fechada para a economia mundial (até mesmo a Coreia do Norte comercia com a China). Isso é conhecido como "autarquia", onde não há comércio algum com outras nações. Portanto, todos os países escolhem comerciar porque o comércio internacional aumenta a eficiência de uma economia, bem como o consumo para seu povo.

Ricardo usou o exemplo dos tecidos ingleses e dos vinhos portugueses para ilustrar sua teoria. Se são necessários oitenta trabalhadores portugueses para produzir vinho e noventa para produzir tecido, então Portugal deve exportar vinho e importar tecido, já que é mais eficiente em produzir vinho do que tecido. Portugal deve comprar tecido da Inglaterra, ainda que sejam necessários cem trabalhadores ingleses para produzir tecido. Isso pode parecer surpreendente, mas Portugal é mais eficiente em produzir vinho; portanto, ao se especializar em vinho, pode produzir mais e importar aquilo que é relativamente pior em produzir.

No caso da Inglaterra, são necessários mais trabalhadores para produzir tecido e vinho do que em Portugal; por exemplo, cem trabalhadores para produzir tecido e 120 para produzir vinho. Portanto, a Inglaterra deve se especializar em tecido, porque é relativamente mais eficiente em tecelagem, embora esta não seja uma vantagem absoluta, visto que Portugal consegue produzir tecido e vinho com menos trabalhadores. A Inglaterra, então, importaria o vinho, que produz com menos eficiência.

Ao se especializar e então comercializar, ambos os países podem consumir mais do que se produzissem tudo eles próprios. Este não é um conceito intuitivo. O ganhador do Prêmio Nobel de Economia Paul Samuelson observou que essa premissa fundamental do comércio internacional, a vantagem comparativa, era o melhor exemplo de um princípio econômico que é inegavelmente verdadeiro, porém não óbvio para pessoas inteligentes.[22]

A vantagem comparativa de Ricardo nos ajuda a entender se devemos nos preocupar com os déficits comerciais? Em primeiro lugar, há críticas à sua teoria a serem consideradas. Ricardo foi acusado de negligenciar algumas das questões mais importantes em comércio internacional, incluindo a apresentação de um modelo estático, em vez de dinâmico. No modelo de Ricardo, os países não podem influenciar sua vantagem comparativa – um país que é rico em recursos naturais se especializaria em agricultura, por exemplo. Mas às vezes os países moldam sua vantagem comparativa em uma tentativa de influenciar aquilo em que se especializam, por exemplo, com políticas públicas que promovem certos setores. Isso ficou conhecido como "nova teoria do comércio internacional". Essa extensão do modelo de Ricardo foi desenvolvida por Paul Krugman, que recebeu o Prêmio Nobel de Economia por seu trabalho sobre uma teoria dinâmica do comércio. A nova teoria do comércio internacional significa para o Reino Unido que, embora não tenha uma grande população, ainda pode promover as indústrias de alta tecnologia e não precisa ser totalmente excluído do mercado por nações industriais que produzem a um custo mais baixo.

Ricardo também foi criticado por fazer suposições irreais sobre a imobilidade da mão de obra e do capital. Sua teoria da vantagem comparativa funciona porque o capital não se movimenta tão livremente entre os países quanto no interior de um país. Se o fizesse, o capital inglês iria para Portugal e este país produziria tecidos e vinhos. A movimentação da mão de obra praticamente não é mencionada por Ricardo.

Este fato levanta a questão de saber se Ricardo estava ou não assumindo uma especialização internacional completa ou incompleta. Em geral, os países não abandonam totalmente um setor, e a especialização completa é rara. Mas Ricardo não examina as consequências da especialização incompleta, nem determina em que momento os preços dos produtos comercializados se estabilizam; ele simplesmente assume que existe um ponto intermediário entre os preços das duas nações que estão comerciando.

Talvez mais importante do que as objeções técnicas seja o fato de que se considera que Ricardo ignorou a questão do impacto "distributivo" do comércio, bem como das políticas existentes quando as nações comerciam. Por exemplo, ele supõe o pleno emprego e ajustes automáticos de setores da economia à introdução do comércio internacional, e normalmente nenhum dos dois ocorre. Além disso, ele não aborda o que acontece com aqueles que ficam desempregados quando as indústrias são abandonadas ou enxugadas após a especialização. Como sempre, embora o país como um todo esteja em melhor situação, alguns se beneficiam mais do que outros.

Ricardo também foi criticado por negligenciar as relações de poder desiguais entre a Inglaterra e Portugal, os países que ele usou como exemplo em *Princípios*. A economista de Cambridge Joan Robinson argumentou que a tradição ricardiana "implica[ria] o comércio entre países de igual peso e no mesmo nível de desenvolvimento. Isso exclui o imperialismo e o uso de poder para promover a vantagem econômica".[23] Ela acrescentou:

> Na vida real, Portugal era dependente do apoio naval britânico, e foi por essa razão que o país foi obrigado a aceitar condições de comércio que destruíram sua produção de têxteis e inibiram o desenvolvimento industrial, de modo a torná-lo mais dependente do que nunca.
> [...] Quando a acumulação [de capital] é incluída na história, fica claro que Portugal não vai se beneficiar do livre-comércio. Investir na expansão das manufaturas leva a avanço técnico, aprendizado prático, especialização das indústrias e acumulação acelerada, ao passo que investir em vinhos é uma via de mão única para a estagnação.[24]

Vale observar que a teoria do comércio internacional corresponde a apenas um capítulo em *Princípios*. Portanto, se Ricardo tivesse focado mais no comércio internacional e menos em outras teorias econômicas em sua obra, algumas dessas críticas poderiam ter sido respondidas.

Entretanto, os economistas concordam que a teoria de Ricardo ajuda a explicar a base de por que e como as nações comerciam. Os economistas reconhecem que o país como um todo ganha com o comércio, mas haverá perdedores naquela indústria em que a nação deixar de se especializar. Eles também entendem que, quando a política é considerada, as economias menos desenvolvidas podem ter dificuldade de negociar os termos de comércio com os países mais ricos dos quais recebem auxílio.

Para economias pós-industriais como a do Reino Unido, os produtos mais baratos vindos dos países em desenvolvimento tornaram a concorrência mais difícil e apressaram a mudança para o setor de serviços. Portanto, a globalização torna maior o desafio de reequilibrar a economia. Ricardo veria essas questões como inevitáveis, mas também como questões relacionadas a serem tratadas em conjunto.

David Ricardo não focaria políticas públicas unicamente no déficit da balança corrente. O cerne da teoria de Ricardo é que a produção e a troca determinavam a prosperidade econômica, não a política mercantilista empregada para promover um superávit comercial em sua época.[25] Essa teoria é similar à de Adam Smith, que acreditava que os esforços para promover uma balança comercial favorável eram um "absurdo".[26]

Como Smith, David Ricardo instaria os políticos a olhar para a saúde da economia interna, e não focar unicamente na posição comercial. Saber quão eficiente é um país em produzir bens e serviços ajuda a determinar sua vantagem comparativa, e isso leva ao equilíbrio da balança comercial. Almejar um superávit comercial sem examinar o que precisa ser feito na economia nacional para tornar as exportações mais desejáveis para o resto do mundo seria, para Ricardo, a maneira errada de lidar com a questão.

O que Ricardo teria a dizer sobre a importância dos déficits comerciais

Não há dúvida de que as teorias de David Ricardo imperaram em sua época, como imperam hoje. As barreiras comerciais começaram a cair nos anos 1830. Em 1843, uma revista semanal chamada *The Economist*, que apoiou a ascensão do livre-comércio e dos mercados, foi fundada por James Wilson. Incluía a obra do genro de Wilson, Walter Bagehot. Depois que as Leis do Trigo foram revogadas em 1846 e o Reino Unido se tornou uma potência industrial, o resto do mundo logo seguiu o mesmo caminho. Quando os Estados Unidos foram fundados na segunda metade do século XVIII, as tarifas aduaneiras representavam quase 100% da receita do novo governo. Em 1910, representavam 50%, e desde então caíram para menos de 2% do orçamento do governo.[27]

Contudo, no século XXI, enquanto barreiras comerciais persistem nos serviços e na agricultura, a agenda de liberalização da Organização Mundial do Comércio está parada.

Então, em um regime de comércio global imperfeito, a vantagem comparativa dos Estados Unidos e do Reino Unido não foi capaz de proporcionar todos os benefícios postulados por Ricardo. Ele também estaria preocupado com as condições desiguais no comércio internacional. Ricardo teria insistido na abertura dos mercados globais, em particular no setor de serviços, relativamente fechado. A liberalização do comércio de serviços ajudaria tanto a posição comercial dos Estados Unidos e do Reino Unido como a economia global, visto que mais de 70% do PIB mundial consiste em serviços.

Com uma maior abertura do comércio e um maior investimento em serviços, a posição do déficit do Reino Unido pode melhorar se seu setor dominante conseguir ganhar mais força nos mercados mundiais. Enquanto isso, Ricardo não teria se preocupado excessivamente com o fato de o Reino Unido comprar mais do resto do mundo do que o país vende. Ele teria visto o déficit comercial do país como sintomático da estrutura de sua economia. Especificamente, o Reino Unido se especializa em serviços, o que, à diferença dos produtos manufaturados, são parcialmente não comercializáveis. Portanto, o país importa produtos que contribuem para seu déficit comercial, ao passo que o que produz é, em parte, consumido internamente. De todo modo, ele teria insistido para que o Reino Unido mantivesse a abertura que tem desde a revogação das Leis do Trigo. Por fim, se Ricardo tivesse tido a chance de expandir a exposição de seu modelo comercial, considerando o fato de que reconheceu o conflito entre as classes, ele também poderia ter aceitado medidas para redistribuir os ganhos oriundos do comércio exterior, tirando dos caçadores de renda e direcionando aos mais prejudicados. Isso ajudaria aqueles que são deixados para trás quando uma economia começa a se especializar em certos setores em detrimento de outros.

O último capítulo deste livro tratará desse assunto e do que Ricardo, e os outros grandes economistas, diriam sobre como ajudar aqueles que saem perdendo com o comércio internacional, e sobre o que a reação negativa observada em várias economias avançadas significa para o futuro da globalização.

Capítulo 3

Karl Marx:
A China pode se tornar um país rico?

Karl Marx foi um dos mais influentes, e também um dos mais controversos, economistas da história. Marx e seu colaborador, Friedrich Engels, proclamaram na frase de abertura do *Manifesto do Partido Comunista*: "Até hoje, a história de toda sociedade é a história das lutas de classes".[1]

Marx foi um homem de contradições. Ele defendeu a classe trabalhadora, mas levou uma vida sofisticada, embora pobre. Isso não era incomum para a época. A maioria dos revolucionários europeus do século XIX era de intelectuais da classe média, e não de operários. Por exemplo, embora Jenny Marx fosse esposa de um revolucionário, ela continuou a utilizar papéis gravados com os dizeres "Baronesa von Westphalen".[2]

Apesar da influência disseminada de Karl Marx, John Stuart Mill, um dos principais pensadores da época, nunca tinha ouvido falar nele[3], talvez porque Marx tenha publicado pouca coisa em inglês ao longo de sua vida. Sua obra mais influente, *O capital*, foi publicada em alemão. Ele era conhecido nos debates alemães, mas não tanto entre o público inglês.

Postumamente, as teorias de Marx sobre o comunismo transformaram as economias de alguns dos maiores países do mundo. Da Rússia à China, o comunismo se estabeleceu de alguma forma quando essas nações procuraram uma alternativa ao modelo capitalista liderado pelos Estados Unidos no início do século XX. As noções de igualdade econômica e trabalho comunitário estavam entre as razões pelas quais a Rússia se voltou para Marx. A revolução comunista em 1917 levou ao estabelecimento da União Soviética, que rivalizou com os Estados Unidos, um país capitalista, como o modelo econômico *du jour* durante a Guerra Fria, que durou do fim da Segunda Guerra Mundial até a queda do Muro de Berlim, no fim dos anos 1980.

O sucesso mais notável de Marx é a China comunista. A segunda maior economia do mundo e a nação mais populosa adotou o comunismo depois de sua revolução de 1949, e desde então é governada pelo Partido Comunista chinês. Mas, a partir de 1979, quando a estagnação econômica levou seu líder, Deng Xiaoping, a adotar reformas, a China foi se afastando de uma economia planificada rumo a uma economia mais baseada no mercado. Essas reformas geraram um crescimento econômico notável, que impulsou a China do posto de uma das economias mais pobres do mundo a concorrente dos Estados Unidos. Mas a transição da China ainda não foi concluída, e muitas dificuldades permanecem, incluindo a manutenção do crescimento econômico em um sistema que ainda é dominado pelo Estado comunista em certos setores.

O que o pai da ideologia comunista diria sobre a transição da China para uma economia de mercado e sobre as dificuldades dessa reforma? Um país comunista como a China pode se tornar rico?

A vida e a época de Karl Marx

Como David Ricardo, Karl Marx cresceu durante a Revolução Industrial, mas na Alemanha, onde a revolução chegou depois que no Reino Unido. Nascido em 1818, Marx cresceu em Trier, uma cidade agrária que viveu um processo de industrialização tardia. Não havia indústria na cidade durante sua infância, e nem mesmo uma estrada de ferro até 1860. Conforme Marx comentou acerca de sua cidade natal: "simplesmente não há fontes de subsistência com as quais possamos contar".⁴ Até o fim do século XVIII, a cidade estava organizada em uma "sociedade estamental". Os direitos pertenciam não a indivíduos, e sim a grupos, com base em nascimento ou religião, e eram estabelecidos em cartas de direitos legalmente vinculantes. Sob esse sistema, o clero católico e a pequena nobreza recolhiam pagamentos dos camponeses. Estava longe de ser um sistema justo ou equitativo, temas recorrentes na filosofia comunista de Marx.

Marx geralmente é descrito como descendente de uma longa linhagem de rabinos de Trier. Os ancestrais judeus de Marx tiveram que pagar impostos especiais para seus senhores pelo privilégio de residir no território e, no que concerne à profissão, geralmente foram restringidos ao comércio e às finanças. Com frequência, havia restrições especiais quanto ao lugar em que os judeus podiam morar, e até mesmo às suas relações sociais com cristãos. Em Trier, alguns judeus pagavam "dinheiro de proteção" e, anualmente, uma "Doação de Ano-Novo".⁵

Essa ordem social chegou a um fim violento depois da Revolução Francesa, quando, em 1797, Trier foi anexada à República Francesa, que tomou o território do Sacro Império Romano-Germânico. Então, tornou-se um lugar em que todos os cidadãos eram iguais perante a lei. Em 1812, o chanceler de Estado da Prússia, o príncipe Karl August von Hardenberg, emitiu um Decreto de Emancipação para os judeus, concedendo-lhes liberdade de residência e de profissão, e o direito de servir nas forças armadas. Para Heinrich Marx, pai de Karl, a Revolução Francesa ofereceu uma oportunidade. Ele poderia se tornar advogado, uma profissão até então proibida para os judeus.

Porém, poucos anos depois, o governo voltou atrás, decidindo que os judeus não poderiam atuar como advogados. Heinrich decidiu mudar de religião. Ele não foi o único. Muitas das famílias mais importantes da comunidade de judeus alemães do século XVIII havia se convertido ao cristianismo antes da década de 1830. A maioria escolhia o catolicismo, mas o pai de Marx optou pelo protestantismo, porque ele era adepto do Iluminismo, cuja biblioteca incluía obras como *Os direitos do homem*, de Thomas Paine.

Ele era parte da classe média intelectual protestante que desejava conciliar o racionalismo do Iluminismo com princípios religiosos. Ainda assim, a família de Marx era respeitada. Típico da classe média alemã, Heinrich Marx estabeleceu sua prática de direito com o dote da noiva, Henriette Pressburg, que veio de uma família abastada. A mãe de Karl Marx era dos Países Baixos, e sua tia havia se casado com Lion Philips, cujos netos foram os fundadores da empresa holandesa homônima, gigante no ramo de eletrônicos. Além disso, Heinrich Marx recebeu do governo prussiano o título de *Justizrat*, ou conselheiro judicial, que era um título honorífico altamente desejado para um advogado. A posição social da família levou a irmã de Karl, Louise, a revelar mais tarde que se sentia "extremamente constrangida" por ter um irmão que era líder comunista.[6]

Numa época em que poucos conseguiam se matricular no ensino secundário, Marx estudou no Ginásio de Trier. Essa escola preparatória estava no topo do sistema educacional alemão. Marx estudou francês em vez de hebraico como terceira língua depois de latim e grego, refletindo o desejo do pai de que ele seguisse uma carreira jurídica, e não teológica. Com isso, a cultura e a história da França se tornaram parte integral de suas ideias. Ele recebeu notas altas nos exames de alemão e latim, mas, de modo um tanto irônico, teve um mau desempenho em matemática, um elemento importante da economia moderna.

Depois de concluir o ensino secundário, Marx se matriculou na Universidade de Bonn. Mas, pouco tempo depois, em 1836, ele foi para a Universidade de Berlim e, de volta a Trier, ficou noivo de Jenny von Westphalen. O pai dela, Johann Ludwig von Westphalen, era um burocrata e aristocrata prussiano. Após a supressão da Revolução de 1848-1849 contra o governo prussiano, os familiares de Jenny viveram como refugiados políticos em Londres durante uma década, enquanto seu meio-irmão, Ferdinando, foi ministro do Interior da Prússia. Mas as diferenças sociais entre os Westphalen e os Marx não eram grandes. O salário do pai de Jenny era menor que o de Heinrich Marx. Portanto, Jenny não tinha um dote importante, e Karl Marx estava enfrentando uma década sem renda alguma. Nesse sentido, seu noivado poderia ser considerado um ato de rebelião contra a sociedade burguesa do século XIX. Não seria o único.

A tese de doutorado de Marx foi uma comparação das teorias da natureza encontradas nos escritos dos filósofos gregos. Avançou lentamente e, na época em que Marx a concluiu, ele havia excedido o prazo máximo de quatro anos, e não solicitara uma prorrogação. Então ele a apresentou à Universidade de Jena, a única universidade alemã que não requeria um período de residência nem uma defesa formal da tese. Também era a que cobrava as taxas mais baixas para conceder um doutorado, que Marx obteve em abril de 1841.

Aos 23 anos, Marx regressou à sua terra natal para se tornar um escritor autônomo, depois de ter se deparado com as ideias de Georg Wilhelm Friedrich Hegel na universidade e entrado para um grupo conhecido como Jovens Hegelianos. Formado por estudantes após a morte de Hegel em 1831, este era um grupo radical que estava desiludido com o Estado prussiano e procurava enfraquecê--lo com ideias revolucionárias. Como outros jovens hegelianos, Marx abandonou quaisquer planos de uma carreira acadêmica. Seu pai não ficou chateado por seus interesses, embora acreditasse que o filho estava equivocado. Mas condenava Marx por gastar em excesso. Isso levou Marx a se ressentir pelo fato de não receber apoio financeiro enquanto seus pais fossem vivos: "Tive [...] uma desavença com minha família e, enquanto minha mãe viver, não tenho direito à minha fortuna".[7] Marx encarou a possibilidade de não receber herança ou posses numa época em que ele também tinha pouca renda.

Um ano depois, Karl Marx encontrou seu primeiro emprego. Durante seis meses, em 1842-1843, foi editor informal do *Rhineland News*, que o apresentou às ideias comunistas. Marx gostou de ser editor de jornal. Durante grande parte de sua vida, o jornalismo foi a base não só de seu sustento, como também de seu ativismo político. Ele escreveu sobre a situação econômica: "que a Alemanha é pobre em pessoas economicamente independentes, que 9/10 dos jovens educados devem implorar ao Estado para garantir seu futuro, que nossos rios estão negligenciados, que o transporte marítimo está em péssimas condições, que nossas cidades comerciais um dia prósperas já não estão florescendo".[8]

Em 1844, Marx começou sua colaboração com Friedrich Engels, que duraria a vida inteira. Naquela época, Marx residia em Paris. Ele e sua nova esposa haviam se mudado para lá um ano antes, visto que ele tinha poucas opções de emprego na Alemanha e eles decidiram partir para a França, um país mais tolerante. Engels e Marx já se correspondiam, pois partilhavam ideias similares. Então, Engels, que ia da Inglaterra para a Alemanha, parou em Paris para encontrar Marx. O que seria um breve encontro acabou durando dez dias.

Enquanto trabalhava diligentemente para a empresa da família em Manchester, Engels se tornava cada vez mais favorável ao comunismo. Manchester era o centro e símbolo global da Revolução Industrial do Reino Unido. A companheira de Engels era uma imigrante irlandesa chamada Mary Burns, que havia trabalhado como operária e como empregada doméstica. Através dela e de seu próprio trabalho na fábrica de algodão da família, Ermen & Engels, ele observou que a industrialização gerava não somente enorme riqueza, como também miséria. Havia um nítido contraste entre as casas dos capitalistas nos bairros nobres e as habitações precárias nos bairros onde viviam os operários. Em 1845, ele publicou *A situação da classe trabalhadora na Inglaterra*, em que narrou suas experiências e descreveu a exploração dos operários empregados nas fábricas e tecelagens que geravam a riqueza dos capitalistas. Portanto, Engels levava uma vida dupla. Ele foi um típico capitalista com uma família burguesa, mas, ao mesmo tempo, foi um revolucionário que se associou com pessoas politicamente perigosas, incluindo Marx, e as financiou.

Em janeiro de 1845, Karl Marx foi expulso da França depois que o governo prussiano protestou contra alguns de seus comentários. Houve ordens permanentes de prendê-lo se ele pusesse os pés em território prussiano. Como lhe deram apenas dez dias para sair do país, sua mulher, grávida, foi deixada para trás para resolver suas questões. A família de Marx se mudou para a Bélgica, onde outros dissidentes alemães estavam residindo, e ficou lá por três anos. Em meados de 1846, Marx havia penhorado todo o seu ouro e a sua prata devido à piora da situação financeira. Engels estava em situação igualmente difícil, após ter se mudado para Bruxelas para organizar os trabalhadores alemães junto com Marx, e dependia de um cheque mensal do pai. Marx teve que abrir mão de seu apartamento e se mudar para um hotel com quartos mobiliados, o que significava empregar menos criados. Durante toda a vida, as "dificuldades" econômicas de Marx foram um tipo muito benigno de pobreza distinta. Uma despesa adicional se devia ao fato de ele ser aspirante a líder político. Os seguidores esperavam receber apoio financeiro e ser acomodados como hóspedes. Ironicamente, as crenças comunistas e antiburguesas de Marx o tornaram relutante em continuar a depender de apoiadores e amigos mais ricos de Colônia, que antes lhe enviavam dinheiro. Marx tentou se sustentar como escritor autônomo, mas a censura à imprensa na Alemanha tornou quase impossível que ele fosse publicado.

Foi nessa época que escreveu sua obra mais célebre. A pedido da Liga dos Comunistas, Marx escreveu o *Manifesto do Partido Comunista* em colaboração com Engels. O panfleto foi publicado em fevereiro de 1848 e conclui: "Que as classes dominantes tremam ante a revolução comunista. Os proletários nada mais têm a perder com ela do que seus grilhões. Têm, sim, um mundo a ganhar".[9]

A frase final proclama: "Proletários de todos os países, unam--se!".[10] Às vezes, é traduzida como: "Trabalhadores do mundo, uni--vos!" ou "Trabalhadores de todas as terras, uni-vos!". A exortação está inscrita na lápide de Marx.

No *Manifesto*, Marx e Engels estabelecem um guia de dez pontos para um futuro governo comunista, incluindo a abolição dos direitos de herança e a criação de um banco estatal com monopólio sobre o crédito. Sua versão de comunismo enfatizava o processo revolucionário de se criar um novo regime, que era radicalmente diferente das formas concorrentes de socialismo. De fato, eles condenavam o socialismo como uma crítica meramente reacionária ao capitalismo.

Marx esperava que os capitalistas se recusassem a cooperar com um governo comunista. Isso resultaria em uma crise econômica que permitiria que o governo tomasse medidas mais drásticas. Ele acreditava que a crise levava à revolução, que era o que havia acontecido com a derrubada da monarquia e a proclamação da Primeira República Francesa em 1792. (Esta teve uma vida curta. Em 1804, Napoleão Bonaparte se declarou imperador do Primeiro Império Francês, que ruiu em 1815.)

Em um paralelo histórico, depois da publicação do *Manifesto*, a Revolução de 1848, apoiada por Marx, levou ao estabelecimento da Segunda República Francesa. Era uma forma nova e radical de governo na Europa, e foi bem recebida pelos revolucionários.

Marx não teve tempo de celebrar. Em março de 1848, ele foi exilado novamente, desta vez tendo apenas 24 horas para deixar a Bélgica. De fato, a polícia prendeu Marx e sua esposa antes disso. Ambos foram libertados no dia seguinte, mas precisaram sair do país com os filhos imediatamente, abandonando todos os seus pertences.

Poucas semanas depois, Marx e as outras figuras importantes da Liga dos Comunistas estavam em Paris a convite da República Francesa. A Alemanha e a Áustria também foram atraídas para o movimento revolucionário. Então, radicais alemães exilados, como Marx, puderam voltar para casa, e assim ele se mudou para Colônia e se tornou editor do *New Rhineland News*. O posto lhe serviu de palanque para as ideias de seu *Manifesto*, incluindo uma conclamação a uma revolução operária na Alemanha. Ela nunca aconteceu. Em vez disso, Marx foi submetido a julgamento por suas atividades insurgentes e foi expulso da Alemanha no ano seguinte.

Junto a outros ativistas da Revolução de 1848, em 1849 ele se mudou para Londres, que tinha uma política liberal com relação a refugiados políticos. Marx, nessa época, havia se desentendido com a Liga dos Comunistas. Ele tinha apenas 31 anos, e pretendia regressar à Alemanha e prosseguir com suas atividades revolucionárias, mas, pelo contrário, permaneceu na Inglaterra até sua morte.

Na época, Londres tinha 2,4 milhões de habitantes, o que a tornava a cidade mais populosa do mundo. A capital britânica era o centro do capitalismo. Tudo que acontecia com o Banco da Inglaterra e com a Bolsa de Valores de Londres afetava a economia mundial.

Marx frequentava os bairros operários do East End de Londres, onde vivia um grande número de imigrantes alemães. Sua família morava no Soho, que na época era um bairro de imigrantes e boêmios na região central de Londres. Ele fundou um jornal similar àquele que editara em Colônia, *The New Rhineland News: Review of Political Economy*, que procurou fazer circular na Alemanha. Enquanto isso, sua família empobrecia cada vez mais. Jenny Marx observou: "As condições aqui são completamente diferentes da Alemanha. Todos os seis vivemos em um único cômodo, com um pequeno escritório anexo, e pagamos mais por semana do que pagávamos pela maior das casas na Alemanha [em um mês]".[11]

Embora a família mal pudesse comprar comida, seus filhos tinham uma governanta e uma servente, o que não era atípico para aqueles que viviam na pobreza sofisticada. Mas eles sofreram tragédias. Três dos quatro filhos nascidos em Londres morreram antes de chegar à idade adulta, ao passo que dois dos três nascidos em Bruxelas sobreviveram.

Profissionalmente, também houve dissabores. Em 1851, Luís Napoleão Bonaparte chegou ao poder na França através de um golpe de Estado. Enquanto foi presidente da República Francesa, o sobrinho de Napoleão Bonaparte se intitulou imperador Napoleão III. Em reação a isso, Marx escreveu um panfleto, *O 18 de brumário de Luís Bonaparte*, que abre com a frase que diz "a história se repete a primeira vez como tragédia, a segunda como farsa".[12] Mas o escrito teve um impacto mínimo, devido ao exílio de Marx e à prisão de seus seguidores em Colônia.

Pelo menos as finanças logo melhoraram para a família de Marx. De 1853 a 1862, ele foi correspondente de uma série de jornais e conseguiu se mudar com a família para uma nova casa em Kentish Town, no norte de Londres. Suas reportagens sobre a Guerra da

Crimeia (1853-1856) e outros acontecimentos estrangeiros elevaram sua reputação, enquanto ele escrevia observações do tipo: "Alguma vez na história a burguesia engendrou um progresso sem arrastar todo o povo para o sangue e a lama, para a miséria e a degradação?".[13] A guerra confirmou sua crença de que uma revolução seria desencadeada por uma crise econômica – e a primeira crise global finalmente ocorreu em 1857. Uma quebra no mercado de ações das empresas ferroviárias nos Estados Unidos levou ao Pânico de 1857, que afundou investidores não só na América como em todo o mundo. Bancos na Inglaterra, na França e em outros países da Europa foram afetados, pois os mercados financeiros haviam se tornado interligados. Jenny Marx observou como essa crise pôs um fim ao longo período de tristeza para Marx, que perdurava desde a morte de seu filho de oito anos, em 1855. Engels chegou a dizer a Marx que estava se concentrando em tiro e montaria para se preparar para uma revolução vindoura. Mas a recuperação econômica começou um ano depois, em 1858, e a crise financeira não levou a uma revolução. Mas levou Marx a se tornar politicamente ativo novamente.

A recessão também fez com que seu empregador, o *New York Tribune*, cortasse seus correspondentes europeus. Como um sinal de uma época de desespero, em 1862 Marx até procurou emprego no setor empresarial! Depois de ser rejeitado para uma vaga em uma companhia ferroviária de Londres em sua primeira incursão no mundo dos negócios, ele, novamente, e não pela última vez, recebeu ajuda financeira de Engels.

Um ano depois, em novembro de 1863, sua mãe faleceu e Marx recebeu a herança. Inesperadamente, um aliado político, Wilhelm Wolff, também faleceu no exílio em Manchester e deixou em testamento para Marx a maior parte de seus bens. A família conseguiu se mudar para uma casa maior, apesar do fato de Marx ainda não ter uma renda estável. Foi uma sorte, porque naquele ano ele sofreu um declínio repentino da saúde. Ele sofria de carbúnculos, abscessos na pele que pioravam com o estresse. Isso significou que ele se tornou um observador, e não um participante ativo das agitações políticas dos dois anos seguintes, que incluíram a Guerra de Secessão dos Estados Unidos e o levante polonês contra a Rússia. De todo modo, a influência de Marx se espalhou. Ele se envolveu com a Associação Internacional dos Trabalhadores (AIT), conhecida como Primeira Internacional, formada por uma gama de associações de trabalhadores europeus. Esta foi seguida pela Segunda Internacional, ou Internacional Socialista, de 1889, e pela Terceira Internacional Comunista de 1919. A AIT se baseou nas ideias de Marx, particularmente nos dois livros que ele publicou em vida: *Contribuição à crítica da economia política*, de 1859, e o primeiro volume de *O capital: Crítica da economia política*, publicado em 1867. Os volumes 2 e 3 de *O capital* foram editados por Engels postumamente.

Ironicamente, Laura, filha de Marx, se envolveu com um estudante francês radical que vivia no exílio e era membro da Associação Internacional dos Trabalhadores. Marx teve problemas com isso, já que suas filhas haviam sido preparadas para casamentos burgueses. Os dois acabaram se casando, e Engels sustentou a família deles também.

Marxismo

Foi depois da crise global de 1857 que Marx começou a escrever seu tratado sobre economia política, *Contribuição à crítica da economia política*, publicado dois anos depois. Ele analisou as ideias de importantes economistas políticos da época, particularmente Adam Smith e seu principal discípulo, David Ricardo, bem como Thomas Malthus, Jean-Baptiste Say e James e John Stuart Mill, entre outros.

Surpreendentemente, Marx admirava Ricardo, chamando-o de "o maior economista do século XIX".[14] Embora Ricardo fosse capitalista, Marx partilhava de sua crença num curso conflituoso do capitalismo. Recordemos, do capítulo anterior, que Ricardo via um conflito inevitável entre as classes devido ao comércio internacional. No cerne do marxismo, também havia uma complexa sociedade de classes cujas desigualdades inerentes continham as sementes de sua autodestruição. Marx previu que isso levaria ao fim do capitalismo; e ele acreditava que Ricardo simplesmente não havia concluído sua análise.

A "teoria da mais-valia" de Marx ajuda a explicar seu envolvimento com os sindicatos de trabalhadores e como o fim do capitalismo acontece. Ele argumentou que insumos como maquinário, combustível e matérias-primas compunham uma parte crescente do custo de produção em relação aos salários pagos aos trabalhadores. Enquanto isso, à medida que a produção se tornava mais mecanizada, a demanda por mão de obra diminuía, criando desemprego. Os desempregados constituíam um "exército reserva", achatando os salários para todos os trabalhadores, já que poderiam ser contratados para substituir os trabalhadores que exigissem salários mais altos. O maquinário mais caro também significava que as fábricas precisavam funcionar por mais horas para ser lucrativas. Já os sindicatos defendiam jornadas de trabalho mais curtas, que eram benéficas para os trabalhadores, mas reduziam os lucros dos capitalistas. Marx acreditava que a queda nos lucros e a revolta dos trabalhadores levariam ao fim do sistema capitalista.

Foi a ausência de uma revolução depois da crise global de 1857 que levou Marx a minimizar a importância das crises na promoção do fim do capitalismo. Ele originalmente previra a ascensão de um sistema capitalista, caracterizado por agitação e crise, o que levaria à sua destruição. Então, começou a enfatizar a importância da desigualdade, em particular a miséria da classe trabalhadora. Marx documentou os muitos casos de exploração e pobreza que existiam em nítido contraste com a produção industrial que alimentava a riqueza crescente das classes mais ricas, particularmente no Reino Unido, de meados dos anos 1840 a meados da década de 1860. Ele citou que, em 1863, relatou-se que uma mulher trabalhara literalmente até a morte limpando vestidos para damas que se preparavam para um baile da realeza.[15] (Embora ele tenha se omitido de mencionar sua própria dependência financeira da tecelagem capitalista Ermen & Engels e de seus trabalhadores.)

Marx e Engels pensavam que a revolução viria das economias mais avançadas, porque era onde as crises capitalistas tinham mais probabilidade de ocorrer. Em sua visão, dificilmente os trabalhadores conquistariam o poder de maneira pacífica. Uma revolução violenta se seguiria. Marx via um paralelo com a Guerra de Secessão dos Estados Unidos, onde os senhores de escravos do sul começaram uma guerra quando os que defendiam o fim da escravidão chegaram ao poder.

No fim do século XIX Marx finalmente viu suas teorias comunistas em ação. As últimas décadas dos anos 1800 viram recessões frequentes, acompanhadas de deflação ou queda nos preços. Esse período foi chamado de Longa Depressão ou Grande Depressão do século XIX. Nos anos 1870, as crises econômicas assolaram a Europa e a América do Norte. A quebra do mercado de ações levou a recessões profundas, que geraram alto desemprego, agitação política e greves de trabalhadores. Durante a Longa Depressão, dezenove partidos operários e socialistas foram fundados na Europa, bem como federações sindicais. Portanto, as desvantagens da industrialização pavimentaram o caminho para o movimento operário que surgiu não só na Europa como também em outras partes do mundo.

Foi também nessa época que as ideias de Marx se estabeleceram na Rússia. Russo foi o primeiro idioma para o qual *O capital* foi traduzido. Um dos seus leitores foi Vladimir Ilich Ulyanov. Embora nunca tenha conhecido Marx, Ulyanov ajudou a organizar grupos marxistas para criar a "Liga de Luta pela Emancipação da Classe Operária de São Petersburgo" em 1895. Depois de ser preso e exilado na Sibéria por vários anos, Ulyanov partiu para a Europa Ocidental em 1900 para prosseguir com seus esforços revolucionários, e adotou o pseudônimo Lenin. Em 1903, Lenin encontrou outros marxistas russos exilados em Londres e fundou o Partido Bolchevique, que diferia dos partidos socialistas na medida em que seus membros defendiam a revolução para alcançar seus objetivos. Quando a Revolução Russa contra o czar Nicolau II eclodiu em 1905, Lenin voltou para casa. Mais de uma década de agitação política se seguiu até 1917, quando Lenin tomou o poder. Então, a Rússia se tornou a União Soviética, ou União das Repúblicas Socialistas Soviéticas (URSS) em 1922, após Lenin consolidar sua posição.

A União Soviética foi o primeiro Estado marxista no mundo que Lenin desejava marxista.

A União Soviética de Lenin pode ter sido o caso mais eminente de um país que adotou o marxismo, mas a China de Mao Tsé-Tung foi o mais populoso. Depois de vencer uma guerra civil contra o Kuomintang (o Partido Nacionalista chinês liderado por Chiang Kai--shek), que era financiado pelos Estados Unidos, o Partido Comunista de Mao, financiado pelos soviéticos, adotou um sistema comunista em 1949, mais de meio século depois da morte de Marx. Porém, após um desentendimento com a União Soviética nos anos 1950, a China rompeu com o pensamento leninista e adotou doutrinas maoistas.

Embora a União Soviética tenha se desintegrado no início dos anos 1990, e as ideias extremistas de Mao tenham sido superadas há muito tempo, a China ainda é governada pelo Partido Comunista chinês. Para refletir sobre Marx no mundo de hoje, seria mais útil examinarmos a China, que adaptou o marxismo à sua própria forma de comunismo, que governa a segunda maior economia do mundo.

Mas a evolução da China para se tornar uma economia de mercado não foi o que Marx teria imaginado. À diferença da Rússia, que abandonou o comunismo em prol da democratização que acompanhou a transição para um sistema capitalista, a China retém elementos do pensamento marxista, inclusive a propriedade estatal em setores estratégicos, ao mesmo tempo que promove uma significativa abertura para o mercado.

Na China, a adoção de reformas de mercado em 1979 ocorreu devido a dificuldades consideráveis que surgiram em sua economia centralmente planejada, que seguia princípios comunistas. O declínio econômico levou ao abandono dessa economia centralizada depois de três décadas. Seguiram-se quase quarenta anos de crescimento extraordinário que impulsou o país, que hoje se encontra atrás somente dos Estados Unidos quanto ao tamanho da economia. Para sustentar o crescimento durante os anos vindouros, a China agora embarcou em mais um ambicioso conjunto de reformas a fim de entrar para o rol dos países ricos. Hoje, a renda média na China ainda é apenas um sexto da dos Estados Unidos.

O que Karl Marx diria de tudo isso? É possível um Estado comunista se tornar rico?

A transformação econômica da China

A China realizou um feito notável ao passar da condição de um dos países mais pobres do mundo à segunda maior economia em menos de quatro décadas. A economia se expandiu a uma taxa média de mais de 9% ao ano desde que as reformas de mercado começaram, em 1979. As estatísticas chinesas não são as mais confiáveis, mas as pesquisas domiciliares e outros levantamentos indicam que a China não só dobrou seu PIB e sua renda nacional a cada oito anos, aproximadamente, como também tirou centenas de milhões de seus cidadãos da pobreza extrema. Na nação mais populosa do mundo, com 1,3 bilhão de pessoas ou um quinto da humanidade, o Banco Mundial estima que está prestes a acabar a pobreza extrema, na qual indivíduos vivem com menos de 1,90 dólar por dia.

A China é atípica porque, embora esteja fazendo a transição de uma economia planificada que desmantelou muitos de seus bancos e empreendimentos estatais, é, simultaneamente, um país em desenvolvimento em que metade da população ainda vive em áreas rurais. Além disso, é uma "economia aberta" integrada com os mercados mundiais.

A China continua sendo um Estado comunista governado pelo Partido Comunista chinês. Não é, portanto, surpreendente que o estado de direito e outras instituições que apoiam o mercado, como a proteção à propriedade privada, sejam débeis, visto que não há um judiciário independente. Isso dá origem ao chamado "paradoxo da China", porque o país teve um sólido crescimento apesar de não ter um conjunto de instituições bem desenvolvidas. Assim, o crescimento econômico da China é, em muitos aspectos, ao mesmo tempo impressionante e intrigante. E, como com outras economias em rápido crescimento, este não é garantido no longo prazo.

Um exemplo da singularidade do modelo de crescimento da China pode ser visto nas diferenças em relação a outros países em desenvolvimento quando suas reformas tiveram início. Ao contrário deles, a China se industrializou cedo, durante o período de economia centralizada entre 1949 e 1979. O país seguiu os planos de industrialização ao estilo soviético nos anos 1950 e 1960, que focavam em transformar uma sociedade agrária em uma economia industrializada. O sistema centralmente planejado da China estabeleceu empreendimentos estatais que criaram indústrias onde antes não existia nenhuma. Desde que as reformas de mercado foram iniciadas no fim dos anos 1970, o país passou por um processo de reindustrialização, substituindo plantas e instalações obsoletas (estatais) por fábricas e máquinas mais avançadas (em sua maioria, privadas). Como Adam Smith bem sabia, a industrialização acelera o crescimento, de modo que a China foi capaz de crescer mais depressa do que a maioria das nações em desenvolvimento que se esforçava para se industrializar ao longo das últimas décadas. A industrialização é acompanhada de investimento em fábricas, P&D e assim por diante, o que impulsiona ainda mais o crescimento. O capital acumulado de anos de investimento foi responsável por cerca de metade do crescimento econômico da China desde que as reformas de mercado começaram. Em outras palavras, seu sucesso pode ser explicado pelos fatores econômicos convencionais, como investimentos, mas com características adicionais – notadamente a reindustrialização de um país que então era de classe média baixa – específicas de seu contexto atípico.

Outro exemplo da singularidade do modelo de crescimento da China é que a produtividade também é impulsionada pela "realocação dos fatores", por exemplo, a mão de obra migrando de indústrias estatais menos eficientes para o setor privado mais produtivo. Este processo de realocação dos fatores está contido no setor industrial, de modo que não é captado pelos processos de urbanização e industrialização que normalmente explicam como os países em desenvolvimento crescem ao transferir trabalhadores de setores rurais e agrícolas para o trabalho urbano e industrializado.

Além disso, a China frustra qualquer interpretação direta das teorias que associam "abertura" para a economia global com crescimento econômico. Essas explicações se centram na correlação positiva entre maior abertura e crescimento mais elevado, como exposto por David Ricardo. As economias abertas à economia global crescem rapidamente porque a experiência de exportar e acessar mercados globais pode levar a avanços na competitividade. As empresas nacionais também podem "aprender" com investidores estrangeiros que têm tecnologia mais avançada e conhecimento prático gerencial. A "abertura" permite que um país em desenvolvimento como a China possa "colocar em dia" sua taxa de crescimento se conseguir imitar a tecnologia existente incorporada no capital estrangeiro e, desse modo, crescer mais depressa, e talvez chegar a alcançar os padrões de vida das economias avançadas.[16]

A China está aberta para a economia global, mas usa elementos de controle que impedem a concorrência direta de empresas estrangeiras em sua economia em vários setores. Utiliza uma política com relação ao investimento estrangeiro direto (IED) que incentiva suas próprias políticas industriais ativas a desenvolverem empresas nacionais e lançá-las globalmente como corporações multinacionais chinesas. Sendo assim, as medidas simples de abertura não captam totalmente a natureza da política de "portas abertas" da China, que iniciou reformas de mercado no setor externo em 1979, que então foram aceleradas depois de 1992 e culminaram na entrada do país para a Organização Mundial do Comércio em 2001.

Várias medidas são necessárias para avaliar a influência que a abertura da economia ao comércio internacional exerce sobre o crescimento econômico. Por exemplo, no início do período da reforma, quando a China era um país pobre com uma baixa taxa de poupança doméstica – apenas 10% do PIB –, o investimento estrangeiro complementava o investimento nacional, representando até um terço do total. Desde então, as poupanças domésticas chegaram a 50% do PIB, o que indiscutivelmente é alto demais, visto que o dinheiro é usado para financiar investimentos que nem sempre são produtivos, tais como as "cidades fantasmas" onde moradias são construídas, mas não ocupadas. O investimento estrangeiro direto que estabeleceu empreendimentos conjuntos chineses e estrangeiros e outros tipos de empreendimentos com investimento externo foram explicitamente voltados para as exportações e impedidos de atuar no mercado interno, o que protegeu as indústrias chinesas da concorrência externa. Eles inicialmente foram situados em zonas econômicas especiais, que foram criadas como zonas de processamento de exportação, de maneira similar a seus vizinhos do Leste Asiático. Desse modo, a China se integrou à Ásia Oriental, pois passou a fazer parte de cadeias de produção regionais e globais, e finalmente se tornou a maior comerciante do mundo. Sem dúvida, o investimento estrangeiro e o foco na exportação beneficiaram seu crescimento econômico, mas as políticas da China desafiam a categorização simples, já que sempre foram elaboradas sob medida para as circunstâncias do país.

No fim dos anos 2000, a China estava contribuindo para os "desequilíbrios macroeconômicos globais", quando os países com superávits comerciais significativos (a China, a Ásia e os exportadores de petróleo do Oriente Médio) viram seu superávit crescer enquanto os Estados Unidos registravam déficits comerciais cada vez maiores. Os desequilíbrios globais e outros aspectos do "efeito China" (ou "preço China", em que a mão de obra chinesa barata achatou os preços mundiais dos produtos industrializados) apontam para a necessidade de examinar a China como uma grande economia aberta. Em outras palavras, ela é similar aos Estados Unidos no sentido de que a China afeta a economia mundial de uma maneira que a maioria dos países não afeta. Portanto, a abertura sem dúvida contribuiu para o crescimento econômico da China, mas de uma maneira mais matizada.

A outra parte do progresso tecnológico necessário para o crescimento econômico deriva da inovação interna, e não só da dependência de tecnologia estrangeira. Criar tecnologias inovadoras requer pesquisadores e investimento em P&D. A China tem aumentado seu foco em patentes e investimento em P&D desde meados dos anos 1990, num esforço de apoiar o crescimento econômico. Embora os pesquisadores e cientistas chineses sejam numerosos, os indícios de quão avançadas são as inovações chinesas continuam dúbios. Contudo, essa é uma área crucial para sustentar o crescimento da China e para que ela se torne uma nação rica. Proteger a propriedade intelectual também é uma preocupação, exacerbada pela falta de um estado de direito eficaz na China, embora a situação esteja melhorando. De fato, uma das áreas mais complexas do crescimento chinês é o papel das instituições legais. A visão predominante é a de que as instituições que favorecem o mercado, como aquelas que protegem os direitos de propriedade e proveem segurança contratual, são importantes para o crescimento. A China é considerada paradoxal por ter um sistema legal frágil, mas um crescimento econômico sólido. Entretanto, tendo em vista que o país é um "ponto fora da curva", faz-se necessário um exame mais detalhado quanto à forma como os mercados foram viabilizados, considerando-se o sistema jurídico formal pouco desenvolvido. Especificamente, apoiar-se em contratos relacionais, negociando com aqueles em quem se confia, pode ajudar a reduzir a dependência do sistema judicial, que vem melhorando gradativamente à medida que as empresas chinesas clamam por uma proteção maior para suas invenções. Portanto, as teorias institucionais que consideram importante para o crescimento a existência de um bom sistema jurídico se aplicam à China, mas, mais uma vez, é preciso considerar as nuances.

O papel das instituições informais, como o capital social, também não pode ser negligenciado. Os empreendedores na China se apoiaram em redes sociais, conhecidas como *guanxi*, para superar a ausência de um sistema jurídico e de um sistema financeiro bem desenvolvidos. Além disso, a inclinação cultural para as relações interpessoais permitiu que o capital social exercesse um papel fundamental ao facilitar o desenvolvimento do trabalho autônomo e a ascensão impressionante do setor privado. Que a China possibilitaria o surgimento de empreendedores em um sistema comunista possivelmente não é algo que Marx teria previsto.

Depois de alcançar "status de classe média" no início dos anos 2000, a China descobriu que também precisava reequilibrar sua economia para crescer de maneira mais sustentável. Sua capacidade de superar a "armadilha da renda média", em que os países começam a desacelerar depois de alcançar níveis de renda média alta e nunca se tornam ricos, depende disso.[17] Os países pobres tendem a crescer por meio de exportações e produção industrial barata. O crescimento em um país de renda média é impulsionado mais pelo consumo de sua própria classe média, levando a uma economia diversificada que não depende muito da exportação para consumidores em outros países. Para a China, reequilibrar a economia, afastando-a dos antigos fatores de crescimento, implica fomentar a demanda interna (consumo, investimento em setores mais produtivos, gasto público que provê serviços sociais) para que o país cresça mais rapidamente do que exporta. A China também se voltou para os serviços, de modo que a "fábrica do mundo" atualmente tem um setor de serviços maior do que o industrial. O país continua modernizando sua indústria manufatureira, expandido o investimento no exterior e abrindo ainda mais seu setor financeiro. Também está promovendo a internacionalização ou uso global de sua moeda, o renminbi, ou RMB. Para alcançar esses objetivos, também precisará examinar o quadro institucional da economia, incluindo o papel dos empreendimentos estatais e do sistema jurídico. A retenção de grandes empresas estatais e a problemática ausência de uma "igualdade de condições" para as empresas privadas nacionais e estrangeiras face às controladas pelo Estado suscitam dúvidas quanto à eficiência dos mercados da China e, por conseguinte, quanto à sua capacidade de crescer. Portanto, para a China realizar seu potencial econômico, será necessária uma transformação significativa da estrutura de sua economia.

Também há a questão da estabilidade financeira. Uma crise econômica, dependendo das causas, poderia desencadear uma retração duradoura. Marx, obviamente, teria visto isso como inevitável em uma economia capitalista. No caso da China, uma crise financeira associada a muitas dívidas ou a algum outro problema em seu sistema bancário não seria surpreendente. Todas as grandes economias acabam enfrentando crises. A estimativa do total da dívida chinesa, segundo o Banco de Compensações Internacionais, entre outros, é de cerca de 260% do PIB, que é similar à da Europa e dos Estados Unidos. Mas uma diferença fundamental é a grande quantidade de dívidas corporativas da China, que são mais preocupantes do que a dívida pública quando existe um risco de bancarrotas em grande escala que possam derrubar o sistema bancário. E parte dessa dívida se deve ao sistema bancário paralelo, em que são feitos empréstimos fora dos bancos formais. É um setor nebuloso que inclui qualquer um que empreste dinheiro sem uma licença bancária, incluindo agiotas, mas também outros negociadores. Por definição, o sistema bancário paralelo não é medido de maneira precisa, de modo que o total da dívida chinesa é motivo de preocupação.

O crescimento do sistema bancário paralelo está associado ao fato de o governo chinês não introduzir concorrência suficiente no sistema bancário estatal. Uma economia em rápido crescimento, impulsionada cada vez mais por empreendimentos privados, requer crédito. Conforme as empresas privadas buscavam financiamentos que o sistema bancário formal – que emprestava predominantemente para empresas estatais – era relutante em fornecer, cresciam os empréstimos sem licença. O sistema bancário paralelo decolou depois da crise financeira de 2008 no Ocidente. Quando as exportações chinesas foram atingidas pela recessão nos Estados Unidos e na União Europeia, o crescimento foi afetado, e então o governo chinês incentivou as empresas privadas a se desenvolver. Algumas fizeram isso obtendo empréstimos no sistema bancário paralelo.

Os governos locais também tentaram fomentar suas economias investindo em projetos de infraestrutura, e também contraíram empréstimos. Eles seguiram os ditames do governo central, que planejou um grande estímulo fiscal que contava com os governos locais para encontrar o dinheiro e gastá-lo. Como a China não tem um mercado de obrigações bem estabelecido no qual os governos locais possam emitir títulos da dívida e obter empréstimos para financiar seus gastos, alguns deles também recorreram ao sistema bancário paralelo.

Desde o fim da Grande Recessão de 2009 no Ocidente, o governo chinês vem reprimindo o sistema bancário paralelo. A

China reconhece os perigos de uma crise da dívida, como a sofrida pelo Japão no início dos anos 1990, que poderia prejudicar seu crescimento durante anos. Uma similaridade que a China tem com o Japão é que praticamente toda a sua dívida é interna. Portanto, uma crise financeira no país não necessariamente se espalharia para muito além da fronteira chinesa, mas claramente haveria um impacto significativo se a segunda maior economia do mundo sofresse uma crise financeira severa o suficiente para levar à estagnação econômica.

A fim de impedir os tomadores de empréstimos de recorrer ao sistema bancário paralelo, o governo tentou desenvolver outros instrumentos para possibilitar que as empresas e os governos locais obtenham empréstimos, como, por exemplo, o estabelecimento dos mercados de obrigações (o mercado para a dívida pública e corporativa). Como ocorre em outras grandes economias, isso permitiria que as empresas e os governos locais emitissem títulos de crédito ou títulos da dívida a fim de obter dinheiro emprestado dos mercados de capitais, e não do sistema bancário paralelo, para financiar seu crescimento. Além disso, se o sistema bancário chinês não fosse predominantemente estatal, e se houvesse mais concorrência em função dos novos bancos participantes, isso ofereceria mais uma alternativa ao sistema bancário paralelo. A reforma dos bancos estatais que dominam o sistema financeiro da China está em andamento, mas o progresso é lento devido aos poderosos interesses particulares que se beneficiam da administração dos bancos estatais. Este é um exemplo em que o sistema de propriedade comunal prejudica o crescimento da economia cada vez mais aberta para o mercado, e até o momento a reforma é difícil em um regime comunista.

Portanto, para sustentar o crescimento econômico da China, serão necessárias diversas reformas. Alguns dos desafios que o país enfrenta estão relacionados com seu sistema político comunista e com a retenção da propriedade estatal. Eles podem ser superados? Um Estado comunista pode se tornar rico?

Marx e a China

A revolução da China parecia se adequar ao paradigma de Marx. A revolta comunista da China em 1949 foi liderada por camponeses, o que a diferiu da revolução proletária de 1917 na União Soviética. Embora vivesse na maior cidade do mundo depois de 1849, Marx finalmente se convenceu da importância da agricultura em uma economia capitalista, e da importância do conflito social no campo para a revolução. Em parte, ele passou a pensar dessa forma por influência dos fisiocratas franceses, de David Ricardo e de Thomas Malthus, já que todos consideravam o setor agrícola uma parte essencial do processo de desenvolvimento, e, portanto, fonte de conflito capitalista na visão de Marx. Em *O capital*, Marx escreveu sobre os operários, os capitalistas e os proprietários de terras. Mas, em *Manifesto do Partido Comunista*, escrito dezenove anos antes, ele focou em duas classes numa sociedade capitalista: a burguesia e o proletariado.

A sociedade de três classes de Marx caracterizava melhor a China do que a Rússia nesse aspecto. A União Soviética se formou a partir de um levante proletário, ao passo que os comunistas da China eram pessoas do campo que derrubaram os proprietários de terras na guerra civil chinesa. Foram os trabalhadores rurais que se ergueram, liderados por Mao Tsé-Tung, contra os capitalistas e os proprietários de terras. Foi o tipo de revolução que Marx havia previsto: um conflito social entre os trabalhadores explorados e as classes capitalistas que levaria à derrubada do antigo sistema e à adoção de um sistema de propriedade comunal ou comunista.

Marx se opunha à propriedade privada dos meios de produção e descreveu os banqueiros como "uma classe de parasitas".[18] Em *Manifesto do Partido Comunista*, havia um programa que realizaria "intervenções despóticas no direito de propriedade e nas relações de produção burguesas".[19] Ele incluía:

1. Expropriação da propriedade fundiária e utilização das rendas da terra nas despesas do Estado.

2. Forte imposto progressivo.
3. Supressão do direito de herança.
4. Confisco da propriedade de todos os emigrantes e rebeldes.
5. Centralização do crédito nas mãos do Estado mediante um banco nacional com capital estatal e monopólio exclusivo.
6. Centralização dos [meios de comunicação e] transportes nas mãos do Estado.
7. Multiplicação das fábricas nacionais, dos instrumentos de produção; expansão e melhoria das terras para o cultivo segundo um plano comunitário.
8. Obrigatoriedade do trabalho para todos, criação de exércitos industriais, sobretudo para a agricultura.
9. União das atividades agrícolas e industriais, empenho na eliminação gradativa da diferença entre cidade e campo [por uma distribuição mais equitativa da população pelo país].
10. Educação pública e gratuita para todas as crianças. Eliminação do trabalho infantil nas fábricas em sua forma atual. Associação da educação com a produção material etc.

Durante o período de economia centralizada que se seguiu à revolução chinesa, de 1949 a 1979, a China adotou o modelo comunista soviético por um tempo. Um estilo soviético de planejamento centralizado foi adotado no primeiro Plano Quinquenal em 1953. Empreendimentos estatais foram criados a partir de empresas privadas e administrados centralmente por cerca de vinte ministérios no Conselho de Estado, o órgão político com autoridade máxima na China. A economia chinesa era "stalinista" no sentido de estabelecer indústrias urbanas, embarcar em planejamento centralizado e prover educação técnica e científica. Mas as relações entre a China e a União Soviética se deterioraram em uma década. Entre suas diferenças, estava o fato de que o primeiro-ministro soviético Nikita Khrushchev e Mao Tsé-Tung discordavam quanto à interpretação do marxismo. Khrushchev chegou a acusar a China de fazer mau uso do auxílio soviético para financiar seu "Grande Salto para Frente" em 1958, que ele descreveu como uma política "acéfala" de tentar industrializar a nação.[20] O desastroso Grande Salto para Frente, que durou até 1962, viu dezenas de milhões de chineses morrerem de fome enquanto seguiam a ordem de Mao de fundir suas panelas em "fornalhas de fundo de quintal" para criar aço para produtos industriais e negligenciaram o cultivo da terra. Eles também se desentenderam com o Ocidente; por exemplo, Mao discordou da política de Khrushchev de coexistência pacífica com os Estados Unidos. No fim dos anos 1960, a China e a União Soviética haviam se envolvido em conflitos fronteiriços e até mesmo reorientaram seus mísseis nucleares uma contra a outra. Quando a China maoísta seguiu seu próprio caminho após a cisão com a União Soviética, a política econômica chinesa também divergiu da soviética.

Ainda assim, a China seguiu alguns dos princípios estabelecidos no *Manifesto do Partido Comunista* e em *O capital*, pelo menos por um tempo. Por exemplo, Marx acreditava que a situação de um trabalhador só poderia melhorar por meio da abolição da propriedade privada, e então a China criou um setor estatal composto de empresas e bancos. Na China, a eliminação dos empreendimentos privados depois de 1949 propiciou a propriedade estatal dos meios de produção, de modo que todos eram trabalhadores, como Marx defendera.

Marx também acreditava que, nos estágios iniciais de uma sociedade comunista, os trabalhadores não seriam pagos em dinheiro, e sim em notas nas quais se indicaria o tempo de trabalho. O pagamento corresponderia às horas trabalhadas, após a dedução de um "fundo comum" para investimento e manutenção. Essas notas podiam ser usadas para comprar produtos, que, por sua vez, eram precificados de acordo com a quantidade de tempo de trabalho que fora gasta em sua produção. O sistema seria igualitário e não haveria capitalistas para explorar os trabalhadores. O sistema de emprego na China após 1949 se baseou em trabalhadores que recebiam pontos por dia, que poderiam ser trocados por produtos; um sistema similar ao que Marx havia proposto.

Marx também havia endossado a participação política das mulheres. No governo de Mao, a participação da mão de obra feminina rivalizava com a masculina. Curiosamente, no entanto, o mesmo não se podia dizer dos salários, embora "as mulheres sustentassem metade do céu" na China maoista. Uma mulher ganhava oito pontos por um dia de trabalho, ao passo que um homem ganhava dez.[21]

Uma desvantagem era que ninguém produzia muito em uma economia planificada, uma vez que os pontos eram concedidos pelo Estado diariamente, independentemente do que fosse produzido. Não foi exatamente isso que Marx havia previsto. Ele acreditava que mais créditos por tempo de trabalho seriam concedidos para trabalho mais intenso, de modo que os trabalhadores fossem compensados de maneira mais equitativa. Marx, de fato, rejeitava uma distribuição de renda "justa". Além disso, em seu sistema, os trabalhadores não receberiam o valor total de sua produção. O excedente iria para as pessoas coletivamente, para serviços comunitários.[22]

Mas esse estágio de mentalidade coletiva nunca foi alcançado em nenhuma das economias comunistas. Para a China e outros países, como o Vietnã, a falta de incentivo para trabalhar sob um planejamento centralizado levou a um baixo crescimento econômico, o que, por sua vez, trouxe a necessidade de reformas. Não foi isso que Marx havia imaginado. A propriedade estatal das indústrias também levou à ineficiência e à escassez persistente, visto que nenhum planejador central era capaz de estipular de maneira eficaz todas as quantidades e preços, e tampouco a oferta e a procura do mercado. A China ainda retém o domínio comunal da propriedade, pelo menos em termos nominais, visto que concessões com décadas de duração são permitidas. A privatização da terra, em particular, e também a reforma dos empreendimentos estatais que ainda restam são objeto de debates acalorados porque dão origem a uma ineficiência que impede o crescimento econômico.

Um conceito essencial que embasa a análise de Marx e pode lançar luz sobre algumas das razões para a divergência entre teoria e realidade é a suposição que ele faz com relação à taxa de lucro. Foi Adam Smith quem afirmou pela primeira vez que a taxa de lucro tende a cair com o tempo, uma noção que mais tarde foi desenvolvida por David Ricardo e John Stuart Mill. Uma taxa de lucro decrescente leva a um "estado estacionário" em que a economia para de crescer porque o lucro caiu tanto que novos investimentos não são lucrativos. Todos eles entendiam que isso culminava na estagnação de um sistema capitalista, embora a versão de Marx tenha previsto que esta seria seguida de uma revolta de trabalhadores, o que levaria ao estabelecimento de um regime comunista.

Para a China e a União Soviética, os lucros caíram como previsto. Uma falta de incentivo para o trabalho levou à baixa produtividade. Mas os empreendimentos estatais precisavam atingir suas cotas de produção. Eles recorreram aos bancos estatais em busca de fundos de investimentos, o que levou a investimentos cada vez menos lucrativos e a uma acumulação de dívida. A falta de lucratividade apontou para a necessidade de reformas de mercado. A estagnação econômica desencadeou o abandono dos princípios marxistas. Ironicamente, o resultado previsto para as economias capitalistas acabou se realizando nas comunistas.

A transformação da China em uma economia amplamente baseada no mercado, ainda governada politicamente por um partido comunista, não teria sido prevista por Marx, para quem o comunismo e o capitalismo não poderiam coexistir. Além disso, a China havia se tornado muito desigual; em um momento de taxas de crescimento altíssimas no início do século XXI, a China comunista era mais desigual do que a América capitalista. Isso certamente não fazia parte da visão de Marx para uma sociedade comunista. Na fase atual de reformas na China, como convém a um país de renda média, ela está procurando reequilibrar seus fatores de crescimento e se apoiar menos no investimento e mais no consumo; menos nas exportações e mais na demanda interna; menos na agricultura e na fabricação de produtos básicos e mais nos serviços e nas indústrias de alta tecnologia. Este último aspecto teria sido particularmente exasperante para Marx. Sua visão sobre os trabalhadores do setor de serviços era inequívoca: "Da prostituta ao Papa, há uma massa de tal escória".[23] Ou seja, com relação ao setor de serviços, ele partilhava da visão de Adam Smith. Marx não valorizava padres ou advogados, uma vez que eles não produziam nada de valor. Em sua visão, estas eram apenas trocas de um serviço por dinheiro. A noção de que produtos intangíveis podem ser tão valiosos quanto bens manufaturados simplesmente não fazia parte da concepção de Marx ou dos outros grandes economistas que o precederam. Nesse aspecto, Marx não teria aprovado a mudança da China rumo a uma economia de serviços e, sobretudo, seu distanciamento da agricultura e da produção comunitária. Marx não teria reconhecido a China de hoje como uma encarnação de seus princípios. Portanto, é improvável que ele aprovasse a ação subsequente da China para incorporar as forças do mercado em sua economia. Ele possivelmente teria ficado intrigado com a permanência do sistema político comunista no governo de uma economia que tem desafios, como a desigualdade, em comum com a mais capitalista das economias, os Estados Unidos. Se a China superar suas dificuldades e se tornar rica sob o sistema capitalista, então talvez Marx pudesse reconsiderar o papel que seus princípios exerceram em guiar a China comunista – porque, na teoria de Marx, depois que o capitalismo se consolida, sempre há espaço para uma rebelião de trabalhadores e para uma revolução no futuro.

*

Marx não viveu para ver um mundo em que o marxismo se consolidou em diferentes partes do globo, nem a Guerra Fria concomitante que colocou a União Soviética comunista contra a América capitalista, ou a China emergindo como a segunda maior potência econômica mundial. Ele morreu em 1883, apenas um ano depois da esposa, provavelmente de tuberculose, a doença que havia matado seu pai e quatro de seus irmãos. Karl e Jenny Marx foram enterrados no cemitério de Highgate, no norte de Londres.

A crise financeira global de 2008 levou alguns a se desiludirem com o capitalismo, e o marxismo de certa forma voltou à moda. Um livro publicado logo após a crise foi intitulado *How Karl Marx Can Save American Capitalism* [Como Karl Marx pode salvar o capitalismo americano].²⁴ Isso teria encontrado ressonância em Marx. Em níveis variados, os grandes economistas estavam envolvidos com os debates políticos de sua época. Adam Smith e David Ricardo trabalharam no governo e participaram ativamente da reformulação das políticas econômicas, incluindo a revogação da legislação protecionista. Marx, obviamente, era mais revolucionário e iria mais longe, pois dedicou a vida a organizar trabalhadores para se erguerem contra os capitalistas. Para ele, é evidente que a ciência econômica deve ir além dos princípios filosóficos que interpretam e apenas tentam influenciar a política. Conforme afirmou: "Os filósofos até agora se limitaram a interpretar o mundo; o que importa é transformá-lo".²⁵

Capítulo 4

Alfred Marshall:
A desigualdade é inevitável?

Não há dúvida de que combater a desigualdade é prioridade na agenda política. Por exemplo, combater a desigualdade econômica é um bordão ouvido no Reino Unido, onde a ex-primeira-ministra Theresa May expressou preocupação com aqueles que estão "se virando como podem" – os chamados "just about managing", ou "JAMs", um termo cunhado pelos que escreviam seus discursos. A prosperidade dos indivíduos está relacionada com a qualidade do crescimento econômico, e não apenas com a rapidez com que uma economia cresce.

Um best-seller um tanto surpreendente é o livro do economista francês Thomas Piketty sobre a questão da desigualdade. Quem diria que um livro de 685 páginas baseado em pesquisa econômica detalhada entraria para a lista de best-sellers do *New York Times*? Sua popularidade reflete uma preocupação generalizada de que a desigualdade seja hoje tão extrema nos Estados Unidos quanto foi durante a Era Dourada do fim do século XIX. O ganhador do Prêmio Nobel de Economia Joseph Stiglitz está entre aqueles que apontaram a desigualdade como uma das razões para a lenta recuperação após a Grande Recessão de 2009 que se seguiu à crise financeira global. Stiglitz argumentou que as sociedades extremamente desiguais se recuperam mais lentamente, uma vez que o crescimento beneficia sobretudo os ricos, que poupam mais do que gastam. E gastar, e não poupar, é o que alimenta uma recuperação econômica.[1] As economias capitalistas são sempre desiguais? O que pode ser feito com relação a isso – se é que se pode fazer alguma coisa? É verdade que, como observou Winston Churchill, em 1945, ao falar na Câmara dos Comuns do Parlamento britânico, "o vício inerente ao capitalismo é a distribuição desigual de bênçãos; a virtude inerente ao socialismo é a distribuição igualitária da miséria"?

Algum tempo antes da observação de Churchill, Alfred Marshall fundou a economia neoclássica. Ele adaptou a economia clássica de Adam Smith, David Ricardo e outros a um modelo mais analítico, baseado em princípios do *laissez-faire* governando o mercado. Marshall transformou a maneira como pensamos sobre como diferentes fatores podem alterar os preços e as quantidades de bens e serviços na economia. Esse modelo econômico fundamental foi concebido pelo economista de Cambridge. Como Marshall veria a piora da desigualdade econômica no sistema capitalista?

A vida e a época de Alfred Marshall

Alfred Marshall nasceu em 1842 em Bermondsey, um distrito de classe baixa de Londres. Seu pai era funcionário do Banco da Inglaterra. Ele foi o segundo de cinco filhos e frequentou uma escola particular. Graças a uma bolsa de estudos e ao apoio financeiro de um tio, ele então foi para a Universidade de Cambridge para estudar matemática.

Após a graduação, foi admitido como membro do conselho em 1865 e, em 1868, foi nomeado professor de Ciências Morais no St. John's College, Universidade de Cambridge. Lá, ele conheceu sua esposa, Mary Paley, que frequentava suas aulas.[2] O pai e o bisavô de Mary Paley haviam sido *dons* em Cambridge (que é como são chamados os professores e pesquisadores das faculdades de Oxbridge – Oxford e Cambridge). Ela lecionou ciência econômica em Newnham, uma faculdade para mulheres na Universidade de Cambridge. Quando eles se casaram, o regulamento da universidade com relação aos membros do conselho obrigou Marshall a renunciar ao cargo, e ele assumiu as funções de professor de Economia Política e de diretor do Bristol University College, que havia sido fundado no ano anterior e posteriormente se tornou a Universidade de Bristol. Seu manual *Economics of Industry* [Economia da indústria], escrito em coautoria com a esposa – que se tornou a primeira mulher a lecionar ciência econômica em Bristol e uma das primeiras no Reino Unido –, foi publicado em 1879. Dois anos depois, ele deixou Bristol, e o casal passou um ano no continente europeu, quando ele começou a escrever sua obra seminal, *Princípios de economia*. Quando regressaram ao Reino Unido, ele voltou a lecionar em Bristol. Mas foi um breve retorno.

Em 1883, ele passou a lecionar no Balliol College, na Universidade de Oxford. Marshall era cético com relação à sua capacidade de atrair alunos para estudar na universidade, pois não acreditava que a economia fosse tratada como um assunto sério.[3] Foi só na década de 1920 que o curso de Filosofia, Política e Economia se estabeleceu como um grau acadêmico formal. Ele não ficou lá por muito tempo, mas, pelo menos por alguns períodos letivos, o Balliol College contou com Marshall e Adam Smith entre seus membros! Para aliviar sua partida, Marshall persuadiu John Neville Keynes, o pai de John Maynard Keynes, a ocupar seu lugar. Keynes experimentou por um tempo, mas decidiu que preferia Cambridge. É curioso imaginar que a história teria sido diferente se ele tivesse ficado lá e seu filho tivesse sido criado em Oxford.

Em 1885, depois que o regulamento foi alterado para permitir o matrimônio, Marshall regressou para assumir uma cátedra em Cambridge. Foi lá que passou a maior parte de sua carreira, primeiro como graduando no St. John's College, de 1861 a 1865, depois como membro do conselho, de 1865 a 1877, e posteriormente como professor titular de Economia Política em 1885, cargo que ocupou até se aposentar em 1908; então, continuou como membro emérito até sua morte, em 1924. Foi em 1903 que ele instaurou o que viria a ser o conceituado curso de graduação em Economia da universidade e, logo depois, a Faculdade de Ciência Política e Econômica.

Alfred Marshall

Alfred Marshall foi um intelectual do fim da era vitoriana. Foi um período de consenso político sobre as principais questões econômicas da época. Havia aceitação universal do livre-comércio, por exemplo. Recordemos a abolição das Leis do Trigo em 1846, discutidas no capítulo sobre David Ricardo, que marcaram o início de uma era de livre-comércio. Marshall também defendeu o livre-comércio meio século depois, quando novamente se encontrava sob ameaça.

Entre os principais economistas da época, ninguém defendia o *"laissez-faire* extremo" da Escola de Manchester dos anos 1830 e 1840.[4] Quase todos que o defendiam estavam na Europa continental e na América do Norte. A maioria dos economistas era como Marshall, no sentido de que apoiava um sistema que incluía a regulação do mercado de trabalho e outros papéis circunscritos para o governo.

Marshall já estava em seus quarenta anos quando o consenso sobre as principais questões econômicas começou a se diluir. Foi durante a Longa Depressão dos anos 1880, quando a economia estava sendo reexaminada, que Marshall fez suas grandes contribuições. Suas teorias formalizaram os fundamentos de uma economia de mercado competitiva. Marshall incorporou análises rigorosas que levaram a conclusões mais robustas. Ele foi pioneiro no uso de diagramas para ilustrar os conceitos essenciais da economia moderna – tais como a oferta e a procura –, diagramas que são ensinados e usados ainda hoje.[5]

Ao mostrar de que modo a produção e o consumo eram determinados para a economia, a obra de Marshall acirrou debates sobre o que constituía uma política econômica apropriada. No que concerne à produção, os diagramas de Marshall retrataram os efeitos dos rendimentos decrescentes para as unidades adicionais de capital e mão de obra. Quando se alcançava o ponto em que o custo adicional equivalia ao rendimento adicional, ele demonstrou que este era o ponto de equilíbrio no qual a unidade marginal ou adicional deveria ser produzida. Por exemplo, uma empresa escolherá fabricar um produto até o ponto em que o custo não exceda o valor pelo qual este pode ser vendido. Como alcançar o equilíbrio é, hoje, um conceito básico da ciência econômica.

Quanto ao consumo, seu trabalho sobre a análise da utilidade marginal explica como os consumidores se comportam. Cada pessoa decide trabalhar ou descansar, sabendo que o custo é uma hora de esforço que teria sido compensado por salários. Há utilidade ou prazer obtido com o descanso, mas este é contrabalançado pela perda da remuneração. A soma da utilidade de cada pessoa é uma maneira de avaliar o bem-estar de uma sociedade. Esta é uma das razões pelas quais Marshall considerou chamar seu objeto de estudo de economia social, em vez de simplesmente economia.

Seu manual *Economics of Industry* [Economia da indústria] e seus diagramas que mostravam de que modo as decisões ideais são tomadas por empresas e pessoas levaram Marshall a figurar entre os economistas ingleses mais importantes da época. Mas sua obra seminal ainda estava por vir. Marshall logo transformaria a área de estudo com *Princípios de economia*. O primeiro volume foi publicado em julho de 1890, e chegou a ser comparado com *A riqueza das nações*, de Adam Smith. No centenário de nascimento de Marshall, *Princípios* foi descrito da seguinte maneira:

> Ideias desse tipo poderiam muito bem ter permeado a economia política inglesa, de todo modo. Elas estavam no ar. Mas, por razões puramente históricas, tais ideias se tornaram predominantes graças a Marshall. Em seu país de origem, *Princípios* de Alfred Marshall figura ao lado de *A riqueza das nações* de Adam Smith e de *Princípios* de David Ricardo como um dos grandes divisores de águas no desenvolvimento de ideias econômicas: com as qualificações usuais, podemos dividir a história da economia política inglesa em três épocas distintas: a clássica, a ricardiana e a marshalliana, ou ricardiana reformada [...] deve ser considerada uma das pedras fundamentais da economia americana moderna.[6]

De modo similar a Adam Smith com *A riqueza das nações*, Marshall levou uma década para escrever *Princípios*. O segundo volume que ele havia planejado, no entanto, foi abandonado. Em vez disso, Marshall fez revisões importantes até a oitava edição, publicada em 1920. Houve uma nona edição, que mostrava todas as alterações feitas nas oito anteriores, publicada postumamente pela Sociedade Real de Economia, em 1961, como Volume II. Ao todo, Marshall passou cerca de quarenta anos trabalhando em seu livro de diagramas, de modo que dedicou metade da vida à sua obra seminal.

Não raro para alguém do fim da era vitoriana, a curiosidade de Alfred Marshall por economia foi inspirada por um interesse pelo bem-estar social e pela igualdade de oportunidades, os quais, para ele, eram os pilares de uma sociedade próspera. Isso levou Marshall a viajar à Alemanha para aprender alemão, para que pudesse ler os escritos originais de Immanuel Kant. Então, ele também conseguia ler as obras de Karl Marx e de Ferdinand Lassalle. Marshall, mais tarde, aconselharia seus alunos:

> Às vezes nos dizem que todo aquele que se esforça estrenuamente por promover a melhora social do povo é um socialista – pelo menos, se acredita que grande parte desse trabalho pode ser mais bem realizada pelo Estado que pelo esforço individual. Nesse sentido, praticamente todo economista da geração atual é um socialista. Nesse sentido, eu era socialista antes de saber qualquer coisa de economia; e, de fato, foi meu desejo de saber o que era exequível no que concerne à reforma social por parte do Estado e de outros organismos que me levou a ler Adam Smith e [John Stuart] Mill, Marx e Lassalle, há quarenta anos. Desde então, tenho me tornado um socialista cada vez mais convicto nesse sentido da palavra [...][7]

No entanto, ele não aceitava todas as crenças socialistas, como a propriedade comunal ou a revolução para realizar mudanças, ambas defendidas por Karl Marx. Em vez disso, Marshall acreditava em um conjunto estipulado de funções para o governo a fim de melhorar o bem-estar da sociedade e oferecer oportunidades. Por exemplo, ele defendia que o Estado fosse responsável por prover educação universal, de modo que até mesmo as crianças mais pobres pudessem obter qualificações e concorrer a empregos na economia. Quando se tratava de melhorar as condições sociais, Marshall, fiel à obra de sua vida, acreditava nas forças da oferta e da procura para aumentar os salários dos pobres: "Se o número de trabalhadores não qualificados diminuísse o bastante, aqueles que realizassem trabalho não qualificado teriam de receber bons salários".[8]

Embora a obra de Marshall se baseasse na teoria da utilidade, ele também não aderiu a todos os princípios desta. O conceito de Jeremy Bentham sustenta a teoria da utilidade: "é a maior felicidade do maior número que é a medida do certo e do errado".[89] Em *Princípios*, Marshall destacou a influência de Bentham sobre a evolução da ciência econômica no século XIX.

Mas a visão de Marshall era diferente da de Bentham, ou da ideia de John Stuart Mill de um "homem econômico" que maximiza a utilidade. Marshall criticou o conceito da busca da maior felicidade para o maior número. Ele argumentou que o todo poderia ser maior do que a soma de suas partes. Como veremos, essa adesão à maximização da utilidade para a sociedade como um todo, que presta menos atenção à distribuição dessa utilidade, pode ser o motivo pelo qual a desigualdade cresceu tão rapidamente em algumas economias capitalistas.

Para Marshall, o interesse pela desigualdade e pela pobreza permeou sua obra. Diante da Comissão Real sobre os Pobres em Idade Avançada, em 1893, ele declarou: "Eu me dediquei, durante os últimos 25 anos, ao problema da pobreza, e muito pouco do meu trabalho foi dedicado a alguma indagação que não tenha relação com ele".[10]

Então, o que Alfred Marshall diria da desigualdade crescente no mundo desenvolvido, que vê tanta desigualdade nos Estados Unidos do início do século XXI quanto ele testemunhou durante a Era Dourada?

A desigualdade crescente

Algumas das estatísticas sobre desigualdade econômica que impulsionaram a agenda política são alarmantes. Por exemplo, a fatia da renda que vai para o topo da pirâmide cresceu a ponto de os 1% mais ricos dos Estados Unidos deterem um quinto da renda do país. Os 10% mais ricos dos Estados Unidos detêm metade de toda a renda do país. De acordo com Thomas Piketty, na Europa é um pouco melhor. Ainda assim, no Reino Unido, os 10% mais ricos detêm mais de 40% da renda. Na Alemanha e na França, é mais de um terço. Todas essas fatias na Europa cresceram desde os anos 1970, mas não tanto a ponto de rivalizar com a Era Dourada. Porém, nos Estados Unidos, sim; o que levou alguns a chamarem a época atual de Segunda Era Dourada no país.

Esse fenômeno não está restrito aos países mais ricos do mundo. Embora os países em desenvolvimento tenham visto a pobreza cair drasticamente, e um bilhão de pessoas tenham sido tiradas da pobreza desde 1990, a desigualdade econômica permaneceu praticamente inalterada desde 1960.[11] No interior dos países, a desigualdade, em média, aumentou ou não melhorou de maneira significativa, não só no Ocidente, como também em países como a China. Enquanto isso, a desigualdade entre as nações diminuiu por causa do crescimento relativamente mais rápido das economias emergentes, o que reduziu a diferença de renda entre os países desenvolvidos e os países em desenvolvimento.

Desde a recessão de 2009, a desigualdade tem sido um problema, particularmente nos Estados Unidos. Durante o boom econômico dos anos 1950 nos Estados Unidos, os 1% mais ricos se saíram apenas um pouco melhor do que o resto, ganhando cerca de 5% da renda aumentada. Mas, desde a Grande Recessão, os 1% mais ricos detiveram 95% do ganho econômico, deixando os outros 99% com apenas 5% do ganho para dividir. Durante períodos de recessão, as taxas de juros baixas barateiam os empréstimos e promovem uma recuperação que normalmente faz as ações subirem. Os mercados dos Estados Unidos atingiram altas históricas desde a crise de 2008, e tais ganhos predominantemente vão para a metade das famílias norte-americanas que têm ações. Das famílias norte-americanas entre as 10% mais ricas, 93% têm ações, ao passo que, entre as 20% mais pobres, apenas 11% as têm. Em que medida a desigualdade afeta a recuperação? A resposta não é nem um pouco óbvia. Dois ganhadores do Prêmio Nobel de Economia, Paul Krugman e Joseph Stiglitz, discordam sobre a importância do papel que a desigualdade exerceu na lenta recuperação desde a crise financeira de 2008. Stiglitz argumenta que a desigualdade impede o crescimento econômico. Os ricos pagam menos impostos do que os pobres em proporção à renda, de modo que a desigualdade crescente não aumenta a arrecadação fiscal tanto quanto esperado. Além disso, os pobres consomem mais de sua renda do que os ricos. Esta "propensão marginal a consumir", menor entre os ricos, foi originalmente identificada por John Maynard Keynes. Em outras palavras, as pessoas mais pobres têm menos renda disponível, e gastam uma parte maior de sua renda em necessidades, como alimentos. As pessoas mais ricas tendem a gastar proporcionalmente menos de sua renda, já que têm mais dinheiro para gastar. Daí decorre que aumentar a renda dos pobres geraria proporcionalmente mais consumo, o que promoveria o crescimento econômico.

Krugman, por outro lado, afirma que não viu indícios de que os ricos consumam menos. Em certo sentido, os ricos gastam mais do que os pobres. Alguém gastando 20% de uma renda de 10 mil libras contribuiria com 2 mil libras para a economia, ao passo que alguém gastando apenas 3% de sua renda de 100 mil libras contribuiria com 3 mil libras. Krugman também observa que essa comparação é estática: podemos medir como duas pessoas com dois níveis de renda diferentes agem em determinado momento, mas é mais difícil prever como o gasto de uma pessoa mudaria se as rendas aumentassem.

Stiglitz e Krugman podem discordar sobre até que ponto a desigualdade influencia uma recuperação lenta, mas eles concordam que níveis elevados de desigualdade de renda são um problema por razões econômicas, assim como sociais.

A desigualdade de renda é problemática há muito tempo. A desigualdade caiu depois da Era Dourada e dos Loucos Anos Vinte, especialmente durante os anos 1950 e 1960, quando o PIB per capita, que é uma medida de renda média, cresceu bastante durante os chamados Anos Dourados do crescimento econômico. Mas, desde os anos 1970, a diferença de renda parou de diminuir, e então começou a aumentar bruscamente depois de 1980 até os dias de hoje, quando os Estados Unidos são mais desiguais do que nunca. A terra das oportunidades é, realmente, uma sociedade de ricos e pobres? A economia norte-americana está enriquecendo apenas os ricos? Um tema é claro em todo esse debate: o enriquecimento dos ricos fez a classe média encolher. Pela primeira vez desde o início dos anos 1970, há menos pessoas na classe média do que na classe baixa e na classe alta nos Estados Unidos.[12] De fato, em muitas nações pelo mundo, a desigualdade econômica aumentou, notadamente a diferença entre os 1% mais ricos e o resto da sociedade. F. Scott Fitzgerald disse que os muito ricos são diferentes de você e de mim. Mas talvez os ricos sejam iguais uns aos outros no mundo todo?

Alguém dirigindo pelas ruas estreitas da Concessão Francesa de Xangai imediatamente entenderá por que a cidade um dia foi chamada de Paris do Oriente. Lojas luxuosas como a da Prada dividem o quarteirão com casas mais antigas da era colonial – uma raridade na China, onde arranha-céus dominam o horizonte das cidades. Nos anos 1920, estrangeiros e chineses se misturavam naquela que era considerada a cidade mais cosmopolita da Ásia. Agora, com o rápido aumento da riqueza na China, é como se o país tivesse entrado em uma Era Dourada.

A Rua de Nanquim é um de seus raros calçadões. Leva a oeste partindo do Bund, uma esplanada à beira do rio Huangpu, e de ambos os lados é abarrotada de lojas, hotéis e cafés. Ocupada a qualquer hora do dia, é um reflexo de que a classe média recém-surgida na China finalmente está desfrutando de um estilo de vida que para o Ocidente é lugar-comum. Mas há mendigos agachados à porta das lojas de grife. A China comunista se tornou tão desigual quanto a América capitalista. É notável que a China tenha mais bilionários que os Estados Unidos. E esse número também está crescendo a um ritmo impressionante. Há cerca de uma década, havia apenas três bilionários na China; hoje, há centenas. Esta é uma mudança gigantesca num país cuja renda média é a mesma que a da Costa Rica.

Os bilionários chineses na lista de ricos da *Forbes* estão se tornando cada vez mais ricos. Há tempos, o nome no topo da lista (ou perto do topo) é Wang Jianlin, que ganhou dinheiro através dos caminhos tradicionais: o setor imobiliário e a indústria do entretenimento. A riqueza foi obliterada durante a Revolução Cultural dos anos 1960 e 1970, de modo que pessoas como Wang tiveram de construir sua fortuna a partir do zero. Hoje, ele é o principal magnata imobiliário na China, e pretende construir um império global de entretenimento que ofuscará a Disney. Seu negócio tirou vantagem da abertura do mercado consumidor da China nos anos 1990 e do surgimento da nova classe média. Um número impressionante de pessoas foi tirado da pobreza em uma geração, e sua demanda pelos escritórios, entretenimento e cinemas que Wang Jianlin provê o tornou um dos homens mais ricos do mundo, e uma celebridade na China. Quando ele desce de seu Rolls-Royce, as pessoas param para fotografá-lo.

Uma nova geração de empreendedores também fez fortuna em consequência da revolução digital. Cerca de um quarto dos recém-chegados à lista de ricos da *Forbes* são da China, e muitos são jovens. Eles estão predominantemente na área de tecnologia, que produziu riqueza não só para o grupo de empresários mais jovens, como também para aqueles como Jack Ma, do Alibaba, depois da oferta pública inicial recordista de sua empresa de e-commerce, quando as ações emitidas pela primeira vez para o público na Bolsa de Valores de Nova York levantaram 25 bilhões de dólares.

Os empreendedores que atenderam à nova classe média eram diferentes de seus predecessores, que ganharam dinheiro com imóveis, uma área que exigia bons contatos com o governo chinês, já que a maioria dos imóveis era propriedade do Estado. Mas, como Wang Jianlin e outros, que tiraram vantagem da privatização do mercado imobiliário na China nos anos 1990, essa nova geração está seguindo a mudança em direção ao consumismo que vem ocorrendo na economia, visto que o governo busca fazer do consumo da classe média o motor de crescimento, em vez do investimento em propriedades alimentado pela dívida corporativa (ver o capítulo sobre Marx). Mais da metade dos ricos da China são empreendedores; o restante compreende investidores e um pequeno número de executivos muito bem remunerados. O fator comum é que, na ausência de riqueza herdada, devido à Revolução Cultural, praticamente todos eles são *self-made men* que construíram sua própria fortuna. (Como a maioria dos super-ricos do mundo, os bilionários da China são predominantemente homens.)

Mas a geração seguinte está chegando à maioridade; a riqueza está, novamente, sendo herdada na China. Os herdeiros cunharam o termo *fuerdai*, que se traduz como "a segunda geração de ricos". Os casos mais notórios de desigualdade econômica estão entre os filhos dos super-ricos. Não só os chamados príncipes vermelhos, cujos pais são dignitários do Partido Comunista, estão atraindo atenção. Também aqueles como o filho de Wang Jianlin, Wang Sicong, que revela seu estilo de vida em seu microblog no Weibo, a versão chinesa do Twitter. Enquanto seus pais tendem a ser frugais, os *fuerdai*, ainda que trabalhem muito, também se divertem muito. Na mídia, há críticas a seus carros velozes e gastos extravagantes. Seu estilo de vida esbanjador não é bem aceito em uma sociedade que ainda defende as virtudes do socialismo. Wang Jianlin me contou, quando o entrevistei para meu programa na TV BBC, que, à medida que as sociedades se tornam classe média, seu ressentimento contra os ricos aumenta. Ele citou Singapura e Hong Kong como sociedades em que tais atitudes surgiram quando o padrão de vida melhorou.

Sua observação ecoa estudos que mostram que a igualdade e a pobreza são conceitos relativos. De fato, não é apenas a diferença absoluta entre a renda dos ricos e a dos pobres o que importa para o bem-estar. Isso é o que normalmente é medido por indicadores como o coeficiente de Gini: um índice que é igual a zero se todos os indivíduos têm a mesma renda, e igual a um se uma única pessoa tem toda a renda de um país. Mas, como a sociedade é cada vez mais dominada por uma classe média crescente, tais comparações são relativas. De fato, nas economias desenvolvidas, é a renda relativa à renda mediana (a renda do indivíduo no meio da pirâmide de distribuição) que define a pobreza. Por essa medida, aproximadamente dois milhões de pensionistas são pobres no Reino Unido quando calculados como aqueles que vivem com menos de 60% da renda mediana (calculada como renda disponível depois dos custos de moradia).

Para a China, as percepções cambiantes que a sociedade tem da desigualdade decorrem de sua própria transformação recente em uma sociedade de classe média. Foi só em 2001 que a renda anual per capita na China excedeu os mil dólares, o nível que define os países mais pobres do mundo. E foi só em 2010 que a renda média na China ultrapassou os 4 mil dólares, o nível que define uma sociedade de classe média alta. Mesmo hoje, a China ocupa apenas uma posição intermediária na liga de países classificados por renda média.

Mas, é claro, a média obscurece a distribuição de renda, e, apesar de seu sistema comunista, a última década viu a China se tornar uma sociedade desigual. Os 5% das famílias no topo da pirâmide detêm cerca de um quarto de toda a renda. Há uma grande diferença entre as rendas urbanas e as rurais: as famílias urbanas ganham três vezes mais do que as rurais. O litoral também supera o interior no que concerne à riqueza. Mas o padrão de desigualdade está se moderando. A desigualdade econômica alcançou um pico em 2008, e desde então diminuiu. Entretanto, a China, como outras nações emergentes, é uma sociedade que se tornou muito desigual em vários aspectos, em um curto período.

Por que a desigualdade cresceu no último século?

Uma das razões para a desigualdade alta em países como a China é que, conforme os países se industrializam e se urbanizam, eles crescem mais rapidamente. Aqueles que se mudam para a indústria e para as cidades ganham mais do que os que não o fazem, de modo que a desigualdade tende a aumentar com o desenvolvimento econômico. Mas os países podem reduzir a desigualdade econômica por meio de políticas redistributivas. Sem o sistema de bem-estar social, a desigualdade seria muito mais alta nos Estados Unidos, no Reino Unido e em grande parte do resto da Europa. A ausência de um sistema de bem-estar social bem estabelecido é um dos fatores que contribuem para os altos níveis de desigualdade na China.

Nos países desenvolvidos, há forças diferentes em ação. Primeiro, a globalização achatou os salários medianos, e aqueles que ganham com o comércio internacional, isto é, os trabalhadores mais qualificados e os donos do capital, ganharam mais, ao passo que os trabalhadores menos qualificados saíram perdendo nas economias avançadas. Outro fator é algo conhecido como "progresso técnico enviesado em favor das altas qualificações". À medida que a economia se torna mais impulsionada pela tecnologia, são, mais uma vez, os trabalhadores mais qualificados que colhem as maiores recompensas. As duas coisas estão relacionadas, obviamente.

Thomas Piketty acredita que a desigualdade aumenta quando a taxa de remuneração do capital (r) excede a taxa de crescimento da economia (g). Nesse caso, os que detêm o capital (propriedades, empresas, ações, e assim por diante) verão sua renda crescer mais depressa do que as rendas médias no longo prazo.

Outros pensam de modo diferente. Na França e no Reino Unido, por exemplo, o valor do capital privado em relação à renda disparou para mais de 500% desde os anos 1970, enquanto, para os Estados Unidos, essa proporção é de robustos 400%. Conforme essa riqueza vai sendo transmitida, a diferença entre os ricos e o resto aumenta; portanto, a riqueza herdada é outra explicação para a desigualdade. Paul Krugman observou que cerca de metade dos dez norte-americanos mais ricos herdaram sua riqueza.

A remuneração é outro fator de desigualdade. Por exemplo, o CEO de uma empresa na lista das quinhentas maiores (S&P 500) dos Estados Unidos ganha, em média, mais de duzentas vezes a renda de um trabalhador médio na mesma empresa. Nos anos 1960, era vinte vezes mais. Por que isso aconteceu? Segundo o ex-secretário do Trabalho dos Estados Unidos, Robert Reich, uma das causas é que o declínio na sindicalização enfraquece o poder de barganha dos trabalhadores sobre os salários.[13]

É provável que todas essas visões tenham algum mérito, e que exista uma série de fatores contribuindo para o aumento da desigualdade. Cada um deles aponta para um conjunto diferente de soluções políticas. Por exemplo, impostos progressivos, em que os ricos pagam um percentual mais alto sobre seus ganhos do que os pobres, ajudariam a reduzir, em parte, a diferença salarial. Se a mudança tecnológica está exacerbando a desigualdade, o sistema fiscal poderia ser usado para redistribuir. É isso o que o presidente do Conselho de Assessores Econômicos do ex-presidente Obama, Jason Furman, afirma ter feito. Mas outros, incluindo o fundador da Bain Capital, Ed Conard, argumentam que aumentar os impostos para reduzir a desigualdade não é uma solução no longo prazo e pode prejudicar as empresas.

E quanto às forças globais em ação que estão fora do controle do governo? Piketty propõe uma solução mais radical: um imposto sobre a riqueza coordenado internacionalmente. Mas Angel Gurría, secretário-geral da OCDE, que é o centro de pensamento para as economias avançadas, discorda. Ele diz que, para combater a desigualdade, são necessárias políticas fiscais e trabalhistas em nível nacional, e não global. Especificamente, deve haver uma redução de impostos para incentivar o emprego, contrabalançada por um aumento em certos impostos, entre os quais a tributação ambiental.[14]

Há uma divisão entre aqueles que defendem a redistribuição por meio do sistema tributário e aqueles que são contra a intervenção estatal. Aqueles a favor de mais ação por parte do governo também apoiariam políticas de aumento salarial, como estipular um salário mínimo mais alto e promover a criação de empregos bem pagos para trabalhadores medianamente qualificados. Outros poderiam preferir políticas concebidas para oferecer a cada indivíduo as mesmas oportunidades de ganhar a vida e reduzir a desigualdade por meio das forças do mercado, em vez de cobrar impostos e redistribuir a renda concentrada. Seu receio é que políticas redistributivas criem os incentivos errados ao cobrar impostos dos bem-sucedidos e subsidiar os que se saem pior, desestimulando tanto os ricos como os pobres de trabalhar. Como diz a piada política: "Qual a diferença entre um republicano e um democrata? Quando um republicano vê alguém se afogando, ele joga uma corda curta demais e grita 'agora é com você'. Um democrata joga uma corda comprida demais e a solta".

Nem é preciso dizer que este é um debate infindável. Então, o que o pai da economia neoclássica diria sobre o aumento da desigualdade, que se tornou um problema tão grande que levou alguns a questionarem a validade do sistema capitalista por permitir que isso aconteça?

As visões de Alfred Marshall sobre a desigualdade

Alfred Marshall afirmava que o papel do Estado ao combater a desigualdade deve incluir as seguintes considerações:

> Partindo do princípio de que uma distribuição mais equitativa da riqueza é desejável, até que ponto isso justifica mudanças nas instituições de propriedade, ou limitações ao livre empreendimento, mesmo quando estas provavelmente diminuiriam a acumulação de riqueza? Em outras palavras, até que ponto deve-se buscar um aumento na renda das classes mais pobres e uma redução de seu trabalho, mesmo que isso implique certa diminuição da riqueza material do país? Até que ponto isso poderia ser feito sem cometer injustiça, e sem minar as energias dos líderes do progresso? Como o ônus da tributação deve ser distribuído entre as diferentes classes da sociedade?[15]

Este é o cerne do debate. Para Marshall, as políticas para distribuir a renda de maneira mais equitativa acabam sendo anuladas pelos desincentivos que elas criam para o trabalho. Em sua visão:

os principais perigos do socialismo residem não em sua tendência a uma distribuição mais equitativa da renda, pois não vejo qualquer prejuízo nisso, mas em sua influência esterilizadora sobre as atividades mentais que pouco a pouco tiraram o mundo da barbárie.[16]

Marshall estabeleceu uma distinção entre produção e redistribuição, como fez John Stuart Mill. Mill defendera, em seus *Princípios de economia política*, que as leis econômicas que governam a produção não eram fáceis de alterar, ao passo que as políticas redistributivas eram concebidas pelos governos e passíveis de ser modificadas.[17] Mas Marshall inicialmente não apoiou a redistribuição "fiscal" por meio de impostos. Ele via os impostos de renda como ineficientes por causa de seus efeitos sobre o trabalho. Porém, após a introdução de um imposto progressivo sobre a propriedade (percentuais mais altos sobre propriedades maiores) em 1894, o precursor de um imposto sobre a herança, não houve nenhum efeito desestimulador sobre a disposição para trabalhar. Isso levou Marshall a mudar de ideia, visto que o que ele havia proposto antes, o incentivo à filantropia, não foi suficiente para reduzir a desigualdade.

Então, durante e após a Primeira Guerra Mundial, Marshall passou a acreditar nos benefícios das cargas tributárias progressivas. Ele passou a aceitar a redistribuição fiscal. O que ele não apoiou foi igualar a renda por meio de ampla redistribuição. Isso, no máximo, alcançaria resultados muito limitados. No longo prazo, essas políticas prejudicariam o crescimento se as pessoas fossem desincentivadas a trabalhar, e isso significaria menos dinheiro para redistribuir. Hoje, os programas redistributivos não chegam a igualar as rendas, em consonância com as preocupações de Marshall.

A tributação progressiva é uma das ferramentas convencionais usadas para redistribuir renda atualmente. Mas o nível de redistribuição difere de um país para outro. Por exemplo, há menos redistribuição nos Estados Unidos do que na Europa, que tem um Estado de bem-estar social maior. Um Estado grande, no entanto, não é bem visto por Marshall.

Marshall considerava que o papel do Estado era mais o de regulador que o de provedor de bens e serviços. Garantir que os negócios agissem de acordo com a lei, que os produtos fossem de boa qualidade e vendidos por um preço justo eram os tipos de tarefas que os governos deveriam assumir. E não deveria haver um grande número de burocratas: "A função do governo é governar o mínimo possível; mas não fazer o mínimo possível".[18] Marshall também defendia a descentralização. Ele via os benefícios da experimentação e da concorrência local. No entanto, opunha-se fortemente ao governo local como um administrador delegado do governo central. Em sua visão, educação e planejamento urbano eram o melhor escopo para as iniciativas locais. No entanto, tarefas maiores, como fornecimento de água, eletricidade e gás, só deveriam ser realizadas pelo governo se não pudessem ser realizadas de maneira eficiente pelo setor privado.

Marshall acreditava que o governo poderia ajudar a reduzir a pobreza melhorando as qualificações dos pobres para torná-los mais competitivos no mercado. Como mencionamos, ele defendia a educação para tornar a mão de obra não qualificada mais escassa e, por conseguinte, mais bem remunerada. Ele também propôs controlar a migração para limitar a concorrência.

Como outros vitorianos, Marshall enfatizou o impacto que poderia ter sobre o caráter de uma pessoa toda política que buscasse reduzir a pobreza e a desigualdade. A preocupação com depender de caridade levou a uma ênfase inevitável na autoajuda e na assistência mútua, que era uma perspectiva vitoriana. Mas Marshall reconheceu que fatores como emprego instável, desemprego, doença e velhice eram comuns entre muitos dos pobres "merecedores".

Arthur Cecil Pigou, seu aluno e sucessor como professor de Economia Política em Cambridge, e também seu agente literário, acreditava que Marshall teria apreciado os esforços do governo para promover maior igualdade de renda após a Segunda Guerra Mundial. Marshall se tornara menos preocupado com os efeitos desincentivadores sobre o trabalho, exceto com relação a um imposto elevado sobre a poupança. Portanto, ele estava mais disposto a aceitar políticas do tipo socialista, contanto que não fossem prejudiciais do ponto de vista econômico. Ainda assim, Marshall se preocupava com o efeito negativo sobre a produtividade "da influência entorpecedora dos métodos burocráticos".[19] Por exemplo, Marshall se opunha à nacionalização por princípio, exceto para os monopólios naturais, os setores como o de serviços de utilidade pública, em que é eficiente ter uma única empresa, e só aceitava o envolvimento do governo se isso significasse que a tarefa poderia ser realizada de maneira mais eficiente. Isso estava de acordo com sua opinião de que a prosperidade econômica dependia das forças da concorrência. Desse modo, ele não apoiaria experimentos socialistas na produção, mas passou a aceitar políticas fiscais concebidas para reduzir a pobreza. Nesse sentido, um papel para o Estado na redistribuição de renda seria aceitável.

Portanto, poderíamos concluir que Marshall ponderaria qualquer imposto com a intenção de reduzir a desigualdade, pesando cuidadosamente seus efeitos desincentivadores. As recomendações da OCDE de cortar impostos para incentivar o emprego estariam alinhadas com as crenças de Marshall. Considerando que preferia os dados comprovados, ele seria persuadido pelos estudos das políticas de redistribuição fiscal adotadas desde a criação do Estado de bem--estar social após a Segunda Guerra Mundial. O Fundo Monetário Internacional (FMI) examinou políticas e impostos moderadamente redistributivos e concluiu que estes não prejudicam e podem ajudar a reduzir a desigualdade econômica.[20]

Marshall reconheceria que a decisão quanto ao nível aceitável de desigualdade seria, em última análise, uma decisão política, em que a economia apenas fornece as ferramentas analíticas para determinar os benefícios e os custos a serem considerados. Os Estados Unidos são menos redistributivos do que a Europa, que tem um Estado de bem-estar social maior e algumas das sociedades mais igualitárias do mundo, notadamente os países nórdicos. Os norte-americanos escolheram focar na promoção de igualdade de oportunidades, dando origem à noção de um Sonho Americano no qual todo aquele que trabalha duro pode ter uma casa e um bom emprego. A China parece estar seguindo o caminho norte-americano, usando o termo Sonho Chinês para promover ideias similares. Mas o drástico aumento da desigualdade nos Estados Unidos durante as últimas décadas indica que o modelo norte-americano enfrenta dificuldades. A Europa tem um problema diferente: seu Estado de bem-estar social, do qual apenas uma parte está relacionada com políticas redistributivas, é caro demais – por exemplo, os pagamentos de pensões estão aumentando devido ao envelhecimento das sociedades. Portanto, reexaminar como combater a desigualdade nas economias capitalistas se tornou uma questão premente para muitos países.

O legado de Marshall

Em maio de 1908, pouco antes de seu aniversário de 66 anos, Marshall se aposentou como professor universitário para trabalhar no segundo volume de seus *Princípios de Economia*, que ele anunciara quase duas décadas antes, mas ainda não havia concluído. (Ele quis se aposentar mais cedo, em 1901, mas não conseguiu). Depois de se aposentar, no entanto, ele abandonou o segundo volume. Em 1910, "Volume I" foi removido da sexta edição de *Princípios*. Em vez disso, ele escreveu três complementos entre 1919 e 1924.

Uma razão para isso foi que, como muitos economistas renomados, Marshall se viu muito ocupado ao se aposentar. Além de revisar os *Princípios*, ele contribuiu em comissões parlamentares, se envolveu em correspondências e assumiu outras atividades que ocuparam seu tempo. Mary Paley escreveu que seu marido afirmou: "'Só o que me importa na vida é trabalhar.' Ele falou que estava feliz de ter feito tudo o que podia para ajudar o mundo a avançar".[21] E ele fez exatamente isso. Marshall se manteve ativo por quase duas décadas depois de se aposentar. Ele morreu em casa, em 1924, quinze dias antes de seu aniversário de 82 anos, devido a uma falência cardíaca.

O economista mais importante que Marshall ensinou em sua última década de ensino em Cambridge foi John Maynard Keynes, que, junto com Pigou, se tornou o principal elo na criação da Escola de Cambridge, que seguiu o pensamento marshalliano. É sabido que Keynes não tinha qualificação formal em Economia, como muitos estudantes de Cambridge na época. Eles estudavam formalmente matemática e, no decorrer do curso, escolhiam o que realmente lhes interessava. A formação de Keynes em Economia consistiu em assistir às aulas e receber a supervisão de Marshall e de Pigou por aproximadamente um período letivo, além de ler a obra de Marshall. Ele provavelmente obteve a melhor educação em Economia disponível na Inglaterra. A Escola de Economia e Ciência Política de Londres, mais especializada, só seria fundada em 1895. Portanto, a macroeconomia keynesiana tem bases marshallianas, particularmente no que concerne à necessidade de a economia fornecer soluções políticas.

Isso levou Marshall e alguns de seus contemporâneos a alterarem o nome de seu objeto de estudo de economia política para economia. Ele defendeu a mudança para evitar associar o assunto a considerações políticas no lugar de objetivos nacionais. A intenção era não reduzir seu escopo.

Como mencionamos anteriormente, ele também havia cogitado chamá-la de economia social. A teoria econômica de Marshall estava firmemente arraigada nas ciências sociais, campo em que as reações humanas às políticas devem ser consideradas. Desse modo, medidas fiscais para combater a desigualdade, num contexto de crescente descontentamento social que tornasse tais ações urgentes, teriam sido consistentes com suas crenças econômicas. Um sistema capitalista que produziu outra Era Dourada, ainda mais desigual do que a original durante a época de Marshall, dificilmente teria sido bem visto por ele. E ele certamente teria trazido a público suas opiniões. Seu sobrinho, Claude Guillebaud, lembrou do medo que os alunos de Marshall sentiam diante de um convite para um almoço com ele. Eles nunca tinham como saber quando o intelecto de Marshall os aniquilaria se eles expressassem uma análise ou opinião que não fosse totalmente precisa.

Embora Marshall seja visto como o economista que aumentou o rigor da economia, ele ensinou seus alunos a ver a economia como a oferta de um conjunto de ferramentas e uma maneira analítica de pensar, e de não acreditar que os livros refletiam o mundo real. Ele descreveu sua abordagem da seguinte maneira:

> Um bom teorema matemático lidando com hipóteses econômicas dificilmente seria boa economia; e eu prossegui, cada vez mais, segundo estas regras:
> 1. Use a matemática como uma linguagem estenográfica, em vez de um instrumento de investigação.
> 2. Atenha-se a ela até ter terminado.
> 3. Traduza para o inglês.
> 4. Então ilustre com exemplos que sejam importantes na vida real.
> 5. Queime a matemática.
> 6. Se não obtiver sucesso com o 4, queime o 3. Este último, eu fiz com frequência.[22]

Capítulo 5

Irving Fisher: Corremos o risco de repetir os anos 1930?

Em outubro de 1929, logo antes do Grande Crash, o economista norte-americano Irving Fisher deu a infame declaração de que as ações haviam alcançado um "patamar permanentemente alto".[1] Mas, poucos dias depois, em 24 de outubro, comumente conhecido como a Quinta-Feira Negra, o mercado caiu. Esta foi apenas a precursora de uma queda maior. Na semana seguinte, em 29 de outubro, que ficou conhecida como a Terça-Feira Negra, a bolsa de valores quebrou. No decorrer daqueles poucos dias, as ações perderam um quarto de seu valor.

Fisher contou à plateia chocada da National Association of Credit Management [Associação Nacional de Gestão de Crédito] que acreditava que nada de fundamental havia acontecido, e que eles sobreviveriam à tempestade temporária nos mercados. Ele falou: "O fundo estava próximo, e a subsequente subida nos preços verá os mercados retornarem rapidamente às altas anteriores".[2] Mas, como sabemos, Fisher estava errado. O Grande Crash se tornou a Grande Depressão, e a queda dos mercados que se seguiu extinguiu sua própria fortuna de 10 milhões de dólares. Sempre otimista, ou simplesmente por puro desespero, ele continuou a prever uma recuperação nos mercados de ações e na economia norte-americana. No entanto, nenhum dos dois aconteceria até o fim dos anos 1930.

A perda de Fisher não foi apenas financeira. Sua reputação sofreu um dano irreparável, e ele se viu marginalizado por empresários e políticos. Poucos estavam dispostos a levar a sério alguém que se mostrara equivocado de maneira tão pública e espetacular, e, em consequência, perdera quase tudo. Fisher se distinguira como perdedor.

A história, no entanto, foi muito mais amável, e reconheceu a enorme contribuição de Fisher para a economia. O influente economista austríaco Joseph Schumpeter o descreveu como possivelmente o maior economista que os Estados Unidos já produziram.[3] De fato, uma boa parte da economia dos dias atuais pode ser atribuída à obra de Fisher.

Ele foi o primeiro economista norte-americano a se destacar. No fim do século XIX, os Estados Unidos tinham comparativamente poucos pensadores econômicos. Isso era, em grande parte, porque o governo norte-americano intervinha pouco na economia, de modo que a ciência econômica tinha um papel limitado na política. A obra de Fisher marcou um ponto de virada em que o centro da economia acadêmica se mudou da Europa para os Estados Unidos e, ao fazê-lo, alinhou a economia firmemente com a matemática e a estatística. Em 1930, ele foi o cofundador e primeiro presidente da Sociedade de Econometria, que desenvolveu os aspectos quantitativos da economia. Praticamente todos os laureados com o Nobel de Ciências Econômicas foram membros.

Fisher via a economia da seguinte maneira:

> O esforço do economista é *ver*, visualizar a interação dos elementos econômicos. Quanto mais claramente esses elementos aparecerem em sua visão, melhor; quanto mais elementos ele conseguir captar e manter em sua mente de uma vez, melhor. O mundo econômico é uma região nebulosa. Os primeiros exploradores usaram apenas a visão. A matemática é a lanterna pela qual o que antes mal estava visível hoje se manifesta em contornos nítidos. A antiga fantasmagoria desaparece. Vemos melhor. Também vemos mais longe.[4]

É notável o quanto da economia moderna, ensinada nos programas universitários atualmente, foi estabelecido por Irving Fisher. Mas ele raramente é incluído em livros como este, ou considerado por aqueles que estudam a história do pensamento econômico. Isso talvez se deva ao fato de que ele nunca reuniu suas ideias em uma teoria unificada da economia, em comparação com, por exemplo, a *Teoria Geral* de John Maynard Keynes, que roubou os holofotes. Ele também teve poucos discípulos; trabalhou predominantemente sozinho e raramente orientou alunos de graduação.

A teoria do juro, publicado em 1930, é provavelmente o mais próximo que ele chegou de uma obra do tipo da *Teoria geral*. Em muitos aspectos, ele reuniu pesquisas anteriores, e Fisher esteve próximo de antecipar grande parte do trabalho de teóricos da macroeconomia do fim dos anos 1930 aos anos 1950. Mas não concluiu. Ele não estava interessado em formular uma teoria explicando o nível de receita nacional e suas mudanças, como Keynes faria alguns anos depois.[5] Fisher, ao contrário, nunca promoveu verdadeiramente sua obra, pensando nela como um projeto acadêmico em vez de algo de valor prático.

Depois de quase morrer de tuberculose no início da carreira, Fisher passou a enfatizar atividades intelectuais que pudesse realizar em um curto período, pois temia que jamais pudesse concluir tarefas de longo prazo.[6] Embora não tenha atingido sua meta de escrever um livro por ano, conseguiu escrever um a cada dois anos durante o período em que trabalhou, além de inúmeros artigos profissionais e centenas de artigos populares.

Ele era prolífico, apesar de estar longe de ser um acadêmico em tempo integral. Seu trabalho acadêmico frequentemente era deixado de lado enquanto ele promovia suas muitas cruzadas. Era uma figura pública razoavelmente bem conhecida, mas a maioria dos não economistas o associaria a suas visões sobre saúde pública, sua defesa da Liga das Nações e sua postura a favor da Lei Seca. Além disso, também era empresário e diretor de empresas, tendo acumulado uma grande fortuna antes de ser destruído pelo Grande Crash.

Segundo se dizia, Fisher era um homem orgulhoso e odiava estar errado. Os acontecimentos da Grande Depressão foram uma experiência castigadora para ele, e ele procurou compreender como e por que sua riqueza fora perdida e a economia e o mercado de ações não conseguiram se desvencilhar das garras da depressão. Entre 1932 e 1937 ele se tornou assessor *ad honorem* do presidente dos Estados Unidos, primeiro de Herbert Hoover e depois de Franklin D. Roosevelt. Era claramente motivado por um desejo de consertar a economia norte-americana e, com isso, restaurar suas próprias finanças. Isso instigou sua obra sobre a "deflação de dívidas", a ideia de que as economias podem ficar presas em uma espiral deflacionária persistente em que os preços caem quando a economia está estagnada, uma vez que as pessoas não consomem e as empresas não investem enquanto pagam suas dívidas.

Sua obra repercute no período pós-crise de 2008, em que o medo da deflação, mais uma vez, voltou ao radar dos políticos. As taxas de crescimento mundiais diminuíram e as taxas de inflação caíram persistentemente abaixo das metas dos bancos centrais. Ao longo da história, episódios de deflação são muito raros. No entanto, as "décadas perdidas" do Japão desde o início dos anos 1990 serviram como um alerta do que poderia acontecer após uma crise financeira.

Desde 2008, os países avançados têm lutado para recuperar as tendências de crescimento anteriores à crise e as taxas de inflação têm despencado no mundo todo, deixando muitos países à beira da deflação. A grande acumulação de dívida nos setores público e privado indica que a situação econômica global é propícia para a deflação de dívidas que Fisher descreveu como causa da Grande Depressão. Sendo assim, corremos o risco de repetir as experiências dos anos 1930? E o que Irving Fisher proporia que fizéssemos?

A vida e a época de Irving Fisher

George Whitefield Fisher, pai de Irving Fisher, foi pastor na Igreja Puritana da Nova Inglaterra. Ele e sua esposa, Ella, se mudaram para a Primeira Igreja Congregacional em Saugerties-on-Hudson, Nova York, em 1865. Fisher nasceu lá, dois anos depois.

Em 1883, seu pai ficou doente de tuberculose. Naquela época, isso era quase sempre uma sentença de morte, e ele sucumbiria em junho do ano seguinte, pouco depois de Fisher ter concluído o ensino médio. Quando criança, sua aptidão em matemática o ajudou a se destacar, e ele foi aceito na Universidade de Yale em 1884. Este seria o começo de uma longa afiliação a uma das principais universidades dos Estados Unidos.

No entanto, ele era agora o provedor da família. Com a exceção dos quinhentos dólares que o pai lhe havia deixado, Fisher sabia que teria que se bancar na faculdade e, ao mesmo tempo, sustentar a mãe e o irmão mais novo, Herbert. Como graduando, foi tutor de matemática e participou de competições, ganhando prêmios em dinheiro por seu desempenho em latim, grego e álgebra.

Seu talento logo foi reconhecido em Yale. Depois de se graduar em 1888, ele permaneceu para cursar a pós-graduação, mas seus horizontes eram muito mais amplos do que a matemática. Há rumores de que ele havia feito cada um dos cursos de ciências naturais e sociais disponíveis em Yale, e começou a pensar em dedicar a vida ao direito ou à economia. Fisher revelou: "Há tanto que quero fazer! Sempre sinto que não tenho tempo para realizar o que desejo. Quero ler muito [...] quero escrever muito. Quero ganhar dinheiro".[7] Em 1891, ele decidiu embarcar em um doutorado em economia matemática.

Sua tese de doutorado, intitulada "Mathematical Investigations in the Theory of Value and Prices" [Investigações matemáticas na teoria do valor e dos preços], levou apenas um ano acadêmico para ser concluída e foi, em alguns aspectos, original. Nela, Fisher criou um mecanismo para computar os preços e as quantidades de produtos em uma economia. Foi elogiada por Paul Samuelson, ganhador do Nobel, como "a maior tese de doutorado em economia já escrita" e foi um grande avanço na abordagem matemática da economia.[8]

No ano seguinte, ele foi nomeado para o Departamento de Matemática de Yale. Logo depois disso, casou-se com Margaret Hazard, ou Margie, como a família a chamava. O pai de Margie, Rowland, era um rico produtor de lã e o "patriarca" da cidadezinha de Peace Dale, Rhode Island. Nos anos 1860, ele havia formado sua própria igreja congregacional e convidado George Whitefield Fisher para ser seu pastor. A família Fisher se mudou para lá em agosto de 1868, e foi aí que Irving Fisher cresceu, embora Margie e ele não tenham sido amigos na infância.

Em Yale, Fisher se absteve da frivolidade estudantil devido à sua criação puritana. Mas, no outono de 1891, aos 24 anos de idade, foi convidado para jantar na casa de um amigo. Margie também estava lá e, para Fisher, foi amor à primeira vista. Em seguida, eles ficaram noivos, e o casamento aconteceu em junho de 1893. Eles passaram uma lua de mel de catorze meses viajando e trabalhando pela Europa, um período que também incluiu o nascimento do primeiro de seus três filhos.

Fisher regressou a Yale no outono de 1894 para se tornar professor assistente no Departamento de Matemática. Um ano depois, um cargo permanente surgiu no recém-criado Departamento de Economia, e Fisher pediu para ser considerado. Depois de uma breve disputa interdepartamental, o de Economia ganhou. Fisher estava interessado em fazer algo de valor prático, e considerava a matemática demasiado abstrata.

Na época, o pensamento econômico nas universidades norte-americanas era fortemente dominado pela escola alemã. A abordagem era historicista; as teorias só eram aceitáveis se aqueles que as conceberam fossem capazes de demonstrar uma compreensão completa de tudo o que viera antes. Fisher, no entanto, estava na vanguarda da economia matemática, o que o estigmatizou como radical e acabou por afastá-lo de seus colegas.

É, talvez, irônico que, tendo lutado tanto para consegui-lo, o Departamento de Economia viesse a ter uma relação tão marginal com Fisher. Ele não ficou impressionado com seus colegas acadêmicos. Julgava que eles preferiam se esconder na sala de aula em vez de aplicar seu objeto de estudo para melhorar a condição humana. Apesar de sua longa afiliação a Yale, ele raramente estava lá, dava poucas aulas e, em geral, não se dava bem com os colegas.

Em 1898, foi nomeado professor titular e recebeu um salário vitalício de 3 mil dólares por ano (cerca de 85 mil dólares na moeda de hoje). As coisas estavam melhorando. A família de sua esposa era rica, e o dinheiro deixado para Margie lhes permitia levar uma vida muito confortável. Sua casa, no número 460 da Prospect Street em New Haven, fora um presente de casamento da família Hazard. Era grande, totalmente equipada e mantida por vários criados. Fisher também podia arcar com a contratação de seus próprios secretários para ajudá-lo em seus trabalhos acadêmicos e de campanha.

Mas, enquanto ele embarcava em uma vida profissional e familiar de sucesso, o desastre o atingiu. Aos trinta anos, ficou gravemente enfermo com tuberculose. Fisher acreditava que seu pai lhe havia passado a doença de alguma forma, e que esta havia ficado latente até então. Ele levou três anos para combater a doença e recuperar o vigor, mas esse fato transformaria sua vida.

Fisher reverenciara o pai e, embora ele próprio não fosse abertamente religioso, herdara seus sólidos padrões morais e puritanos. Particularmente após o trauma de anos de doença, ele ficou obcecado com dieta e saúde. Não fumava, nem tomava álcool, café ou chá; nunca comia chocolate e só raramente comia carne. Levantava-se às 7h da manhã e corria pela vizinhança antes de um desjejum leve. Exercitava-se novamente perto do meio-dia no quintal ou no ginásio de sua casa. Com frequência, no fim da tarde caminhava ou corria em um parque. Às 10h30 da noite estava na cama, depois de praticar um pouco de calistenia. Ele mantinha seu regime de preparo físico quando viajava e insistia em sua dieta precisa. Às vezes até mesmo entrava em cozinhas de hotel para dar instruções específicas para os chefs.[9]

Ele se tornaria célebre em todo o país como um guru da saúde. Em 1915, foi coautor de um livro intitulado *How to Live* [Como viver], estabelecendo regras básicas de higiene pública. Ao todo, 400 mil exemplares foram vendidos nos Estados Unidos, e o livro foi traduzido para dez idiomas. Nenhum de seus escritos sobre economia teve tanto sucesso. Fisher doou seus royalties de 75 mil dólares para o Life Extension Institute, uma organização que ele cofundara dois anos antes para promover um modo de vida saudável e incentivar a realização de check-ups médicos frequentes. Algumas de suas associações eram controversas. Ele foi presidente da Sociedade Americana de Eugenia e da Associação para a Pesquisa em Eugenia. Sua crença na eugenia se baseava na manutenção e melhoria da raça humana. No entanto, ele não parecia reconhecer ou fazia vista grossa para as relações que esta tinha com os supremacistas raciais.

Uma de suas principais cruzadas na vida envolveu a Lei Seca. A Décima Oitava Emenda à Constituição dos Estados Unidos, implementada em 1920, proibia bebidas alcoólicas e esteve em vigor durante treze anos até ser revogada pela Vigésima Primeira Emenda. Ele via o álcool como um veneno que minava a produtividade. Beber álcool era algo similar a se autoflagelar. A abstenção era benéfica para a economia e para a sociedade como um todo. Seu livro de 1926, *Prohibition at its Worst* [A Lei Seca em seu pior], argumentava que, embora a Lei Seca não funcionasse perfeitamente – ele estava insatisfeito com o crime e o contrabando que ela gerava –, a sociedade ainda estava melhor do que se o álcool fosse legalizado. Os problemas não estavam na Lei Seca em si, e sim no fato de que havia sido implementada rápido demais e antes de que o público tivesse sido suficientemente instruído sobre seu valor. Ele tendia a apoiar candidatos presidenciais a favor da Décima Oitava Emenda que proibia o álcool, e nunca se conformou com sua revogação em 1933.[10]

Suas campanhas e seu ativismo em assuntos públicos vinham da crença de que os economistas deveriam servir à população. E, possivelmente, de uma desconfiança do sistema político:

> Nossa sociedade sempre será um conjunto instável e explosivo enquanto o poder político for concedido às massas e o poder

econômico, às classes. No fim, um desses poderes governará. Ou a plutocracia comprará a democracia, ou a democracia derrotará a plutocracia. Enquanto isso, o político corrupto prosperará como um corretor dissimulado entre as duas.[11]

Fisher também estava ciente dos pontos fracos dos economistas:

> Os economistas acadêmicos, por sua própria abertura de espírito, são propensos a se deixar levar, sem se dar conta, pelo viés da comunidade em que vivem.
>
> Os economistas cujo mundo social é Wall Street são muito propensos a adotar o ponto de vista de Wall Street, ao passo que os economistas nas universidades públicas situadas em distritos rurais são propensos a ser partidários dos interesses agrícolas.[12]

A família de Fisher levava uma vida confortável em New Haven. Como professor em Yale, Irving Fisher recebia um salário que lhe proporcionava uma renda superior à da classe média. Além disso, sua remuneração era complementada por suas muitas outras atividades. Mas ele também tinha despesas, em particular um número crescente de funcionários e secretários, para os quais delegava muita coisa. Mas o fato de que ele morava em uma casa grande com muitos empregados, e de que seus filhos receberam educação privada, era mais um reflexo da riqueza oriunda de seu casamento. Não teria escapado à sua observação que o dinheiro da esposa era, em grande medida, o que estava mantendo o padrão de vida da família.

Fisher sempre acreditou que a invenção seria a chave para criar uma fortuna pessoal. Ele havia tentado muitas vezes, mas seu sistema de cartões de indexação visíveis foi o primeiro sucesso. Era uma ideia simples. Ele fez um furo na base de um cartão de indexação. Estes poderiam ser acoplados a uma faixa de metal e montados na vertical, na horizontal ou mesmo em uma bateria circular. Era uma maneira muito mais eficiente de encontrar registros do que manusear caixas de cartões. O conceito lhe ocorrera em 1910, mas ele não conseguiu encontrar ninguém para fabricar o produto. Finalmente, em 1915, decidiu fabricá-lo por sua conta, embora não tivesse interesse nas atividades diárias de administrar a empresa, uma tarefa que delegava a gerentes e funcionários.

Em 1919, a Index Visible Company ainda estava lutando para se tornar lucrativa, apesar de um investimento de mais de 35 mil dólares por parte da família Fisher. Mas sua ideia, que ele sabiamente patenteou, era prática e também simples, e, como a economia dos Estados Unidos cresceu depressa, e a manutenção de registros se tornou vital, foi adotada em empresas por todo o país. Conforme os Loucos Anos Vinte ganhavam ímpeto, aumentavam os lucros da Index Visible Company. No início da década de 1920, ele abriu um escritório em Nova York, e inclusive persuadiu a empresa de telefonia do estado a adotar o sistema.

Em 1925, ele vendeu seu negócio para a empresa com a qual posteriormente se fundiria, dando origem à Remington Rand. Sua empresa e as patentes foram avaliadas em 660 mil dólares, mais as ações que ele recebeu na nova empresa. Aos 58 anos de idade, finalmente tinha construído uma pequena fortuna com seus próprios esforços. No entanto, transformar uma pequena fortuna em uma grande fortuna requeria algo extraordinário, e isso veio graças às suas ações em um mercado com tendência marcadamente altista.

Fisher havia investido pesado no mercado de ações, tendendo a favorecer empresas novas com produtos inovadores. Todos os proventos e dividendos eram reinvestidos no mercado em rápida ascensão. Mas Fisher foi mais longe. Ele fez empréstimos para comprar ações, uma prática conhecida como compra em margem, que essencialmente permite que um investidor alavanque seu portfólio. Por exemplo, suponhamos que você compre 10 mil dólares em ações, colocando apenas mil dólares de seu próprio capital e tomando emprestado o restante. Se o mercado subir 20%, você agora obtém um retorno de 2 mil dólares (menos os juros sobre o empréstimo de 9 mil dólares) sobre seu investimento de mil dólares. Ao se alavancar desse modo, é perfeitamente possível gerar uma grande fortuna nominal rapidamente em um mercado em ascensão, e estima-se que Fisher tenha acumulado 10 milhões de dólares dessa maneira.

A desvantagem da compra em margem é revelada quando o mercado sofre uma queda, e os ativos passam a valer menos do que a dívida contraída para comprá-los. Tomar empréstimos para investir e ser alavancado gera ganhos extraordinários nos bons tempos, mas resulta em perdas potencialmente devastadoras se as coisas saem mal.

Em muitos aspectos, o comportamento de Fisher no fim dos anos 1920 prenunciou o que aconteceria com o setor financeiro como um todo quase um século depois. Instituições que são extremamente alavancadas e parecem sólidas podem subitamente se encontrar em apuros quando os ativos que detêm se tornam sem valor. E, em 1929, quando o mercado quebrou, Fisher foi levado à ruína financeira.

Ele defendera firmemente que o mercado continuaria em alta durante toda a década de 1920. No fim de 1928, escreveu um artigo para o *New York Herald* prevendo a continuação da tendência altista durante todo o ano de 1929. Quando, no início de 1929, uma minoria crescente expressou preocupações quanto à iminência de uma quebra, Fisher permaneceu firmemente confiante no mercado. Não há dúvida de que ele estava dando sua opinião honesta, mas, infelizmente, revelou-se um equívoco catastrófico. Ironicamente, ele mais tarde culparia a especulação de outros quanto ao valor das ações como a causa do Grande Crash.

Outra ironia foi que Fisher fora pioneiro no desenvolvimento de dados econômicos. O Index Number Institute (INI) que ele fundou em 1923 publicava indicadores semanais e mensais de preços e atividade econômica. Desse modo, Fisher deveria estar bem posicionado para observar as vulnerabilidades e os desequilíbrios que afligiam a economia nos setores agrícola, habitacional e industrial.

Como a história nos mostra, o dia 29 de outubro de 1929, a Terça-Feira Negra, não foi o pior. O mercado continuaria a cair durante as três semanas seguintes. Quando os bancos começaram a falir, a quebra se transformou em depressão. Em 1929, houve 659 falências bancárias; esse número aumentaria oito vezes durante os três anos seguintes.

A quebra teve um impacto devastador sobre as finanças da família Fisher. Seus credores começaram a cobrar, mas tudo que ele tinha para lhes pagar eram ações que pouco valiam. Para completar, a autoridade fiscal dos Estados Unidos, o Internal Revenue Service, o perseguiria por receitas que ele não havia declarado durante os anos de prosperidade.

Mais uma vez, a tábua de salvação foi a fortuna da família Hazard. A cunhada de Fisher, Caroline, onze anos mais velha que Margie, herdara a maior parte da fortuna da família. Caroline fora duramente atingida pela crise, mas, como sua riqueza era substancial, continuou sendo uma mulher rica. Ela concedeu ações para que Fisher usasse como garantia ao adquirir novos empréstimos a fim de pagar seus credores originais. Sem esse auxílio à sua situação financeira, é provável que os Fisher tivessem ido à bancarrota em 1930. No decurso da década seguinte, ele recorreu repetidas vezes à cunhada para evitar a falência, embora a principal preocupação de Caroline provavelmente fosse o bem-estar de sua irmã mais nova. Como os pedidos de auxílio vinham um após outro, Caroline se cansou de lidar com Fisher e, embora ele fosse da família, ela delegou suas relações financeiras com ele a seus representantes.

Em 1935, aos 68 anos, Fisher atingiu a idade para aposentadoria compulsória em Yale. Incapaz de pagar a hipoteca da casa na Prospect Street, vendeu-a para a universidade, que permitiu que ele e Margie permanecessem como inquilinos vitalícios. Por fim, até mesmo o aluguel se tornou caro demais, e ele foi obrigado a se mudar da casa para o apartamento em que viveu seus últimos dias.

Não teria sido melhor para Fisher declarar bancarrota em 1930? Ao fazer isso, ele teria perdido a casa e seu portfólio de ações, e não estava disposto a uma coisa nem a outra. Ele nunca deixou de acreditar que a economia se recuperaria o quanto antes, e, com ela, o valor de suas ações. Ele ainda via uma recuperação econômica e financeira como a solução mais provável para seus problemas financeiros. Seu otimismo era impressionante. Infelizmente, cada vez que ele afirmava que se havia alcançado um ponto de virada, as coisas acabavam ficando ainda piores.

Em 1941, Fisher tinha ativos avaliados em 244 mil dólares, mas devia 1,1 milhão de dólares, incluindo quase 1 milhão de dólares para a cunhada. Com isso, seu valor líquido era em torno de 870 mil dólares negativos. Quando Caroline Hazard faleceu, em março de 1945, ela perdoou a dívida em seu testamento.

A marca de Irving Fisher na economia

Em 1903, quando regressou a Yale após se recuperar da tuberculose, Irving Fisher fez algumas de suas contribuições mais valiosas para a economia. Ele publicou dois livros dignos de nota: *The Nature of Capital and Income* [A natureza do capital e da renda] em 1906 e *The Rate of Interest* [A taxa de juros] em 1907. Esses livros, que associavam investimento e taxa de juros, formaram a base para sua obra célebre de teoria econômica, *A teoria do juro*, publicada em 1930.

No entanto, talvez a contribuição mais influente tenha sido sua equação de troca, que procurou prever o que acontecia com os preços quando a oferta de moeda mudava. Sabia-se havia séculos que existia uma relação entre a quantidade de dinheiro na economia e os preços, comumente conhecida como teoria quantitativa da moeda. Os longos períodos inflacionários dos séculos XVI e XVII na Europa coincidiram com as descobertas do ouro brasileiro e da prata peruana. Embora essa relação tivesse se tornado parte do conhecimento convencional, antes de Fisher nunca havia sido formalizada ou colocada em prática.

A essência da equação de troca, escrita algebricamente como $MV = PQ$, é que a quantidade total de dinheiro mudando de mãos na economia é igual ao valor total de bens e serviços vendidos. Do lado esquerdo da equação está o total de oferta de moeda (M) multiplicado pela velocidade de circulação (V), uma medida da frequência com que o dinheiro circula na economia. Do lado direito, está o gasto total com todos os bens e serviços na economia, que é a quantidade total vendida (Q) multiplicada pelo preço de venda (P). Embora Fisher não tenha sido o primeiro a formalizar a relação – a equação MV = PQ já havia sido escrita pelo astrônomo e matemático canadense-americano Simon Newcomb em *Princípios de economia política*, de 1885[13] –, foi ele quem deu um propósito à teoria e desenvolveu a metodologia estatística para validá-la.

Fisher acreditava que, no longo prazo, a velocidade de circulação é determinada por fatores institucionais como hábitos, práticas de negócios e sistemas de pagamento e de crédito. Ele também presumiu que o produto da economia era determinado pela mão de obra e pelo capital, fatores que não estão relacionados com os preços ou com a oferta de moeda. Portanto, se V e Q são fixos, e MV = PQ, deve haver uma associação direta entre mudanças na oferta de moeda (M) e o nível de preços (P). Esta era a essência da teoria quantitativa da moeda. Mudanças na oferta de moeda, no longo prazo, terão um impacto direto e proporcional sobre o nível de preços. Embora a teoria impusesse um firme pressuposto de causa e efeito, notadamente a direção da mudança da moeda para os preços, tornou-se o princípio central do monetarismo, uma teoria influente que afirmou que o aumento da quantidade de moeda na economia só levava à inflação, e não ao crescimento econômico real. Foi com isso em mente que Milton Friedman mais tarde diria: "A inflação é sempre e em toda parte um fenômeno monetário".[14]

A suposição, na teoria quantitativa da moeda, de que a economia está em equilíbrio no longo prazo é crucial. A maioria dos economistas argumentaria que a economia está predominantemente em um estado de transição. Além disso, empiricamente a velocidade de circulação tende a não parecer tão estável. Portanto, se V e Q são variáveis, não há necessariamente uma relação direta e estável entre a oferta de moeda e os preços.

Contudo, essa teoria deu a Fisher a possibilidade de entender como a moeda e os preços poderiam afetar o produto interno bruto, e como essas flutuações no curto prazo influenciavam o ciclo econômico. Ele acreditava que era possível que o público confundisse a subida dos preços como sendo impulsada pela demanda aumentada de uma economia em crescimento, em vez de por um aumento na quantidade de moeda em circulação. Nesse caso, uma subida no nível dos preços poderia incentivar temporariamente as compras se os consumidores acreditassem que a economia estava bem, uma concepção equivocada que ele chamou de "ilusão monetária". A fim de verificar essa proposição, ele procurou correlações entre preços e produção no curto prazo. Ele criou o modelo de defasagens distribuídas, em que os movimentos atuais da produção são demonstrados por meio de sete defasagens mensais de variação de preço. Fisher concluiu que 90% dos movimentos de curto prazo na produção eram explicados por variações recentes nos preços. Suas descobertas o convenceram de que ele havia derrubado todas as outras teorias sobre o ciclo econômico, já que apenas 10% dos movimentos cíclicos não eram explicados por flutuações nos preços. Entretanto, o próprio Fisher fizera afirmações sólidas: em particular, a suposta causalidade entre preços e produção, e não o contrário. Os principais economistas consideraram seu trabalho interessante, mas não aceitaram suas conclusões.

Fisher tinha um interesse de longa data na compreensão de como os preços são estipulados na economia. Em 1911, ele publicou um livro chamado *The Purchasing Power of Money* [O poder de compra da moeda]. Ele queria educar a população sobre as consequências da oferta de moeda e da inflação, pois sentia que as pessoas eram incapazes de associar as duas coisas e, por isso, não conseguiam se proteger das consequências da inflação. Mais tarde, ele notou a hiperinflação europeia após a Primeira Guerra Mundial, para a qual muitas causas foram citadas, mas não aquela que Fisher considerava ser a mais importante: uma expansão descontrolada na oferta de moeda. Ele também queria fazer as pessoas entenderem os custos da inflação e por que era importante controlá-la. A inflação redistribui a riqueza dos poupadores para os devedores, pois reduz a quantidade de bens que esses poupadores podem comprar, ao passo que os devedores se beneficiam de uma redução no valor real daquilo que devem. Além disso, os trabalhadores com renda fixa viam seu salário real diminuir, ao passo que as empresas presas a contratos assinados sob a falsa premissa de preços estáveis também sofriam.

A teoria quantitativa da moeda de Fisher afirmava que uma oferta de moeda estável era a chave para preços estáveis. Com moeda estável ele queria dizer uma moeda que mantinha um poder de compra constante sobre os bens e serviços disponíveis na economia. Ele usou termos como "dólar constante", "padronização do dólar", "dólar não depreciável" ou "dólar commodity" para descrever um dólar que pudesse comprar uma quantidade constante de bens e serviços. Seu "dólar commodity" incentivaria o público a pensar no poder de compra de um dólar ao estipular preços e redigir contratos.

A ideia de Fisher estava em oposição direta ao padrão-ouro, a política econômica em vigor na época. O padrão-ouro requeria que o dólar pudesse ser trocado por uma quantidade fixa de ouro, mas nem sempre foi capaz de alcançar estabilidade de preço. Seu conceito de dólar commodity requeria que um dólar tivesse seu valor fixado em relação a um grupo de commodities (mercadorias), e a quantidade de ouro ajustada para manter seu poder de compra.

Ele havia observado que, entre 1873 e 1896, o valor do dólar subiu enquanto os preços nos Estados Unidos caíram. Fisher argumentou que isso levou a uma depressão prolongada, visto que a oferta de moeda era determinada pela quantidade de ouro, de modo que o dinheiro em circulação estava crescendo a um ritmo menor do que o necessário para o número de transações requeridas para manter o crescimento da economia. A solução óbvia teria sido reduzir a quantidade de ouro no dólar americano para diminuir seu valor. Se isso resultasse em muita inflação, então a quantidade de ouro servindo de lastro para o dólar poderia ser aumentada. Em termos práticos, a ideia de Fisher requeria que moedas de ouro pudessem ser tiradas de circulação e substituídas por "certificados de ouro", que circulariam com barras de ouro como lastro. Dessa maneira, a quantia de ouro em cada dólar em circulação pode ser dissociada de uma quantidade fixa de ouro. A ideia era variar a quantia de ouro servindo de lastro para o dólar, a fim de manter seu poder de compra. Ou, como Fisher colocou, o peso do ouro por trás do dólar variaria com os preços.

O livro foi muito bem recebido no mundo todo. Keynes o descreveu como a melhor exposição da teoria monetária então disponível. No entanto, ao propor o abandono do padrão-ouro, Fisher contrariou o consenso da opinião pública e econômica. Aqueles que se opuseram à ideia de Fisher pelo menos entenderam a lógica, mas não acreditaram que seria fácil ou prático implementá-la. Eles também se preocupavam com a perda da confiança no funcionamento do padrão-ouro, que já havia sido exposto como um sistema falível de estabilidade dos preços. Mexer com o padrão-ouro não era a opção preferida. Toda admissão de que não era perfeito, ou de que o valor do dólar poderia requerer ajustes, era considerada subversiva ou passível de minar a confiança tanto no funcionamento do sistema como no valor do dólar.

Depois de não conseguir convencer o presidente Woodrow Wilson acerca dos méritos de seu plano, Fisher acreditou que precisava conquistar a opinião pública. Ele tentou fazer isso em 1914, publicando uma versão não técnica e facilitada de sua obra de 1911, que ele chamou de *Why is the Dollar Shrinking?* [Por que o dólar está se depreciando?]. Em 1917, Fisher deu uma palestra pela Hitchcock Lectures na Universidade da Califórnia em Berkeley intitulada "Stabilizing the Dollar" [Estabilizar o dólar], que posteriormente se tornou um livro com o mesmo título. Em 1927, ele deu uma série de palestras no Instituto Universitário de Altos Estudos Internacionais de Genebra, na Suíça, focando no problema da ilusão monetária. As palestras se transformaram em um livro curto escrito em tipografia grande, com foco no público em geral. A primeira parte do livro focava em como a ilusão monetária criava ciclos econômicos. A segunda parte era a prescrição de políticas, delineando como uma autoridade monetária deveria agir e como os indivíduos poderiam evitar a ilusão monetária para proteger seus padrões de vida reais. Esse esforço seria infrutífero. Apesar de uma sucessão de publicações e numerosos discursos entre 1912 e 1934, ele foi incapaz de persuadir os políticos a adotarem o princípio do dólar commodity.

Ainda que a ideia de dólar commodity nunca tenha deslanchado, esquemas similares, como salários e pensões vinculados a índices, foram amplamente adotados. O desenvolvimento de índices quantitativos e de preços na economia se deveu, em grande parte, a Fisher, que argumentou que a inflação dos anos de guerra exigia a indexação dos salários para proteger o salário líquido real. Ele já havia aplicado o conceito a seus próprios funcionários.

Em 1922, Fisher publicou uma de suas obras mais técnicas, *The Making of Index Numbers* [A elaboração de números-índices]. Ele descreveu como poderiam ser construídos os índices dos movimentos de preços e da produção. Um ano depois, ele fundou o Index Number Institute, uma empresa que visava preparar e emitir números-índices econômicos para publicação. Em 1926, ele acrescentou uma seção de análise econômica ao INI, e em 1929 algumas de suas estatísticas chegavam a mais de 5 milhões de leitores de jornais.

A ideia de indexação também pode ser aplicada aos títulos de dívida, para que os rendimentos dos investidores estejam protegidos da inflação. Como diretor da Remington Rand, Fisher foi pioneiro ao emitir o primeiro título indexado à inflação, em que os investidores obtinham um rendimento estipulado real, independentemente da taxa de inflação. Não funcionou, simplesmente porque a maioria dos investidores na época não entendia o que lhe estava sendo vendido. Hoje, a maior parte das emissões de títulos de dívida é em termos nominais, sem levar em conta a inflação, mas obrigações protegidas contra inflação se tornaram parte dos títulos de dívida emitidos por governos do mundo todo.

Embora os esquemas de indexação estejam bem disseminados hoje em dia, possivelmente o país que esteve mais próximo de abraçar as ideias de Fisher seja o Chile. A UF, ou Unidad de Fomento, foi implementada em 1967. A UF é, nominalmente, a moeda chilena, mas corrigida pela inflação. Continua sendo usada hoje para contratos salariais, por exemplo, a fim de que os aumentos dos salários sejam concedidos em termos reais. A UF tornou transparente a indexação à inflação, e o Chile é o país mais indexado à inflação no mundo.

O economista ganhador do Nobel Robert Shiller, no espírito de Irving Fisher, propôs que os contratos nos Estados Unidos fossem expressos em termos de cestas que refletissem o valor real das necessidades dos consumidores, ou, na terminologia de Fisher, um conjunto de mercadorias que eles compram. Ele também propôs que os governos emitam títulos da dívida – ou seja, vendam títulos públicos – denominados em participações no PIB nominal, e propôs chamar essas participações de Trills (de "trillionth", "trilionésimo", em inglês). Cada título pagaria um dividendo trimestral igual a um trilionésimo do produto interno bruto de um país, caso em que o dividendo automaticamente se corrigiria pela inflação.

A busca intelectual que dominou a obra de Fisher derivou de sua experiência com a perda de sua fortuna na Grande Depressão. Arrasado pelos acontecimentos, ele procurou explicações. Ele não se conformou com o fato de ter errado, e precisava entender o que estava acontecendo. Continuava convencido de que o mercado e a economia se recuperariam, mas primeiro sentiu uma forte necessidade de explicar o drama do Grande Crash.

Em seu livro de 1930, *The Stock Market Crash – and After* [A quebra da bolsa de valores e suas consequências], Fisher identificou por que o mercado havia inflado excessivamente nos anos que antecederam à quebra. Primeiro, investidores ávidos e com pouco capital inflaram o mercado para além de seu valor fundamental e se alavancaram usando crédito. Houve também a influência da compra em margem de certas ações. (Isto era, é claro, exatamente o que o próprio Fisher vinha fazendo.)

Em 1932, a economia dos Estados Unidos estava longe de se recuperar, e a rápida recuperação prevista por Fisher após a quebra de 1929 parecia cada vez mais improvável. O desemprego atingira 25%, comparado a cerca de 4% em 1929. O PIB caíra mais de 40%. Cerca de 6 mil bancos haviam falido desde a quebra. Apesar das notícias terríveis, Fisher ainda acreditava que a depressão estava chegando ao fim, e que a economia se recuperaria rapidamente em 1933. Não foi o que aconteceu.

Após a experiência dos anos 1930, Fisher produziu uma teoria de ciclos econômicos diferente da versão monetarista de seu trabalho anterior. Esta foi a teoria de deflação de dívidas, que ele explicou em seu livro de 1932, *Booms and Depressions* [Booms e depressões], e resumiu um ano depois em seu famoso artigo de 1933 na *Econometrica* intitulado "The Debt-Deflation Theory of Great Depressions" [A teoria de deflação de dívidas das grandes depressões]. Fisher identificou que todas as grandes depressões começavam com superendividamento:

> A psicologia pública de contrair dívidas para obter ganhos passa por várias fases mais ou menos distintas:
> (a) a sedução da possibilidade de grandes dividendos ou ganhos em rendimentos no futuro remoto;
> (b) a esperança de vender com lucro, e de realizar ganho de capital no futuro imediato;
> (c) a moda de promoções inconsequentes, tirando vantagem do fato de o público estar habituado a grandes expectativas;
> (d) o desenvolvimento de fraude absoluta, aplicada a um público que se tornou crédulo e ingênuo.[15]

No caso da Grande Depressão, o superendividamento teve origem no fato de que muitas corporações, incentivadas pelas estratégias de venda agressivas dos bancos de investimentos, foram imprudentes ao contrair empréstimos. Então, o colapso da bolha da dívida levou a um círculo vicioso que se autoperpetuava com a queda dos preços dos ativos, o que, como Fisher sabia por experiência própria, tornava mais difícil a quitação das dívidas. Isso levou a mais vendas forçadas, cada vez mais bancarrotas e até mesmo uma corrida aos bancos quando os empréstimos afetaram os balanços patrimoniais.

Então, ele descreveu o processo de deflação de dívidas, em que as tentativas de liquidar ativos a fim de reduzir a dívida se tornam autodestrutivas, já que a consequente queda nos preços eleva ainda mais o valor real das dívidas. Em outras palavras, o custo real do empréstimo tomado é a taxa de juro nominal menos a inflação, de modo que a deflação aumenta o custo da dívida ao passo que a inflação a reduziria. Fisher observou:

> Cada dólar de dívida ainda não paga se torna um dólar maior, e se o superendividamento com o qual começamos for grande o bastante, a liquidação de dívidas não consegue acompanhar a queda de preços que causa. Nesse caso, a liquidação é autodestrutiva. Embora diminua o número de dólares devidos, pode não o fazer tão depressa quanto aumenta o valor de cada dólar devido. Então, *o próprio esforço dos indivíduos para diminuir o ônus das dívidas o aumenta, porque o efeito em massa da debandada por liquidar está inflando cada dólar devido*.[16]

Para Fisher, a maneira simples para sair da crise seria a reflação do nível de preços, o que reduziria o valor real da dívida. Embora a obra de Fisher viesse a novamente estar em voga anos mais tarde, seu prognóstico foi predominantemente ignorado em favor de John Maynard Keynes, que em 1936 publicou *Teoria geral do emprego, do juro e da moeda*. Keynes identificou a poupança excessiva e uma carência de demanda agregada como as causas da depressão, e instou o governo a restaurar o pleno emprego por meio de gastos públicos financiados pelo déficit.

Ben Bernanke e aceleradores financeiros

Uma das críticas à explicação de Fisher sobre deflação de dívidas é que as variações de preço simplesmente têm um efeito redistributivo entre devedores e credores. A queda nos preços resulta em um aumento no valor real das dívidas, e a uma transferência de riqueza dos devedores para os credores. Portanto, os credores ganham, ao passo que os devedores perdem, mas o impacto sobre a sociedade como um todo é praticamente nulo.

Ben Bernanke, que por dois mandatos foi presidente do Federal Reserve, entre 2006 e 2014, e supervisionou a resposta do banco central dos Estados Unidos à crise financeira global de 2008, foi anteriormente economista acadêmico e estudioso da Grande Depressão. Em um artigo publicado em 1983, ele afirmou ter resgatado a hipótese da deflação de dívidas de Fisher acrescentando a ideia de crise creditícia.[17] Este seria o elo faltante entre a deflação e as drásticas reduções das rendas nominais.

Quando os preços caem, o ônus real da dívida aumenta; mas isso, longe de beneficiar os credores, na verdade os prejudica, porque a queda nos preços dos ativos, o aumento dos empréstimos irrecuperáveis e as bancarrotas levam a uma diminuição no valor dos ativos nos balanços patrimoniais dos bancos. Esses efeitos colaterais diminuem o incentivo para os credores emprestarem, resultando em crise creditícia, que então atinge a demanda agregada na economia por meio de uma queda no consumo e no investimento.

Essa ideia vai ao cerne do conceito de "acelerador financeiro", que descreve como as situações financeiras tendem a propagar ciclos econômicos. Baseia-se predominantemente na ideia de informação assimétrica. Aqueles que desejam obter empréstimos para investir têm uma compreensão muito melhor dos projetos do que o credor. Portanto, os contratos de dívida muitas vezes requerem a inclusão de uma caução real, que é um ativo dado como garantia ao credor do projeto. Por exemplo, o tomador pode oferecer sua casa como garantia para um empréstimo. Então, a garantia se resume ao patrimônio líquido do devedor. Uma queda nos preços dos ativos reduz esse patrimônio líquido. Portanto, uma retração econômica pode levar a uma piora da situação financeira e a menos crédito disponível.

A Grande Depressão e a consequente deflação de dívidas afetaram muitíssimo os tomadores de empréstimos, diminuindo sua capacidade de oferecer garantias. Mas isso também aumentou o risco para os credores, visto que a saúde financeira média dos tomadores se deteriorou, o que impediu o fluxo de crédito para a economia. O pânico bancário dos anos 1930 levou bancos a fecharem as portas para evitar ter de encarar o risco de uma corrida aos seus depósitos. Isso, no entanto, os desvinculou dos clientes e aumentou os problemas de informação assimétrica entre tomadores e credores, o que diminuiu ainda mais as atividades normais de empréstimos a empresas e a particulares.

Avancemos setenta anos e fica claro que os efeitos do acelerador financeiro exerceram um papel fundamental no período imediatamente anterior e posterior à crise financeira global de 2008. Como o crédito hipotecário é assegurado pelo valor das casas, o aumento nos preços dos imóveis tende a melhorar a situação financeira dos credores conforme os riscos de inadimplência diminuem. Isso incentiva mais créditos hipotecários, o que tem o efeito de elevar ainda mais os preços. Esses créditos podem ser dirigidos a partes mais arriscadas do mercado de crédito hipotecário, que são os empréstimos subprime. Como as casas valem mais, a proporção entre o valor do empréstimo e o da casa aumenta, o que também dá aos proprietários a oportunidade de refinanciar sua hipoteca a taxas de juros mais baixas.

É possível que a maneira como os bancos se financiam hoje tenha aumentado o impacto do acelerador financeiro sobre as atividades de empréstimo. Historicamente, os bancos são vistos como instituições que fazem a intermediação entre os poupadores (seus depositantes) e os tomadores (aqueles que tomam empréstimos). Hoje, no entanto, os bancos são menos dependentes dos depósitos para a criação de dinheiro. Os mercados monetários globais são substanciais e uma fonte importante de financiamento para as instituições financeiras.

Isso significa que os próprios bancos podem não ser diferentes de outros tomadores. Os bancos bem capitalizados têm maior probabilidade de conseguir levantar fundos a taxas de juros mais baixas do que aqueles que estão mal capitalizados. Para os bancos, normalmente é caro obter novo capital no mercado aberto, de modo que seus balanços patrimoniais são primordialmente determinados pelos lucros anuais e pelos valores dos ativos. Por sua vez, o nível de capital do banco em relação aos níveis regulatórios pode ser um importante determinante do custo de financiamento de um banco. Mas as posições de capital dos bancos também tendem a ser extremamente procíclicas, visto que os ativos tendem a se valorizar durante um boom econômico e a se desvalorizar durante uma recessão. Isso realça ainda mais a força em potencial do acelerador financeiro, observada na grande acumulação de dívida hipotecária e na alta alavancagem do setor financeiro nos dias que antecederam a crise financeira.

Também significa que, após uma crise financeira, quando o sistema bancário se encontra extremamente alavancado, onerado por empréstimos improdutivos e capital insuficiente, pode haver uma queda brusca no fluxo de crédito para a economia. Isso foi visto no Japão quando os problemas financeiros de seus bancos e corporações contribuíram para décadas perdidas de crescimento.

Durante os anos 1980, a economia japonesa teve um desempenho espetacular. O Japão cresceu a uma taxa média de 4,5% ao ano, e havia uma crença disseminada de que poderia inclusive superar os Estados Unidos como a maior economia do mundo. No entanto, o boom japonês fora alimentado por um aumento colossal nos mercados imobiliário e de captais. O Japão teve dificuldade para se recuperar da grande correção que ocorreu nesses mercados em 1991, inaugurando mais de duas décadas perdidas com crescimento estagnado e queda nos preços.

Desde 1992, a economia japonesa cresceu a uma taxa média de apenas 0,9% ao ano, menos de um quarto da taxa de crescimento registrada pelo país antes de 1991. Em termos monetários, foi somente em 2016 que o produto interno bruto do Japão ultrapassou o nível de 1997. Isso porque seu baixo crescimento real foi acompanhado de uma queda nos preços. O índice de referência da bolsa de valores também não conseguiu se recuperar desde a quebra do início dos anos 1990. O Nikkei 225, que atingiu o pico em mais de 38 mil no início de 1990, caiu para 14 mil em agosto de 1992. Depois da crise financeira recente, o mercado despencou, registrando uma baixa de menos de 9 mil, antes de se recuperar para cerca de 20 mil. Apesar de seu bom desempenho recente, o mercado de ações japonês ainda é avaliado em aproximadamente metade do que era antes da quebra.

A recuperação do Japão é prejudicada por uma população que envelhece rapidamente e pela forte concorrência de seus vizinhos asiáticos. No entanto, foram as expectativas de uma economia insistentemente frágil, em que os preços estão em queda, que criaram uma mentalidade deflacionária da qual é difícil escapar. Isso pode vir a se autoconcretizar, visto que as baixas expectativas fazem as famílias e as empresas evitarem gastar, o que, por sua vez, provoca a deflação que temiam.

Como escapar de uma armadilha deflacionária

A teoria da deflação de dívidas de Irving Fisher sobre as depressões se baseou em uma pequena amostra de apenas três breves períodos de deflação, 1837-1841, 1873-1879 e a Grande Depressão dos anos 1930. Embora não seja incomum que os preços caiam em certos setores ou mercados de produtos, uma deflação continuada no nível de preços geral ou médio era, de fato, um acontecimento raro, até que ocorreu no Japão.

Em tal situação, a solução de Fisher, conforme ele recomendou repetidas vezes em cartas ao presidente Roosevelt e colegas, era basicamente a reflação. Ele propôs que o banco central simplesmente aumentasse o nível de preços (retomando o nível de 1926) por meio da expansão da oferta monetária, em conformidade com sua formulação da teoria quantitativa da moeda. Também propôs a estabilização do sistema financeiro por meio de uma garantia do governo a depósitos bancários a fim de frear as corridas aos bancos, que são prejudiciais e destrutivas. Ele acreditava que a adesão ao padrão-ouro impedia a necessária expansão monetária, uma vez que os dólares em circulação eram restringidos pela quantidade de ouro. Abandonar o padrão-ouro liberaria o dólar e permitiria que a moeda fosse depreciada durante uma depressão, o que impulsionaria as exportações e, portanto, a economia.

Ele também propôs uma doação ou empréstimo aos empregadores que aumentassem sua mão de obra. Com a exceção disso, Fisher não tinha entusiasmo algum por políticas fiscais ou programas de obras públicas, os quais via simplesmente como a troca de dívida do setor privado por dívida do setor público. Um estímulo fiscal poderia apoiar a produção e o emprego no curto prazo (em torno de dois anos), mas não combateria as causas da depressão. Dessa forma, era apenas um analgésico, e não uma cura.

Os Estados Unidos desvalorizaram sua moeda e abandonaram o padrão-ouro, mas, em 1933, a economia ainda não estava se recuperando. Fisher acreditava que a confiança devolveria a economia à prosperidade imediatamente, mas isso não aconteceu.

Cerca de um século depois, como mostra a experiência do Japão, está claro que reflacionar a economia não é tão fácil quanto Fisher pensava. O Japão passou por vários períodos de políticas monetárias agressivas, com o banco central injetando dinheiro por meio de programas de flexibilização quantitativa (QE). Ao que parece, a guerra contra a deflação não pode ser vencida simplesmente por meio de ações robustas por parte do banco central.

Combater a deflação requer uma mudança nas atitudes dos consumidores e no comportamento das empresas; portanto, é um processo mais complexo do que parece. Em um discurso de 2002, Ben Bernanke argumentou que o Japão deveria considerar "jogar dinheiro de um helicóptero".[18] Isso injetaria dinheiro diretamente na economia; em essência, seria uma doação monetária aos cidadãos. Como uma doação permanente, poderia ter um forte impacto sobre as expectativas de consumidores e produtores com relação à inflação.

Até agora, nenhum departamento do Tesouro ou banco central acatou a sugestão de Bernanke. Isso certamente não seria nada convencional; porém, em economias paralisadas por níveis elevados de dívida, talvez seja preciso considerar soluções radicais.

O Japão enfrenta uma série de barreiras ao crescimento econômico além da deflação. Primeiro, tem um grande excedente de dívida pública que tornou os governos relutantes a usar políticas fiscais. Segundo, são necessárias reformas financeiras e mudanças estruturais na economia. Bernanke argumentou em 2002 que restrições políticas, e não uma carência de instrumentos políticos, eram a razão pela qual a deflação japonesa tem sido tão duradoura.

Ao considerar se os Estados Unidos poderiam sofrer um episódio deflacionário similar ao do Japão após o colapso da bolha da internet entre 2000 e 2002, Bernanke previra corretamente que era improvável. Seu principal argumento foi a relativa estabilidade estrutural da economia norte-americana em comparação com a japonesa, e sua capacidade maior de absorver choques e crescer. Em particular, ele mencionou que a mão de obra mais jovem, os mercados flexíveis, o espírito empreendedor e a abertura para a mudança tecnológica contribuem para essa resiliência – e sugeriu que estes eram alguns dos fatores ausentes no Japão. Bernanke logo enfrentaria o teste de suas teorias com a Grande Recessão de 2009 que se seguiu à crise financeira global, quando a perspectiva de repetir os anos 1930 assomou novamente.

Crises à la Minsky

O pensamento de Irving Fisher foi revivido nos anos 1990 por Hyman Minsky, que havia incorporado ideias dele e de outros economistas ao formular a teoria de que a dívida corporativa privada, amplamente ignorada nos modelos econômicos, levaria a uma crise financeira. Ele alertou sobre as bolhas especulativas que surgiam quando os preços dos ativos eram inflados e que tinham vastas implicações econômicas.

A hipótese da instabilidade financeira desenvolvida por Minsky descreve como as bolhas de crédito se formam[19], ao passo que a teoria de deflação de dívidas de Fisher descrevia como elas estouram e arrastam a economia para a recessão e a depressão. Minsky acreditava que, após um período prolongado de prosperidade, as economias capitalistas tendem a se afastar de uma estrutura econômica dominada por finanças estáveis para uma estrutura que enfatiza cada vez mais as finanças Ponzi e especulativas, que são instáveis. Ele via esses ciclos como endêmicos a um sistema capitalista, e sua gravidade depende da dinâmica do sistema financeiro e das regulações que governam a economia.[20]

Quando faleceu em 1996, aos 77 anos, Minsky não sabia que a bolha imobiliária dos subprimes de 2008 levaria a *The Economist* a chamá-la de "momento Minsky".[21] Enquanto viveu, sua obra atraiu pouca atenção, mas a crise financeira global projetaria Minsky e suas ideias.

A ex-presidente do Fed, Janet Yellen, enquanto era vice-presidente de Ben Bernanke durante a recessão de 2009, deu um discurso intitulado: "A Minsky Meltdown: Lessons for Central Bankers" [Uma crise à la Minsky: lições para os bancos centrais]. Ela observou: "Como sugere a hipótese de instabilidade financeira de Minsky, quando o otimismo é alto e há amplos fundos disponíveis para investimento, os investidores tendem a migrar [...] para o extremo Ponzi e especulativo, mas arriscado". E acrescentou: "Em retrospectiva, não é de surpreender que esses desdobramentos tenham levado a aumentos insustentáveis nos preços dos títulos de crédito e nos preços das casas. Assim que esses preços começaram a cair, rapidamente fomos jogados no meio de uma crise à la Minsky".[22]

De maneira muito similar a Fisher, a prescrição de Minsky teria envolvido reconhecer a importância da dívida na causa do boom. Yellen concorda: "Independentemente das visões de cada um sobre usar políticas monetárias para reduzir bolhas, parece claro que políticas regulatórias e fiscalizadoras poderiam ajudar a evitar os tipos de problemas que enfrentamos hoje. De fato, esta foi uma das principais prescrições de Minsky para mitigar a instabilidade econômica".[23]

Ao que parece, o interesse por Fisher e por Minsky foi revivido pela crise financeira global recente. No entanto, até o momento, o estágio de deflação de dívidas da hipótese da instabilidade financeira continua sendo uma ameaça, e não uma realidade.

A crise financeira global

Assim como a Grande Recessão oferece paralelos com a Grande Depressão, a dívida mais uma vez voltou a ser um problema para as grandes economias após a crise financeira global de 2008. No fim de 2015, a dívida pública em relação ao PIB era de 243% no Japão, 105% nos Estados Unidos, 92% na zona do euro e 90% no Reino

Unido. Somando-se a dívida do setor privado, esses níveis são mais do que duplicados. Uma comparação com os anos 1930 oferece um panorama diferente. A relação entre a dívida e o PIB disparou nos anos 1930 por causa da deflação, quando a queda dos preços aumentou o valor da dívida a ser liquidada. Agora, ela é alta porque houve muitos empréstimos no passado recente.

Dívidas grandes são, obviamente, uma condição necessária para a deflação de dívidas, mas, embora as taxas de inflação tenham caído para menos da meta de 2% estipulada por muitos dos principais bancos centrais, a deflação real continua sendo apenas uma ameaça. Mas isso significa que escapamos da deflação de dívidas? Os políticos aprenderam a lição dos anos 1930? E o que eles ainda talvez precisem fazer?

De acordo com Irving Fisher, quando a inflação é baixa e a economia entra em colapso, o banco central deve agir de maneira mais agressiva do que o normal para evitar a deflação. Os bancos centrais, com efeito, fizeram exatamente isso, reduzindo as taxas de juros para praticamente 0%. No entanto, isso criou um problema adicional do "limite inferior zero" para as taxas de juros.

Como afirma Bernanke, um banco central que vê sua taxa de juros reduzida a zero não está sem munição. Nesse exemplo, os episódios deflacionários podem requerer que o banco central pense em políticas não convencionais para evitar uma queda dos preços como a que ocorreu no Japão. É possível para o banco central estipular uma taxa de juros negativa, cobrando os bancos comerciais o depósito de dinheiro, na esperança de que eles, em vez disso, emprestem dinheiro. Esse é o tipo de política monetária não convencional que foi adotada pelo Banco Central Europeu, pelo Banco do Japão, entre outros.

Mesmo que as taxas de juros estejam próximas de zero, ainda deve haver uma resposta política. Simplesmente imprimir dinheiro é sempre uma opção. Pode-se injetar dinheiro na economia por meio da compra de ativos, como flexibilização quantitativa, ou até mesmo mais agressivamente, através de uma medida equivalente a "jogar dinheiro de um helicóptero". Isso poderia funcionar por meio de políticas fiscais; por exemplo, uma redução de impostos ou um aumento no gasto público financiado não por empréstimos, e sim por dinheiro impresso pelo banco central. Fisher pensava que sempre deve ser possível reflacionar a economia para que esta volte ao ponto em que deveria estar. Para ele, os bancos centrais não esgotaram seu arsenal caso seja preciso combater a deflação.

Além disso, Fisher, nos anos 1930, defendeu políticas monetárias que atuassem como credoras de última instância para estabilizar o sistema financeiro a fim de interromper o processo de deflação de dívidas e reinstaurar o sistema de crédito. Ele havia destacado as conexões entre crises financeiras violentas e a "queima de estoque" de ativos acompanhada de uma queda geral na demanda agregada e no nível dos preços. Ele, portanto, provavelmente teria aprovado o socorro financeiro ao banco de investimentos Bear Stearns em março de 2008, que significou que uma série de calotes e quedas nos preços dos ativos não foram iniciadas quando o banco entrou em liquidação. Um socorro financeiro ao Lehman Brothers, poucos meses depois, teria ajudado a evitar por completo a crise financeira global? Ben Bernanke, presidente do Fed na época, não acreditava que o Lehman apresentasse o mesmo risco sistêmico que o Bear Stearns. Fisher provavelmente teria perguntado se socorrer esse banco teria evitado uma série de calotes que pode ter desencadeado a crise financeira. Mas teria sido ela desencadeada por outra coisa?

Fisher teria concordado que um sistema financeiro bem regulado se protegeria da deflação de dívidas evitando a acumulação de dívidas grandes e insustentáveis, antes de mais nada. Poderes regulatórios e fiscais bem projetados, ao manter a estabilidade financeira, exercem um papel importante para evitar a deflação. Eles podem atuar para refrear o financiamento entusiástico de inovações, práticas e atitudes financeiras perigosas. Regulações e reformas também são necessárias junto a credores de última instância para frear possíveis problemas de risco moral. Em outras palavras, se o banco central está sempre lá para socorrer um banco, o banco não tem incentivo para agir prudentemente. A regulação pode reduzir esse risco. Nesse sentido, Fisher teria visto com bons olhos os novos poderes regulatórios macroprudenciais dados aos bancos centrais após a crise financeira de 2008 a fim de alcançar a estabilidade financeira, além de sua autoridade já existente para garantir a estabilidade dos preços.

Os últimos anos de Fisher

Os anos de 1933 a 1939 viram um período de esforços frenéticos de Fisher para resolver os problemas do país e sua própria estagnação financeira. Ele fracassou em ambos. O país não estava seguindo suas recomendações, seus próprios ativos não recuperavam o valor e as dívidas não acabavam.

Em 1945, quando sua cunhada faleceu e sua dívida de mais de 1 milhão de dólares para com ela foi perdoada, sua vida estava minguando. Margie falecera subitamente em 1940, o mesmo ano em que ele perdeu a casa na Prospect Street porque já não conseguia pagar o aluguel. Sozinho, e então com 73 anos de idade, ele morava em um apartamento modesto quando não estava na estrada.

Sua própria morte foi, em muitos aspectos, um acontecimento triste e um reflexo de sua personalidade. Em setembro de 1945, ele acreditou que uma obstrução do trato gastrointestinal se devia a uma dobra no intestino, algo que o havia acometido quinze anos antes. Na época, causou algum desconforto, mas finalmente se resolveu por si só. Ele acreditou que dieta e exercícios seriam suficientes para garantir boa saúde, e não procurou uma opinião médica ou especializada.

Quando, no outono de 1946, sua saúde começou a se deteriorar, exames de raios X encontraram um tumor inoperável em seu cólon, que havia se espalhado para o fígado. Se ele tivesse agido no ano anterior, seu câncer poderia ter sido tratável, e ele poderia ter vivido muitos anos mais. Em 1947, ele faleceu, e foi enterrado ao lado da esposa e da filha em New Haven, Connecticut, o berço da Universidade de Yale.

Após sua morte, seu patrimônio líquido foi estimado em cerca de 60 mil dólares. Ele teria ficado desapontado ao saber que valia tão pouco, e certamente não era suficiente para fundar um Irving Fisher Institute que, segundo esperava, consolidaria seu legado para a economia e a saúde. Entretanto, o que ele deixou foi considerável – em termos intelectuais, embora não em termos financeiros. Entre 1891 e 1942, escreveu trinta livros, com mais de 150 edições em inglês e em outros idiomas.

As imagens mostram Irving Fisher como um homem austero, e, durante toda a sua vida, ele foi disciplinado em todas as questões. Por causa de sua seriedade, suas cruzadas e suas crenças às vezes controversas, muitas pessoas, incluindo seus colegas economistas, consideravam-no estranho e sem senso de humor.[24] Apesar do reconhecimento crescente, ele ainda é pouco valorizado, e não tão enaltecido como um grande economista quanto sua obra justifica. Fisher esteve na vanguarda da economia moderna, essencialmente inspirando os principais presidentes de bancos centrais, que estavam no comando quando todo o sistema bancário estava à beira do colapso. Não há dúvida de que seu pensamento continua relevante ainda hoje.

Capítulo 6

John Maynard Keynes: Investir ou não investir?

Poucas perguntas foram tão importantes desde a quebra dos bancos: os governos europeus e britânico fizeram bem em cortar os gastos públicos e adotar políticas austeras após a crise financeira de 2008? Em mais um paralelo com a quebra de 1929, esta também foi a questão debatida no Reino Unido nos anos 1930, que deu início à revolução keynesiana na ciência econômica. John Maynard Keynes defendia o gasto público, em uma nítida ruptura com a economia neoclássica que evitava o uso ativo de políticas fiscais em resposta a uma retração econômica. Keynes deu um exemplo:

> Se o Tesouro enchesse garrafas usadas com notas de banco, as enterrasse a uma profundidade adequada em minas de carvão abandonadas que fossem cobertas com lixo urbano e deixasse à iniciativa privada, de acordo com os bem experimentados princípios do *laissez-faire*, a tarefa de desenterrar novamente as notas [...] o desemprego poderia desaparecer e, por efeito das repercussões do processo, é provável que o rendimento real da comunidade, bem como a sua riqueza em capital, fossem sensivelmente mais altos do que, na realidade, o são.[1]

Reconhecendo que não é ideal, mas necessário, ele acrescenta: "Claro está que seria mais ajuizado construir casas ou algo semelhante, mas, se a isso se opõem dificuldades políticas e práticas, o recurso citado não deixa de ser preferível a nada".[2]

Hoje, o debate é novamente sobre o papel do gasto público, enquanto os políticos lidam com níveis elevados de dívida pública em meio a uma recuperação lenta após a pior crise financeira desde os anos 1930. Por isso, a economia keynesiana está de volta aos holofotes.

Keynes é influente não só por suas contribuições intelectuais. Ele foi um escritor persuasivo e conhecido por suas frases de efeito, incluindo: "[A economia] deveria ser assunto para especialistas – como a odontologia. Se os economistas conseguissem ser vistos como pessoas humildes e competentes, da mesma forma que os dentistas, seria excelente!".[3] E: "um especulador é aquele que corre riscos que conhece, e um investidor é aquele que corre riscos que desconhece".[4]

John Maynard Keynes dominou a economia britânica até a Segunda Guerra Mundial, mas sua influência é mundial. Do outro lado do Atlântico, o primeiro ganhador do Prêmio Nobel de Economia nos Estados Unidos, Paul Samuelson, foi um defensor da economia keynesiana no país. Ele ajudou a incorporar o pensamento keynesiano à economia neoclássica, o que ficou conhecido como "a síntese neoclássica" – um termo que aparentemente ele cunhou – que está subjacente na economia moderna. Portanto, embora nem sempre explícitas, as ideias de Keynes permeiam o assunto. Elas certamente influenciaram grande parte dos debates acirrados sobre austeridade e o melhor curso de ação a ser tomado em matéria de política econômica após a crise.

A vida e a época de John Maynard Keynes

Keynes nasceu em 1883 em uma família da "burguesia instruída", como ele próprio descreveu sua classe social.[5] Quanto às suas visões das diferentes classes sociais: "Os aristocratas eram absurdos; o proletariado era sempre 'grosseiro'. As coisas boas na vida vinham da classe média".[6] Ele obteve uma bolsa de estudos no Eton College, e em seguida foi bolsista no King's College, em Cambridge. Depois de trabalhar no Departamento da Índia do governo britânico, ele regressou à Universidade de Cambridge como professor em 1909 e, em 1911, foi eleito *fellow* do King's College, onde permaneceu até sua morte em 1946.

Seu pai era o economista de Cambridge John Neville Keynes, e é por isso que geralmente ele é chamado de Maynard Keynes. Descrevendo John Neville Keynes, o célebre biógrafo de seu filho, Robert Skidelsky, escreveu: "a verdadeira barreira a uma carreira acadêmica bem-sucedida não foi falta de originalidade, e sim ansiedade".[7] Neville Keynes havia recusado uma cátedra na Universidade de Chicago em 1894, talvez relutante em deixar a familiaridade de Cambridge, onde tinha uma vida confortável como *Registrary* – o cargo mais alto e bem remunerado entre os funcionários administrativos da faculdade. Ele escreveu dois livros em sua carreira; o segundo lhe rendeu um doutorado aos 38 anos de idade. Viveu outros sessenta anos, mas poucas vezes voltou a escrever. Ainda assim, Alfred Marshall considerava Neville Keynes seu melhor aluno, e o convidou para editar o prestigioso *Economic Journal*, fundado em 1890. Ele recusou, mas seu filho Maynard Keynes assumiu o cargo quando se tornou *fellow* no King's College. Maynard Keynes excedeu o legado acadêmico do pai também em outros aspectos.

Como lembrou sua bisavó, "Espera-se que você seja muito inteligente, já que sempre viveu em Cambridge". Maynard Keynes não a decepcionou, e se sobressaiu ainda muito jovem.[8] Ele foi descrito como "superior a todos os outros rapazes" em sua escola preparatória, tanto física como mentalmente.[9] No Eton College, ganhou 39 prêmios, incluindo os prêmios mais importantes em história e inglês, todos os grandes prêmios em matemática, e até mesmo um em química. Ele trabalhava diligentemente e seguia o hábito do pai de monitorar com precisão como seu tempo era gasto. Em uma carta aos pais, escreveu: "Daqui a um minuto e quinze segundos, preciso apagar a luz, e tenho muitas coisas para fazer antes disso".[10]

Após a graduação, Keynes passou dois anos no Departamento da Índia como servidor público. Ele fez a prova de seleção e, ironicamente, se saiu mal em economia. Teria ficado em primeiro lugar se não fosse por sua nota em economia, mas teve de se contentar com o segundo. Isso foi importante porque os candidatos aprovados podiam escolher dentre os cargos disponíveis nos diferentes departamentos do serviço público segundo sua ordem de classificação no exame. O Tesouro era a cereja do bolo, mas havia um único cargo disponível naquele ano, e o primeiro colocado, um classicista brilhante da Universidade de Oxford chamado Otto Niemeyer, o assumiu. Keynes, portanto, teve de ficar com o Departamento da Índia. Se tivesse sido o primeiro colocado e entrado para o Tesouro, possivelmente teria permanecido lá. Talvez jamais tivéssemos tido a revolução keynesiana na ciência econômica.

Nos anos 1920 e 1930, quando ele se esforçava por promover suas políticas pouco ortodoxas defendendo o público contra a "visão do Tesouro", o principal oponente de Keynes no Tesouro, e posteriormente no Banco da Inglaterra, era ninguém menos que Sir Otto Niemeyer, Cavaleiro-Grã-Cruz, Cavaleiro-Comendador. De acordo com o *Oxford Dictionary of National Biography* [Dicionário de Biografia Nacional da Oxford], ele foi a "destacada autoridade do Tesouro dos anos pós-guerra". Mais tarde, Keynes escreveu no prefácio de seu *Teoria geral*: "A dificuldade não está nas ideias novas, mas em escapar das velhas, que se ramificam, naqueles que foram criados como a maioria de nós foi, por todos os cantos de nossas mentes".[11]

Durante a época em que trabalhou no Departamento da Índia, ele impressionou seu chefe imediato, Basil Blackett. Blackett mais tarde foi transferido para o Tesouro; e, no caos financeiro de agosto de 1914, se lembrou de Keynes e o chamou para ajudá-lo temporariamente. Ele acabou ficando durante todo o período da guerra. Assim, Keynes entrou no Tesouro em uma posição muito mais autônoma e privilegiada: ele teve um papel de comando no financiamento da guerra, lado a lado com todos os políticos importantes, e se tornou o principal representante do Tesouro na Conferência de Paz de Paris.

Os anos que se seguiram à Primeira Guerra Mundial forneceram o contexto para algumas das ideias mais duradouras de Keynes, levando-o a escrever *As consequências econômicas da paz*, obra que condicionou o restante de sua carreira. No livro, John Maynard Keynes argumenta que a Alemanha não tinha como pagar as reparações de guerra exigidas em 1919. As vendas bateram recordes na Inglaterra e nos Estados Unidos; este livro o tornou famoso.

Para Keynes, o trabalho no Departamento da Índia era fácil, mas pouco inspirador, e isso provavelmente contribuiu para sua decisão de regressar a Cambridge após um breve período para seguir carreira acadêmica. O período em que Keynes trabalhou no governo veio a se mostrar um elo valioso, pois ele viria a contribuir ativamente para as políticas econômicas durante ambas as guerras mundiais.

Ele regressou a Cambridge para dar aulas depois de ser incentivado por Alfred Marshall, de quem obtivera toda sua educação formal em economia durante um único período letivo de pós-graduação. Na época, Keynes observara em uma carta a seu amigo, o escritor Lytton Strachey: "Marshall está sempre insistindo para que eu me torne economista profissional [...] Você acha uma boa ideia? Eu duvido".[12]

Keynes voltou a Londres em várias ocasiões, pois era membro do Grupo de Bloomsbury, um coletivo intelectual que tomou seu nome do distrito em Londres onde muitos deles viviam, e que tinha entre seus membros, além de Strachey, Virginia Woolf e E. M. Forster. Todos eles gostavam de arte, incluindo balé, e depois de anos de flertes homossexuais Keynes se apaixonou pela bailarina russa Lydia Lopokova após assistir a uma de suas apresentações, em 1921. Eles começaram um relacionamento e se casaram quatro anos depois, assim que ela conseguiu o divórcio do primeiro marido. Keynes tinha 42 anos e Lydia, 33. Foi um casamento que durou até o fim de sua vida.

Algo um tanto atípico para um acadêmico, Keynes – como Ricardo e Fisher antes dele – também foi investidor. Ele fez fortuna, mas quase faliu várias vezes. Em 1936, sua riqueza valia mais de 500 mil libras, ou 27 milhões de libras na moeda atual. Então, ele praticamente perdeu tudo na recessão de 1937-1938, pois havia feito empréstimos para investir no mercado de ações e sua situação financeira era extremamente alavancada. Ainda assim, na ocasião de sua morte, em 1946, ele tinha uma carteira de investimentos de 400 mil libras (12 milhões, na moeda atual) e uma coleção de livros e obras de arte avaliada em 80 mil libras (hoje, 2,5 milhões).[13]

Suas experiências no boom pós-guerra e na estagnação econômica que se seguiu moldaram sua visão de mundo. Ao contrário dos economistas clássicos, que acreditavam que as economias reagiam rapidamente às crises, Keynes acreditava que o efeito era muito mais duradouro. Por exemplo, as poupanças não eram usadas para investimento, como a compra de um novo equipamento. Em vez disso, Keynes viu, em primeira mão, que eram usadas para alimentar a especulação. Na época, os investidores tinham que depositar apenas 15% ao comprar ações, e esse alto nível de alavancagem aumentou o frenesi especulativo que incentivou os investidores a continuarem apostando.

Essa experiência definiu sua famosa descrição do "espírito animal" ao falar de investimentos e do papel dos investidores. Ele definiu o "espírito animal" como "um impulso espontâneo para agir, em vez de não fazer nada – e não em consequência de uma média ponderada de benefícios quantitativos multiplicados por probabilidades quantitativas".[14] Isso definiu sua visão acerca dos investidores:

> o investimento por parte de profissionais pode ser comparado aos concursos organizados pelos jornais em que os participantes têm de escolher os seis rostos mais belos entre uma centena de fotografias, ganhando o prêmio o concorrente cuja escolha corresponda mais de perto à média das preferências do conjunto de concorrentes. Assim, cada concorrente deverá

escolher não os rostos que ele próprio considere mais bonitos, mas os que lhe parecem mais próprios a cair nas graças dos outros concorrentes, os quais encaram o problema do mesmo ponto de vista. Não se trata de escolher os rostos que, no entender de cada um, são realmente os mais belos, nem aqueles que a opinião geral considere realmente como tais. Chegamos ao terceiro grau, no qual devotamos a nossa inteligência a antecipar o que a opinião geral espera que seja a opinião geral. E há pessoas, segundo creio, que vão até o quarto e o quinto graus, ou mais longe ainda.[15]

Como Keynes certa vez observou com ironia, "a sabedoria mundana ensina que é melhor para a reputação errar de forma convencional do que acertar de forma não convencional".[16]

A revolução keynesiana

Foi na época da Grande Depressão e de uma lenta recuperação econômica entre as duas guerras mundiais que se deu a revolução keynesiana. A obra seminal de Keynes surgiu da Depressão. Não era a primeira vez que o desemprego se tornava um problema. As dificuldades econômicas no fim do século XIX durante a Longa Depressão fizeram o termo "desemprego" aparecer pela primeira vez no *Oxford English Dictionary,* em 1888. Mas foi de uma magnitude diferente na Grande Depressão. De 1929 a 1933, a taxa de desemprego nos Estados Unidos subiu de 3% para 25%. A renda em 1933 era mais baixa do que em 1922. O Reino Unido também entrou em uma depressão prolongada e viu o desemprego dobrar para 20%.

Keynes era crítico à visão clássica do Tesouro: esperar a recuperação passivamente por acreditar que as economias se autocorrigiriam no longo prazo. O longo prazo, para os economistas clássicos, era realmente longo. Os economistas modernos são inclinados a pensar que o longo prazo é a quantidade de tempo necessária para que o capital fixo se ajuste, ao passo que os economistas clássicos da época pensavam que a população tinha de se ajustar, de modo que nascimento e morte também faziam parte do ajuste no longo prazo.

Sem dúvida, o legado de Keynes foi mudar o foco do longo prazo para o curto prazo, em que os ajustes eram lentos e os governos podiam, portanto, exercer um papel. Ele observou de modo exemplar: "Mas esse *longo prazo* é um guia enganoso para as questões atuais. *No longo prazo*, estaremos todos mortos. Os economistas se atribuem uma tarefa muito fácil e inútil se, em épocas tempestuosas, eles só puderem nos dizer que, quando a tempestade tiver passado, o oceano estará calmo novamente".[17]

Em *Teoria geral do emprego, do juro e da moeda*, publicado em 1936, Keynes focou no curto prazo. Ele focou na deficiência de demanda, que incluía o baixo consumo familiar e o baixo investimento empresarial, como determinante da Grande Depressão. Argumentou que, mesmo em épocas normais, o incentivo para investir era muito fraco e a propensão a acumular dinheiro era muito forte. Sem o investimento necessário, a economia tende a funcionar em um nível inferior ao do pleno emprego, em que toda a mão de obra é empregada produtivamente. Se também houvesse uma "crise" na demanda por investimentos, como uma quebra do mercado de ações, a produção e o emprego cairiam, resultando em recessões econômicas. Assim, Keynes propôs que os governos contraíssem dívidas para fazer a economia voltar ao pleno emprego. Ele enfatizou que os empréstimos do governo para gastar não necessariamente seriam inflacionários se a economia estivesse operando aquém de seu potencial, e defendeu o déficit público, em que o governo faz empréstimos para gastar durante períodos de retração e quita a dívida em épocas de prosperidade: "O boom, e não as recessões, são o momento adequado para a austeridade".[18] Como economista prático, ele propôs um conselho de investimento público para planejar um estoque pronto de projetos para quando outros tipos de investimento começassem a cair.

Keynes viu algumas de suas ideias colocadas em prática, embora não exatamente como ele queria. Ele acreditava que a lei sancionada pelo presidente Franklin D. Roosevelt em 1933, a Lei

Nacional de Recuperação Industrial, comumente conhecida como o New Deal, melhoraria o sistema bancário e a infraestrutura de transportes dos Estados Unidos, mas a quantidade de gasto público ou de incentivo fiscal injetada sob o plano do Federal Reserve foi muito menor do que os 11% do PIB que Keynes considerava necessários. Por isso, ele criticou a legislação por priorizar a reforma em vez da recuperação. O Reino Unido estava ainda pior, na visão de Keynes. O governo do Reino Unido equilibrou o orçamento. Apesar da falta de apoio do governo, uma combinação de depreciação cambial e taxas de juros baixas promoveu uma recuperação. Mas foi temporária. Em 1937-1938, ambas as economias entraram em grave recessão novamente.

Como hoje, havia um debate acirrado sobre o que o aumento dos gastos públicos significaria para o déficit orçamentário e para os níveis elevados de dívida pública. Um déficit orçamentário surge se o governo gasta mais do que recebe em determinado ano. A dívida pública é o déficit total acumulado ao longo do tempo. Keynes criticou o Tesouro do Reino Unido por confundir despesas de capital com "financiamento do déficit" público. Ele argumentou que o investimento público era uma ferramenta para corrigir uma economia que estivesse operando aquém de seu pleno potencial, mas seus críticos consideravam que isso levaria a déficits orçamentários ainda maiores.

Keynes também estava preocupado com a incerteza que prejudicava os investimentos e discordava dos economistas neoclássicos quanto ao papel da taxa de juros.[19] Eles viam a taxa de juros como o preço que equilibrava as poupanças e os investimentos. Keynes, ao contrário, afirmava que as poupanças aumentavam e diminuíam conforme a receita. Ele acreditava que a incerteza era o motivo pelo qual as pessoas se aferravam ao dinheiro, ainda que esta não fosse a decisão de investimento mais sensata: "Pois o que é improdutivo é uma reconhecida característica do dinheiro como reserva de valor; sendo que praticamente todas as outras formas de armazenar riqueza geram algum lucro ou rendimento. Por que alguém fora de um asilo de lunáticos desejaria usar dinheiro como reserva de valor?".[20]

Ele prossegue: "Porque, em parte por razões lógicas e em parte por razões instintivas, nosso desejo de manter o dinheiro como reserva de valor é um barômetro do grau de nossa desconfiança em nossos próprios cálculos e convenções com relação ao futuro".[21] A implicação era que o gasto público levaria a um aumento da renda nacional, o que geraria mais poupanças que, por sua vez, compensariam a quantidade maior de dívida pública acumulada. Este não foi o único envolvimento de Keynes nas políticas públicas. Durante a Segunda Guerra Mundial, ele teve participação no Relatório Beveridge, publicado em 1942 e base do Estado de bem-estar social britânico, introduzindo um sistema de seguridade social abrangente que dava cobertura aos indivíduos "do berço ao túmulo". Isso se encaixava em suas teorias de como as políticas fiscais podem influenciar a economia. Em outras palavras, o seguro-desemprego age como um "estabilizador automático" que aumenta o gasto público durante períodos de retração econômica sem que o governo precise escolher agir.

Em síntese, a revolução keynesiana alterou a face da ciência econômica ao sugerir que as economias frequentemente não se encontravam em patamares de pleno emprego e produção. Como a demanda podia ser insuficiente, e nem tudo que era produzido seria comprado, o gasto público tinha um papel a exercer na correção da economia.

A economia keynesiana teve grande influência até os anos 1970, que foi uma época de inflação alta, impulsionada por duas crises do petróleo que levaram a aumentos exorbitantes nos preços. A economia britânica estava estagnada, mas sofria com a inflação e uma moeda fraca, o que elevou os preços das importações de petróleo e de outros produtos. No outono de 1976, o Reino Unido pediu socorro ao Fundo Monetário Internacional (FMI), que emprestou 4 bilhões de dólares e exigiu cortes drásticos no gasto público para reduzir o endividamento britânico. O fim da era keynesiana no Reino Unido foi quando o primeiro-ministro britânico, James Callaghan, em 1976, observou que o país já não tinha condições de sair da recessão por meio de gasto público, e inclusive acrescentou que isso só funcionou antes "injetando doses cada vez mais altas de inflação na economia".[22]

Atipicamente, os anos 1970 também foram um período de desemprego elevado. Essa combinação de inflação alta com desemprego alto, conhecida como estagflação, contradizia as relações convencionais. Essa época viu a ascensão de neoclassicistas e monetaristas como Milton Friedman, cujas teorias explicavam a estagflação e o colocaram em evidência. As ideias de Keynes foram deixadas de lado. Há um paralelo no qual as ideias de Keynes estiveram em voga durante os anos 1930 porque foram capazes de explicar a questão premente de seu tempo, que era o desemprego.

Em 1980, o *laissez-faire* havia se tornado a teoria dominante nos Estados Unidos com a eleição do presidente Ronald Reagan. Quando foi candidato à presidência da República pelo Partido Republicano, contra o presidente democrata Jimmy Carter, ele gracejou: "Recessão é quando seu vizinho perde o emprego. Depressão é quando você perde o emprego. Recuperação é quando Jimmy Carter perde o emprego". Reagan ganhou.

Ainda, aquela década viu o surgimento dos novos keynesianos, como o ganhador do Nobel Joseph Stiglitz, porque o desemprego voltou a ser um problema depois das revoluções econômicas que aconteceram no governo Reagan e no de Margaret Thatcher, sucessora de Callaghan pelo Partido Conservador. Os novos keynesianos justificavam a intervenção limitada do governo, já que o desemprego pode permanecer alto por um longo período, mas incorporaram teorias neoclássicas sobre o comportamento das pessoas para explicar por que leva tempo até que as economias retornem ao equilíbrio.

No fim do século XX, surgiu a Nova Síntese Neoclássica, que era similar ao movimento dos anos 1950 durante o qual surgira a Síntese Neoclássica. A Nova Síntese Neoclássica reuniu os novos keynesianos, os novos classicistas e os monetaristas em um único modelo que incorporou partes de cada teoria para explicar como a economia funciona.

A Nova Síntese Neoclássica, portanto, inclui teorias neoclássicas sobre como os consumidores tomam decisões ao longo do tempo, bem como a teoria das "expectativas racionais". A teoria das expectativas racionais afirma que os consumidores sabem que uma redução fiscal hoje significa aumento de impostos no futuro, de modo que eles não mudam de comportamento; sendo assim, uma redução fiscal não aumentaria o consumo nem fomentaria o crescimento. De maneira intrigante, a única coisa que funcionaria seria uma política pública surpresa. O conceito de expectativas racionais foi questionado devido a seu pressuposto de que os consumidores se comportam de maneira completamente racional e são capazes de processar grandes quantidades de informação. Na verdade, políticas fiscais como as defendidas por Keynes, que não são "surpresas", têm impacto, mas, ao que tudo indica, os consumidores se comportam de maneira parcialmente (embora não totalmente) racional em resposta à redução de impostos.

No início do século XXI, Keynes estava em alta novamente, visto que os déficits e o gasto público ressurgiram como questões contenciosas após a Grande Recessão de 2009.

Déficits orçamentários e austeridade

O déficit orçamentário do Reino Unido pode ter caído pela metade após a crise financeira de 2008, mas ainda estava em torno de 5% do PIB no fim do Parlamento de 2014/2015. Vale lembrar que, quando o Reino Unido foi resgatado pelo FMI em 1976, seu déficit orçamentário era de 6,9% do PIB. Mas o déficit não era uma grande preocupação na época, e tampouco em 1993, quando atingiu novamente o pico de 7,8% registrado no período pós-guerra. Isso porque o Reino Unido foi afetado pela crise financeira global que havia aumentado o nível de dívida pública nas principais economias do mundo.

Após a crise de 2008, a dívida do Reino Unido havia aumentado para cerca de 90% do PIB, substancialmente acima do nível de 60% determinado pelo Tratado de Maastricht da União Europeia.

Duas das principais agências de classificação de crédito não consideraram esse nível de dívida compatível com a classificação superior, AAA. Depois do referendo que definiu a saída da União Europeia em 2016, o Reino Unido foi rebaixado da última classificação AAA que lhe restava.

O governo britânico cortou a taxa de aumento do gasto público a fim de reduzir os déficits anuais e estabilizar o nível total de endividamento. A austeridade foi a coisa certa a se fazer? O FMI insistira para que o Reino Unido reconsiderasse a imposição de medidas de austeridade antes de a economia ter se recuperado totalmente. E não só o Reino Unido. Os anos iniciais da recuperação viram governos da Europa e da América cortando despesas públicas enquanto a demanda no setor privado era baixa. No Reino Unido, a recuperação foi tépida e a produção inclusive se contraiu em algumas ocasiões. De fato, 2012 viu dois trimestres não consecutivos de crescimento negativo do PIB, embora isso não seja uma recessão, já que a definição formal requer dois desses trimestres consecutivos.

No Reino Unido, o ritmo das medidas de austeridade diminuiu junto com a economia, mas tais políticas eram necessárias? Parte da lógica de cortar gastos públicos era que os investidores não iam querer emprestar dinheiro para o Reino Unido se o país não mostrasse que estava reduzindo seu déficit orçamentário. Do contrário, a dívida pública poderia aumentar e atingir níveis insustentáveis. Essa visão foi exacerbada pelo contexto da crise do euro que eclodiu no início de 2010. O Reino Unido, é claro, não foi afetado por essa crise, e pode inclusive ter se beneficiado, já que os investidores buscaram investimentos mais seguros em países fora da área do euro. Mas esse contexto motivou parte da reflexão sobre déficits e austeridade.

No fim de 2009, em meio à Grande Recessão, a Grécia precisou de um socorro financeiro depois de admitir que sua contabilidade era, para dizer o mínimo, não confiável. Os investidores venderam obrigações do governo grego e, finalmente, outros países da área do euro com níveis elevados de dívida pública também viram seus custos de empréstimos subirem. Como havia menos investidores dispostos a emprestar dinheiro para a Grécia, tornou-se mais caro e, finalmente, impossível para o governo grego obter empréstimos para financiar suas operações normais. Portugal enfrentou um problema similar. A situação foi diferente na Irlanda e na Espanha, bem como em Chipre, todos os quais socorreram seus próprios bancos. Mas, ao fazer isso, seus déficits orçamentários dispararam, e eles também acabaram precisando de ajuda da "troika" que supervisionava os programas de socorro financeiro para os países que partilham da moeda única: a União Europeia, o Banco Central Europeu e o FMI.

Os governos europeus acreditavam que a disciplina fiscal era necessária para restaurar a confiança dos investidores, e por isso seguiram em frente com a austeridade. Antes da crise, a Grécia obteve empréstimos com as mesmas taxas vantajosas que a Alemanha, já que os mercados de obrigações pareciam ver a área do euro como uma entidade. Isso contribuiu para que o governo grego fizesse empréstimos demais. Embora esse cenário dificilmente venha a se repetir, os líderes da área do euro propuseram reformas adicionais para tentar impor restrições fiscais. Eles enfatizaram a necessidade de os países-membros adotarem disciplina fiscal se quiserem ter uma moeda única e uma política monetária comum.

Há um movimento para criar uma união fiscal, que iria além das regras sobre o déficit orçamentário impostas centralmente pela Comissão Europeia, que possa estipular penalidades aos países que não atingirem as metas. Há inclusive discussões sobre o estabelecimento de um Tesouro europeu como a autoridade fiscal central para a zona do euro. Isso certamente acrescenta uma dimensão política ao debate sobre austeridade, e também suscita questionamentos sobre se a União Europeia está caminhando para um sistema federal, com poderes fiscais divididos entre as nações e instituições supranacionais.

Depois que a fase aguda da crise do euro passou, preocupações com a fragilidade econômica levaram o Banco Central Europeu a fazer algo que havia se recusado a fazer durante a Grande Recessão. Pela primeira vez, em 2015, o Banco Central Europeu adotou a flexibilização quantitativa (QE, na sigla em inglês) e fez injeções de dinheiro em grande escala na economia, comprando títulos da dívida pública. Esse aumento na quantidade de dinheiro disponível para emprestar teve, através do simples mecanismo de oferta e procura, o efeito de baixar os custos dos empréstimos, que, desde então, permaneceram baratos. Isso ocorreu no contexto de baixo rendimento dos títulos públicos no mundo todo, o que seria esperado em um ambiente de baixo crescimento.

A combinação de baixo crescimento e empréstimos baratos acrescentou uma nova dimensão ao debate sobre austeridade. Os governos deveriam estar tirando mais vantagem das taxas baratas para investir? Os déficits orçamentários e a dívida deveriam ser uma consideração secundária quando o crescimento econômico continua lento?

Investimento e baixas taxas de juros

Esta pergunta está sendo feita tanto na Europa como nos Estados Unidos. Nos Estados Unidos, existe uma pressão por mais investimento em infraestrutura, embora os republicanos no Congresso continuem preocupados com o aumento do déficit fiscal. É claro que os republicanos tradicionalmente seguem uma filosofia não intervencionista, e são desconfiados quanto ao papel do governo nos investimentos e na economia em geral. Como observou o ex-presidente republicano Ronald Reagan acerca da intervenção do governo: "a visão que o governo tem da economia poderia ser resumida em frases curtas: se a coisa se move, taxe; se continua em movimento, regule; se parar de se mover, subsidie"[23], e observou, em outra ocasião: "As nove palavras mais temidas em língua inglesa são: 'Eu sou do governo, e estou aqui para ajudar'".[24]

Isso explica por que o plano dos Estados Unidos é contar com investidores privados para ajudar a financiar seus projetos.

Do outro lado do Atlântico, o debate sobre investimentos encontrou mais consenso político. O Reino Unido entrou em cena neste debate desde que o voto para sair da União Europeia em junho de 2016 levou o Banco da Inglaterra a retomar a flexibilização quantitativa, que ajuda a sustentar os baixos custos dos empréstimos. Os rendimentos dos títulos públicos com prazo de dez anos, conhecidos como *gilts*, registraram baixas históricas de apenas 1% após a votação a favor do Brexit. Baixas históricas também foram registradas para os títulos públicos com prazo de vinte anos e de trinta anos. Isso significou que, pela primeira vez, o governo britânico podia vender títulos da dívida pagando cerca de 1% de juros por uma década. Embora as taxas de juros tenham aumentado em 2017 pela primeira vez desde a crise bancária, os custos dos empréstimos continuam relativamente baixos. Sendo assim, as baixas taxas de juros afetam a questão de os governos deverem ou não fazer empréstimos para investir agora?

Keynes assinalou que não há "expulsão" do investimento privado quando a economia está operando aquém de seu potencial. "Expulsão" se refere à noção de que, quando o governo faz empréstimos para investir, o investimento por parte das empresas privadas se torna mais difícil, porque sua demanda por empréstimos faria as taxas de juros subirem e tornaria os empréstimos mais caros para outros. No entanto, considerando que a economia britânica perdeu mais de 6% do PIB durante a recessão de 2008, e que as taxas de juros para os empréstimos são baixas, o "efeito de expulsão" seria improvável, porque a economia perdeu tanto de sua produção que há muito espaço para os setores público e privado investirem antes que sua demanda por fundos leve a um aumento nos custos dos empréstimos. Além disso, aumentar o investimento público pode ajudar a economia a crescer, já que pode ter um efeito de "atração". Em outras palavras, o investimento do governo pode tornar o investimento privado mais eficiente – por exemplo, uma boa infraestrutura de telecomunicações aumenta os retornos para cada libra investida pelo setor privado ao lhes proporcionar a rede de fibra ótica necessária para entregar serviços mais rápidos.

No Reino Unido, o investimento público foi drasticamente reduzido. É mais fácil cortar despesas de capital em projetos como manutenção de autoestradas do que reduzir o orçamento corrente dominado por serviços do setor público. Durante o auge da política de austeridade, entre 2008 e 2011, o investimento público caiu de 3,3% do PIB para 1,9%, uma queda alarmante de 40%. Será possível recuperar o tempo perdido? E, o que é mais pertinente, essa tendência de baixo investimento será revertida? Isso provavelmente significaria adotar a visão de Keynes de que o investimento público deve ser separado do que os governos gastam no dia a dia. À diferença de tais despesas correntes, Keynes argumentaria que o investimento gera retornos futuros e não deveria ser misturado com os pagamentos diários para funcionários públicos ao se avaliar o orçamento de um governo. De fato, com o estabelecimento de uma Comissão Nacional de Infraestrutura em 2015, e considerando o contexto dos baixos custos dos empréstimos, hoje o governo britânico almeja investir e reverter os anos de cortes do investimento público.

A União Europeia também atuou em grande escala. A UE mudou seu foco para tirar vantagem dos juros baixos de uma maneira que não deve levar a um aumento nos déficits orçamentários.

O fundo de investimentos em infraestrutura do ex-presidente da Comissão Europeia Jean-Claude Juncker, o Fundo Europeu para Investimentos Estratégicos (FEIE), comumente chamado de Plano Juncker, foi criado em 2015. Procurou levantar a soma considerável de 315 bilhões de euros ao longo de três anos, trabalhando com o Banco Europeu de Investimentos (BEI), que emite títulos públicos para financiar projetos que desenvolvam infraestrutura nos setores de energia, de transportes e digital, entre outros, bem como melhorar o financiamento para pequenas e médias empresas (PMEs). Esta é, com efeito, uma maneira de alavancar uma soma relativamente pequena para obter uma reserva de dinheiro ambiciosa. A própria União Europeia investiu 16 bilhões de euros, e houve outros 5 bilhões colocados pelo BEI. O BEI, com classificação de crédito AAA, pode então emitir obrigações, tirando vantagem das taxas de juros baixas, para alavancar os 21 bilhões de euros iniciais e gerar um fundo grande o suficiente para fazer diferença ao fomentar o crescimento europeu. A Comissão Europeia planeja aumentar o tamanho e a duração do FEIE. Animados por seu sucesso inicial, os políticos europeus estão ávidos por renovar infraestrutura, que precisa ser modernizada em muitos países a fim de atender as necessidades dos negócios, particularmente em uma era digital em rápida transformação.

De maneira ambiciosa, o FEIE procura incentivar as empresas privadas a investirem, reduzindo em grande medida o impacto dos gastos em infraestrutura sobre as posições fiscais dos governos. Mas isso significa apoiar-se em parcerias público-privadas, que nem sempre foram bem-sucedidas no que concerne à manutenção de projetos de infraestrutura de longo prazo, como ferrovias.

Além disso, é pertinente o foco do fundo em empresas de pequeno e médio porte, que são as maiores geradoras de emprego na Europa, mas também as que mais sofreram com o baixo nível de empréstimos enquanto o sistema bancário se reconstrói após a crise financeira.

Essas PMEs também se beneficiam de infraestrutura modernizada. Durante a última recessão, foi o investimento público que foi reduzido como uma parte dos programas de austeridade na União Europeia, assim como no Reino Unido, em detrimento dos gastos com infraestrutura. O investimento na área do euro tem sido em torno de 15% abaixo de seu nível antes da crise. Desse modo, a OCDE e outras entidades têm argumentado que aumentos em investimento público fomentariam o crescimento econômico e, portanto, reduziriam a dívida pública.

Por que, então, tem sido tão difícil aumentar o investimento desde a crise? Uma restrição tem sido a imposição de austeridade fiscal por governos cujo foco principal é o déficit orçamentário, que, em sua maior parte, inclui investimento de capital. Foi só recentemente que o crescimento econômico voltou a ter prioridade. Isso explica em grande parte o lado público, mas o investimento privado também caiu abruptamente desde a recessão.

As empresas alemãs, por exemplo, dobraram o dinheiro retido na última década, e outras também o fizeram. As multinacionais norte-americanas registraram recordes históricos de dinheiro disponível em seus balanços patrimoniais. Descobrir por que essas empresas não investem é essencial para entender por que um dos pilares do crescimento, o investimento, não se cumpriu durante a recuperação.

Os gastos do governo e dos consumidores foram duramente atingidos, e a recuperação foi lenta; o resultado é uma demanda insuficiente, tanto no setor público como no privado, o que é um desincentivo para as empresas investirem, visto que as vendas futuras não parecem sólidas. A gravidade e a duração da Grande Recessão também criaram incerteza quanto a destinar ou não fundos para investimentos a longo prazo. Além disso, o tempo que levou para os sistemas bancários dizimados na Europa e nos Estados Unidos se recuperarem forçou algumas empresas a reter seus lucros para o caso de necessitarem dinheiro durante uma época em que os empréstimos bancários permaneceram restritos. Para os investidores, também há outros lugares mais atraentes onde colocar o dinheiro. As ações, por exemplo, atingiram níveis altíssimos graças às baixas taxas de juros nos principais mercados. Mas, desde então, os mercados de ações globais vêm descendo de suas alturas vertiginosas. E há incerteza por parte dos Estados Unidos, que começaram a normalizar (isto é, elevar) as taxas de juros mais cedo do que o resto do mundo. Isso significa que os investimentos de renda fixa, como aqueles em infraestrutura, podem ser relativamente mais atraentes. Tradicionalmente, o investimento em estradas ou energia não alcança um retorno alto, embora tenda a ser estável. Os rendimentos obtidos com infraestrutura, como serviços de utilidade pública e concessões rodoviárias, normalmente são estipulados pelos reguladores e ficam entre 3% e 4%. Em um ambiente de juros baixos, este não é um retorno ruim. É claro, um dos desafios continua sendo a lentidão com que os grandes projetos públicos são aprovados. Ainda assim, não faltam projetos desse tipo sendo propostos por estados-membros da União Europeia. De todo modo, o crescimento na maior entidade econômica do mundo ajudaria a economia mundial.

O foco renovado em crescimento por parte não só da Comissão Europeia como também dos governos nacionais oferece mais oportunidades para reconsiderar o nexo entre investimento e crescimento apontado por Keynes. O debate sobre se os próprios governos deveriam estar fazendo mais empréstimos para investir, e se tais despesas de capital deveriam ser consideradas separadamente nos orçamentos como Keynes propôs, ainda está aberto. Então, o que Keynes diria do atual debate sobre austeridade, que passou a ser um debate sobre investimento público?

A visão de Keynes sobre o papel do governo na economia

Keynes defendia o gasto público como um meio de combater o baixo crescimento econômico. Especialmente durante a recuperação de uma recessão ou depressão, a demanda no setor privado é deficiente; por isso, o governo precisa gastar mais para garantir que a demanda agregada continue suficiente para manter o pleno emprego. Mas o que Keynes teria dito acerca do debate sobre os governos fazerem empréstimos para investir em períodos em que não há recessão ou crises graves?

A acumulação de dinheiro que ele previu é evidente na economia pós-crise. Embora as taxas de juros sejam muito baixas, não há empresas suficientes fazendo empréstimos para investir, o que tem contribuído para um ambiente de baixo crescimento. Pelas razões observadas anteriormente, quando o investimento não responde às taxas de juros, ao contrário do que acontece em épocas normais, as políticas monetárias já não são suficientes para fomentar a economia, o que significa que políticas fiscais também são necessárias para aumentar os investimentos e gerar mais crescimento.[25]

O investimento é um dos componentes identificados por Keynes que constituem o nível de demanda agregada na economia. O consumo geralmente é visto como mais estável do que o investimento. Quando a renda aumenta, o consumo tende a aumentar, mas não tanto quanto o investimento; e também cai menos quando a renda diminui. Uma vez que parte da renda é poupada enquanto o resto é consumido, a diferença entre o consumo e a produção deve ser coberta por investimentos para que o pleno emprego se mantenha.

Os economistas clássicos presumiram que as poupanças automaticamente se tornavam investimento. Keynes entendeu que as poupanças deveriam ser tratadas de maneira diferente. Ele descobriu o "paradoxo da parcimônia" que surge quando, à medida que mais pessoas tentam poupar, a quantidade de poupança agregada em uma economia de fato *diminui*. Isso acontece porque, à medida que as poupanças aumentam, o consumo cai, o que reduz a produção total, que, por sua vez, reduz a renda da qual as poupanças são formadas. O problema se agrava quanto mais ricas se tornam as sociedades, já que as pessoas mais ricas tendem a poupar uma fração maior de sua renda. É por isso que ele defendia "maior tributação [...] das heranças", o que redistribuiria riqueza, especialmente a riqueza não oriunda do trabalho, para aqueles mais inclinados a consumir do que a poupar.[26] Então, alguma redistribuição da riqueza dos ricos ajudaria o investimento, mas Keynes temia que redistribuição demais prejudicasse o crescimento.

Como Keynes acreditava que a tendência normal era que a propensão marginal a poupar fosse mais forte do que o incentivo para investir, ele defendeu que os governos fizessem empréstimos para investir, pois acreditava que a economia normalmente opera aquém de seu potencial e que o investimento público deveria, portanto, complementar o investimento privado. Sua ideia era usar políticas fiscais para manter um nível elevado de investimento público ou parcialmente público. O investimento deveria incentivar o consumo, elevando o nível total de produção e, desse modo, a renda disponível para consumir. Quanto mais consumo houvesse, maior a renda nacional e, portanto, maiores as poupanças da sociedade que poderiam ser usadas para financiar os investimentos. Um nível permanentemente alto de investimentos dirigidos pelo governo compensaria flutuações nos investimentos privados, e contribuiria para que a economia permanecesse em um "quase boom".[27] Keynes via o Estado como um investidor em consonância com seu papel de prover uma rede de segurança social que discutimos anteriormente, embora ele se preocupasse com os custos do Estado de bem-estar social de Beveridge.

Keynes propôs que o governo agisse para acelerar ou retardar projetos de investimento conforme necessário: "[...] espero vê-lo [o Estado] [...] assumir uma responsabilidade cada vez maior na organização direta dos investimentos [...] Concebo pois que uma socialização abrangente do investimento será o único meio de assegurar uma situação aproximada de pleno emprego".[28] Keynes instou o governo a adotar um papel maior nos investimentos conforme a necessidade se tornasse mais clara. Sua noção de "socializar os investimentos" pode muito bem incluir um fundo ou banco de investimento em infraestrutura mantido pelo governo para ajudar a tirar projetos do papel. Ele talvez não tenha visto a participação do setor privado como necessária, mas poderia estar disposto a incluir investidores privados que somariam seu dinheiro ao do governo para construir infraestrutura. Isso está de acordo com o fundo de investimento da União Europeia descrito anteriormente, que alavanca fundos públicos para atrair financiamento privado.

Essa política levaria a déficits orçamentários persistentes? Esta foi uma das críticas a Keynes. É por isso que os governos têm sido relutantes em fazer empréstimos para investir. Eles temem que os investidores de títulos públicos peçam retornos mais elevados para emprestar seu dinheiro, aumentando os custos dos empréstimos no país, o que poderia prejudicar o crescimento econômico.

Estamos longe de chegar a um veredito. Os monetaristas da Escola de Chicago afirmam que as políticas contracíclicas de Keynes estão fadadas ao fracasso, já que seus efeitos serão antecipados, seja imediatamente ou após um breve período. O economista de Harvard Robert Barro argumenta que os futuros aumentos nos impostos para pagar a dívida pública são considerados por investidores e poupadores nas taxas de juros de longo prazo. Isso levará a taxas mais altas no futuro, encarecendo os empréstimos do governo e dificultando o pagamento do déficit orçamentário. Essa visão remonta a David Ricardo. Segundo a equivalência ricardiana, as pessoas racionais sabem que a dívida pública terá de ser quitada em algum momento na forma de impostos mais altos, de modo que, antecipando-se a isso, elas não aumentam o consumo atual que fomenta o crescimento. Ainda assim, a necessidade percebida de aumentar o investimento e o crescimento econômico fez o debate público se aproximar do que Keynes defendera mesmo nos períodos em que não há crise. Também há uma inclinação cada vez maior a separar o capital das despesas correntes nas contas do governo, para que o investimento não seja considerado da mesma forma que os gastos públicos do dia a dia. Considerando o debate sobre o baixo investimento, os baixos custos dos empréstimos e as preocupações com o crescimento, as visões relativamente menos conhecidas de Keynes sobre investimento público poderiam ter um impacto maior sobre a estrutura de uma economia do que seus argumentos mais conhecidos sobre o déficit público.

O legado de Keynes

Keynes faleceu em 1946 depois de ajudar a construir o Sistema de Bretton Woods após a Segunda Guerra Mundial, o qual incluiu a formação do FMI e do Banco Mundial. A cerimônia em sua memória foi realizada na Abadia de Westminster, perto do Parlamento, onde ele havia se tornado um membro da Câmara dos Lordes. Deixou a esposa, Lydia Lopokova, que continuou o trabalho dele com o Arts Council do Reino Unido e viveu outros 36 anos.

Ela morreu no início da era Thatcher, que viu o recuo do keynesianismo. Mas, apesar de entrar e sair de moda, Keynes teve um impacto duradouro sobre a ciência econômica. Isso é algo que o próprio Keynes havia previsto. A última passagem de *Teoria geral* diz:

> As ideias dos economistas e filósofos políticos, sejam elas certas ou erradas, têm um alcance mais poderoso do que habitualmente se pensa. De fato, o mundo é governado por elas, e pouco mais. Os homens práticos que se julgam livres de qualquer influência intelectual são habitualmente escravos de algum economista morto. Os desvairados que ocupam posições de autoridade, que ouvem vozes a pairar no ar, destilam os seus frenesis dos escritos deixados por algum escrevinhador acadêmico uns anos antes. Estou seguro de

que se exagera extremamente a força dos interesses adquiridos quando comparada com o gradual entranhamento das ideias. [...] cedo ou tarde, são as ideias, e não os interesses adquiridos, que representam um perigo, seja para o bem, seja para o mal.[29]

Keynes acreditava que não existem problemas econômicos sem solução, e que economias bem administradas gerariam prosperidade. Escrevendo em 1930, ele previu: "o *problema econômico* pode ser resolvido, ou pelo menos estar perto de ser resolvido, em cem anos. Isso significa que o problema econômico não é – se olharmos para o futuro – *o problema permanente da raça humana*".[30]

Isso significa que podemos esperar uma semana laboral de quinze horas, já que "três horas por dia é o suficiente".[31] Mas levaria a um desafio ainda maior:

A humanidade será privada de seu propósito tradicional [...] Assim, pela primeira vez desde sua criação, o homem se verá diante de seu problema real e permanente – como usar sua liberdade de preocupações econômicas urgentes, como ocupar o ócio, que a ciência e os juros compostos terão proporcionado a ele, para viver bem, sábia e agradavelmente.[32]

Capítulo 7

Joseph Schumpeter:
O que impulsiona a inovação?

A inovação é o motor do crescimento econômico, ou, como Joseph Schumpeter afirmou, a inovação em uma economia capitalista é o "vendaval perene de destruição criativa".[1] A visão de Schumpeter era de que a economia passa por ciclos longos quando novas tecnologias são adotadas, enquanto as tecnologias existentes se tornam obsoletas. E essas novas tecnologias promovem o crescimento econômico.

Joseph Schumpeter foi, talvez, o primeiro economista a definir o "motor capitalista" em *Capitalismo, socialismo e democracia* (1942), sua obra mais importante.[2] Ao contrário da crença popular, o termo "capitalismo" não foi concebido por Adam Smith. Acredita-se que apareceu pela primeira vez em *The Newcomes* [Os recém-chegados], um romance de 1854 do autor de *A feira das vaidades*, William Makepeace Thackeray. De acordo com o *Oxford English Dictionary*, Thackeray usou o termo "capitalista" para denotar um dono de capital. Obviamente, Karl Marx se referiu ao capitalismo em seu *O capital*, de 1867, e depois disso o termo foi usado com frequência como antônimo de marxismo.

De acordo com Schumpeter, "destruição criativa é o fato essencial do capitalismo."[3] Ele explicou o capitalismo com base em suas teorias sobre como o motor capitalista alimenta a economia. A economia está em fluxo constante, afetada por ondas de inovação tecnológica, o que explica como os países se tornam mais produtivos e mais ricos com o passar do tempo. Em sua visão, "capitalismo estabilizado é uma contradição em termos".[4] Por exemplo, a máquina a vapor, a eletricidade e, mais recentemente, o computador, todos eles transformaram a maneira como trabalhamos. Tais inovações aumentam a produtividade, que, por sua vez, aumenta o potencial de crescimento da economia. À diferença de Marx, Joseph Schumpeter almejava ser neutro e analítico, de modo que sua pesquisa não fosse afetada por ideologia. Em vez de revolução, sua obra esmiuçou os detalhes dos negócios responsáveis por invenções pioneiras e então explorou as relações entre essas inovações e como a economia e nossos padrões de vida melhoravam a partir delas.

O fato de que Schumpeter tinha experiência no mundo dos negócios e também em políticas econômicas o ajudou. Ele foi advogado e acadêmico antes dos trinta anos e ministro das Finanças da Áustria antes dos quarenta; então, tornou-se banqueiro antes de regressar à academia. Embora tenha feito fortuna, perdeu tudo em uma quebra do mercado de ações, o que possivelmente foi uma bênção disfarçada, já que o forçou a se dedicar novamente à ciência econômica. Ele finalmente se tornou professor na Universidade de Harvard, onde escreveu alguns dos textos mais influentes na área.

Baseando-se em sua própria carreira, Schumpeter via a falência e a obsolescência de algumas indústrias simplesmente como parte do ciclo da economia, cujo crescimento havia beneficiado milhões de pessoas. Ele observou em certa ocasião: "Praticamente todo empreendimento [é] ameaçado e colocado em defensiva assim que surge"[5], e, em outra: "O tecido barato, os artigos acessíveis de algodão e de raiom, os sapatos, os automóveis etc. é que são as contribuições típicas da produção capitalista [...] o processo capitalista eleva progressivamente o nível de vida das massas não por acaso, mas graças ao seu mecanismo".[6]

Mas Schumpeter não via o sistema capitalista como um fato consumado. Ele acreditava que o capitalismo requeria empreendedorismo vibrante e regulação prudente. Nesse sentido, era realmente um motor. Como um motor físico, o capitalismo necessita combustível, ou então deixa de funcionar.

O que o criador da "destruição criativa" diria sobre as dificuldades de inovação que abundam nas grandes economias do mundo em nossos dias? O que Schumpeter diria sobre a dificuldade de inovar em uma economia predominantemente de serviços e cada vez mais digital? Esta é a situação do Reino Unido, dos Estados Unidos e da maioria das economias pós-industriais, incluindo a Alemanha e outros que podem ter retido uma base maior de indústrias manufatureiras, mas cujo setor de serviços continua sendo a maior parte de suas economias. E o que ele teria dito da inovação da China, que é um fator importante para determinar se o país é capaz de entrar para o rol de nações prósperas?

A vida e a época de Joseph Schumpeter

Joseph Schumpeter nasceu em 1883 em Třešť, uma pequena cidade no sudoeste de Praga, no Império Austro-Húngaro (ou Habsburgo). O império era vasto, incluindo os atuais territórios da Áustria, Hungria, República Checa, Eslováquia, Eslovênia, Croácia e partes da Polônia, da Ucrânia, da Itália e da Romênia. Tanto o avô como o bisavô de Schumpeter foram prefeitos, além de empresários. Além disso, o negócio têxtil da família trouxe a primeira máquina a vapor da cidade.

Schumpeter cresceu em uma época em que o motor do capitalismo estava transformando a sociedade. O motor elétrico e o motor de combustão interna mudavam drasticamente a economia, de maneira muito similar ao que o motor a vapor havia feito antes. Juntamente com os telefones e as ferrovias, essas invenções aumentaram o crescimento econômico e tornaram obsoletos os antigos negócios.

Em 1901, as três maiores empresas industriais do mundo eram a United States Steel, a American Tobacco e a Standard Oil. Empresas alemãs como a Krupp e a Thyssen em aço, a Siemens em equipamentos elétricos e as gigantes químicas Bayer, Hoechst e BASF haviam se tornado potências industriais. Mas, no império, a maioria das pessoas ainda morava no campo, enquanto os pequenos negócios perdiam para produtos mais baratos vindos de nações industrializadas como os Estados Unidos, a Alemanha e o Reino Unido. A renda per capita da Áustria alemã em 1913 era apenas metade da do Reino Unido, embora fosse o dobro da renda da Hungria. A maioria das pessoas não tinha acesso a saneamento básico, água potável ou a peças de vestuário industrializadas. Os telefones e o aquecimento central só estavam disponíveis para os ricos. Os burocratas da Áustria ainda escreviam documentos à mão, embora as máquinas de escrever estivessem em uso havia vinte anos.

Como Schumpeter havia crescido em uma época de grandes mudanças, Paul Samuelson, que foi seu aluno em Harvard e, mais tarde, ganhador do Prêmio Nobel de Economia, o descreveu como "completamente qualificado para exercer o importante papel sociológico do estranho alienado".[7]

Depois que seu pai faleceu, quando ele tinha cinco anos, Schumpeter se mudou com a mãe para Graz, onde estava situada uma das poucas universidades do Império Austro-Húngaro. Era extremamente incomum para uma jovem viúva se mudar para outra cidade. Lá, ela se casou com um membro da nobreza austríaca. Ele era um general aposentado de 65 anos, mais de três décadas mais velho do que ela. A mudança para Graz e o segundo casamento da mãe significaram que Schumpeter poderia frequentar as melhores escolas. Ele se tornou fluente em seis idiomas, incluindo grego e latim. A família, mais tarde, partiu para Viena, onde Schumpeter finalmente frequentou a prestigiosa universidade da cidade.

Na época, as universidades de língua alemã estavam entre as melhores do mundo, e a Universidade de Viena figurava entre as mais bem cotadas em economia.[8] Como outras universidades europeias da época, os professores de economia de Viena faziam parte da Faculdade de Direito. O diploma de Schumpeter, recebido em 1906, não foi em economia, e sim em direito romano e civil, o que lhe trouxe conhecimentos de história. Mais tarde, ele trabalhou como advogado, o que o expôs ao mundo dos negócios.

Diferentemente dos economistas interessados em reformar políticas públicas, a Escola Austríaca se esforçava por tornar a economia mais rigorosa e afastá-la totalmente da política. Isso influenciou o conceito de Schumpeter sobre o assunto. Ele acreditava que a economia deveria ser "neutra" e livre da política, pois esta comprometia a análise objetiva.

Enquanto estudava, Schumpeter se deparou com as três principais abordagens à economia. Primeiro, a Escola Clássica, fundada por Adam Smith e disseminada por David Ricardo e John Stuart Mill, entre outros. Estes economistas, em sua maioria ingleses, estiveram ativamente envolvidos com políticas públicas. Schumpeter, no entanto, os criticou por sua falta de imaginação: "Esses escritores viveram no limiar dos avanços econômicos mais espetaculares já testemunhados. Vastas possibilidades se transformaram em realidades diante de seus olhos. Entretanto, eles não viram nada além de economias contraídas, lutando, com cada vez menos sucesso, pelo pão de cada dia".[9]

Apesar de rejeitar o capitalismo e pertencer a uma escola de pensamento própria, Karl Marx foi o único que enfatizou a dinâmica de um sistema capitalista, o que deixou uma marca em Schumpeter.

A Escola Historicista Alemã, que detalhava histórias de várias indústrias e instituições, também influenciou Schumpeter. Centrada em Berlim, seu principal economista foi Gustav von Schmoller e seu célebre sociólogo foi Max Weber, que escreveu *A ética protestante e o espírito do capitalismo*. Schumpeter acreditava que essa escola não dava crédito suficiente à teoria econômica. Mas ele admirava Weber, que estava disposto a teorizar contanto que fosse com base em dados; por isso, os dois trabalharam juntos ocasionalmente, apesar do fato de as escolas alemã e austríaca serem conflitantes. Seu interesse comum era a nova doutrina do marginalismo, que investigava como os indivíduos otimizam suas decisões de trabalhar e consumir. Na última parte do século XIX, o marginalismo mudou as bases da economia, o que inaugurou uma primeira versão da revolução neoclássica. W. Stanley Jevons, Carl Menger e Leon Walras muitas vezes são citados como seus principais pensadores.

A ascensão da Escola Austríaca não pode ser separada da história particular do Império Austro-Húngaro. O império era vasto, conservador e aristocrático. Sua política econômica era *dirigista*. Havia sido o Estado mais poderoso da Europa, e continuava se vendo dessa maneira. Controlava quase toda a Europa Central, e a maioria das indústrias importantes era mantida nas mãos do Estado ou sob estrita regulação.

O lado bom disso é que havia um funcionalismo público amplo e meritocrático, e as posições estratégicas eram ocupadas não por políticos, e sim por profissionais como Eugen Böhm von Bawerk no ministério de Finanças, que se alternava entre a academia e o cargo público. (Schumpeter seguiria seus passos, tornando-se ministro das Finanças na república do pós-guerra.) Essas políticas tornaram o império um centro importante para a ciência econômica. A sociedade era muito bem organizada e, aparentemente, um tanto estável.

Mas o lado ruim, é claro, era que tudo era lento e rígido, além de resistente à mudança. Não havia liberdade econômica real para os empreendedores, por isso a economia era incapaz de se adaptar e investir, e ficava muito atrás de outras nações europeias, particularmente dos prussianos arrivistas. Sob a superfície, havia tensões sociais crescentes, até que a Primeira Guerra Mundial destruiu o sistema.

A Escola Austríaca foi uma reação a tudo isso, daí suas características definidoras: empreendedorismo, antiequilíbrio e antiplanejamento. Foi, como todas as teorias econômicas, fruto de sua época. Assim como Adam Smith reagiu às ineficiências do governo britânico no século XVIII, a Escola Austríaca reagiu às deficiências do governo austríaco no século XIX.

A Escola Austríaca era liderada por professores de Schumpeter. Em 1905, Schumpeter se matriculou em um seminário conduzido por Böhm von Bawerk, ex-aluno de Menger, que por três vezes fora ministro das Finanças da Áustria imperial. Seus colegas de classe incluíam Ludwig von Mises, que, através de seus próprios escritos e dos escritos de seu aluno Friedrich Hayek, se tornou um dos principais economistas do livre mercado do século XX.

Durante os cinco anos como aluno de graduação, Schumpeter escreveu três artigos. Eles foram publicados quando ele tinha apenas 22 anos. Ele queria seguir carreira como professor e como funcionário público, seguindo os passos de seu mentor, Böhm von Bawerk. Mas a falta de dinheiro e sua origem de classe média eram impedimentos.

Suas circunstâncias mudaram com o casamento. Em 1907, aos 24 anos, ele se casou com Gladys Ricarde Seaver, de 36 anos, filha de um funcionário da Igreja Anglicana. Gladys era da classe alta, e o casamento levou Schumpeter à aristocracia, de maneira similar ao que acontecera com sua mãe quando ela se casou pela segunda vez.[10]

Schumpeter descobriu que podia trabalhar como advogado no Cairo – na época, um protetorado do Reino Unido –, mesmo sem ter experiência. Em Viena ou em Londres, isso não era possível. Os recém-casados se mudaram para lá, e em dez meses Schumpeter havia ganhado o suficiente para bancar a família por anos.

Eles voltaram para Viena, e em 1908 ele publicou *The Nature and Content of Theoretical Economics* [A natureza e a essência da economia política]. A obra foi um esforço de conciliar a Escola Historicista Alemã com os marginalistas austríacos a fim de acabar com a batalha da ciência econômica continental. Isso foi similar ao que Marshall havia feito quando sintetizou o novo marginalismo com a antiga tradição clássica de Smith e Ricardo.

Embora não tenha vendido bem, o livro contribuiu para suas qualificações na Universidade de Viena. Com os exames e a série de aulas convencional, Schumpeter obteve a certificação para lecionar em qualquer universidade do Império Austro-Húngaro.

Ele queria permanecer em Viena, mas acabou indo para a Universidade de Chernivtsi, na atual Ucrânia. Schumpeter não queria se mudar para uma cidade remota na fronteira oriental do império, e não ficou lá por muito tempo. Aos 28 anos, ele saiu para se tornar o mais jovem professor de economia política do império na Universidade de Graz, que, em tamanho, só ficava atrás da Universidade de Viena. Sua obra *Teoria do desenvolvimento econômico* foi publicada logo depois, em 1911. Este foi o livro que o tornou célebre, e viria a ser um dos clássicos da economia. Uma edição inglesa foi editada posteriormente pela Harvard University Press em 1934, com o subtítulo: *An Inquiry into Profits, Capital, Credit, Interest and the Business Cycle* [Uma investigação sobre lucros, capital, crédito, juro e o ciclo econômico]. As ideias nessa obra inicial formaram o cerne do pensamento econômico de Schumpeter, que mais tarde seria desenvolvido em *Business Cycles* [Ciclos econômicos] (1939) e no mais popular de seus livros, *Capitalismo, socialismo e democracia* (1942).

Schumpeter passou cinco meses palestrando nos Estados Unidos, o que aumentou seu prestígio; mas, logo depois de ele voltar para casa, eclodiu a Primeira Guerra Mundial. Gladys tinha voltado para a Inglaterra, e por isso foi separada do marido. Em 1920, ele começou a descrever a si mesmo como solteiro, embora o casal não tivesse se divorciado.

Aos 32 anos, Schumpeter havia escrito três livros importantes e vinte artigos. Ele ganhou ainda mais prestígio ao dar uma palestra intitulada "A crise do Estado fiscal". Nesta, ele criticou o regime tributário, que, segundo argumentou, havia reduzido a inovação, levando os empreendedores a "migrar para países com tributação mais baixa".[11] Ele também observou como as demandas excessivas por serviços sociais poderiam enfraquecer o sistema capitalista. Foi depois dessa palestra que ele se tornou ministro das Finanças na Primeira República da Áustria. Era um tanto atípico que um novato na política se tornasse um alto funcionário do governo aos 36 anos de idade, mas aqueles eram tempos excepcionais. A Primeira Guerra Mundial transformou a Áustria quase da noite para o dia: o maior, mais estável e histórico Estado da Europa tinha agora perspectivas econômicas catastróficas e estava à beira da revolução.

Ao sair do governo em 1919, ele quis permanecer em Viena para viver confortavelmente, e então se tornou banqueiro e investidor profissional. Schumpeter obteve uma licença para operar o

Banco Biedermann, o que viu como uma compensação por seu período breve e difícil como ministro das Finanças.[12] Ele acabou por renunciar ao cargo na Universidade de Graz em 1921.

Em sua nova ocupação, Schumpeter compreendeu melhor o papel dos bancos na criação de crédito que pudesse financiar os empreendedores. Entre 1920 e o fim de 1922, houve hiperinflação na Áustria; mas, apesar disso, ele havia conseguido acumular uma fortuna significativa antes de chegar aos quarenta anos. Mas, um ano depois, em 1924, a bolsa de valores de Viena quebrou, perdendo três quartos de seu valor. Schumpeter foi igualmente atingido, porque relutou em se desfazer de suas ações quando o valor caiu. Ele permaneceu fiel até mesmo às empresas que estavam falindo, especialmente as empreendedoras. Pelo visto, o próprio criador da "destruição criativa" achava difícil deixar as empresas falirem.

Embora ainda ocupasse o cargo no Banco Biedermann, Schumpeter entrou em dívida e foi forçado a renunciar. Ele acabou quitando suas dívidas com o banco graças a empréstimos obtidos com amigos. Levaria uma década até que ele conseguisse quitar todas as suas dívidas. Após fracassar tanto nos negócios como na política, o próprio Schumpeter personificou o empreendedorismo sobre o qual escreveria mais tarde.

Nem tudo era terrível. Nesse meio-tempo, ele havia se apaixonado por Anna Josefina Reisinger, a quem conhecia desde que ela era criança. Anna era filha do zelador do edifício residencial em Viena onde ele crescera, e mais de vinte anos mais jovem do que Schumpeter. Os pais dela foram contra, mas, quando ela completou dezoito anos, eles, embora relutantes, permitiram que a filha aceitasse a proposta de Schumpeter.[13]

Schumpeter entrou para a prestigiosa Universidade de Bonn, o que significava que ele teria uma fonte de renda estável e os dois podiam se casar. Nenhuma das famílias apoiou o relacionamento: a mãe de Schumpeter fez objeções à origem de Anna, que era da classe trabalhadora, e os pais de Anna estavam preocupados com a idade dele e com sua fama de mulherengo. Além disso, havia seu casamento com Gladys, que ele conseguiu anular perante a lei sem o conhecimento dela.

Os dois finalmente se casaram em 5 de novembro de 1925, quando ele tinha 42 anos e ela 22, sem a presença das famílias. Um ano depois, Anna morreu durante o parto, e o filho também. A mãe dele também faleceu nessa época. Schumpeter nunca superou o estresse emocional daquele ano e se afundou no trabalho.[14] Durante os sete anos em Bonn, ele foi prolífico e publicou 65 artigos. Também ganhou dinheiro escrevendo artigos populares e dando palestras no meio empresarial para pagar suas dívidas e enviar dinheiro para os pais de Anna, o que ele fez pelo resto da vida. Fiel a suas crenças, ele não gostava de prescrever soluções políticas, porque isso poderia comprometer sua objetividade. Porém, era difícil não se envolver durante os anos 1930. Então, ele escreveu uma série de artigos enquanto o mundo e a Alemanha sofriam com a Grande Depressão. Ele criticou os socorros financeiros a indústrias antigas ou de baixo crescimento, mas apoiou a intervenção do governo para ajudar empresas com forte potencial de crescimento. Como condição para receber ajuda do governo, no entanto, Schumpeter defendeu que tais empresas deveriam adotar práticas inovadoras.

Apesar desses tempos difíceis, Schumpeter testemunhou a impressionante reinvenção dos negócios, o que alimentou sua teoria de "destruição criativa" na qual os inovadores florescem. Empresas alemãs de pequeno e médio porte, em sua maioria familiares, modernizaram suas operações e se tornaram conhecidas mundialmente pela qualidade. Muitas dessas empresas *Mittelstand*, como são chamadas, estão no mercado ainda hoje – por exemplo, as harmônicas Hohner, as rotuladoras Krones e a grife Jil Sanders.

As grandes empresas também se reinventaram. Cinco das dez maiores empresas alemãs fabricavam aço na época em que ele se mudou para Bonn. Quando deixou a cidade, várias haviam se fundido para se tornar a Vereinigte Stahlwerke, que era a maior empresa de aço e mineração da Europa.

À medida que as pesquisas prolíficas melhoravam sua reputação, Schumpeter recebia várias ofertas acadêmicas, inclusive de Harvard. Um bom salário em um departamento de economia de uma universidade de elite foi o que levou Schumpeter a aceitar ser professor visitante durante um ano, de 1927 a 1928, enquanto mantinha seu cargo em Bonn. Como é comum entre professores visitantes, ele descobriu que gostava mais de Harvard, e finalmente aceitou um cargo permanente em 1932. Considerando sua estatura, Schumpeter recebeu o salário máximo para professores de Harvard, o que lhe permitiu enviar dinheiro regularmente para seus amigos e ex-alunos na Europa e pagar suas dívidas remanescentes em Viena.

Foi durante essa época que Schumpeter fundou a Sociedade de Econometria, em 1930, junto com Irving Fisher, de Yale, e Ragnar Frisch, o economista norueguês que viria a dividir com o holandês Jan Tinbergen o primeiro Prêmio Nobel de Economia, em 1969. Eles queriam promover o uso de métodos matemáticos e estatísticos na ciência econômica, que Frisch batizou de "econometria". Schumpeter escreveu o artigo principal para a primeira edição de *Econometrica*, que se tornou uma publicação da sociedade em 1933 e continua sendo uma publicação importante ainda hoje.

Nem todos os professores gostam do ensino e da pesquisa, e pode-se afirmar que poucos se sobressaem em ambos. Schumpeter foi uma das raras exceções. Ele organizou vários pequenos grupos de discussão, incluindo o Grupo dos Sete Sábios de Schumpeter, que eram astros em ascensão. Esse grupo incluía os melhores do Departamento de Economia de Harvard: Douglas V. Brown, Edward Chamberlin, Gottfried Haberler, Seymour Harris, Edward Mason, Overton H. Taylor e, seu favorito e futuro ganhador do Nobel, o russo Wassily Leontief.[15] Entre seus alunos havia celebridades como o primeiro ganhador do Prêmio Nobel de Economia nos Estados Unidos, Paul Samuelson, que corrigiria os erros matemáticos de Schumpeter.

Uma figura cativante em público, Schumpeter era um professor popular. Mas, na vida privada, ele sofria com ansiedade e desânimo, e fez da pesquisa o ponto focal de seus dias. Como o próprio Schumpeter proclamou: "Meu trabalho é meu único interesse na vida".[16] Ele inclusive dava notas diárias para sua produtividade, por exemplo, 0, 4/6, 0, 0, 1/3, 5/6, 1 para uma semana com rendimento de quase 50%.[17] Mas nem todos os aspectos da vida acadêmica agradavam Schumpeter. Ele não gostava das reuniões do departamento e se referia a seus colegas como os "fools" ["tontos"] (um jogo de palavra com a pronúncia alemã de "full" professors, como são chamados os professores titulares nas universidades norte-americanas) e "asses" ["asnos"] (associate and assistant professors – professores assistentes e adjuntos).[18]

Depois que Adolf Hitler se tornou chanceler da Alemanha em 1933, Schumpeter passou a ser um recrutador ativo para as universidades norte-americanas, trabalhando para assegurar lugares para economistas alemães, particularmente judeus. No período entreguerras, muitos haviam saído de Viena, e a faculdade de economia da universidade estava em declínio.

Mais ou menos naquela época, Schumpeter conheceu Romaine Elizabeth Boody Firuski, uma estudante de 35 anos da pós-graduação em economia em Harvard, que vinha de uma família próspera e tradicional da Nova Inglaterra. Em 1920, ela havia recebido o primeiro diploma *summa cum laude* do Radcliffe College, a faculdade feminina de Harvard. Depois que um casamento infeliz acabou, ela regressou a Cambridge, Massachusetts, e trabalhou como assistente de pesquisa para Schumpeter, entre outros, e voltou a escrever sua tese sobre o comércio exterior inglês. Ele se tornou seu coorientador, e ela obteve o PhD em Radcliffe em 1934. Embora Schumpeter tivesse cinquenta anos em 1933, e Romaine fosse quinze anos mais nova, ela foi uma parceira intelectual, e logo se tornaria mais que isso. Eles se casaram em Nova York em agosto de 1937; este foi o terceiro casamento de Schumpeter, o que duraria até sua morte, em 1950.

O trio de grandes obras de Schumpeter foi concluído em Harvard: *Business Cycles: A Theoretical, Historical, and Statistical Analysis of the Capitalist Process* [Ciclos econômicos: Uma análise teórica, histórica e estatística do processo capitalista] em 1939, *Capitalismo, socialismo e democracia* em 1942 e *História da análise econômica*, que foi publicado postumamente em 1954.

Embora ele tivesse se empenhado em *Business Cycles*, o livro não recebeu aclamação geral. Isso foi uma decepção para Schumpeter, já que ele havia passado sete anos escrevendo esta que, segundo acreditou, seria sua obra mais influente. Para piorar as coisas, em um seminário de Harvard que seus alunos organizaram para discuti-la, eles acabaram falando sobre o então recente *Teoria geral do emprego, do juro e da moeda*, de John Maynard Keynes. A verbosidade de Schumpeter contrastava com a prosa sucinta de Keynes, o que também pode ter contribuído para a escolha dos alunos. Vários deles observaram que foi a única vez em que viram Schumpeter completamente furioso.[19]

Desde a publicação da grande obra de Keynes em 1936, o economista inglês ofuscara Schumpeter. Keynes não fez muitas menções à pesquisa de Schumpeter sobre os ciclos econômicos ou de outros economistas da Europa continental. Em troca, Schumpeter contestou até mesmo o título do livro, especificamente a parte "geral", pois acreditava que a teoria de Keynes se aplicava apenas estritamente a uma economia em depressão.[20]

O que a *Teoria geral* fez foi oferecer uma nova explicação da Grande Depressão que esboçava um caminho para a economia mundial sair da crise. Schumpeter, ao contrário, não acreditava em prescrever políticas econômicas, consistente com sua visão de longa data de que a política comprometia a análise econômica objetiva. No Prefácio de *Business Cycles*, Schumpeter escreveu: "Não recomendo política alguma e não proponho plano algum".[21] Isso tornou o livro menos atraente numa época em que o público estava procurando respostas para a pior retração econômica da história.

Schumpeter havia participado ativamente da política econômica europeia, e, portanto, tinha suas opiniões. Embora não fosse fã do New Deal do Federal Reserve e se opusesse ao ativismo fiscal de Keynes financiado pelo déficit público, ele acreditava que os Estados Unidos precisavam de investimento do governo. Em 1933, o desemprego subiu para alarmantes 25%. Depois de cair com a implementação do New Deal, subiu novamente para mais de 17% em 1939, depois da segunda recessão daquela década. Foi então que ele começou a escrever o livro que deixaria sua marca sobre o assunto. *Capitalismo, socialismo e democracia* começou como uma série de ensaios que reagia a uma época de tumulto. Abarcou a Grande Depressão, a ascensão do marxismo, que desafiou o capitalismo, e a Segunda Guerra Mundial.

Foi publicado em 1942, mas, devido à Segunda Guerra Mundial, foi só na segunda (1947) e na terceira (1950) edições que *Capitalismo, socialismo e democracia* se tornou conhecido. O livro tocou na ferida da população, visto que capturou o grande debate do período. Na época, 40% da população mundial vivia sob o comunismo, e outros 25% em sociedades pelo menos parcialmente socializadas.

A economia schumpeteriana

A obra mais influente de Joseph Schumpeter abordou questões fundamentais sobre o funcionamento de uma economia. Schumpeter se perguntou se o capitalismo estava fadado ao fracasso, como Marx afirmara. Se o socialismo substituísse o capitalismo, a economia prosperaria? A terceira parte do título se refere à existência da democracia com o capitalismo ou com o socialismo.

Schumpeter defende enfaticamente o capitalismo. Ele argumenta que a vida das pessoas melhorou muitíssimo por causa da "destruição criativa":

> A abertura de novos mercados, estrangeiros ou nacionais, e o desenvolvimento organizacional desde a oficina de artesão e da manufatura até os conglomerados como a U.S. Steel ilustram o mesmo processo de mutação industrial que revoluciona incessantemente a estrutura econômica *de dentro para fora*, destruindo incessantemente a antiga, criando incessantemente a nova. Esse processo de destruição criativa é o fato essencial do capitalismo.[22]

As empresas de Schumpeter não eram impotentes para influenciar o meio econômico, em nítido contraste com os modelos econômicos convencionais. Ao usar o termo "estratégia empresarial", Schumpeter desafiou o pressuposto da "concorrência perfeita", em que todas as empresas são idênticas e vendem produtos parecidos, e por isso não têm decisões estratégicas a tomar. Em sua visão, as empresas tomam decisões sobre emprego, produção e investimento, todas as quais afetam o crescimento da economia. Ele também discordava de modelos econômicos nos quais as transações aconteciam facilmente sem advogados, contadores ou os numerosos outros aspectos operacionais dos negócios reais.

Ele também argumentou contra o sentimento de rechaço às grandes empresas que então imperava nos Estados Unidos. O país abrigava cerca de metade das maiores empresas do mundo, e ainda assim tinha uma forte cultura empreendedora. Schumpeter argumentava que tal capitalismo "trustificado" não asfixiava a inovação, nem impedia o crescimento de novos negócios. Ao lado das multinacionais norte-americanas, milhares de novas empresas surgiam. Através do processo de "destruição criativa", as mais inovadoras sobreviviam. Schumpeter observa que, de 1897 a 1904, 4.227 empresas norte-americanas passaram por processos de fusão, dando origem a 257 grandes corporações, incluindo nomes bem conhecidos como Goodyear, Pepsico, Kellogg, Gillette, Monsanto, 3M e Texaco.

Na visão de Schumpeter, poucos monopólios sobreviviam no longo prazo, devido à "destruição criativa". O inovador bem-sucedido pode colher os lucros do monopólio por um tempo, mas outros na mesma indústria logo tentarão imitar o produto. O empreendedor preservará seu lucro pelo maior tempo possível através de patentes, publicidade e mais inovação, todos os quais são atos de "agressão dirigida aos concorrentes reais ou potenciais".[23] Mas o lucro de cada empreendedor é temporário, porque os concorrentes acabarão copiando a inovação, fazendo os preços caírem. Essa sequência, que Schumpeter chama de "competing down" (enfraquecer a concorrência), é observável em todas as indústrias, com a exceção daquelas protegidas pelo governo. Pode levar vários anos e pode ser difícil de se perceber, mas é inevitável. Para Schumpeter, como há possibilidade de lucros altos, ainda que temporariamente, as grandes empresas contribuem positivamente para a inovação e, portanto, para o crescimento econômico.[24] Então, por que os monopolistas estão frequentemente no centro das atenções? Na visão de Schumpeter: "Então, por que tanto se fala em monopólio? [...] Os economistas, os funcionários públicos, os jornalistas e os políticos desse país obviamente gostam da palavra porque [...] certamente desperta a hostilidade do público".[25]

Schumpeter também acreditava que o capitalismo era um sistema frágil. A ascensão dos grandes negócios solapava os menores, que exigiam maior lealdade por parte de seus funcionários e também tendiam a ter maior influência política em suas comunidades. Além disso, a sociedade era propensa a resistir a grandes inovações porque estas tendiam a destruir o status quo. Ele observou: "Os empreendedores não necessariamente eram reprimidos", mas "não raro, suas vidas corriam perigo".[26] Por exemplo, as guildas de artesãos no Reino Unido invocaram leis medievais e pediram leis proibindo as fábricas e os aparelhos mecânicos. No início dos anos 1830, os trabalhadores rurais quebraram as novas máquinas debulhadoras que estavam ameaçando sua subsistência. De fato, "a história do capitalismo é repleta de catástrofes e explosões de violência".[27] Schumpeter também pensava que as pessoas poderiam agir contra seus interesses econômicos por causa de suas crenças: "O pão socialista pode parecer mais doce do que o pão capitalista simplesmente por ser socialista, e seria assim mesmo que achassem ratos nele".[28]

Assim, Schumpeter alertou: "me senti no dever [...] de infligir ao leitor [...] minha conclusão paradoxal: o capitalismo está sendo assassinado pelas suas próprias realizações".[29] Portanto, a supervisão política era necessária. Schumpeter acreditava que a reviravolta causada pelos empreendedores poderia engendrar agitação social, o que poderia até mesmo paralisar o motor capitalista. Portanto, o crescimento econômico requeria um governo estável, especificamente o estado de direito e a proteção da propriedade privada. O sistema que ele mais admirava era o britânico, com sua monarquia constitucional e seu parlamento bicameral, com a Câmara dos Lordes e a dos Comuns. Ele tinha grande apreço pelo funcionalismo público apolítico do Reino Unido, que conferia essa estabilidade a um sistema capitalista. É apenas em um sistema como esse que a "destruição criativa" de Schumpeter poderia florescer.

No sistema de Schumpeter: "A introdução de novos métodos de produção, a abertura de novos mercados – de fato, a execução bem-sucedida de novas combinações de negócios em geral – tudo isso implica risco, tentativa e erro, superação de resistência, fatores ausentes na monotonia da rotina".[30] Essas perturbações na rotina explicam por que a economia se expande e passa por períodos de "destruição". Schumpeter argumentou que as inovações em indústrias específicas afetavam outras partes da economia, como os fornecedores, os distribuidores e, finalmente, os compradores. Nos séculos XIX e XX, o crescimento econômico foi impulsionado por uma série de avanços. Especificamente, cinco indústrias lideraram o desenvolvimento econômico: as tecelagens de algodão, as ferrovias, o aço, os automóveis e a eletricidade. As inovações específicas a essas indústrias "não seguem, mas criam expansão".[31]

Em vez do conceito econômico de equilíbrio ao qual uma economia retorna, a visão de inovação de Schumpeter envolve um desequilíbrio contínuo liderado por empreendedores que, ao transformar uma indústria, produzem efeitos em toda a economia.

Para possibilitar tais inovadores empreendedores, Schumpeter enfatizou a importância do crédito em um sistema capitalista. Segundo acreditava, o capitalismo é o único sistema que possibilita que as pessoas se tornem empreendedoras antes de terem os fundos necessários para começar um empreendimento: "É a liderança que importa, e não a propriedade".[32] O necessário era não só uma linha de crédito bancário para manter um negócio operando, mas também dinheiro para novos empreendimentos, que possa ser perdido se a nova empresa falir sem que isso comprometa todo o sistema econômico. Em sua carreira como banqueiro e investidor,

Schumpeter financiou precisamente empresas desse tipo, embora isso lhe tenha custado sua fortuna pessoal.

É por isso, também, que ele acreditava que a economia se beneficiava da ascensão de grandes negócios, porque eles podiam apostar em inovação. Eles também tinham acesso aos mercados de capitais (por exemplo, podiam levantar dinheiro emitindo títulos da dívida em mercados de obrigações), bem como lucros retidos, e por isso dependiam menos de empréstimos bancários mais conservadores. Por exemplo, no início do século XX, empresas como a American Telephone and Telegraph (AT&T), a General Electric (GE), a Eastman Kodak e a DuPont criaram departamentos de pesquisa para desenvolver novos produtos. Fizeram da inovação uma parte integral de seus negócios. Mais tarde, naquele século, grandes empresas do mundo todo seguiram seus passos.

Possivelmente, os melhores exemplos da noção schumpeteriana de inovação e crescimento econômico são encontrados nas economias do Leste Asiático, que passaram por seu "milagre de crescimento" em meados do século XX, notadamente o Japão, a Coreia, Taiwan e Singapura.[33] Schumpeter inclusive deu palestras muito aclamadas por todo o Japão no início de 1931. Ele obteve ampla cobertura midiática, algo difícil de se imaginar hoje em dia em palestras sobre economia. Os políticos japoneses, notavelmente, adotaram uma abordagem schumpeteriana. Eles enfatizaram a poupança e os investimentos, e promoveram ativamente uma ampla gama de inovações em várias indústrias. Muitas das novas empresas multinacionais japonesas, tais como Sony, Sanyo e Honda, finalmente se tornaram competitivas em nível mundial. Durante o período dos anos 1960 aos anos 1980, o Japão alcançou a taxa mais alta de crescimento sustentado para uma grande economia, e se tornou a segunda maior economia do mundo. As empresas inovadoras do Japão conduziram o país a um crescimento de tal magnitude que o Japão ameaçou a posição dos Estados Unidos.

A obra de Schumpeter estabeleceu o papel crucial que os empreendedores exercem nas economias capitalistas, ainda que o empreendedorismo propriamente dito não possa simplesmente ser demonstrado em termos matemáticos. Em sua visão, a inovação é "um feito não do intelecto, mas da vontade [...] um caso especial do fenômeno social da liderança".³⁴ Na definição de Schumpeter, o empreendedor não é um empresário ou mesmo o proprietário ou diretor executivo de uma empresa de sucesso. Ele é "o tipo moderno de 'capitão da indústria', buscando obsessivamente uma vantagem inovadora".³⁵ Pode até ser difícil identificar o empreendedor: "ninguém é empreendedor o tempo todo, e ninguém pode ser apenas empreendedor".³⁶ Particularmente em grandes empresas, o empreendedor com frequência não só inova, como também gerencia. Em suma, Schumpeter via o empreendedorismo como um fator essencial para colocar em marcha o crescimento: "sem inovação, não há empreendedores; sem empreendedorismo, não há rendimentos capitalistas e não há propulsão capitalista".³⁷

Para Schumpeter, "Evolução capitalista significa perturbação. O capitalismo é essencialmente um processo de transformação econômica".³⁸ Essa transformação vem de empreendedores inovadores. Ele delineou cinco tipos de inovação que vêm dos empreendedores:³⁹

- A introdução de um novo produto (por exemplo, um produto com o qual os consumidores ainda não estejam familiarizados) ou de uma nova versão de um produto que seja de melhor qualidade.
- A introdução de um novo método de produção.
- A abertura de um novo mercado.
- A conquista de uma nova fonte de matérias-primas ou de produtos semimanufaturados.
- A criação de uma nova organização de alguma indústria, como a criação de uma posição de monopólio (por exemplo, por meio de trustes) ou a ruptura de um monopólio.

Em suma, Schumpeter vê o empreendedorismo como "essencialmente a mesma coisa" que o progresso tecnológico que aumenta o crescimento da economia.⁴⁰

O desafio de se manter à frente como inovador
Nokia e BlackBerry

No processo de "destruição criativa", os produtos inovadores substituirão os antigos. Em conjunto, os esforços das empresas para melhorar o nível de inovação tecnológica detêm a chave para o sucesso da economia. A transição do antigo para o novo, no entanto, raramente ocorre sem percalços, e inclui a ascensão e a queda não só de empresas individuais, como de indústrias inteiras.

Os telefones Nokia e BlackBerry são bons exemplos da "destruição criativa" de Schumpeter. A Nokia um dia valeu 150 bilhões de dólares, mas acabou sendo vendida por apenas 7 bilhões de dólares. Como todo esse valor de mercado desapareceu?

Para a finlandesa Nokia, foi a culminância de uma rápida ascensão e queda. A empresa lançou seu primeiro telefone móvel em 1987 e, em 1998, havia superado a Motorola, tornando-se a líder do mercado mundial na venda de aparelhos celulares. Em 2005, vendeu seu bilionésimo telefone. O auge foi provavelmente em 2007. Naquele ano, sua participação no mercado global de celulares havia chegado a 40%, incluindo praticamente metade do mercado de smartphones da época, e sua capitalização de mercado atingiu 150 bilhões de dólares. Antes de ser vendida, sua participação no mercado global havia caído para apenas 15%, e esse percentual era composto principalmente pela gama de telefones mais baratos. Sua participação no mercado global de smartphones havia despencado para apenas 3%.

Uma história similar de rápida ascensão e queda descreve a empresa canadense Research in Motion (RIM). Em 2003, a empresa lançou o BlackBerry. Ao possibilitar que as pessoas enviassem e-mails facilmente de seus aparelhos celulares, sua popularidade cresceu rapidamente, e sua rede segura agradou empresas e governos. A natureza viciante do aparelho o levou a ser apelidado de "CrackBerry". Em meados de 2008, a empresa valia cerca de 70 bilhões de dólares.

A queda subsequente foi abrupta; e a aterrissagem, brusca. Apenas uma década depois de sua fundação, a RIM registrou perdas de 1 bilhão de dólares, que significaram o corte de 40% de sua mão de obra mundial. Perdendo rios de dinheiro e com um estoque de aparelhos não vendidos no valor de 930 milhões de dólares, foi comprada por um consórcio liderado pela empresa de participações privadas Fairfax Financial, com sede em Toronto, em 2013. O preço foi apenas 4,9 bilhões de dólares. Juntas, a Nokia e a RIM viram aproximadamente 200 bilhões de dólares evaporarem. Como?

Em 2007, Steve Jobs subiu ao palco do centro de convenções Moscone Center em São Francisco, tirou um iPhone do bolso e falou de um produto revolucionário que mudaria tudo. O resto, como dizem, é história. A decolagem da Apple, junto com o sistema Android do Google, espelhou o declínio da Nokia e da RIM.

Então, onde a Nokia e a RIM erraram? Foram simplesmente as últimas vítimas da "destruição criativa" na era digital?

Não foram as primeiras. Em janeiro de 2012, depois de mais de 130 anos de operações, a Kodak decretou falência. A empresa norte-americana já chegou a vender 90% de todos os filmes fotográficos nos Estados Unidos, e suas caixinhas amarelas podiam ser encontradas no mundo todo. Sua sentença de morte soou simplesmente porque ela foi ultrapassada pela mesma tecnologia na qual fora pioneira durante mais de um século.

Ironicamente, a Kodak havia desenvolvido um protótipo para a câmera digital em 1975. Mas, quando ficou claro que esta mudaria o jogo, era tarde demais. As japonesas Canon e Fuji já haviam consolidado uma liderança decisiva no mercado de câmeras digitais.

A história da Kodak não é atípica. Uma grande empresa atuando no mercado, bem-sucedida durante décadas, tem dificuldade de se adaptar a novas tecnologias enquanto obtém bons lucros nas áreas de negócio tradicionais. É, então, deixada à deriva quando a indústria como um todo se transforma. A lição é: adapte-se ou morra.

Também foi isso que aconteceu com a Nokia e a RIM? A Nokia foi inovadora em hardware, e era a força dominante no início do mercado de smartphones. No entanto, a Apple, e depois o Android, perceberam o valor do software. A tecnologia de touchscreen mudou a maneira como as pessoas usavam seus aparelhos, e ambos tinham lojas de aplicativos que eram fáceis de usar. Talvez a Nokia mostrasse uma falta de urgência. Nos primeiros dias da era do iPhone, a diminuição da participação no mercado global foi gradativa e não abrupta, e a Nokia conseguiu manter sua posição como líder de mercado. O problema do BlackBerry foi que o aparelho atendia principalmente usuários do meio empresarial, e foi deixado para trás quando, com o advento das redes sociais, a inovação no mercado de telefones móveis passou a ser decididamente pautada pelos consumidores. A RIM foi incapaz de responder à consumerização da TI.

Na era atual de alta tecnologia, os consumidores esperam inovação constante e são rápidos em punir os produtos que ficam para trás. O ritmo de destruição criativa se acelerou, e as marcas já não são tão resilientes como antes.

Isso fica claro com o aumento da rotatividade no mercado de ações durante as últimas décadas. Em 1958, o período médio de permanência das empresas listadas no S&P 500 era de 61 anos. Em 1980, havia caído para 25 anos, e hoje é de 18 anos. Se a tendência continuar, três quartos das empresas atualmente listadas no S&P 500 terão sido substituídas em 2027.[41]

Apple e Samsung

E quanto à Apple? O império da Apple, a gigante norte-americana de tecnologia, pode cair? A empresa obteve lucros astronômicos com as vendas internacionais. Em 2017, foi a empresa de capital aberto mais valiosa do mundo na história. E quanto à coreana Samsung, líder no mercado global de smartphones?

A história da japonesa Sony serve de alerta. Durante os anos 1980 e início dos anos 1990, a Sony era a Apple da época. A empresa era sinônimo de qualidade na indústria de eletrônicos. Em 1979, lançou o icônico Walkman. Mesmo quando toca-fitas portáteis mais baratos inundaram o mercado, a demanda por Walkmans continuou alta porque as pessoas confiavam na marca. Durante os anos 1990, a Sony se uniu à gigante holandesa de eletrônicos, a Philips, para aperfeiçoar o formato de mídia de disco compacto, o CD, mas esse provavelmente foi o seu auge.

Quando a Apple lançou o iPod em outubro de 2001, a Sony foi criticada por sua demora para entrar no mercado de MP3. Desde então, sua fortuna esteve em descenso. As ações da empresa foram rebaixadas a status de título de alto risco devido às grandes dificuldades enfrentadas para melhorar as vendas e a lucratividade, enquanto suas atividades principais estão sujeitas à obsolescência e às rápidas mudanças tecnológicas.

É muito prematuro prever o eventual declínio da Apple, mas a Sony, a Kodak, a Nokia e a RIM exemplificam a força potencial da destruição criativa. Já se passou mais de uma década desde que os primeiros iPhones começaram a ser vendidos. A Apple, junto com a Samsung, está na vanguarda da revolução dos smartphones. As duas empresas dominam o mercado global de smartphones. Mas há sinais de que o crescimento mundial nas vendas de smartphones esteja começando a desacelerar, e novos concorrentes estão surgindo, notadamente na China. O que isso poderia significar para essas duas gigantes do mercado de smartphones?

Há indícios de saturação nos mercados desenvolvidos do mundo, ao passo que um crescimento mais sólido tem sido observado em economias em desenvolvimento e emergentes, como a China. De acordo com a International Data Company, metade das vendas de smartphones no mundo ficam abaixo de 100 dólares, excluindo os impostos. Os preços têm caído à medida que a tecnologia de smartphones se torna padronizada e uma parte dos fabricantes se volta para os consumidores com menor poder aquisitivo. Nos mercados desenvolvidos, os compradores vêm sendo mais influenciados pelo preço do que pela marca. A Wiko, uma startup francesa com capital majoritariamente chinês, vende alguns de seus aparelhos celulares por menos de 100 dólares. Rapidamente dominou uma fatia do mercado francês, e agora está de olho no resto da Europa.

Os consumidores também estão se beneficiando das rápidas melhorias na tecnologia convencional, de modo que um produto barato não necessariamente significa de baixa qualidade. Em 2012, menos de metade de todos os smartphones precificados em 80 dólares ou menos tinha um processador mais rápido que 1 gigahertz. Alguns anos depois, nove em cada dez a esse preço tinham tal processador. Os smartphones baratos também seguiram a tendência de telas maiores. E há também os novos concorrentes vindos da China. Depois da Samsung e da Apple, os próximos três maiores fabricantes de smartphones são todos da China. Eles estão devorando a fatia de mercado mundial da Samsung, que diminuiu de um terço para cerca de um quinto. Para a Apple, dois terços de suas vendas são fora dos Estados Unidos, e nesses mercados o iPhone está enfrentando uma concorrência considerável de marcas mais baratas.

E há muitas delas. Há 6 mil fabricantes de aparelhos celulares somente em Shenzhen. Outrora uma vila de pescadores próxima de Hong Kong, hoje é um grande centro tecnológico rivalizando com o Vale do Silício, na Califórnia. Essa área produz a maioria dos aparelhos celulares do país, e a China produz mais da metade dos 2,5 bilhões de aparelhos vendidos no mundo anualmente.

À luz dessa concorrência, o que poderia acontecer com as pioneiras no mercado de smartphones, a Apple e a Samsung, nos próximos anos? E como elas poderiam se adaptar ao amadurecimento dos mercados e ao crescimento de fabricantes de smartphones mais baratos?

O iPhone gera a maior porção das receitas totais da Apple. É um produto caro. Com o sistema operacional Android, do Google, sendo usado em aproximadamente três quartos de todos os smartphones, o iPhone está parecendo cada vez mais uma marca de luxo e de nicho. A Apple nunca foi exatamente uma empresa de hardware, e poderia reagir desenvolvendo software e serviços complementares. O iTunes tem cerca de um bilhão de assinantes, e, com a aquisição da Beats Music, a Apple fez uma incursão no negócio de streaming de música e de vídeo. Também desenvolveu uma carteira virtual, trabalhando com a MasterCard e a Visa.

A Samsung fabrica smartphones a preços variados, mas está enfrentando intensa concorrência por parte de fabricantes de aparelhos baratos. Começou a se diversificar, desenvolvendo o que chama de "wearable tech" (tecnologia de vestir) por meio de uma linha de smartwatches, ou relógios inteligentes. A Apple também lançou um smartwatch. No entanto, a adoção dos *wearables* tem sido lenta. É, talvez, cedo demais para dizer se roupas, óculos ou relógios inteligentes virão a desafiar ou mesmo substituir o smartphone. Há, também, espaço para que os smartphones se tornem ainda mais inteligentes. A tendência recente de aumentar o tamanho das telas poderia levar a telas flexíveis ou projetores embutidos. A realidade aumentada pode incentivar as pessoas a viverem a vida através das telas de seus smartphones, possibilitando nossa interação em tempo real com o ambiente à nossa volta.

O desenvolvimento de baterias, até agora, não tem conseguido acompanhar as demandas por energia dos aparelhos mais sofisticados. É irônico que, à medida que nossa tecnologia móvel se torna mais avançada, precisemos de mais acesso regular a uma tomada elétrica.

Descobrir a próxima inovação, no entanto, sem dúvida será importante para essas duas empresas, especialmente porque há concorrência imediata logo atrás delas. A terceira maior fabricante de aparelhos celulares, a empresa chinesa Huawei, lançou um smartphone com tela grande, um phablet (telefone + tablet), com vistas a concorrer com a Samsung e a Apple no mercado global de smartphones. Na teoria de Schumpeter, o modo como essas empresas gerenciam o processo de "destruição criativa" importa não só para elas, como também para a economia de seus países. Schumpeter via a ascensão e queda de empresas como causa do crescimento econômico. À medida que os empreendedores criam novas empresas e produtos inovadores, a economia prospera junto com eles. Enquanto os modelos convencionais da economia não atribuíam nenhum papel às empresas individualmente, exceto como fabricantes homogêneas de produtos, Schumpeter deu aos empreendedores o papel principal ao explicar como a inovação acontece e promove o crescimento de uma economia.

O desafio de inovação da China

A China é a grande economia que atualmente vem enfrentando o desafio considerável de se tornar inovadora. É possível que "Fabricado na China" se torne "Projetado na China"? O Japão fez essa transformação, mas o número de países que falharam nessa tentativa foi muito maior do que o de bem-sucedidos.

No filme *De volta para o futuro*, da década de 1980, o personagem de Michael J. Fox, Marty McFly, viajou no tempo de volta para os anos 1950. Ele conheceu um cientista que pedia provas de que ele vinha do futuro. Embora Doc Brown tenha zombado da ideia de um ator (Ronald Reagan) como presidente dos Estados Unidos, Marty conseguiu convencê-lo. Mas a incredulidade de Doc aumentou quando Marty disse que, no futuro, "tudo que é bom é feito no Japão". Na época de Doc, "Fabricado no Japão" era sinônimo de produtos baratos e de baixa qualidade.

Cerca de trinta anos depois, o Japão passou a rivalizar com os Estados Unidos e se tornou a segunda maior economia do mundo. A indústria manufatureira japonesa, que até então fabricava produtos de baixo custo, passou a lançar empresas mundialmente reconhecidas, como a Toyota. Agora que a China superou o Japão economicamente, suas empresas poderiam se tornar os próximos concorrentes globais? Assim como uma empresa pode ultrapassar outra, um país também pode ultrapassar outro.

A inovação, é claro, assume muitas formas. Mas há uma coisa em comum: talento. Foi o que Joseph Schumpeter assinalou: que a inovação vem de inovadores. A China será capaz de produzir o próximo Steve Jobs, por exemplo? Haverá inovadores que transformem a maneira como vivemos através de suas invenções e engenhosidade? A resposta à pergunta sobre a inovação chinesa vai além da indústria manufatureira e está em todas as áreas da sociedade, incluindo as indústrias criativas.

O governo chinês está investindo ativamente em inovação. Os gastos em P&D têm aumentado rapidamente. A previsão é de que a China ultrapasse inclusive os gastos em P&D dos Estados Unidos nos próximos anos. Obviamente, não é apenas o valor gasto ou o número de patentes registradas o que determina a inovação, e sim o quanto ela é útil. E ainda não há dados sobre a China.

Para complicar a questão, grande parte da indústria manufatureira hoje envolve cadeias de fornecimento globais. Por exemplo, metade das exportações da China são feitas por empresas com investimento estrangeiro; portanto, são empresas multinacionais que estão produzindo na China, e não só empresas nacionais. O economista de Harvard Dani Rodrik estimou que o valor das exportações chinesas indica que elas vêm de um país com uma renda per capita muito mais elevada. Isso significa que a China produz exportações inovadoras, ou apenas é um lugar para linhas de montagem globais?

Um estudo de caso é a Huawei. A gigante dos equipamentos de telecomunicações foi fundada em Shenzhen em 1987 por Ren Zhengfei. Ele importava equipamentos de telecomunicações da vizinha Hong Kong, logo do outro lado da fronteira chinesa. Hoje, produz infraestrutura de redes de internet e de redes de telefonia móvel no mundo todo. Os produtos da Huawei são usados por empresas como a Vodafone, já que fabricam os dongles USB que fornecem conexões de internet móvel. Como mencionamos, a Huawei também entrou no mercado de smartphones. Ren poderia ser um dos empreendedores de Schumpeter, visto que ele transformou seu negócio de uma mera importadora de equipamentos de telecomunicações à maior empresa de telecomunicações do mundo, que investe pesado em P&D e em inovação tecnológica.

A Huawei enfrenta desafios específicos, pois as telecomunicações e a tecnologia podem gerar suspeita de espionagem industrial. O período que Ren passou no exército chinês é motivo de preocupação nos Estados Unidos e em outros países, como a Austrália. Contribui para as suspeitas o fato de que ele trabalha com o governo chinês. A Huawei nega todas as acusações feitas contra a empresa, mas ainda está proibida de participar de licitações do governo norte-americano.

Ren Zhengfei chegou a instalar o vasto campus da Huawei no Vale do Silício. O ambiente verde e aberto é projetado para incentivar a inovação e a colaboração, e no local há quadras de basquete e mesas de pingue-pongue, algo pouco comum na China. Os graduados afirmam que a Huawei é um lugar prestigioso para se trabalhar. Jovens engenheiros ambiciosos querem fazer parte de uma empresa global inovadora, e inclusive chamam a si mesmos de *Huawei-ren,* ou gente da Huawei, a versão chinesa dos Googlers.

No entanto, há uma série de obstáculos enfrentados por empresas chinesas não estatais como a Huawei. Foi só no fim dos anos 1980 que os mercados consumidores se desenvolveram na China, quando a economia centralmente planejada foi liberalizada e as empresas privadas surgiram. As empresas estatais ainda dominam setores estratégicos da economia e o crédito bancário. Como uma empresa privada, a Huawei não podia depender das políticas públicas que promoviam empreendimentos conjuntos chineses e estrangeiros para obter tecnologia e conhecimento prático. Em vez disso, a empresa inovou e enfraqueceu os concorrentes para ganhar participação no mercado.

Outra diferença na atitude chinesa para com a inovação é que empresas como a Huawei inovam para atender a uma necessidade do mercado. Em outras palavras, elas não criam algo totalmente novo e depois procuram um mercado para isso. Por exemplo, a Huawei desenvolveu uma câmara "anecoica", que elimina o eco, para que possa testar interferências de suas antenas ou aparelhos celulares. É uma das poucas dessas câmaras no mundo e foi projetada para atender a uma necessidade na qual eles têm uma vantagem competitiva por seu grande volume de dados. Como a Huawei opera em 150 países e mais de um terço da população mundial usa seus produtos, eles têm um imenso volume de dados para testar e então fazer ajustes precisos e aprimorar seus produtos.

Mas a próxima etapa ainda precisa ser uma invenção, algo que é bem sabido na China. Empresas de tecnologia como a Huawei gastam cerca de 10% de sua receita em P&D, o que está no mesmo patamar que as empresas mais inovadoras do mundo. Metade dos 150 mil empregados da Huawei trabalha em P&D, e a empresa detém mais de 50 mil patentes, o que a torna uma das cinco maiores detentoras de patentes do mundo. É claro que os gastos em P&D não necessariamente se traduzem em um produto inovador. Cerca de um quarto das patentes chinesas são em design de produtos, algo que é visto como menos inovador do que um produto novo, mas é uma categoria de inovação reconhecida por Schumpeter, que percebeu o valor de melhorar a qualidade de um produto existente. Nos Estados Unidos, o número é muito mais baixo, menos de 10%. A Huawei também está trabalhando em pesquisa de ponta. Concorrendo com o Vale do Silício, a empresa está desenvolvendo um tradutor universal para possibilitar que as pessoas conversem em diferentes idiomas usando um software que traduzirá contexto, e não apenas palavras. Estão sendo realizadas pesquisas com inteligência artificial que pode inclusive interpretar piadas, que estão entre as coisas mais difíceis de se traduzir. Por exemplo, como a piada a seguir seria traduzida?

Português: Por que o frango atravessou a rua? Para chegar ao outro lado.

Chinês: Como você faz um elefante entrar na geladeira? Você abre a porta e o coloca lá dentro.

O elefante chinês exerce o mesmo papel que o frango na piada.

A próxima ação estratégica da Huawei foi tornar seu nome conhecido não só dentro do setor, como também para os 7 bilhões de pessoas no mundo. Ela se tornou a primeira empresa chinesa a estar entre as cem maiores marcas globais no ranking elaborado pela Interbrand. A Huawei acredita que pode enfrentar as líderes de mercado porque sua inovação está centrada nas necessidades dos consumidores. Mas conseguirá fazer os consumidores globais escolherem seus smartphones em vez dos da Samsung ou da Apple? Se conseguir, isso indicaria que a China é capaz de dar o difícil salto da imitação para a inovação. E poderia ajudar a China a se tornar um país próspero.

A questão é que a história raramente se repete. Uma vantagem que as empresas chinesas têm sobre o Japão é que seu mercado interno tem mais de um bilhão de pessoas, de modo que eles começam com uma vantagem de escala. A escala coloca as empresas chinesas um passo à frente, porque elas têm um bilhão de consumidores para os quais vender, de modo que podem testar seus produtos e serviços sem sair das fronteiras chinesas e enfrentar a concorrência externa. Uma desvantagem, no entanto, é que é possível se tornar uma empresa chinesa gigantesca sem enfrentar a concorrência mundial. Embora nada seja garantido, é possível que a China seja o país de origem das próximas gigantes globais. Este é precisamente o objetivo da política "going global" ("tornar-se global"). O grupo Alibaba, da China, é o maior varejista on-line do mundo. Possivelmente poucos ouviram falar dele antes de sua oferta pública inicial na Bolsa de Valores de Nova York, visto que a empresa opera predominantemente na China. Mas, como com outras empresas chinesas que estão chegando à maioridade, o Alibaba se tornou uma empresa multinacional. Se o Alibaba realmente entrar nos mercados externos, é precisamente aí que a China gostaria de ver suas empresas terem êxito. Se "Fabricado na China" continuar a ser visto como sinônimo de baixa qualidade, não venderá bem para consumidores do mundo todo. Mas se as marcas chinesas se tornarem sinônimo das melhores do mundo, isso também poderia marcar a transição da China para um país capaz de produzir inovação.

A correlação entre o surgimento de empresas inovadoras e as perspectivas de crescimento de seus países de origem corresponde à visão de Schumpeter acerca de como a inovação alimenta o motor das economias. Como estudo de caso, a experiência da China exemplifica como até mesmo uma economia em rápido crescimento enfrenta obstáculos. Para os países que não se beneficiam das taxas de crescimento chinesas, o desafio é ainda maior.

Motivado até o fim

O que Joseph Schumpeter teria pensado do modo como as empresas e os países de nossos dias devem inovar?

O legado de Schumpeter é mostrar que o capitalismo depende dos empreendedores, os quais, por sua vez, requerem um sistema que os apoie. Ele rejeitou os pressupostos simples feitos por outros economistas sobre o modo como produtores e consumidores operam.[42] Ele acreditava que o necessário era uma análise empírica de negócios reais, como os discutidos anteriormente, para entender as atividades inovadoras dos empreendedores. Com essa compreensão, podemos, então, avaliar o que propulsa o motor do crescimento econômico.

As empresas mencionadas anteriormente cresceram e decresceram por meio da concorrência ao longo das últimas décadas. Torna-se claro que, nesta era digital, os custos para abrir uma nova empresa foram drasticamente reduzidos; nesse sentido, portanto, o empreendedorismo se tornou mais fácil do que antes. A internet permite que um negócio seja configurado praticamente a custo zero, o que torna o trabalho autônomo, particularmente no setor de serviços, mais simples e mais barato. Sendo assim, contanto que os países apoiem os empreendedores proporcionando um sistema estável com fundos disponíveis para investimento, Schumpeter não veria a inovação no setor de serviços como mais difícil do que na indústria manufatureira. Então, em economias predominantemente de serviços como a do Reino Unido, a dos Estados Unidos e de grande parte da Europa Ocidental, Schumpeter não veria o empreendedorismo como mais desafiador hoje do que quando ele testemunhou o surgimento das potências industriais, que tinham custos iniciais muito mais elevados, e ainda assim prosperaram.

Como Schumpeter previu, as empresas inovadoras ajudam a liderar o crescimento econômico de seus países de origem. A dominância da Apple e do Google é um reflexo do reinado dos Estados Unidos no topo da economia global. A invasão da China nos mercados é um reflexo da ascensão de suas startups, que estão desbancando a posição já consolidada das gigantes da tecnologia. Ao contrário das empresas estatais, diversas empresas chinesas multinacionais, como Alibaba e Huawei, foram fundadas por empreendedores. Esses empreendedores inovadores são os que Schumpeter tinha em mente quando descreveu empresas que definem o crescimento das economias. Contanto que a China continue a produzir empresas inovadoras, ele esperaria que a segunda maior economia do mundo se transformasse em uma economia inovadora, e que "Fabricado na China" passasse a ser visto como indicador de qualidade.

Sejam os Estados Unidos ou a China ou o Japão, os empreendedores determinarão o potencial de crescimento do país, na visão de Schumpeter. Conforme descreveu em *Capitalismo*, a inovação empreendedora é o elemento dinâmico que conduz a evolução das economias por um processo de "destruição criativa", tão visível hoje como em sua época.

Mas, como a economia passa por constante inovação e obsolescência em consequência do empreendedorismo, o inventor da "destruição criativa" seria avesso a prever como um sistema capitalista evoluiria. Schumpeter dificilmente seria visto num palco em uma conferência prevendo a próxima tecnologia a abalar um mercado consolidado!

Ele teve várias oportunidades de fazer isso. Aos sessenta e poucos anos, Joseph Schumpeter era um dos economistas mais famosos do mundo. Não havia Prêmio Nobel de Economia naquela época, mas ele foi amplamente aclamado.

Schumpeter foi eleito presidente da Associação Americana de Economia em 1947, o posto mais prestigioso do país para um economista, e uma das pouquíssimas ocasiões na história da instituição em que um economista nascido em outro país foi escolhido. Em 1949, ele também foi escolhido como presidente da nova Associação Internacional de Economia, então com 5,3 mil membros, sediada em Paris.

A aclamação só alimentou suas ambições profissionais. Durante 1949 e o início da década de 1950, ele escreveu doze artigos, o maior número já escrito em qualquer período equivalente desde os anos 1920. Ele morreu de hemorragia cerebral um mês antes de seu aniversário de 67 anos, no auge da fama. Seu último livro, *História da análise econômica*, foi publicado postumamente em 1954.

Motivado até o fim, Schumpeter era similar àqueles sobre quem escreveu. Ele não acreditava que os empreendedores, ou mesmo os consumidores, estariam satisfeitos algum dia. Schumpeter, com sua inclinação para a reinvenção durante uma carreira variada, se incluiu entre esses inovadores, muitos dos quais transformaram a maneira como vivemos. Ele acreditava que o empreendedor inovador tinha um "desejo de conquistar [...] Nosso tipo procura dificuldades, muda para mudar, se delicia com aventuras".[43]

Capítulo 8
Friedrich Hayek: O que podemos aprender com as crises financeiras?

Em 15 de outubro de 2011, membros do movimento Occupy tentaram fazer um protesto acampando na Paternoster Square, em frente à Bolsa de Valores de Londres. Seus intentos foram frustrados, já que a área era propriedade privada, de modo que a presença de um manifestante seria invasão de propriedade, e a polícia conseguiu isolar a área antes que algum deles conseguisse entrar. No entanto, o grupo de aproximadamente 3 mil pessoas simplesmente se reuniu perto da Catedral de St. Paul, onde montou um acampamento por tempo indefinido. Um mês antes, um acampamento similar havia sido montado em Wall Street, em Nova York, e logo manifestações de diferentes tamanhos surgiram em cidades do mundo inteiro.

O slogan do movimento Occupy, "Somos os 99%", se referia à alta proporção de riqueza global concentrada nas mãos dos 1% no topo da pirâmide. As manifestações refletiram a ira da população após a crise financeira global de 2008. Os manifestantes instavam por reformas financeiras, pela distribuição mais equitativa de renda e de riqueza e pela rejeição das medidas de austeridade.

O movimento Occupy refletia a versão moderna de uma luta que vinha acontecendo desde o século anterior. O século XX havia testemunhado uma batalha ideológica entre o socialismo e o capitalismo do Estado de bem-estar social, culminando no triunfo deste último com a queda do Muro de Berlim e o levantamento da Cortina de Ferro em 1989, que levou ao fim da União Soviética em 1991. Milton Friedman, laureado com o Prêmio Nobel de Economia, observara:

> Ninguém teve mais influência sobre os intelectuais por trás da Cortina de Ferro do que Friedrich Hayek. Seus livros foram traduzidos e publicados por edições clandestinas e lidos em toda parte, e sem dúvida influenciaram o clima de opinião que finalmente provocou o colapso da União Soviética.[1]

Após a crise financeira global, o futuro do capitalismo era debatido novamente. Se estivesse vivo, Friedrich Hayek, que defendia o livre mercado, teria desafiado a visão de que o capitalismo chegava ao fim. Ele acreditava que a prosperidade da sociedade era motivada por criatividade, empreendedorismo e inovação, que por sua vez só eram possíveis em uma sociedade com mercados livres.

Hayek foi uma das principais vozes da Escola Austríaca. Nos anos 1940, ele repudiou o pensamento keynesiano que estava revolucionando o sistema econômico. Ele atacou o socialismo quando o Estado de bem-estar social estava se formando na maioria das grandes economias. Na visão de Hayek, o socialismo invariavelmente levaria a planejamento centralizado. Quando se trata de desenvolvimento tecnológico, nenhum progresso é possível se as pessoas não puderem se mudar para áreas inesperadas e aprender com seus erros. Em *O caminho da servidão*, Hayek descreve como os regimes totalitários não só são improdutivos como também suprimem essas liberdades. (O título de seu livro mais célebre vem de uma frase usada pelo escritor francês Alexis de Tocqueville.[2]) Ao contrário disso, os mercados criam incentivos e sinais de preço para orientar a economia de maneira mais eficiente.

Para ira dos manifestantes do Occupy, ele também estaria menos preocupado com a desigualdade, já que acreditava firmemente que o progresso social era guiado pelas ideias de poucos. Quanto aos mercados financeiros, ele teria dito que estes já eram regulados demais, e não de menos. Não há dúvida de que Hayek teria sido uma figura controversa no mundo pós-crise. Certamente, após ter passado a maior parte do século XX combatendo o socialismo, ele teria muito a dizer sobre o futuro do capitalismo no século XXI.

A vida e a época de Friedrich Hayek

Friedrich August von Hayek nasceu em 1899, em Viena. Seu pai era um médico empregado pela Secretaria Municipal de Saúde, e sua mãe vinha de uma família rica de proprietários de terras.

Desde tenra idade, Friedrich, ou Fritz, como sua mãe o chamava, estava determinado a se tornar acadêmico. A verdadeira paixão de seu pai era a botânica, e ele havia se tornado professor em tempo parcial na Universidade de Viena, mas queria, acima de tudo, conquistar uma cátedra na Universidade. Isso contagiou o jovem Friedrich. Ele ajudou o pai com suas coleções de botânica e passou a acreditar que a docência universitária era o que havia de mais prestigioso.

Apesar disso, e ao contrário de muitos dos grandes economistas apresentados neste livro, ele não foi um aluno brilhante. De fato, mostrou pouco interesse pelos estudos e, com efeito, foi um tanto rebelde. Quando tinha catorze anos, não passou nos exames de latim, grego e matemática, e repetiu de ano. Ainda assim, era considerado inteligente.

Quando Hayek completou quinze anos, sua atenção se voltou para a agitação política atiçada pelos acontecimentos que levariam à Primeira Guerra Mundial e ao colapso do Império Austro-Húngaro. Seu foco passou a ser filosofia política, incluindo ética, moral, política e economia.

Dois anos depois, em março de 1917, com a guerra ainda acontecendo, Hayek entrou para o exército. Ainda faltavam dois meses para seu aniversário de dezoito anos, e depois de sete meses de treinamento ele foi enviado como oficial para a frente italiana. Ele quase não sobreviveu à guerra. Um pedaço de seu crânio foi arrancado por um estilhaço de bomba. Ele quase morreu ao saltar de um balão de observação sem antes tirar os fones de ouvido, e quase foi abatido em um combate aéreo. Ele havia decidido que queria entrar para o serviço diplomático, mas antes de fazer isso acabou entrando para as forças aéreas para provar que não era covarde. No entanto, a guerra acabou antes do que Hayek previra. No fim de 1918, ele voltou da Itália e se matriculou na Universidade de Viena. Estudou direito, mas se interessava por psicologia, e finalmente escolheu se tornar economista:

> Eu estava quase que igualmente interessado em economia e psicologia. Finalmente precisei escolher entre as coisas que me interessavam. A economia pelo menos tinha uma legitimação formal por meio de um diploma, ao passo que a psicologia não tinha nada. E, como não havia oportunidade de emprego, optei por economia.[3]

A economia era parte da faculdade de direito, e oferecia, segundo Hayek acreditava, as melhores perspectivas vocacionais e financeiras.

A vida em Viena, a capital da nova República da Áustria, era dura logo após a guerra. Mais de um milhão de rapazes do Império Austro-Húngaro haviam morrido em combate. Havia escassez crônica de alimentos e combustível. A hiperinflação, ou o aumento exorbitante dos preços, devastava a economia.

Como em grande parte da Europa, as condições eram propícias para que o comunismo e o socialismo dominassem. Houve uma súbita aceitação e um respeito pelo marxismo, pelo Estado de bem--estar social e pela economia planificada. Hayek, no entanto, nunca foi enamorado do marxismo. Ele o considerava muito doutrinário e, embora a reforma e a revolução dominassem o sentimento da época, ele não acreditava que o socialismo fosse a resposta.

Na Universidade de Viena, a ciência econômica estava firmemente estabelecida na tradição liberal de livre mercado, em que Carl Menger foi o arquiteto daquela que viria a ser conhecida como a Escola Austríaca de economia. Essa escola de pensamento contrastava com o coletivismo do marxismo que se espalhava por grande parte da Europa, enfatizando a importância dos indivíduos e de suas ações livres. Menger havia descrito o conceito de ordem espontânea, na qual é possível o surgimento de uma sociedade pacífica simplesmente como resultado do estado de direito, que cria uma estrutura social em que as pessoas florescem. O papel do governo, então, não é dirigir a economia, e sim estabelecer e garantir que se cumpram as leis de propriedade e aquelas que regem as trocas, possibilitando que indivíduos interajam uns com os outros de maneira mutuamente benéfica. A liberdade é um reflexo da supremacia da lei, e não sua ausência. A ordem espontânea seria a peça central de grande parte do pensamento posterior de Hayek.

Em 1921, ele começou a trabalhar no Departamento de Contas austríaco (um departamento provisório do governo instaurado para resolver reclamações de dívidas internacionais) para o economista Ludwig von Mises, que era bem conhecido como teórico monetarista e fazia parte da Escola Austríaca de pensamento econômico da Universidade de Viena. Alguns anos depois, Hayek se mudou para Nova York a fim de ampliar sua formação em economia. Enquanto trabalhava como assistente de pesquisa na Universidade de Nova York, seu colega austríaco Joseph Schumpeter escreveu cartas de apresentação para que ele conhecesse vários economistas norte-americanos.[4] Foi lá que ele começou a trabalhar em uma teoria dos ciclos econômicos. Ele também começou, mas não concluiu, uma tese de doutorado. A hiperinflação na Áustria durante o pós-guerra havia destruído a riqueza de sua família, e ele mal conseguia se sustentar. Depois de apenas um ano, voltou para a Áustria.

Hayek estava de volta a Viena em 1924, novamente no Departamento de Contas. Mas seu casamento com Hella Fritsch, que aconteceu logo depois disso, o levou a procurar um emprego mais estável. Hayek era grande amigo de Von Mises, a quem ajudou a fundar o Instituto Austríaco para Pesquisa dos Ciclos Econômicos, com sede em Viena, e em 1927 Hayek se tornou seu diretor. No início, ele tinha apenas dois assistentes administrativos. Mais tarde, recebeu um generoso apoio financeiro da Fundação Rockefeller.

Hayek escreveu de maneira prolífica durante esse período. Sua breve viagem aos Estados Unidos o levou a perceber como as novas técnicas econômicas e estatísticas poderiam ser implementadas na pesquisa econômica.

No fim dos anos 1920, Hayek escreveu uma série de artigos em que começou a articular a teoria dos ciclos econômicos. Ele se opôs ao Federal Reserve, o banco central dos Estados Unidos, que havia sido fundado em 1913. Hayek desaprovava o papel do Fed nos altos e baixos da economia.

Não só as políticas monetárias. Hayek também questionava o uso de políticas fiscais para moderar os ciclos econômicos. Seu trabalho foi um ataque inicial à hipótese de John Maynard Keynes sobre o excesso de poupança ou o paradoxo da parcimônia, que discutimos no Capítulo 6. Um desses artigos, o "Paradox of Saving" [O paradoxo da poupança], publicado em 1929, havia chamado a atenção de Lionel Robbins, um jovem economista que fora nomeado chefe do Departamento de Economia da Escola de Economia e Ciência Política de Londres (LSE). Hayek tinha a mesma idade de Robbins.

Robbins queria trazer a economia britânica totalmente para o século XX, e por isso procurava um teórico qualificado que estivesse familiarizado com as outras tradições. Ele procurou fazer da LSE uma instituição com papel de liderança na internacionalização da economia britânica, e também que o ajudasse em sua disputa contra John Maynard Keynes, de Cambridge. Em particular, Robbins se opunha às ideias de Keynes sobre o aumento do gasto em obras públicas para combater a Grande Depressão. Robbins e Keynes haviam se chocado repetidas vezes, e Robbins via Hayek como um aliado. Então, Hayek chegou à LSE em 1931 para dar uma série de quatro palestras, depois das quais foi convidado a entrar para a faculdade.

Hayek versus Keynes

Sem dúvida, assistir vídeos sobre economia nem sempre é o passatempo mais divertido. No entanto, vale a pena ver *Fear the Boom and Bust* [Temam a expansão e a recessão], vídeo lançado no YouTube em 2010, em que dois atores representando Hayek e Keynes participam de uma batalha de rap. Eles discutem sobre a causa dos ciclos econômicos, e até agora o vídeo foi visto mais de 6 milhões de vezes. Se houver interesse, também é possível assistir uma sequência em que os dois personagens proclamam suas respostas à Grande Recessão. O debate, embora centrado na Grande Depressão dos anos 1930, foi ressuscitado pela recente crise financeira global. Há, de repente, um interesse renovado no que Keynes e Hayek têm a dizer sobre crescimento e recessão.

Hayek era visto por muitos como o bastião de Robbins contra a dominação keynesiana na economia e na política. Era não só Hayek versus Keynes, como também a LSE versus Cambridge. Apesar disso, a relação entre Hayek e Keynes era mutuamente respeitosa, embora eles discordassem sobre a maioria dos temas e estivessem sempre sendo jogados um contra o outro. De fato, Hayek e Keynes se aproximaram durante a Segunda Guerra Mundial. Hayek se tornou cidadão britânico em 1938, mas sua nacionalidade austríaca evitou que ele servisse na guerra. Quando a LSE foi transferida para Cambridge a fim de evitar a blitz da Luftwaffe sobre Londres, foi Keynes quem conseguiu alojamento na faculdade em que trabalhava, o King's College, para servir de base para Hayek.[5] Os dois pretensos rivais chegaram a passar uma noite juntos no telhado da capela da faculdade à procura de bombardeiros alemães.[6] Em 1944, Keynes, em vez de indicar sua discípula Joan Robinson, indicou Hayek para se tornar membro da prestigiosa Academia Britânica.[7] Após a morte de Keynes em 1946, Hayek escreveu para sua viúva: [Keynes foi] "o único homem realmente extraordinário que já conheci e por quem tive admiração sem limites".[8] Hayek nunca falou com tamanha admiração pessoal sobre Milton Friedman, embora ambos fossem fortemente conectados com o liberalismo da Escola de Chicago nos anos 1950 e 1960.

Hayek fora fã de Keynes, especialmente por suas opiniões francas sobre o Tratado de Versalhes com as quais ele criticava as grandes reparações exigidas da Alemanha, pois acreditava que estas só levariam ao calote. *A Tract on Monetary Reform* [Tratado sobre a reforma monetária], obra de Keynes publicada em 1923, foi igualmente elogiada por Hayek. Keynes, em troca, também foi muito generoso. Nos anos 1920, ele era um economista influente, bastante conhecido e prestigiado no mundo inteiro, ao passo que Hayek era jovem, não era falante nativo de inglês, e ainda lhe faltava muito para estar bem estabelecido. Mas Keynes respondeu amavelmente às cartas de Hayek, tão amavelmente que Hayek provavelmente superestimou a opinião profissional de Keynes a seu respeito.

Talvez a mando de Robbins, tendo em vista a rivalidade entre a LSE e Cambridge, Hayek posteriormente criticaria Keynes com frequência. Em sua resenha de *A Treatise on Money* [Tratado sobre a moeda], de 1931, Hayek foi muito crítico, embora Keynes tivesse recebido de maneira positiva as novas escolas alemã e austríaca. Mas Keynes respondeu à altura. Ele foi terrivelmente rude ao falar sobre *Prices and Production* [Preços e produção], livro de Hayek publicado naquele mesmo ano, descrevendo-o como: "uma das confusões mais terríveis que já li [...] É um exemplo extraordinário de como, começando com um erro, um lógico implacável pode acabar no hospício".[9] Durante toda a sua vida, e após a morte de Keynes, Hayek daria entrevistas em que questionava a compreensão de Keynes acerca dos conceitos econômicos mais elementares. Ele tendia a ficar irritado com o que considerava inconsistências na obra de Keynes e uma propensão a mudar de opinião em questões econômicas.

Hayek dizia que ele e Keynes diferiam em quase todos os aspectos da economia. Keynes era um economista inglês pragmático focado nos aspectos práticos do assunto, e tinha pouco tempo para os modos de pensamento europeus, mais sistemáticos. Hayek era o exato oposto. Então, em questões técnicas, eles dificilmente poderiam concordar sobre o significado dos termos, e muito menos entender um ao outro. Quando a discussão era mais pública, era sobre o que motivava as flutuações na economia, ou os ciclos econômicos. Keynes acreditava que as recessões eram consequência de uma demanda agregada insuficiente. A economia estava sujeita a períodos de otimismo e pessimismo conhecidos como "espíritos animais". No entanto, as políticas públicas podiam fazer muito para anular o impacto destes sobre o PIB e o emprego.

O modelo de ciclo econômico de Hayek era muito mais matizado e mais difícil de entender. Esta pode ser uma das razões pelas quais não foi tão amplamente aceito, tanto na época como depois, por economistas e políticos. O modelo de Hayek é o seguinte: primeiro, há muitos estágios de produção diferentes na criação de produtos. Cada produto final reflete o processamento de produtos primários e intermediários. Em cada estágio da produção, há a necessidade de que as empresas instalem bens de produção, como máquinas. Estas não são as mesmas para todas as fábricas, e não podem ser facilmente transferidas entre os diferentes setores ou estágios de produção. Portanto, uma vez instalado, o estoque de capital só pode ser usado para produzir determinados bens.

Sendo assim, é possível que o capital seja alocado de maneira ineficiente na economia se for dirigido para áreas em que a demanda esteve alta temporariamente e não pode ser sustentada. Como o investimento de capital não é reversível ou transferível, o capital é essencialmente imobilizado ou abandonado se for subutilizado. As poupanças que financiaram o investimento são perdidas, e poderiam ter sido usadas de maneira mais eficiente em outra parte da economia. Hayek acreditava que a má alocação de capital poderia resultar de políticas monetárias, especificamente se as taxas de juros fossem mantidas baixas demais, já que isso leva a maus investimentos.

Isso, de acordo com Hayek, explicava a Grande Depressão. Nos Estados Unidos, o Federal Reserve havia mantido as taxas de juros baixas demais durante toda a década de 1920. Em consequência, grande parte do capital de investimento era inapropriada e insustentável no fim daquela década. Seguiu-se uma recessão, já que esse acúmulo de capital foi abandonado.

Em nítido contraste com Keynes, Hayek acreditava que o governo deveria, portanto, resistir ao ímpeto de intervir. Ele via as recessões como um mal necessário, simplesmente como períodos de liquidação resultantes da acumulação excessiva de capital no passado.

Isso é similar ao que o ganhador do Nobel Paul Krugman chama de "teoria da ressaca" para explicar as recessões.[10] Toda política que estimula a economia pode aliviar certo sofrimento no curto prazo, mas acabaria impedindo a recuperação ao ajudar a manter níveis de estoque de capital ineficientes. É o equivalente econômico à ideia de tomar mais um trago para curar uma ressaca. Depois de uma noite de bebedeira, um trago de vodca pode animá-lo por uma hora ou duas, mas acabará levando a uma ressaca ainda pior.

Como teoria dos ciclos econômicos, a abordagem de Hayek em *Prices and Production* foi amplamente rejeitada. Alguns anos depois, em 1936, a *Teoria geral* de Keynes varreu tudo que veio antes de ambos os lados do Atlântico. Até mesmo a LSE se tornou essencialmente keynesiana. Mais tarde, Milton Friedman e Anna Jacobson Schwartz, em um livro de 1963, *A Monetary History of the United States* [História monetária dos Estados Unidos], forneceriam uma explicação largamente aceita da Grande Depressão associada à redução da oferta de moeda quando o sistema bancário entrou em colapso. Já a visão de Hayek de que as baixas taxas de juros durante os anos 1920 levaram à depressão recebeu pouco crédito.

Keynes era o *showman*, sagaz e articulado. Hayek, ao contrário, carecia de carisma e de capacidade de comunicação. Ele falava com um sotaque austríaco carregado e era, na opinião de muitos, um mau professor. Conta-se que seus alunos na LSE pediam que ele desse aulas em alemão, pois era mais compreensível. Sua escrita tampouco era fácil de se entender. Milton Friedman era um grande admirador de Hayek, mas ainda assim descreveu seu livro de 1941, *Pure Theory of Capital* [Teoria pura do capital], como basicamente ilegível.[11]

Não é necessário dizer que Keynes era mais intervencionista na economia do que Hayek. Ele concordava com Hayek quanto aos males do comunismo e do fascismo, mas acreditava que a economia de mercado era incapaz de sempre se autorregular de maneira eficiente. Keynes não era um defensor da intervenção estatal nas atividades empresariais, mas achava que o governo deveria fornecer as condições nas quais tais atividades acontecem. Mas, enquanto Keynes dizia aos políticos que eles podiam melhorar as coisas, Hayek afirmava que só tornariam as coisas piores. Não é de se surpreender que eles tenham sido mais prontamente atraídos pela visão keynesiana.

O caminho de Hayek para a fama

No fim dos anos 1930, Hayek simplesmente caiu no esquecimento como economista, e suas visões já não eram objeto de discussão acadêmica. O próprio Hayek também começou a se afastar da teoria econômica técnica e a se aproximar de questões mais amplas de investigação social. Ele não havia se esquecido de sua formação na Escola Austríaca, que discordava firmemente da planificação social e da intervenção excessiva do governo na economia. Seu contemporâneo Von Mises havia questionado como seria possível que um sistema econômico, e aqui ele se referia ao comunismo, existisse sem um mecanismo de preço para alocar e incentivar a atividade econômica. Ele acreditava que os críticos do capitalismo – e, no período entreguerras, houve muitos – não eram capazes de explicar como um sistema socialista poderia ser devidamente organizado. Sem preços, não haveria maneira de o padeiro saber por quanto deveria vender o pão.

Collectivist Economic Planning [Planificação econômica coletivista], que Hayek editou em 1935, marcou sua transição da teoria econômica para a filosofia política. Ele argumentou que a sociedade é mais eficiente quando as regras ou leis permitem que cada indivíduo use seu próprio conhecimento e habilidades para seus propósitos pessoais, em vez de se conformar aos planos de uma autoridade central. Ele se opôs à ideia de que era possível administrar uma sociedade tecnologicamente avançada de uma posição central. O papel do governo é ajudar os indivíduos a aproveitarem ao máximo seus próprios talentos, ideias e conhecimento. A crença fundamental de Hayek é que fragmentos de conhecimento não podem ser reunidos em um único cérebro. Considerando-se a natureza complicada das tecnologias e dos processos de produção, seria necessário conhecimento que nenhum indivíduo ou comitê específico poderia possuir. No entanto, um sistema de preços com incentivo de lucro poderia estabelecer um mercado, contanto que fosse apoiado com o reconhecimento da propriedade privada, contratos, leis, normas sociais e a capacidade de comercializar produtos. Enquanto a Segunda Guerra Mundial começava a esmorecer, Hayek se tornava um acadêmico cada vez mais obscuro. No entanto, isso mudaria abruptamente com a publicação de *O caminho da servidão*, em 1944. O livro o tornaria um dos pensadores mais célebres do mundo.

A Grande Depressão antes da guerra havia abalado a crença no sistema capitalista, e as pessoas se acostumaram às economias centralmente planejadas dos tempos de guerra. Hayek queria alertar o público britânico acerca dos perigos resultantes do controle estatal sobre as decisões econômicas por meio de planejamento centralizado contínuo, fosse comunista ou fascista. Ele argumentou que o abandono do individualismo levava não só a uma perda da liberdade e à criação de uma sociedade opressora, como também, inevitavelmente, ao totalitarismo e, com efeito, à servidão do indivíduo. O planejamento centralizado não era democrático porque a vontade de um pequeno número era imposta sobre o povo, e o estado de direito e as liberdades individuais eram sacrificados.

O caminho da servidão recebeu resenhas positivas após a publicação. A Segunda Guerra Mundial ainda não havia terminado, mas era simplesmente uma questão de quando, e não se, as potências do Eixo seriam derrotadas. Em todo o Reino Unido, a pergunta "e depois?" já estava sendo feita.

O livro tornaria Hayek famoso, e não só nos círculos econômicos ou acadêmicos. Keynes se referiu à obra como um "grande livro"[12], e as vendas excederam muitíssimo as expectativas modestas de Hayek para aquilo que ele havia descrito à editora, a Routledge, como uma obra semipopular. A tiragem inicial de 2 mil exemplares se esgotou em poucos dias. A Routledge solicitou mais 2 mil exemplares e, nos dois anos seguintes, travou uma batalha, quase sempre perdida, para atender à demanda. O racionamento de papel durante a guerra não ajudou, e Hayek muitas vezes se referia a *Caminho para a servidão* como aquele "livro impossível de se obter".¹³

No entanto, foi nos Estados Unidos que seu sucesso excedeu muitíssimo as expectativas. O livro foi originalmente escrito para um público britânico, e sua inclinação acadêmica denotava que não se esperava que se saísse bem em outros lugares. Além disso, estava em desacordo com o clima político do pós-guerra que então pairava nos Estados Unidos, e já havia sido rejeitado por várias editoras norte-americanas. No entanto, a University of Chicago Press concordou em publicar o livro, e a edição norte-americana foi publicada em setembro, seis meses depois da britânica, novamente com uma tiragem inicial de 2 mil exemplares.

Foi um grande sucesso. Uma resenha brilhante no *The New York Times* estimulou a curiosidade, e logo os editores perceberam que tinham um sucesso em mãos. Outros 5 mil exemplares foram impressos e, poucos dias depois, mais 5 mil. O livro ganhou projeção real quando a *Reader's Digest* – que, na mesma linha do *NYT*, o descreveu como "um dos livros mais importantes da nossa geração" – publicou um resumo de vinte páginas. Naqueles dias, antes do advento da TV, seu público de 6 milhões de leitores podia lançar um campeão de vendas, e fez de Hayek um nome conhecido nos Estados Unidos, quando as pessoas voltavam sua atenção para a vida depois da guerra.

No Reino Unido, a obra não teve tanta influência política como Hayek havia esperado. Após o fim da Segunda Guerra Mundial, instaurou-se no Reino Unido o Estado de bem-estar social. Winston Churchill, primeiro-ministro pelo Partido Conservador, havia citado e usado o livro de Hayek como um texto antissocialista em diversas ocasiões na campanha eleitoral de 1945 contra Clement Attlee e o Partido Trabalhista. Contudo, não teve muita ressonância entre o público britânico, visto que o Partido Trabalhista obteve uma vitória esmagadora. Claramente, Hayek não foi um apoiador do novo governo intervencionista.

Hayek preferia que a maioria das atividades ficasse nas mãos do setor privado, mas enxergava a necessidade de um papel limitado do governo nos mercados para assumir as tarefas que os mercados não eram capazes de realizar. Estas incluíam a proibição de substâncias tóxicas e a prevenção do crime, além do fornecimento de uma rede de segurança básica. Escreveu:

> não há dúvida de que, no tocante a alimentação, roupas e habitação, é possível garantir a todos um mínimo suficiente para conservar a saúde e a capacidade de trabalho [...] Nos casos em que a provisão de assistência normalmente não enfraquece nem o desejo de evitar tais calamidades nem o esforço de anular suas consequências (nas doenças e acidentes, por exemplo) – quando se trata, em suma, de riscos que podem ter cobertura de seguro –, é bastante justificável que o Estado auxilie na organização de um esquema abrangente de previdência social.[14]

Em muitos aspectos, Friedrich Hayek estava no auge da celebridade e reputação após a publicação de *O caminho da servidão*. Ele havia concebido a ideia de criar uma sociedade para trazer acadêmicos alemães de volta ao pensamento clássico dominante após a Segunda Guerra Mundial, e, dois anos depois, entre 1 e 10 de abril de 1947, a primeira conferência da Sociedade Mont Pèlerin aconteceu na Suíça. Hayek convidou intelectuais que apoiavam o liberalismo clássico – ao todo, 39 pessoas de dez países. Hayek foi o primeiro presidente e permaneceu no posto até 1961. A sociedade continua hoje com a mesma tradição liberal, e oito ganhadores do Nobel foram seus membros.

Hayek sempre se interessou por psicologia e, após o sucesso de *O caminho da servidão*, ele se deu o gosto de trabalhar em seu projeto seguinte, *The Sensory Order* [A ordem sensorial]. Publicado em 1952, o livro estabelecia uma divisão de conhecimento no interior das sociedades, em que a parcela de conhecimento de cada pessoa era infinitamente minúscula, o que limitava o conhecimento passível de ser alcançado por qualquer indivíduo.

Nessa época, Hayek estava se afastando da LSE. Pode-se afirmar que ele já não produzia trabalhos técnicos. Com a morte de

Keynes em 1946, os debates entre os dois já não eram mais possíveis, e Hayek perdeu uma de suas motivações. Um divórcio conturbado também o levou a perder amigos em Londres, entre eles aquele que um dia foi seu grande apoiador, Lionel Robbins, da LSE, que ficou chocado com o modo como Hayek tratou a ex-mulher, Hella. Hayek sempre pensou que havia se casado com a pessoa errada[15], admitindo que decidiu fazê-lo após descobrir que seu amor de infância, a prima distante Helene Bitterlich, havia se casado com outro. Ele deixou Hella e seus dois filhos em 1949, e entrou com o pedido de divórcio. Diante das objeções de Hella, o divórcio foi concedido em 1950 por meio de um tribunal em Arkansas, onde ele era professor visitante na época e onde as leis de divórcio eram mais permissivas. Helene havia acabado de ficar viúva, e poucas semanas depois os dois se casaram em Viena. Hayek renunciou ao cargo na LSE, e os recém-casados se mudaram para os Estados Unidos para começar uma nova vida em Chicago.

A Escola de Chicago era uma escola de pensamento baseada na economia de livre mercado e em uma filosofia libertária. Não era exatamente a mesma coisa que a faculdade de economia da universidade. Embora a Escola de Chicago se identificasse com Hayek, visto que o pensamento dele era adequado à abordagem da instituição, ele não foi cobiçado para o Departamento de Economia propriamente dito. *O caminho da servidão* foi reconhecido como um livro importante, mas tratado principalmente como uma obra popular, e não acadêmica. Na visão do departamento, Hayek estava afastado da pesquisa econômica e já não se encontrava na vanguarda do trabalho técnico desenvolvido na universidade.

Além disso, a vida nos Estados Unidos nos anos 1950 era muito diferente dos anos da Grande Depressão na década de 1930, e havia menos interesse pela teoria dos ciclos econômicos, que foi foco de atenção da maior parte da pesquisa de Hayek. A bem da verdade, a falta de entusiasmo entre Hayek e o Departamento de Economia provavelmente foi mútua, já que o próprio Hayek não mais se considerava unicamente um economista.

Em vez disso, ele entrou para o Comitê de Pensamento Social John U. Nef, na universidade, como professor de ciências morais e sociais. Essa faculdade multidisciplinar era formada por uma gama de cientistas naturais e sociais, incluindo o escritor T. S. Eliot e o laureado com o Prêmio Nobel de Física de 1938, Enrico Fermi, e possibilitou que Hayek estudasse assuntos de seu interesse fora da teoria econômica convencional.

A próxima obra importante de sua autoria foi *A constituição da liberdade*. Hayek pretendia mostrar como a liberdade fomentava a riqueza e o crescimento, e não o contrário. Quanto mais restrito for governo, maior a probabilidade de que surjam a espontaneidade e a criatividade individuais, tão vitais ao avanço do conhecimento e da civilização. Ele também reiterou afirmações anteriores sobre a divisão de conhecimento, e como seria praticamente impossível que uma única mente humana compreenda e faça uso eficiente de todo o conhecimento que guia a sociedade. A implicação é de um papel muito limitado para o governo não só na economia, mas também na sociedade.

Nesse livro, Hayek também apresentou seus pensamentos sobre a desigualdade entre as nações. Ele não via tal desigualdade como algo de todo ruim, visto que refletia o progresso feito pelos países ocidentais avançados, o que possibilitava que outros países avançassem mais depressa do que os séculos que os países ocidentais levaram para se tornar desenvolvidos. Com base no mesmo raciocínio, ele também estava confortável com a desigualdade no interior das sociedades, acreditando que a diversidade é necessária para a sociedade prosperar. Não haveria progresso mútuo sem desigualdade. De acordo com Hayek, esta não era uma consideração ética, e sim algo historicamente observável: "A experiência europeia recente confirma isso. A rapidez com que as sociedades ricas aqui se tornaram estáticas, se não estagnadas, por meio de políticas igualitárias, ao passo que países pobres mas altamente competitivos se tornaram muito dinâmicos e progressistas, tem sido uma das características mais notáveis do período pós-guerra".[16]

Na visão de Hayek, a sociedade evolui de maneira que o comportamento de indivíduos bem-sucedidos é adotado e imitado. A evolução da sociedade é moldada pelas novas ideias de relativamente poucos. As pessoas com as melhores ideias determinam os avanços; assim, o mercado é um mecanismo evolutivo em que os economicamente talentosos prosperam. A sociedade pode escolher entre igualdade e produtividade. No entanto, ele não concordava com o status quo arraigado, e o poder, a riqueza e o privilégio que concedia.

Levou quatro anos para Hayek terminar *A constituição da liberdade*, e ele concluiu o manuscrito em 1959 para marcar seu sexagésimo aniversário. O livro foi publicado em fevereiro de 1960 e concebido para o público geral. Hayek o considerou sua grande obra e, com razão, tinha expectativas elevadas. *O caminho da servidão* ele descreveu como um livro semipopular, mas *A constituição da liberdade*, ele esperava, seria *A riqueza das nações* do século XX.[17]

Infelizmente para Hayek, o livro não chegaria nem perto de alcançar a popularidade de *O caminho da servidão*. Dessa vez, não foi resenhado pela *Time* ou pela *Life*, e a *Reader's Digest* não o considerou adequado para uma versão condensada. Talvez *A constituição da liberdade* simplesmente não tenha captado o clima da época da maneira como *O caminho da servidão* fizera quando as pessoas olhavam para além da Segunda Guerra Mundial. Em 1962, Milton Friedman publicou *Capitalismo e liberdade*, que segundo ele também foi subestimado.

Friedrich Hayek deixou Chicago e os Estados Unidos em 1962, citando razões financeiras. Seu divórcio de Hella e as viagens frequentes à Europa haviam colocado certa pressão sobre suas finanças. Ele decidiu voltar ao mundo germanófono na Universidade de Friburgo, na Alemanha Ocidental. Permaneceu lá até 1969, quando passou um ano como professor visitante na UCLA, antes de voltar para a Áustria, na Universidade de Salzburgo. Ele faria uma última mudança ao regressar com Helene em 1977 para Friburgo, onde passou seus últimos dias.

Durante essa época, dedicou seus esforços primordialmente a escrever *Direito, legislação e liberdade*, a continuação de *A constituição da liberdade*. Pode-se dizer que *Direito, legislação e liberdade* era muito mais abstrato do que seus livros anteriores. Dessa vez, ele não fez nenhum esforço em escrever para um público geral, presumindo que os leitores estavam familiarizados com sua obra anterior.

O livro foi publicado em três volumes: *Normas e ordem* (1973), *A miragem da justiça social* (1976) e *A ordem política de um povo livre* (1979). Uma das razões pelas quais a obra levou tanto tempo para ser concluída foi que, entre 1969 e 1974, seu progresso fora interrompido por enfermidade e depressão. No entanto, dois acontecimentos o revitalizariam.

O Prêmio Nobel de Economia havia sido criado em 1969. Havia rumores de que o comitê estava ávido por conceder o prêmio a Gunnar Myrdal, um dos pioneiros do Estado de bem-estar social sueco, mas havia sido acordado no início que nenhum sueco poderia ser premiado nos primeiros cinco anos. O sexto ano foi 1974, e então Myrdal recebeu o prêmio. No entanto, o prêmio foi compartilhado com Hayek. Os dois economistas ficaram surpresos: Hayek porque havia ganhado, Myrdal, por ter que partilhar o prêmio.[18]

Hayek não se via como um candidato, pois seu trabalho em economia técnica estava no passado distante. Muitos economistas norte-americanos o haviam esquecido totalmente; passaram-se mais de dez anos desde que ele saíra de Chicago. O prêmio mais prestigioso de economia o rejuvenesceu, e o ajudou a recuperar a saúde e a motivação.

Nos anos 1970, as grandes economias haviam sido atingidas pela estagflação (uma combinação de inflação alta com desemprego alto) após a crise do petróleo de 1973. Em consonância com sua teoria sobre os ciclos econômicos de quarenta anos antes, Hayek acreditava que a inflação alta dos anos 1970 levaria a uma crise econômica na mesma escala social da Grande Depressão. A inflação precisava ser freada, mesmo que fosse à custa da produção e do emprego no curto prazo.

Em 1976, alguns anos depois de ter ganhado o Prêmio Nobel, Hayek publicou *A desestatização do dinheiro*, obra na qual arriscou a ideia de que empresas privadas deveriam emitir dinheiro, e não o governo. Ele supunha que a concorrência entre os fornecedores de dinheiro favoreceria as moedas mais estáveis em circulação. Essa mesma concorrência também levaria à autorregulação. A obra foi ridicularizada por muitos. Milton Friedman assinalou que não havia nada na legislação em vigor que evitasse o comércio bilateral usando qualquer meio de troca aceito por todas as partes. Curiosamente, a recente ascensão das criptomoedas, como o Bitcoin – moedas digitais que podem ser usadas para fazer compras na internet –, traz um exemplo de dinheiro não estatal.

Entretanto, a obra de Hayek como um todo influenciou os políticos que viriam a implementar a economia de livre mercado nas economias britânica e norte-americana nos anos 1980. Hayek estivera associado a uma organização com sede em Londres, o Instituto de Assuntos Econômicos (IEA, na sigla em inglês), desde sua fundação em 1955. Ele havia sido contatado pelo fundador do IEA, o empresário Antony Fisher, depois que este leu *O caminho da servidão*. A ideia do IEA era promover os livres mercados e uma limitação do papel do governo na economia. O IEA também estivera intimamente associado com a líder do Partido Conservador Margaret Thatcher, que se tornou a primeira-ministra do Reino Unido em 1979. Ela foi muito influenciada pelo pensamento de Hayek e o citou regularmente no Gabinete e em outras reuniões. Em certa ocasião, ela interrompeu um parlamentar que instava para que os Conservadores adotassem o caminho do meio em várias questões políticas, pegando um exemplar de *A constituição da liberdade*, batendo-o sobre a mesa e proclamando: "É nisto que acreditamos!".[19] Thatcher havia tornado Hayek relevante novamente. Em seu décimo aniversário como primeira-ministra, ela escreveu a Hayek agradecendo por sua contribuição para a ideologia e a política.

Os erros fatais do socialismo foi a última grande obra de Hayek. Publicado em 1988, apontava equívocos e falhas no socialismo. Em muitos aspectos, foi concebido para ser a síntese suprema da obra de sua vida e um epílogo a *Direito, legislação e liberdade*. O entendimento era de que o sistema de preços é um instrumento que possibilita que milhões de pessoas ajustem seus esforços a acontecimentos e condições sobre os quais elas não têm nenhum conhecimento direto e concreto:

> Levei muito tempo para desenvolver o que é basicamente uma ideia simples [...] Pouco a pouco, descobri que a função básica da ciência econômica era explicar o processo de como a atividade humana se adaptava a dados sobre os quais não tinha informação. Portanto, toda a ordem econômica se apoiava no fato de que, usando os preços como guia, ou como sinais, éramos levados a atender as demandas e a recorrer aos poderes e às capacidades de pessoas das quais nada sabíamos [...] Basicamente, o entendimento de que os preços eram sinais que ocasionavam a coordenação inesperada dos esforços de milhares de indivíduos [...] se tornou a ideia principal por trás da minha obra.[20]

Em essência, Hayek se apoiara na "mão invisível" de Adam Smith e, especificamente, se concentrara no papel dos preços ao determinar o valor de bens e serviços em uma economia. Com um conhecimento dos preços, as pessoas podem escolher produzir certos bens ou trabalhar em certos setores. A economia como um todo opera de maneira eficiente, embora ninguém tenha coordenado seus esforços. O livro levou sete anos para ser escrito, e não foi bem recebido. Marcou o fim de sua carreira profissional.

Um ano depois, foi incrivelmente oportuno que Hayek testemunhasse a queda do Muro de Berlim e a desintegração da União Soviética que se seguiu. Ele viveu o suficiente para ver a vitória do capitalismo sobre o comunismo, mas não mais do que isso. Faleceu em 1992, aos 92 anos de idade.

Hayek e *A crise financeira global*

Na época de sua morte, Hayek havia presenciado a dominância do capitalismo sobre o comunismo com o fim da Guerra Fria entre a União Soviética e os Estados Unidos. Mas, apenas duas décadas depois, o sistema capitalista enfrentaria outro grande desafio. A crise financeira global de 2008 levou à desilusão com os excessos do sistema capitalista.

O que Friedrich Hayek teria dito sobre a crise financeira global de 2008 que incitou a revolta recente contra o capitalismo? Hayek argumentara que o Federal Reserve teve parte em precipitar a Grande Depressão por manter as taxas de juros baixas demais durante os anos 1920, de modo que os maus investimentos culminaram no Grande Crash de 1929. É provável que ele teria argumentado algo similar sobre a política do Fed antes da crise financeira global.

Hayek provavelmente a teria associado com os cortes drásticos nas taxas de juros feitos pelo Fed quando a economia norte-americana parecia estar cambaleando depois que a bolha da internet estourou. Entre 2000 e 2004, a taxa de juros dos Estados Unidos foi reduzida de 6,5% para apenas 1%. A inflação era baixa e o crescimento era débil, de modo que o Fed agiu para aliviar a desaceleração econômica, cortando as taxas de juros a fim de tentar incentivar os investimentos e o consumo. Mas isso levou a empréstimos excessivos e mais arriscados no mercado habitacional, o que viria a acarretar problemas maiores nas hipotecas subprime poucos anos depois. Hayek teria feito objeções à crença dos bancos centrais de que eles podem intervir com êxito no ciclo econômico.

O que Hayek teria recomendado durante a crise financeira global? Uma vez que, em sua visão, as recessões eram não necessariamente agradáveis, mas melhores para a saúde no longo prazo, ele, em princípio, não teria se oposto à liquidação dos bancos de investimentos Bear Stearns e Lehman Brothers, ou às empresas credoras garantidas pelo governo Fannie Mae e Freddie Mac. Em teoria, sua obra ao longo dos anos aponta para uma pronta aceitação de que as instituições insolventes, ou aquelas que concederam empréstimos de maneira imprudente, não deveriam ser socorridas, ainda que seu destino fosse a bancarrota. O que não fica claro é se ele teria sentido a necessidade de socorrer essas instituições a fim de evitar a falência sistêmica de outros negócios sólidos que o colapso destas poderia instigar.

Podemos estar mais do que certos de que Hayek seria firmemente contra os programas de enorme flexibilização quantitativa por meio dos quais os bancos centrais injetaram grandes somas de dinheiro nas economias dos Estados Unidos, da Europa e do Japão. Nos anos 1970, ele foi favorável a permitir que a economia se corrigisse sem intervenção do governo, mesmo ao custo de mais desemprego no curto prazo. Ele teria pensado que a flexibilização quantitativa nada mais era do que um socorro a instituições falidas, usado primordialmente para ajudar seus balanços patrimoniais e fornecer liquidez aos bancos que haviam agido de maneira irresponsável antes da quebra. O fluxo de dinheiro fácil simplesmente possibilitaria que a liquidação e reestruturação de maus investimentos se prolongasse. A flexibilização quantitativa foi descrita pelo economista John Taylor, da Universidade de Stanford, como uma "política mondustrial" ("política monetária industrial"), já que representa um envolvimento discricionário do governo na economia para apoiar certos setores.[21]

Naturalmente, a posição inicial de Hayek é de que tudo isso deveria ter sido desnecessário, para começar. O sofrimento da recessão poderia ter sido evitado se o boom dos empréstimos e a vasta expansão do crédito não tivessem ocorrido. A visão tradicional quando as pessoas investigavam o estrago causado pelos mercados financeiros era de que eles não eram suficientemente regulados. Os seguidores de Hayek, no entanto, iam no sentido contrário. Segundo eles, os mercados financeiros não tinham liberdade demais: eles não eram livres o bastante. Antes da crise, diziam que já havia regulação em excesso. As regulações do governo criavam nos investidores a falsa expectativa de que eles estavam protegidos do risco e do calote. Hayek argumentou que, se os mercados fossem desregulados, eles naturalmente desenvolveriam instituições que garantissem confiança e reputação.

Essa visão foi propagada na palestra realizada anualmente pelo Instituto de Assuntos Econômicos em homenagem a Hayek desde sua morte, em 1992. Por exemplo, a palestra de 2012, "Why We Still Need to Read Hayek" [Por que ainda precisamos ler Hayek], foi dada por John Taylor, que refletiu sobre os acontecimentos tumultuosos da crise financeira global e sobre qual teria sido a visão de Hayek acerca dos problemas na economia norte-americana.

Taylor descreveu os princípios do livre mercado que, segundo acreditava, permitiam que os Estados Unidos prosperassem: "as pessoas são livres para decidir o que produzir, o que comprar, onde trabalhar, como ajudar os outros". Essas escolhas deveriam ser feitas "dentro de um quadro de políticas previsível baseado no estado de direito, em fortes incentivos por parte do sistema de mercado e num papel limitado para o governo".[22]

Esses princípios foram abandonados algumas vezes, com consequências lamentáveis. Antes da Grande Depressão, o Fed reduziu drasticamente o aumento da oferta de moeda, o governo elevou os impostos e as taxas de juros e foi além dos princípios de mercado com a Lei de Recuperação da Indústria Nacional. Nos anos 1960 e 1970, houve pacotes de incentivo de curto prazo, bem como controle de preços e de salários. A crise financeira é um reflexo do abandono mais recente dos princípios de Hayek. Os governos socorreram instituições financeiras e responderam à crise com políticas monetárias agressivas.

Na visão de Hayek, para resumir, evitar essas intervenções possibilitaria o crescimento econômico motivado pelo mercado e não por políticas públicas. Uma vez que as bases da economia de mercado estivessem devidamente assentadas, incluindo uma regulação apropriada do sistema financeiro, a prosperidade econômica retornaria. E isso significaria que haveria uma chance de restaurar a fé no sistema capitalista.

Hayek provavelmente teria concordado com uma versão parafraseada que substitui "democracia" por "capitalismo" em uma observação feita por seu apoiador, Winston Churchill: "Ninguém pretende que a democracia seja perfeita ou onisciente. De fato, afirma-se que a democracia é a pior forma de governo, com a exceção de todas as outras experimentadas de tempos em tempos".[23]

A influência de Hayek

Em 1979, Friedrich Hayek observou: "Cheguei à convicção de que a negligência dos economistas em discutir seriamente aquele que é, de fato, o problema crucial de nossa época se deve a uma certa timidez quanto a sujar as mãos ao passar de questões puramente científicas para questões de valor".[24] Hayek não era tímido, e promoveu vigorosamente a ideologia do sistema capitalista. Esse ávido defensor do capitalismo certamente defenderia o livre mercado como alternativa preferencial.

Ninguém menos que a ex-primeira-ministra britânica Margaret Thatcher, cujo ethos se baseava nos princípios do livre mercado, era uma admiradora de Hayek: "Adam Smith, o maior expoente da economia do livre mercado até Hayek e Friedman [...]".[25] Thatcher também observou: "Todas as proposições gerais que defendem a liberdade eu absorvi no colo do meu pai ou adquiri por meio de minhas leituras à luz de velas das obras de [o político conservador Edmund] Burke e de Hayek [...]".[26]

Friedrich Hayek, no entanto, se preocupava com o pedestal sobre o qual os economistas podem ser colocados. Em seu discurso de 1974, ao aceitar o maior prêmio de economia, ele declarou:

> Devo confessar que, se tivesse sido consultado sobre a criação de um Prêmio Nobel de Economia, eu teria decididamente me manifestado contra [...] É que o Prêmio Nobel confere a um indivíduo uma autoridade que, em economia, nenhum homem deve possuir [...] A influência do economista que realmente importa é a influência sobre os leigos: políticos, jornalistas, funcionários públicos e a população em geral. Não há razão pela qual um homem que fez uma contribuição notável à ciência econômica deva ser competente em todos os problemas da sociedade – como a imprensa tende a tratá-lo até que, no fim das contas, ele possa ser persuadido a acreditar nisso. Um economista é levado até mesmo a sentir que tem o dever público de pronunciar-se sobre problemas aos quais talvez não tenha dedicado atenção especial.[27]

Hayek sem dúvida foi influente, e, sentindo-se confortável com isso ou não, sua influência continua visível ainda hoje. O economista de Harvard Lawrence Summers, ex-Secretário do Tesouro dos Estados Unidos, falou acerca de Hayek: "Qual é a coisa mais importante a se aprender em um curso de ciência econômica hoje? O que tentei passar a meus alunos é a visão de que a mão invisível é mais poderosa do que a mão [não] oculta. As coisas tendem a acontecer em esforços coordenados sem supervisão, controles, planos. Este é o consenso entre os economistas. Este é o legado de Hayek".[28]

Capítulo 9
Joan Robinson:
Por que os salários são tão baixos?

Esta é uma das questões mais prementes na política econômica norte-americana. Jason Furman, presidente do Conselho de Assessores Econômicos do ex-presidente Obama, me disse que a pergunta mais frequente que o presidente lhe fazia era: "O que está acontecendo com o crescimento dos salários? E o que isso significa para o futuro da economia?".[1] O líder do país mais importante do mundo estava fazendo essa pergunta. E este não é um problema apenas para os Estados Unidos. É uma grande questão para o Reino Unido e outras economias importantes, da Alemanha ao Japão. O salário do trabalhador médio nos Estados Unidos, descontando a inflação, está estagnado há quarenta anos. No Reino Unido, houve uma queda sem precedentes nos ganhos reais desde a crise financeira global de 2008. Na Alemanha e no Japão, o salário mediano, das pessoas no meio da pirâmide de renda, está estagnado há cerca de duas décadas.

Com a recuperação econômica a caminho nos Estados Unidos e no Reino Unido, o desemprego foi drasticamente reduzido para menos de 5%, e assim manteve-se no longo prazo. Assim, parece que o emprego se recuperou da recessão. Um mercado de trabalho mais saudável normalmente significa mais empregos e melhores salários. Mas, estranhamente, os salários não estão apresentando um bom crescimento. Isso não é o que os modelos dos mercados de trabalho competitivos preveriam. Nessas teorias, os trabalhadores recebem por produção; desse modo, seus salários não estariam baixos se a economia estivesse crescendo e houvesse uma demanda maior daquilo que eles produzem. Mas, como afirmou Joseph Schumpeter (ver Capítulo 7), a concorrência perfeita é um dos construtos não realistas da economia que ajuda a resolver equações matemáticas, mas não é como o mundo real funciona.

Foi aí que a única mulher entre os grandes economistas neste livro fez sua contribuição original. Joan Robinson rejeitou a concorrência perfeita e procurou explicar como as imperfeições podem levar às discrepâncias nos salários e no emprego que são efetivamente observadas nos mercados. Por seu trabalho inovador, Joan Robinson é vista como "a mulher mais importante na história do pensamento econômico".[2] Seu lugar entre os grandes, particularmente numa época em que havia poucas mulheres economistas, é digno de nota. Mesmo hoje, as mulheres são significativamente sub-representadas na profissão econômica. Dos mais de 50 mil economistas acadêmicos no mundo, menos de um quinto são mulheres.

O primeiro livro de Robinson, *The Economics of Imperfect Competition* [A economia da concorrência imperfeita], foi publicado em 1933 e lhe conferiu reconhecimento internacional. Sua obra pioneira foi concluída apenas três anos depois que ela começou os estudos de teoria econômica. Joan mudou a maneira como pensamos sobre como os preços e os salários são determinados. Ela analisou a determinação de preços em condições monopolísticas, em que há poder de monopólio e mercados nos quais a concorrência não é perfeita. Em outras palavras, os mercados não estavam cheios de empresas frágeis demais para influenciar o setor, os preços dos produtos ou o salário dos trabalhadores. Ela argumentou que onde há concorrência imperfeita os trabalhadores recebem menos do que o valor de mercado de sua mão de obra. Lido por muitos de ambos os lados do Atlântico, o livro rapidamente se tornou uma referência nessa nova área de pesquisa da concorrência imperfeita. Foi reimpresso treze vezes entre 1933 e 1965.

A obra de Robinson seguia o pensamento keynesiano; portanto, contestava a noção econômica neoclássica de mercados perfeitamente competitivos. Em outras palavras, ela apoiou John Maynard Keynes contra seu predecessor em Cambridge, Alfred Marshall. Em 1936, ano seguinte à publicação de *Teoria geral do emprego, do juro e da moeda*, de Keynes, ela publicou *Essays in the Theory of Employment* [Ensaios sobre a teoria do emprego], que refinaram e ampliaram as ideias de Keynes especificamente sobre o mercado de trabalho. De maneira impressionante, no mesmo ano Joan publicou outro livro, *Introduction to the Theory of Employment* [Introdução à teoria do emprego]. O primeiro livro foi o que viria a arraigar os conceitos keynesianos na economia.

Embora tivesse sido discípula de Keynes, ela posteriormente concluiu que nem a economia neoclássica, nem a keynesiana eram capazes de explicar os resultados econômicos no longo prazo. Mas achava que a economia keynesiana era a que mais se aproximava. Assim, sua última grande obra tentou explicar como as economias se desenvolvem. Publicado em 1956, *The Accumulation of Capital* [A acumulação de capital] apresentou uma teoria de como a acumulação de capital na economia, que consiste em investimento das empresas e do governo, muda com o tempo, em uma tentativa de explicar melhor a dinâmica de crescimento no longo prazo.

Robinson recebeu muitas homenagens durante sua longa carreira. Mas ela também foi controversa. Embora tenha sido uma das economistas mais influentes e prolíficas da época, com um histórico de publicações que vai de 1932 até dois anos após sua morte, em 1983, ela nunca recebeu o prêmio mais importante de economia. Paul Samuelson, ganhador do Nobel, declarou: "Fico surpreso que ela nunca tenha recebido o Nobel". E acrescentou: "Ela é uma figura muito polêmica, mas também muito importante".[3] Robinson foi considerada pela Academia sueca em meados dos anos 1970 e, aparentemente, ficou entre os finalistas, mas repetidas vezes foi descartada.

As possíveis razões pelas quais ela saiu do círculo íntimo de Keynes para ser uma outsider são variadas. Além do ceticismo crescente com relação à economia keynesiana, Joan Robinson rejeitou até mesmo seu próprio trabalho anterior baseado no keynesianismo quando passou a procurar novas respostas para o longo prazo. Ela também rejeitou o foco matemático da economia que havia surgido gradativamente, liderado por Irving Fisher e outros, que discutimos em capítulos anteriores. Uma de suas declarações favoritas era: "Eu nunca estudei matemática, então tive que pensar". Quando foi convidada para participar do conselho diretor da Sociedade de Econometria, ela recusou justificando que não conseguia ler os artigos extremamente técnicos publicados pela principal revista da instituição, *Econometrica*, que versavam sobre quantificação e teoria.[4]

Escrever um livro sobre economia marxiana quando decidiu ir além do keynesianismo também contribuiu para que ela fosse marginalizada pelos economistas da corrente de pensamento dominante. E seu apoio aos regimes comunistas da China e da Coreia do Norte não a tornou popular. Ela não escondia suas crenças; inclusive se vestia como uma camponesa vietnamita para dar aulas.[5] Parte disso também provavelmente refletia os desafios que ela enfrentou em uma época e uma profissão dominadas por homens.

Contudo, Joan Robinson foi pioneira ao introduzir a concorrência imperfeita na economia, um conceito que transformou fundamentalmente a área. Como certa vez observou: "O assunto da economia não é mais nem menos que sua própria técnica".[6] Ela deu aos economistas as técnicas e ferramentas para ajudar a analisar a questão dos baixos salários, entre outras.

A vida e a época de Joan Robinson

Joan Robinson (cujo sobrenome de solteira é Maurice) nasceu em uma família de elite em Surrey, em 1903. Seu pai foi baronete e general de brigada do exército britânico na Primeira Guerra Mundial. Seu avô foi um famoso cirurgião que lecionou na Universidade de Cambridge, onde ela estudou e construiu sua carreira.

Ela estudou economia no Girton College e graduou-se em 1925 com uma boa nota, mas sem muita distinção. No ano seguinte, casou-se com Austin Robinson. Ele se tornaria um importante professor de economia em Cambridge e editor do *Economic Journal*, porém seria ofuscado por Joan. Eles moraram na Índia durante dois anos, onde ele foi o tutor de economia do jovem marajá do estado indiano de Gwalior.

Quando seu marido regressou para a Universidade de Cambridge, ela começou a frequentar as aulas de Piero Sraffa sobre a "teoria avançada do valor", que era o termo usado para o que hoje descreveríamos como a teoria que determina os preços em uma economia. O artigo de Sraffa no *Economic Journal* em 1926 havia abandonado radicalmente o suposto dos mercados competitivos e focado nos monopólios. Antes disso, a teoria do monopólio só era usada para analisar empresas com poder dominante no mercado, como ferrovias ou serviços de utilidade pública. Depois de seu artigo, cresceu o interesse por analisar mercados de concorrência imperfeita. Sua obra incentivou a pesquisa entre Cambridge e outros economistas, incluindo Robinson, que viria a estabelecer a concorrência imperfeita como um novo ramo da economia.

Não era uma época fácil para mulheres economistas. Em 1881, as alunas do Girton e do Newnham, as duas faculdades para mulheres da Universidade de Cambridge, receberam permissão para se apresentar nos exames para a obtenção de menção honrosa e ter seus artigos avaliados, que eram os mesmos exames estipulados para os homens. Mas elas não recebiam diplomas. Cambridge era a única universidade britânica em que as mulheres ainda eram excluídas dos cargos docentes e administrativos. Foi só em 1925, o ano em que Robinson se graduou, que as mulheres puderam ocupar cargos na universidade. Elas continuaram não sendo admitidas como membros do conselho nas faculdades masculinas, que formavam o cerne do ensino e da pesquisa de Cambridge.

Além das barreiras enfrentadas pelas mulheres em Cambridge, Robinson não havia se graduado com a nota máxima. Ela precisou publicar pesquisas que substituíssem uma dissertação acadêmica bem-sucedida para se estabelecer como uma economista séria. Como era uma mulher da classe média-alta, ela tinha ajuda doméstica e, portanto, tempo para a pesquisa. No intervalo de apenas um ano e meio, entre março de 1931 e outubro de 1932, ela concluiu aquele que se tornaria um livro pioneiro, *The Economics of Imperfect Competition* [A economia da concorrência imperfeita]. Ao pensar sobre as empresas com poder de monopólio, Robinson reformulou a teoria do que determina os preços em mercados em que a concorrência não é perfeita. Ao fazer isso, também conseguiu conciliar os dois lados da economia. De um lado, estavam aqueles que usavam diagramas para estabelecer relações teóricas precisas, por exemplo, entre preço e quantidade. Do outro lado, estavam os empíricos que acreditavam que os dados superavam a teoria.[7] Os diagramas de Robinson se basearam em observações empíricas sobre o modo como os mercados de fato operavam, que não era perfeito, e resultavam em salários mais baixos do que aquilo que a produção de um trabalhador garantia.

Outro fator na ascensão de Robinson ao cerne da economia de Cambridge foi seu relacionamento com o economista de Cambridge Richard Kahn. Em 1930, eles partilhavam ideias. Em 1931, estavam tendo um caso. Foram descobertos por ninguém menos que John Maynard Keynes: "No começo de 1932, Keynes os surpreendeu no chão do escritório de Kahn, 'embora eu espere', conforme disse [à esposa] Lydia, 'que a conversa fosse apenas sobre *The Pure Theory of Monopoly*'".[8]

As duas gestações de Robinson em 1934 e 1937, que geraram duas filhas, não pareceram mudar seu relacionamento. Em 1938, Robinson sofreu um surto psiquiátrico e ela e o marido começaram a levar vidas separadas.[9] Em 1952, ela sofreu outro surto, embora menos grave do que o primeiro.

Richard Kahn poderia ter sido um possível concorrente no desenvolvimento de uma nova teoria acerca da concorrência imperfeita. Em vez disso, ele se tornou um apoiador. Kahn era pupilo de John Maynard Keynes. Ela se uniu a ele, seu marido, Sraffa e James Meade naquele que era conhecido como o "circus". Em 1935,

Robinson estava entre esses cinco economistas a quem Keynes confiou sua *Teoria geral* para que eles opinassem.[10] Isso colocou Joan Robinson no centro da ciência econômica de Cambridge. Keynes inclusive escreveu a Introdução a seu livro *Introduction to the Theory of Employment* [Introdução à teoria do emprego], o primeiro manual sobre economia keynesiana.

Em 1934, Robinson havia sido nomeada para um estágio probatório em tempo parcial como professora na Universidade de Cambridge. Em 1937, ela tinha um estágio probatório em período integral, que levou a um cargo efetivo no ano seguinte. Ela estava em meio a alguns dos economistas mais influentes da época. Em 1938, a economia de Cambridge era liderada por Keynes, Sraffa e Kahn. Além deles, havia J. R. Hicks e A. C. Pigou. John Hicks posteriormente receberia um título de cavaleiro e, em 1972, o prêmio mais prestigioso de economia. Ele partilhou o Prêmio Nobel com Kenneth J. Arrow por seu trabalho sobre a introdução de conceitos de bem-estar na economia, tais como a avaliação da maneira que a utilidade ou a felicidade das pessoas é afetada por escolhas econômicas. Arthur Pigou desenvolveu mais a fundo a ideia de "externalidades", os custos ou benefícios para outros que não são levados em consideração, por exemplo, por alguém que polui ou que planta árvores. Um imposto pigouviano é um imposto cobrado do poluidor para fazê-lo internalizar o custo social de suas atividades poluentes.

Apesar de sua posição de destaque, Joan Robinson enfrentou concorrência quando afirmou liderar uma nova área de pesquisa. Edward Chamberlin, da Universidade de Harvard, publicou *The Theory of Monopolistic Competition* [A teoria da concorrência monopolística], três meses antes de *The Economics of Imperfect Competition* [A economia da concorrência imperfeita], de Robinson. Contudo, numa mesa-redonda promovida sobre o assunto na Associação Americana de Economia em dezembro de 1933, foi adotado o conceito de Robinson, e não o de Chamberlin, para estabelecer os parâmetros da nova área de pesquisa. Ela foi auxiliada pelas visitas de Kahn a universidades norte-americanas, o que aumentou as referências de Robinson em seu livro em comparação ao de Chamberlin. Edward Chamberlin, no entanto, viria a desenvolver a área fecunda da organização industrial, que pesquisava questões como a interação oligopolista, que analisava de que modo algumas poucas empresas podem dominar um setor, por exemplo, o de linhas aéreas. Robinson posteriormente desenvolveria sua abordagem mais teórica na área da economia do trabalho, em vez da teoria da empresa. Curiosamente, um dos que discorreram sobre os artigos apresentados foi o próprio Chamberlin, e a mesa-redonda foi moderada por Joseph Schumpeter. Schumpeter posteriormente recomendaria Robinson como membro honorário da Associação Americana de Economia: "Sei que serei considerado inapropriado se, neste país antifeminista, sugerir homenagear uma mulher, mas a sra. Joan Robinson teve um sucesso internacional merecido com o livro *The Economics of Imperfect Competition* [A economia da concorrência imperfeita] em 1933. Em virtude disso, ela tem uma posição de destaque em uma das linhas de desenvolvimento mais populares".[11]

O livro seguinte de Robinson complementou e ampliou a *Teoria geral* de Keynes. Em março de 1936, apenas um mês depois que o livro de Keynes foi publicado, ela publicou um artigo chamado "The Long-Period Theory of Employment" [A teoria do emprego no longo prazo]. Como as suposições de Keynes focavam no curto prazo, Joan ampliou seu trabalho para analisar as condições de longo prazo. Em junho daquele mesmo ano, outro artigo, "Disguised Unemployment" [Desemprego disfarçado], foi publicado, o qual, mais uma vez, ampliava a economia keynesiana. Keynes argumentou que a demanda insuficiente resultava em trabalhadores desempregados. Robinson afirmou que, quando os trabalhadores são demitidos, eles aceitam trabalhos menos produtivos a fim de sobreviver, ainda que recorram a vender fósforos nas esquinas. Embora tecnicamente estejam empregados, tal emprego é, na verdade, desemprego disfarçado, o que significa que a taxa de desemprego real não está contando a história toda. Em *Essays in the Theory of Employment* [Ensaios sobre a teoria do emprego], publicado em 1937, ela explorou em mais detalhes os problemas em torno do emprego que foram suscitados em *Teoria geral*.

A ascensão de Joan Robinson como uma das principais economistas do mundo foi incrivelmente rápida. Em 1930, ela era esposa de um membro do corpo docente de Cambridge. No fim daquela década, era uma economista internacionalmente respeitada no cerne da revolução keynesiana. Entretanto, ela só se tornou professora titular na Universidade de Cambridge em 1965, ano em que o marido se aposentou de sua cátedra.

Joan Robinson publicou sua última grande obra em 1956. The Accumulation of Capital [A acumulação de capital] foi um estudo de modelos de crescimento econômico que se afastou das abordagens neoclássica e keynesiana convencionais para obter uma compreensão mais profunda de por que alguns países prosperam. Como suas outras pesquisas, esta obra é de fácil leitura, especialmente porque ela apresenta argumentos usando diagramas e figuras, em vez de equações e modelos matemáticos complexos. Nessa mesma linha, suas obras durante os anos 1960 se voltaram cada vez mais para questões de desenvolvimento econômico, especialmente na Índia, mas também na China e na Coreia do Norte.

Essa não foi a única nova direção que sua pesquisa seguiu. Robinson também examinou as bases da economia, como no livro de 1962, Economic Philosophy [Filosofia econômica], no qual ela observou, ironicamente: "O tempo todo [a economia] tem se esforçado para escapar do sentimento e conquistar para si mesma o status de ciência".[12] E acrescentou: "carecendo do método experimental, os economistas não são levados suficientemente a reduzir conceitos metafísicos a termos falsificáveis e não podem convencer uns aos outros a concordar quanto ao que foi falsificado. Portanto, a economia claudica com um pé em hipóteses não demonstradas e o outro em slogans não demonstráveis".[13]

Além disso, Robinson concebia a tarefa dos economistas como "organizar o melhor que pudermos essa mistura de ideologia e ciência. Não encontraremos respostas precisas às perguntas que ela suscita".[14]

Os mercados imperfeitos de Robinson

O trabalho de Joan Robinson sobre concorrência imperfeita não oferece respostas precisas, mas pode ajudar a explicar por que os salários não conseguiram acompanhar a produtividade, isto é, a produção por trabalhador, visto que os mercados simplesmente não são perfeitos no mundo real. Para muitos, possivelmente pareceria curioso que tenha levado tanto tempo para que isso fosse descoberto! De fato, seria difícil dar muitos exemplos de um mercado perfeitamente competitivo. Isso mostra quão arraigada havia se tornado a ideia de que o mercado funciona de maneira perfeitamente eficiente, conduzido pela "mão invisível". Foi só quando Keynes desafiou a visão neoclássica de que os mercados se autorregulam rapidamente que foram assentadas as bases para que Robinson, entre outros, desenvolvesse teorias acerca de mercados de concorrência imperfeita.

Na concorrência perfeita, uma empresa escolheria produzir um bem até o ponto em que o volume que vende é garantido pelo custo de produzi-lo. Os trabalhadores receberiam o valor da última unidade que produziram. Os empregadores não conseguiriam pagar menos porque a exploração (conhecida como "renda econômica") seria corroída pela concorrência, isto é, outra empresa seria capaz de pagar um pouco mais até o ponto em que os salários se igualassem ao valor pelo qual elas poderiam vender a última unidade produzida. Portanto, a última unidade, ou unidade "marginal", revela o valor daquilo que um trabalhador produziu, que, então, estipula o salário.

Mas Robinson observa que, nos mercados de concorrência imperfeita, as empresas *conseguem* obter renda econômica porque a renda não é totalmente corroída pela concorrência.[15] Nessa situação, as empresas têm poder de mercado. Isso poderia ser resultado de acidentes da história, no sentido de que alguns foram pioneiros no mercado, outros detiveram patentes, e outros ainda têm influência sobre o mercado devido ao empreendedorismo de seus fundadores.

Ela desenvolveu uma teoria do "monopsônio" para se referir ao poder que as empresas podem exercer no mercado de trabalho junto com o termo mais familiar e estabelecido, o poder de monopólio, em que as empresas têm poder no mercado de produtos e podem cobrar mais por um produto ou serviço acima de seus custos, obtendo lucros de monopólio. O poder de monopsônio possibilita que os empregadores paguem aos trabalhadores menos do que o valor de sua produção, e mantenham mais para si próprios. Há um debate ativo sobre se o monopsônio existe. Os economistas têm sido céticos quanto a se as empresas são capazes de ter poder sobre os mercados de trabalho. O Serviço Nacional de Saúde (NHS, na sigla em inglês) do Reino Unido é um exemplo de organização cujo principal empregador, neste caso o governo, é praticamente o único empregador, e, portanto, pode estipular salários e condições de trabalho. Outros incluem os mercados de trabalho locais de muitas cidades, que com frequência são dominados por uma ou duas indústrias principais. (Robinson usou a mineração de carvão como o exemplo mais extremo de sua época.) De fato, os economistas clássicos fizeram a afirmação um tanto surpreendente de que, quase que por definição, sempre há significativamente menos empregadores do que trabalhadores. Os empregadores, ao contrário dos empregados, geralmente não estão preocupados em saber de onde vem seu próximo salário. Eles normalmente têm um interesse comum muito mais forte do que os trabalhadores. O resultado final é que cartéis ou monopsônios com certo grau de colusão não são tão incomuns; e que são, então, contrabalançados por sindicatos de trabalhadores.

 Os monopsônios, porém, são considerados mais raros do que empresas com poder de monopólio. Como os trabalhadores podem mudar de indústria, os monopsônios não são tão comuns quanto os monopólios. Vários exemplos de indústrias monopolistas vêm à mente. Por exemplo, algumas poucas empresas dominam o mercado de telefonia móvel, e alguns poucos motores de busca monopolizam a internet. Vimos algumas dessas empresas se tornarem objeto de investigações regulatórias por práticas anticompetitivas devido a seu poder de mercado.

 De acordo com Robinson, se há imperfeições no mercado de trabalho que fazem com que haja concorrência imperfeita, então essas imperfeições podem levar a diferentes níveis salariais. Isso é plausível, visto que os trabalhadores não são homogêneos ou perfeitamente intercambiáveis. Por exemplo, os trabalhadores têm diferentes disposições ou capacidades para trabalhar, o que é conhecido como elasticidade da oferta de mão de obra. O trabalho em regime de tempo integral versus regime de meio período é um bom exemplo de quanto trabalho um trabalhador quer, ou pode, fornecer para o mercado. Se uma mulher é responsável pelo cuidado dos filhos, ela possivelmente só poderá aceitar um trabalho em meio período. Isso significa que os empregadores podem oferecer diferentes salários mesmo para indivíduos igualmente produtivos. Os empregadores "exploram" essas diferenças na oferta de mão de obra e ganham "rendas" oferecendo salários menores do que o valor da produção. (As rendas também podem ser obtidas em outros contextos, como quando os monopolistas ganham o que teria ido para os consumidores.) Se há imperfeições tanto no mercado de fatores (mão de obra) como no de produtos (por exemplo, ferrovias), então há ainda mais "rendas" em potencial.

Os salários também afetam os níveis de emprego. Se alguns grupos têm "salários de reserva" mais altos, isto é, um nível salarial que os leva a decidir entrar no mercado de trabalho ou não, e aceitar um emprego ou não, então também haverá diferentes níveis de emprego. Isso é observado nas diferentes taxas de participação no mercado de trabalho para homens e mulheres, que normalmente são mais baixas no caso das mulheres, que podem escolher não trabalhar se o salário mal cobrir os custos de cuidado das crianças ou outros custos familiares, como o cuidado de pais idosos, por exemplo.

A teoria de Robinson mostra que, se há concorrência imperfeita, o que é muito provável, os trabalhadores recebem salários mais baixos do que deveriam ganhar com base em sua produtividade, e as empresas recebem "rendas". Tal "exploração" dos trabalhadores tende a persistir até que a estrutura do mercado mude de modo que a concorrência leve as empresas a perderem seu poder de mercado. Esse poder de mercado é o que permite que as empresas paguem salários abaixo do que aquilo que os trabalhadores produzem.

As ideias de Robinson pavimentaram o caminho para uma análise dos fatores que determinam os salários. Suas teorias mostram como o problema do baixo salário vai além da produtividade da mão de obra e está relacionado com as estruturas dos mercados.

O problema com o salário

O baixo salário nem sempre foi um problema. Depois da Segunda Guerra Mundial, nos anos 1950 e 1960, os salários tiveram um sólido crescimento durante aqueles que são conhecidos como os Anos Dourados do crescimento econômico. Então, vieram as crises petrolíferas dos anos 1970. O crescimento dos salários desacelerou em maior ou menor grau no mundo inteiro. Nos Estados Unidos, em particular, no fim da década de 1970, o crescimento do salário mediano – o salário das pessoas situadas no meio da pirâmide de renda – começou a estagnar.

Além disso, no período pós-Segunda Guerra Mundial, os salários tiveram um crescimento médio de 4% ao ano, mesmo com a desaceleração dos anos 1970. Mas então veio a Grande Recessão em 2009, e houve uma queda acentuada da produção econômica, bem como dos salários, depois da crise financeira.

Alguns países, principalmente as economias emergentes, se saíram melhor, tanto antes da crise como depois. A China, em particular, se saiu bem. O crescimento da China desde 1979 levou a aumentos anuais de dois dígitos sobre os salários, mesmo depois da crise. A Índia também se saiu relativamente bem. Muitas economias emergentes estão se industrializando, e, portanto, o crescimento dos salários não é tanto um problema como nas economias avançadas.

Já os salários no Reino Unido foram prejudicados. No Reino Unido, houve uma queda de mais de 10% nos salários reais (isto é, descontando a inflação) nos seis anos após 2008. Os salários começaram a subir novamente por volta de 2013, mas essa queda nos salários reais é sem precedentes. A única outra ocasião em que isso foi visto foi nos anos 1920.

Desde 2009, o ritmo de crescimento do salário nominal no Reino Unido desacelerou para cerca de 2%. A 2%, o crescimento dos salários é aproximadamente metade do que era vinte a trinta anos antes da Grande Recessão. Quando a inflação é de 2%, isso significa salários reais estagnados, já que o aumento é corroído pelos preços mais altos. O Reino Unido registrou um crescimento nos salários reais em 2014 pela primeira vez desde a crise, mas apenas porque a inflação era insignificante. Isso durou cerca de dois anos, até que a inflação começou a subir novamente em 2017, quando os salários reais, mais uma vez, caíram.

A economia se recuperou e o desemprego diminuiu, retornando ao nível de 5% registrado por longos períodos no Reino Unido e nos Estados Unidos, mas o crescimento dos salários ficou para trás. Isso é peculiar, porque os salários normalmente melhorariam junto com a economia. No longo prazo, a razão fundamental pela qual os salários crescem é o crescimento da produtividade impulsionado por novas tecnologias e ideias. Isso significa que as empresas podem pagar salários mais altos para seus funcionários.

Mas a Organização Internacional do Trabalho (OIT) considera que, desde o início dos anos 1980, o crescimento da produtividade dos trabalhadores excedeu o crescimento do salário médio em várias grandes economias desenvolvidas, incluindo a Alemanha, o Japão e os Estados Unidos. Para a França e o Reino Unido, a produtividade e os salários cresceram a um ritmo similar. O Reino Unido também sofre com o baixo crescimento da produtividade (isso é discutido no Capítulo 12). Então, o crescimento da produtividade superou o crescimento dos salários em muitas das economias avançadas nas últimas décadas.[16] Por que essa relação entre o que as empresas podem pagar aos trabalhadores e o que elas de fato pagam se rompeu?

A globalização é uma explicação. Não há nenhum exemplo de globalização que esteja mais próximo do Ocidente do que a reunificação da Alemanha no início dos anos 1990. A mão de obra mais barata na Alemanha Oriental, e os lugares menos custosos para produzir a uma curta distância no Leste Europeu, trouxeram para casa o desafio da globalização. Havia uma grande diferença salarial entre a Alemanha Oriental e a Ocidental. Com maior concorrência, os trabalhadores na que havia sido a Alemanha Ocidental ficaram sujeitos à estagnação salarial em meados dos anos 1990. Foi quando a Alemanha ganhou o título de "o homem doente da Europa". As taxas de crescimento estavam entre 0 e 1%, e as perspectivas econômicas eram ruins. Mas a Alemanha teve uma transformação notável pouco antes da Grande Recessão.

Na época, o país estava em uma posição forte porque os mercados externos, em particular a Ásia, mas também a Europa, estavam comprando produtos industrializados alemães. A China precisava de bens de produção alemães para construir suas fábricas, em particular para a produção de bens de consumo mais sofisticados para os quais a China começou a se voltar nos anos 2000. Então, quando veio a recessão, a Alemanha se encontrava em uma posição econômica sólida.

Essa transformação foi forçada pela globalização, especificamente com a entrada dos países do Leste Europeu na União Europeia no início dos anos 2000. Havia a possibilidade de que as indústrias alemãs realocassem a produção para esses novos países da União Europeia, onde os salários eram muito mais baixos, e as empresas alemãs estavam ameaçando fazer isso se os sindicatos ou os representantes dos trabalhadores não concordassem com contenções salariais e se tornassem mais flexíveis quanto às condições trabalhistas.

Diante da ameaça apresentada pela globalização, os sindicatos concordaram. Uma mudança importante foi que as negociações salariais foram descentralizadas do nível da indústria e da região para o nível da empresa. Desse modo, as negociações salariais puderam refletir as necessidades de empresas específicas em um ambiente muito competitivo e em rápida transformação.

Assim, a Alemanha ganhou competitividade de produção à custa dos salários, que, particularmente na faixa inferior da pirâmide, começaram a cair. Na faixa mediana, o crescimento salarial estava essencialmente estagnado. E este é, em parte, o motivo pelo qual a indústria alemã se tornou mais competitiva. É claro, também houve avanços na produtividade, mas a contenção salarial exerceu um papel importante.

A abordagem flexível tanto dos empregadores como dos sindicatos ajudou a reter a produção nacional em muitos dos principais setores industriais da Alemanha e a manter o emprego no país, embora os trabalhadores ganhassem menos. Isso contrasta com vários de seus vizinhos europeus, como a França e a Itália, que viram algumas de suas indústrias deixarem o país. A Alemanha foi o primeiro país europeu a sair da recessão. Depois disso, tornou-se uma espécie de celebridade econômica, exportando uma boa parte da produção não só para a China e para outros países em desenvolvimento, como também para a Europa e os Estados Unidos. Contudo, conforme as condições econômicas melhoravam, também aumentava a pressão sobre os salários, o que levou à criação de um salário mínimo pela primeira vez em janeiro de 2015.

Mas a concorrência global não é o único motivo pelo qual os salários nas economias desenvolvidas são baixos. O Japão concorria com êxito na economia global, embora seus trabalhadores tivessem segurança vitalícia no emprego, até que sofreu uma bolha imobiliária que estourou no início dos anos 1990. Mas, hoje, o país exemplifica outro fenômeno que contribuiu para os baixos salários: o surgimento de trabalhadores temporários ou não permanentes.

Nos países ricos, a proporção de trabalhadores temporários aumentou. A OCDE, que é um gabinete voltado para as economias avançadas, considera que o salário médio de um trabalhador temporário, em comparação com o de um trabalhador permanente, chega a ser 50% mais baixo no pior caso (Espanha) e aproximadamente 20% mais baixo até mesmo nos países mais igualitários (Alemanha).

No Japão, a proporção de trabalhadores temporários no mercado de trabalho dobrou desde 1999. Uma grande parte daqueles com contratos temporários é de mulheres. Quase 40% da mão de obra compreende empregados casuais e em regime de tempo parcial, cujos salários frequentemente são muito menos de metade daqueles com contratos de trabalho permanentes. O sistema de emprego vitalício que foi parte do milagre japonês nos anos 1980 chegou ao fim com o colapso desse sistema uma década depois.

Depois da quebra, as empresas japonesas estavam buscando lucros no curto prazo, então precisaram reduzir os custos com mão de obra. Substituir os empregados em regime de tempo integral por trabalhadores não regulares foi uma solução. Esses substitutos muitas vezes são *haken*, como são chamados no Japão os funcionários terceirizados. Seu emprego carece de segurança, eles ganham menos da metade do salário de um funcionário regular e, ao contrário dos funcionários permanentes, não têm aumento salarial garantido.

Outro fator que mantém os salários baixos é a dificuldade dos trabalhadores japoneses em mudar de empresa. O sistema de emprego vitalício criou um mercado de trabalho em que poucos mudam de empregadores depois de conseguir um emprego permanente. Em consequência, os trabalhadores japoneses não têm poder de barganha. E a concorrência dos trabalhadores temporários acaba contendo os salários de todos os trabalhadores.

Isso ajuda a explicar por que os salários medianos no Japão ficaram estagnados durante duas décadas, e por que aumentar os salários é uma prioridade para um governo japonês desesperado por fazer a economia avançar novamente através do crescimento do consumo alimentado por rendas mais altas. Há também consequências sociais que o governo está determinado a evitar. Os homens em empregos temporários, por exemplo, têm menos probabilidade de se casar e ter filhos, porque seus ganhos são insuficientes para manter uma família.

Mas não só no Japão houve um aumento da insegurança no emprego, e tampouco os trabalhadores temporários são a única causa dos baixos salários. Há outro fator que é observado mais agudamente nas maiores economias do mundo: a automação.

O número de robôs usados na produção industrial vem aumentando de maneira vertiginosa. É mais concentrado em setores como a produção automobilística, mas está se espalhando por todas as economias avançadas. Durante as últimas duas décadas nos Estados Unidos e em muitos dos países industrializados, a tecnologia melhorou significativamente. Os computadores complementaram e melhoraram as qualificações dos profissionais, de modo que os empregos que requerem mão de obra mais qualificada estão aumentando. Mas essas mesmas inovações substituíram os empregos de pessoas medianamente qualificadas, por exemplo, em fábricas automatizadas. Os empregos que exigem menor qualificação são menos afetados, já que os cargos no setor de serviços, como restaurantes de fast-food, continuam sendo ocupados por pessoas. Portanto, os empregos em ambos os extremos do espectro de qualificações estão crescendo, ao passo que aqueles no meio estão diminuindo.

A classe média (aqueles que ganham entre 50% abaixo e 50% acima da renda mediana) encolheu para menos de metade da população dos Estados Unidos pela primeira vez desde o início dos anos 1970, de acordo com o Pew Research Center. Os dados da última recessão mostram o motivo: mais de metade dos empregos criados desde 2010 são de baixos salários. Esse processo, que vem acontecendo há mais de um quarto de século, é conhecido como "esvaziamento" da classe média.

Portanto, a tecnologia beneficiou a uns mais do que a outros. Embora a tecnologia ajude a elevar o crescimento econômico como um todo, os ganhos não necessariamente são divididos por igual entre as empresas e os trabalhadores, uma consequência que não surpreenderia Joan Robinson. Em 2015, os Estados Unidos produziram em torno de 18 trilhões de dólares de PIB. Cerca de 10 trilhões de dólares foram pagos aos trabalhadores na forma de salários e benefícios, mas o resto é, em grande medida, lucro empresarial. Durante as últimas décadas, a proporção de ganhos que vai para os trabalhadores na forma de salários diminuiu, ao passo que a proporção que vai para as empresas na forma de lucros aumentou. Este é outro motivo pelo qual os salários no mundo todo não estão crescendo como esperado junto com a produtividade e a economia. Desse modo, mesmo que a produtividade aumente, os salários podem não aumentar proporcionalmente.

A sindicalização também exerce um papel. Os dados dos Estados Unidos para os últimos cem anos mostram que, quando o percentual de trabalhadores sindicalizados caiu, a parcela da renda indo para os norte-americanos mais pobres também caiu. A taxa de sindicalização é hoje menor que 10%, e a parcela da renda indo para os 90% dos lares na base da pirâmide também está próxima de uma baixa histórica.[17] Em suma, a perda do poder de barganha por parte dos trabalhadores e a tecnologia contribuíram para o esvaziamento da classe média nos Estados Unidos. Junto com a globalização e o crescimento dos empregos em tempo parcial, esses fatores ajudam a explicar os baixos salários nos Estados Unidos e em outros lugares. É claro, os salários nos países ricos não são baixos em termos absolutos. O nível dos salários até mesmo nos percentis inferiores da distribuição na Alemanha é bem mais alto do que em muitos outros países europeus. Ainda assim, o crescimento salarial é um problema, sobretudo para aqueles na classe média, cuja remuneração está estagnada.

 O que Joan Robinson diria sobre a questão dos baixos salários?

A teoria da determinação de salários de Robinson

No modelo do mercado de trabalho de Robinson, as empresas determinam quanta mão de obra empregar comparando sua produção e seu custo. Levando em consideração quanta receita produz, uma empresa estipula seu nível de emprego no ponto em que o "produto marginal" do que é produzido é exatamente igual ao "custo marginal" de empregar a próxima unidade de mão de obra. Isso independe de os mercados de fatores ou de produtos serem perfeitos ou imperfeitos. Quando os mercados são imperfeitos, os empregadores têm poder de mercado e podem "explorar" os trabalhadores, pagando-lhes menos do que ganham com sua produção. Como tal exploração surge do poder de barganha desigual entre empregadores e empregados, uma maneira de reduzir a exploração é aumentar o poder de barganha dos trabalhadores, por exemplo, por meio de sindicatos ou negociações coletivas. Legislação para colocar os trabalhadores em pé de igualdade com os empregadores é outro caminho. A Alemanha fez isso outorgando aos trabalhadores representação estatutária no conselho administrativo. Os direitos dos trabalhadores não sindicalizados também requerem proteção.

O poder de barganha é importante em muitos casos, mas aumentar os salários por meio de negociações não é a única solução para o problema da exploração na teoria de Robinson. Isso poderia resultar em desemprego e exploração continuada dos trabalhadores com salários mais altos, já que uma empresa com poder de mercado poderia exigir uma quantidade de trabalho inadequada. A solução seria eliminar a causa de imperfeição no mercado, aumentando a concorrência. Isso diminuiria o poder de monopólio ou de monopsônio de uma empresa. Em um mercado competitivo, uma empresa que explora seus trabalhadores os perderia para outra empresa que não o faz. Para os trabalhadores, a concorrência maior impediria que seus salários caíssem muito. Na visão de Robinson, a solução para os baixos salários seria corrigir as imperfeições no próprio mercado, regulando-o para aumentar a concorrência. Isso proporcionaria uma solução mais duradoura.

Mas Robinson também achava que a concorrência maior poderia fazer os salários caírem, porque os preços caem quando a concorrência aumenta, e os trabalhadores recebem o valor de seu produto marginal; este poderia inclusive ser menor do que o salário injusto de antes. Ela acreditava que um salário mínimo ajudaria, e deu grande importância à intervenção do governo, tanto para evitar a exploração como para aumentar a concorrência nos mercados.

Sendo assim, ela provavelmente teria sido a favor das recomendações da OCDE de fomentar o aumento dos salários por meio de reformas trabalhistas que tornassem os mercados mais competitivos. A regulação dos mercados para que haja menos barreiras à entrada de novos atores aumenta a competitividade, e isso melhorou os níveis de emprego em muitas das economias avançadas. Permitir que as empresas mais produtivas floresçam significa que elas atrairão os trabalhadores das empresas menos produtivas. Essa realocação de empregos gera benefícios para a economia, bem como para os trabalhadores, que têm melhores oportunidades de trabalho.

A OCDE também está preocupada com o crescimento do número de trabalhadores com contratos temporários. Isso certamente preocuparia Joan Robinson. O aumento de empregos temporários ou em regime de tempo parcial se enquadraria em sua teoria de desemprego "disfarçado" ou "oculto". Os Estados Unidos medem não só o número de pessoas que estão oficialmente desempregadas, como também aquelas que querem e estão disponíveis para um emprego em período integral, mas têm de aceitar um emprego em meio período. Quando esse número é acrescentado à taxa de desemprego oficial, junto com os que estão disponíveis para trabalhar mas não estão procurando emprego, o cenário do desemprego nos Estados Unidos é menos otimista. Essa taxa de desemprego U-6, como é conhecida, caiu junto com a taxa de desemprego oficial desde a crise financeira, mas gira em torno de 9%. A taxa de desemprego U-6 chegou a 17% durante a Grande Recessão, mais do que o dobro dos cerca de 8% antes da crise.

O desemprego oculto contribui para os baixos salários, como discutimos anteriormente quando examinamos o aumento do trabalho em regime de meio período nas economias avançadas, e é mais um exemplo de como as ideias de Robinson influenciaram o modo como pensamos sobre o desemprego. Em vez de se contentar com os valores oficiais sobre o desemprego, reconhecer o subemprego como uma forma de desemprego ajuda a identificar outro fator de pressão sobre os salários. Na visão de Robinson, quando os trabalhadores mudam de empregos menos produtivos para outros mais produtivos, eles deveriam ganhar salários mais altos, considerando que o mercado é competitivo. Ao utilizar a definição de desemprego de Robinson, os Estados Unidos têm um retrato mais verdadeiro de seu mercado de trabalho, com o qual podem avaliar suas políticas econômicas. É uma prática que alguns países da Europa estão começando a adotar, o que não é uma surpresa, tendo em vista o aumento dos trabalhos em meio período e o desafio dos baixos salários nas economias avançadas.

Robinson acreditava que as políticas do governo podem ajudar a lidar com os baixos salários, contanto que os políticos examinem as causas mais profundas do problema. Os trabalhadores continuarão sendo explorados enquanto as empresas tiverem poder de mercado. Mas, de maneira similar a Joseph Schumpeter, ela acreditava que o poder de monopólio das empresas não sobreviveria. Toda empresa que estivesse ganhando "renda" atrairia outras empresas para o mesmo setor. A concorrência maior significa que os monopsônios não durariam. Além disso, como John Maynard Keynes, que fora seu mentor, Robinson acreditava que lidar com as questões de curto prazo que os trabalhadores enfrentam durante períodos em que há monopólios os explorando é mais importante do que esperar a estrutura de mercado se corrigir sozinha no longo prazo. Considerando que os baixos salários são um problema que persiste há tempos, bem como a queda continuada na parcela de renda que vai para os trabalhadores em comparação com aquela que vai para os donos do capital, Robinson diria que essa questão requer ação urgente. Suas teorias não abordam todas as causas do baixo salário, mas podem ajudar a identificar algumas das maneiras pelas quais o baixo crescimento dos salários pode ser remediado.

Uma vida notável

Não há dúvida de que a pesquisa de Robinson ajudou os economistas a identificar algumas das respostas a perguntas como por que o salário não se comporta como previsto por mercados de concorrência perfeita. Mas, como ela também salienta, sem provas científicas como nas ciências naturais, a análise econômica não pode oferecer respostas definitivas. O melhor que podemos fazer é sermos guiados por modelos mais realistas do mercado de trabalho. Robinson, assim, aponta uma das razões pelas quais todos devemos estudar economia: "O propósito de estudar economia não é adquirir um conjunto de respostas prontas para questões econômicas, e sim aprender a evitar sermos enganados pelos economistas".[18]

Joan Robinson faleceu em 1983, após uma vida longa e influente. Sua obra inaugurou uma maneira totalmente nova de olhar para os mercados, rejeitando as visões econômicas convencionais acerca dos salários e outras questões baseadas em uma crença não realista na concorrência perfeita. Esses mercados não existem; os baixos salários, sim.

A solução para o problema dos salários, obviamente, é complexa, como seria de se esperar no mundo complicado descrito por Robinson, onde há concorrência imperfeita, exploração dos trabalhadores e os baixos salários que daí resultam. Ainda assim, para os trabalhadores que estão empregados, este é um problema que pode ser resolvido. Como Robinson observou: "O sofrimento de ser explorado pelos capitalistas não é nada em comparação ao sofrimento de nem sequer ser explorado".[19]

Capítulo 10

Milton Friedman: Os bancos centrais estão fazendo demais?

A crise financeira de 2008 popularizou novos termos econômicos, como flexibilização quantitativa (injeções de dinheiro na economia feitas pelos bancos centrais), orientação futura da política monetária (quando os bancos centrais preveem qual será a taxa de juros no futuro), taxas de juros negativas (quando os bancos centrais cobram dos bancos comerciais por depositarem dinheiro com eles) e políticas macroprudenciais (regulações dos bancos centrais visando a estabilidade financeira), para citar alguns. Estes se somam ao uso de taxas de juros para alcançar estabilidade de preços ou inflação, e são ferramentas "não convencionais" ou relativamente novas das políticas monetárias.

Tudo isso nos leva à pergunta: os bancos centrais estão fazendo demais? E o que estão fazendo está de fato ajudando a economia? Este é um terreno desconhecido. O presidente do Banco da Inglaterra, Mark Carney, brincou que eles estão tentando fazer "a teoria alcançar a prática", ao passo que o ex-presidente do Fed, Ben Bernanke, reelaborou a clássica piada econômica: "O problema com a flexibilização quantitativa é que funciona na prática, mas não funciona na teoria".

A principal política não convencional é a flexibilização quantitativa (QE). Foi reimplementada no Reino Unido depois do referendo em junho de 2016 favorável à saída da União Europeia. A QE também está sendo usada por países da área do euro e pelo Japão, embora o banco central dos Estados Unidos tenha deixado de usá-la. Injetar dinheiro para fomentar a economia porque as taxas de juros foram reduzidas a zero ou até mesmo a valores negativos é uma das ferramentas de políticas monetárias mais controversas dos dias atuais. Cortar as taxas de juros é uma maneira de baratear os empréstimos, o que pode aumentar o volume de dinheiro emprestado por indivíduos e empresas, que, então, respectivamente, gastam e investem e, desse modo, ajudam a recuperação. Mas, como as taxas de juros já eram baixíssimas, os bancos centrais precisavam de outra maneira de aumentar a quantidade de crédito na economia. A QE foi essa maneira. Dito de forma simples, os bancos centrais "imprimiram" dinheiro eletronicamente e o usaram para comprar obrigações, que são títulos da dívida pública ou privada. Isso colocou dinheiro nos balanços patrimoniais das empresas que, desse modo, venderam suas obrigações em troca de dinheiro, que os bancos centrais esperariam que fosse investido e promovesse a recuperação.

Isso representa uma nova era nas políticas monetárias. O principal estudioso em economia monetarista foi Milton Friedman. Ele fez fama pesquisando as causas da Grande Depressão que se seguiram à última quebra sistêmica dos bancos em 1929. Sua conclusão de que a crise ocorreu devido a políticas monetárias inadequadas mudou fundamentalmente nossa compreensão daquele período e das políticas pós-crise.

Até hoje, Friedman continua sendo uma figura divisora na opinião pública, mas isso é, em grade medida, um reflexo das posições extremamente libertárias e favoráveis ao livre mercado que em um momento posterior da vida ele viria a assumir publicamente do que do conjunto de pesquisas econômicas que levou a seu Prêmio Nobel de Economia, em 1976. Ele foi visto como uma das principais influências por trás das administrações Reagan e Thatcher nos anos 1980, ambos os quais eram ideologicamente inclinados a governos mais enxutos e a um capitalismo mais *laissez-faire*. Ambos os líderes atraíram críticas, algumas das quais inevitavelmente se refletiram em Friedman, um conservador reconhecido que foi central ao pensamento econômico dos dois.

Como a maioria dos acadêmicos, na época em que recebeu o Prêmio Nobel ele já havia passado do auge da pesquisa que o levou a ser premiado. Isso geralmente acontece com grandes prêmios, mas ainda mais no caso do Nobel de Economia nos anos após sua criação, em 1969, quando ainda havia um longo caminho a ser percorrido para reconhecer os pioneiros. Entre o fim dos anos 1930 e o início dos anos 1960, Friedman produziu um conjunto de obras considerável. Suas teorias sobre políticas monetárias e outros conceitos econômicos, tais como o que leva as pessoas a consumirem, continuam profundamente arraigados no assunto e nas políticas públicas de hoje.

Foi só nos anos 1960 que Friedman se voltou para a escrita política. Seu envolvimento nos assuntos públicos, então, manteve-se até o fim de sua vida, em 2006. Em 2003, ele havia apoiado publicamente o ator de Hollywood Arnold Schwarzenegger para o cargo de governador da Califórnia. (O Exterminador afirmou, de fato, que Adam Smith e Friedman estavam entre suas influências.)

Pode-se dizer que Friedman teve uma carreira dividida em duas metades. A primeira metade, como economista acadêmico; a segunda, como figura pública e de influência política. Em certa medida, a segunda metade ofuscou a primeira, e torna-se cada vez mais necessário recordar quão grande e duradoura foi sua contribuição à economia.

As visões de Friedman sobre a Grande Depressão foram revolucionárias. Após a crise financeira de 2008, os políticos estavam se esforçando ao máximo para tentar evitar os erros cometidos nos anos 1930, a maioria dos quais havia sido identificada por Friedman. Desde a crise, os bancos centrais de todo o mundo tentaram de tudo para reanimar as economias arruinadas, ávidos por evitar acusações de repetir os erros apontados por Friedman.

Em 2005, um ano antes de sua morte, ele publicou um artigo no *Journal of Economic Perspectives*. Neste artigo, reafirmou suas conjeturas sobre o papel das políticas monetárias na Grande

Depressão e os graves erros cometidos pelo Federal Reserve. Se estivesse vivo, Friedman sem dúvida teria tido muito a dizer sobre os acontecimentos que se seguiram alguns anos depois, a reação dos políticos a tais acontecimentos, e em que ponto nos encontramos hoje.

A vida e a época de Milton Friedman

Milton Friedman nasceu em 1912, no Brooklyn. Seus pais haviam emigrado separadamente para os Estados Unidos no fim do século XIX, vindos da Transcarpácia, parte do antigo Império Austro--Húngaro situada na Ucrânia, na Eslováquia e na Polônia, deixando a família e tudo o que tinham para trás. Os dois se conheceram na comunidade judaica de Nova York. Quando Friedman tinha um ano de idade, eles se mudaram para a pequena cidade de Rahway, Nova Jersey, a trinta quilômetros da cidade de Nova York. Foi aí que ele cresceu, com suas três irmãs. A família não era rica e levava uma vida modesta, administrando um comércio na própria residência.

Desde tenra idade, Friedman se destacou como excelente aluno, e passou grande parte de seu tempo livre na biblioteca local. Ele entrou para o ensino primário um ano mais cedo, pulando a educação pré-escolar. No meio do sexto ano, foi promovido para o sétimo, e passou a ser dois anos mais novo do que a maioria de seus colegas. Embora fosse menor do que as outras crianças, era falante e tinha uma voz alta.[1]

Friedman concluiu o ensino médio um mês antes de seu aniversário de dezesseis anos, em 1928. Naquele mesmo ano ele se matriculou na Universidade Rutgers, na vizinha Nova Brunswick, deixando a família pela primeira vez, para morar no campus. Por suas circunstâncias familiares e seu excelente desempenho nos exames, ele foi qualificado para uma bolsa de estudos.

Originalmente, Friedman pretendia estudar matemática. Quando criança, ele observara que "os indivíduos com habilidades matemáticas excepcionais são reconhecidos mais cedo e desenvolvem maior confiança em sua capacidade de resolver problemas".[2]

No entanto, como muitos economistas ao longo dos anos, incluindo vários neste livro, ele se afastou das ciências "duras" em direção à ciência social da economia. Uma das principais influências sobre Friedman nessa época foi Arthur Burns, que mais tarde se tornaria banqueiro central dos Estados Unidos como presidente do Federal Reserve. O pai de Friedman havia morrido de ataque cardíaco quando ele tinha quinze anos e estava prestes a começar o último ano do ensino médio. Burns foi professor de Friedman na Rutgers, e foi ele quem convenceu o jovem de que a economia era um assunto útil que poderia ajudar a colocar fim à depressão em que o país então estava submerso. Friedman descreveu Burns como sendo um "pai substituto".[3] Ele citou Burns e outro professor de economia da Rutgers, Homer Jones, que também se tornaria banqueiro central como vice-presidente sênior do Federal Reserve de St. Louis, como suas razões para se tornar economista.

Quando Friedman entrou para a Rutgers, os Loucos Anos Vinte estavam quase no fim. Na época em que ele se graduou, em 1932, com um bacharelado em economia, com menção honrosa digna de nota, embora não excepcional, a Grande Depressão havia se instalado. Com um quarto da mão de obra desempregada, a economia parecia ser um problema urgente.

Muitas pessoas examinaram a vida de Friedman à procura de influências que possam ter dado origem a seu pensamento libertário e monetarista. No entanto, se havia alguma nessa época, certamente estava bem escondida. Ao que parece, a Grande Depressão e o potencial da economia para exercer um papel no alívio da crise foram um fator tão importante como qualquer outro no despertar do interesse de Friedman.

Depois da Rutgers, Friedman, com apenas vinte anos, foi para a Universidade de Chicago, com a qual viria a se tornar tão intimamente associado. Os dois grandes nomes em Chicago nessa época eram Jacob Viner e Frank Knight. Viner era um importante historiador econômico e economista especializado em comércio internacional, ao passo que Knight era reconhecido por seu estudo sobre o impacto da incerteza sobre os mercados. Durante grande parte de seu período em Chicago, Viner e Knight coeditaram o *Journal of Political Economy*, publicado pela editora da própria universidade; continua sendo um dos principais periódicos de economia até hoje.

Foi lá que Friedman conheceu sua futura esposa, Rose Director. Ambos eram alunos de pós-graduação e se sentavam próximos um do outro na aula de Viner. Viner dispunha os alunos alfabeticamente, e não havia ninguém entre os dois. Friedman e Rose tinham muito em comum. Ela nascera na Rússia em 1911, e se mudara para os Estados Unidos com a família em 1914, antes da eclosão da Primeira Guerra Mundial. Ela também era judia, mas sua família era estritamente ortodoxa. (Na verdade, Friedman era agnóstico desde os treze anos de idade.) Rose concluíra a graduação em Chicago. Como Friedman, ela era boa em matemática e havia concluído o ensino médio logo após seu aniversário de dezesseis anos, o que significa que também pulou pelo menos um ano.

O namoro foi lento. Começaram a namorar em 1932 e passaram longos períodos separados quando a carreira de Friedman o levava a outros lugares. Finalmente se casaram em 1938, quando ambos tinham 26 anos. Tiveram dois filhos: Janet, nascida em 1943, e David, nascido dois anos depois. Uma das maiores reviravoltas quando eles iniciaram a família foi que Friedman teve de mudar os hábitos de trabalho. Na juventude, seu período preferido para trabalhar era da meia-noite às 4h da manhã.

Em Rose, ele encontrou uma parceira intelectual que exerceria um papel importante em sua pesquisa, e os dois posteriormente escreveriam livros juntos. Ele relembra "muitas noites agradáveis de verão discutindo teoria e dados de consumo em frente a uma fogueira".[4]

*

Depois de concluir o mestrado em economia na Universidade de Chicago em 1933, Friedman passaria um ano na Universidade de Columbia, em Nova York, antes de regressar a Chicago. Mas, quando o ano acadêmico chegou ao fim, ele precisou de um emprego. Os Estados Unidos estavam no meio da Grande Depressão, e o New Deal do presidente Franklin D. Roosevelt atraíra as mentes mais brilhantes para Washington, DC. Um amigo de Chicago, Allen Wallis, havia ido trabalhar para o National Resources Committee. Friedman o acompanhou. Entre 1935 e 1937, ele se dedicou a desenvolver um índice do custo de vida. Esse trabalho contribuiu para o PhD que ele obteve em Columbia, e foi a base para *A Theory of the Consumption Function* [Teoria da função do consumo], que ele publicaria vinte anos depois, enquanto professor na Universidade de Chicago. Friedman considerava esta sua obra mais técnica, pela qual ele posteriormente ganharia o Prêmio Nobel, juntamente com seu trabalho sobre economia monetária e ciclos econômicos.[5]

Depois de dois anos em Washington, Friedman voltou para Nova York para trabalhar na Agência Nacional de Pesquisa Econômica (NBER, na sigla em inglês) dos Estados Unidos. Um de seus professores na Universidade de Columbia, Wesley Mitchell, era diretor. Wesley também lecionava na Universidade de Columbia em tempo parcial, e trabalhava como assistente de pesquisa para Simon Kuznets, que viria a ganhar o Prêmio Nobel de Economia em 1971. Ele incentivara Friedman a trabalhar com dados empíricos, uma área que, na época, ainda estava se formando, e tornou-se parte importante na abordagem de Friedman com relação à economia.

Em setembro de 1939, a guerra eclodiu na Europa, mas teve pouco efeito imediato tanto sobre Friedman como sobre o país de maneira geral, que só viria a entrar na guerra dois anos depois. Portanto, a vida continuou normalmente para Friedman. Durante o ano acadêmico de 1940-1941, ele foi para a Universidade de Wisconsin como professor visitante. Então, ele tinha 28 anos, e esta foi sua primeira nomeação acadêmica propriamente dita. Embora tivesse sido convidado a ocupar um cargo não permanente na universidade, ele recusou a fim de voltar para Washington e trabalhar como assistente do Secretário do Tesouro, Henry Morgenthau, que exercera um papel fundamental no desenvolvimento e financiamento do New Deal sob o governo Roosevelt.

Em 1943, ele se mudou novamente para Nova York para participar do Grupo de Pesquisa Estatística da Universidade de Columbia. Este foi um período fecundo de pesquisas, durante o qual ele passou um tempo desenvolvendo técnicas para melhorar a medição de materiais de guerra. Era um departamento formidável administrado por seu amigo Allen Wallis. Em maio de 1945, a guerra na Europa estava chegando ao fim, e Friedman voltou a lecionar. Seu bom amigo de Chicago George Stigler, que ganharia o Prêmio Nobel em 1982, estava na Universidade de Minnesota lecionando microeconomia e o recomendou. Friedman entrou para lecionar macroeconomia e, durante o ano acadêmico de 1945-1946, eles dividiram um escritório, e ficaram conhecidos como "sr. Micro" e "sr. Macro".[6]

Quando o ano acadêmico chegava ao fim, surgiu uma oportunidade na Universidade de Chicago. Ironicamente, era Stigler que eles tinham em vista, mas ele não passou na entrevista com o presidente da universidade. Chicago era então o lar da Comissão Cowles para Pesquisa Econômica, que era um centro focado na associação da economia com a matemática. Stigler não era considerado matemático o bastante. Ele estava em boa companhia. Friedrich Hayek também afirmou ter sido rejeitado por razões similares. Mas isso significou uma oportunidade para Friedman. Stigler foi generoso, dizendo que sua rejeição seria um grande serviço para Chicago.[7]

Friedman começou a lecionar na Universidade de Chicago em 1946. Era, na época, e continua sendo até hoje, um dos departamentos de economia mais importantes do mundo. Seu corpo docente estava repleto de nomes ilustres: 29 ganhadores do Prêmio Nobel de Ciências Econômicas desde sua criação, em 1969, tiveram alguma ligação com o Departamento de Economia da Universidade de Chicago. Mas as coisas haviam mudado significativamente desde que Friedman frequentou a universidade como aluno, uma década antes. Suas duas luzes principais haviam se apagado. Viner se mudara para a Universidade de Princeton, e a influência de Knight sobre a economia desvaneceu quando ele se mudou para a filosofia política.

O departamento sediava a Comissão Cowles desde 1939. Friedman certamente reconhecia a contribuição acadêmica que a Cowles havia trazido à universidade, mas ele via o mundo de maneira diferente. Sua experiência no National Resources Committee, no Grupo de Pesquisa Estatística e na NBER o levaram a uma apresentação mais estatística dos dados econômicos, em vez da apresentação teórica convencional preferida pela comissão. Friedman acreditava firmemente que a teoria econômica deveria estar sujeita à corroboração empírica para testar sua relevância no mundo real. A previsão era o fator essencial; as teorias e as políticas deveriam ser avaliadas não com base no realismo de suas suposições, mas unicamente com base na exatidão de suas previsões. Ele considerava a Cowles excessivamente formal e preocupada com matemática tautológica, e não em explicar o mundo.

Friedman conseguiu expulsar Cowles da Universidade de Chicago quando seu próprio poder como parte do corpo docente aumentou. Em 1951, ele recebeu a terceira medalha já concedida por John Bates Clark, o prêmio então bienal (desde 2009, anual) para o melhor economista com menos de quarenta anos, e provavelmente o prêmio de economia mais prestigioso na época, visto que o Prêmio Nobel de Ciências Econômicas ainda não existia. Ele agora ocupava o lugar que Viner havia ocupado, como a figura dominante no departamento. Na verdade, ele estava ministrando o antigo curso de Viner sobre teoria do preço.

Ele era um professor popular, mas ao mesmo tempo muito exigente ao dar notas. Não era incomum que ele não desse nenhum "A" durante todo o ano acadêmico, e com frequência só lia e avaliava as primeiras 500 ou 1000 palavras dos ensaios dos alunos, para incentivá-los a escrever de maneira mais clara e concisa. Se um aluno chegasse atrasado na aula, ele parava de explicar até que o aluno tivesse tomado seu assento. Os alunos tinham de apresentar os trabalhos a fim de participar de suas oficinas. Apesar dessa pressão e do risco de notas baixas, suas aulas eram lotadas, por causa de suas ideias e de sua capacidade de explanação. Fora da sala de aula, ele era considerado amável e generoso. Quando ele e Rose passaram um ano viajando o mundo no início dos anos 1960, foram hospedados por vários de seus ex-alunos.

A noção da "Escola de Chicago" se tornou associada ao monetarismo (uma crença de que a quantia total de dinheiro em uma economia não podia alterar a economia de forma permanente) e com o capitalismo *laissez-faire*. Coincidiu com o período em que Friedman trabalhou na universidade, que duraria três décadas, entre 1946 e 1976. Talvez devesse ser chamada de "Escola de Friedman"?

Em 1976, Friedman ganhou o Prêmio Nobel de Ciências Econômicas. Na época, o prêmio estava apenas em seu sétimo ano, mas já era importante e, sem dúvida, o maior prêmio disponível em economia. Sua premiação causou estranhamento, pois ele era tido como próximo da junta chilena liderada pelo general Augusto Pinochet, que estava no governo nessa época. Era um assunto controverso, particularmente na Escandinávia, com sua sólida tradição social-democrata e lar de muitos refugiados chilenos.

Desde os anos 1950, muitos chilenos estudaram economia na Universidade de Chicago. Friedman teve pouco contato direto com eles, a não ser quando fizeram seu curso ou frequentaram suas oficinas. Antes do golpe militar que levou Pinochet ao poder em 1973, as ideias políticas do livre mercado tinham pouca influência no Chile. Em março de 1975, Friedman visitou o Chile como parte do programa de estudos Chicago-Chile. Ele se reuniu com Pinochet durante 45 minutos. Esta viagem foi vista por muitos no contexto da influência crescente dos "rapazes de Chicago" na política econômica chilena. Em consequência, Friedman foi percebido como intimamente associado ao regime, e o *The New York Times* chegou a identificá-lo pessoalmente como mentor da política econômica da junta. Houve protestos na Universidade de Chicago e, durante a década seguinte, Friedman muitas vezes entrou em debates públicos pela porta lateral. Ao ser laureado com o Nobel, quando ele se levantou para fazer seu discurso, um membro da plateia gritou: "Abaixo o capitalismo. Liberdade para o Chile". Friedman é, até hoje, o único ganhador de um Prêmio Nobel a ser interrompido em seu discurso de agradecimento.

Embora fosse um defensor das reformas econômicas implementadas no Chile, ele nunca endossou ou apoiou publicamente o regime. Na verdade, como um libertário, a supressão das liberdades teria ido contra suas crenças. Ele, pessoalmente, via os protestos como hipócritas e infundados. Em um discurso no Chile, Friedman criticara o regime por ser excessivamente restritivo e afirmara que a liberdade era a melhor maneira de o país alcançar a prosperidade. Ele recusou títulos acadêmicos honoris causa concedidos por universidades chilenas porque não queria que a aceitação destes fosse entendida como um apoio ao regime em termos políticos.

Deve-se dizer que a maior parte da mídia apoiou sua premiação, incluindo *The Wall Street Journal*, *The Financial Times* e *Newsweek*. Ele, afinal, havia recebido o prêmio por sua contribuição à economia, e não à política.

Quanto às inclinações políticas, Milton Friedman está associado a visões firmemente libertárias. Certa vez, escreveu:

> Felizmente, estamos despertando. Estamos, mais uma vez, reconhecendo os perigos de uma sociedade excessivamente governada, vindo a entender que bons objetivos podem ser pervertidos por meios ruins [...] Felizmente, também, nós, como nação, ainda somos livres para escolher o caminho a seguir – se vamos continuar pelo caminho que vínhamos seguindo rumo a um governo cada vez maior, ou parar e mudar de rumo.[8]

Ele também fazia algumas declarações incisivas para condensar suas visões: "Se colocarmos o governo federal a cargo do deserto do Saara, em cinco anos haverá escassez de areia". E, ecoando Adam Smith: "Com algumas exceções notáveis, os empresários defendem o empreendimento livre de maneira geral, mas se opõem a ele quando se trata de si mesmos".[9]

Essas visões foram apresentadas em seu best-seller *Capitalismo e liberdade* (1962), que vendeu mais de um milhão de exemplares. Apesar do sucesso do livro, Friedman se sentiu um pouco frustrado, porque não foi tão aclamado como ele esperava. Talvez porque Friedman fosse, até então, pouco conhecido fora dos círculos econômicos e acadêmicos, o livro foi amplamente ignorado pelas principais publicações norte-americanas. Só recebeu resenhas de periódicos importantes de economia, como o *American Economic Review*.

Capitalismo e liberdade foi, em grande medida, uma compilação das palestras ministradas por ele entre 1956 e 1961 (as Volker Lectures), organizadas pela Fundação William Volker para promover visões libertárias, e foi fortemente influenciado por *A liberdade*, de John Stuart Mill. O livro defendia um papel limitado para o governo em uma sociedade livre, com mais a ser feito pelo mercado. Ele destacou uma série de atividades do governo que considerava injustificadas. A lista incluía intervenção desnecessária nos mercados. Friedman se opôs à garantia de preços para a agricultura, aos impostos, ao controle de aluguéis, aos salários mínimos, à estipulação de um teto de preços e às taxas de câmbio fixas. Também se opôs ao envolvimento direto do governo na economia, destacando a regulação detalhada da indústria, o controle do rádio e da televisão, as concessões rodoviárias, a habitação social e os parques nacionais, e a proibição legal de serviços postais com fins lucrativos como exemplos de situações em que o governo ia longe demais. Friedman também defendia a legalização das drogas, os cheques escolares, as contas de poupança para saúde e o fim do serviço militar obrigatório em tempos de paz.

Em suma, Friedman defendia um papel limitado para o governo, respondendo às objeções com: "Por trás da maioria dos argumentos contra o livre mercado está uma falta de crença na própria liberdade".[10] Para Friedman, cada política de governo precisava ser cuidadosamente analisada considerando seu impacto na economia. Em sua visão: "Um dos maiores erros é julgar as políticas e os programas por suas intenções, em vez de por seus resultados".[11]

Ele também defendeu um imposto de renda negativo para substituir a pletora de programas de bem-estar e segurança social e para garantir uma renda mínima. Este foi proposto pela primeira vez nos anos 1950, mas se tornou uma possibilidade política séria quando o presidente Richard Nixon, eleito em 1969, propôs o Programa de Assistência à Família. Lembra um pouco a renda básica universal (RBU) que vem sendo debatida atualmente, em que o governo dá um nível básico de renda a cada cidadão. O conceito de imposto de renda negativo de Friedman devolveria renda àqueles que ganhassem menos que um valor mínimo estipulado. É um pouco mais complexo que a RBU, mas ainda teria sido mais simples do que o sistema de bem-estar social na época. A ideia original era garantir que o trabalho pagasse mais que os benefícios estatais. No entanto, as disposições sobre o trabalho acabaram sendo eliminadas, o que incomodou Friedman. A ideia dominou as discussões sobre a reforma do sistema de bem-estar social, até ser reprovada no Comitê de Finanças do Senado em 1970. Friedman também defendeu um imposto fixo, que eliminava totalmente as alíquotas progressivas no sistema tributário (quando aqueles com renda mais alta pagam em impostos uma proporção maior de seus ganhos). Não se tratava apenas de incentivar o trabalho, mas também de simplificar o sistema e reduzir os altos custos de compilar as declarações fiscais. No fim, eles optaram por uma redução significativa na alíquota máxima, de 70% para 28%, que o presidente Ronald Reagan implementou nos anos 1980.

Alguns anos antes, em 1977, Friedman havia se aposentado da Universidade de Chicago, aos 65 anos. Ele assumiu um cargo como pesquisador sênior no Instituto Hoover, um instituto conservador ligado à Universidade de Stanford, onde ele e a esposa tinham um escritório. Sua intenção era fazer trabalho acadêmico a um ritmo mais tranquilo, e ele e Rose colaboraram em uma série de artigos, ensaios e livros nos anos que se seguiram.

Em 1980, os Friedman publicaram *Livre para escolher*, que foi o título de não ficção mais vendido nos Estados Unidos naquele ano, com aproximadamente 400 mil exemplares vendidos. Baseava-se em dois princípios. O primeiro era a liberdade política inerente à Declaração de Independência de Thomas Jefferson: a preservação da vida e da liberdade, e a busca da felicidade. O segundo era a noção de liberdade econômica de Adam Smith, em que a livre troca é benéfica para a economia e, em grande medida, livre da intervenção do governo.

Na época, seu velho amigo Allen Wallis havia se tornado presidente da Corporation for Public Broadcasting (PBS) e recomendou Friedman para um programa. O economista de Harvard John Kenneth Galbraith havia acabando de filmar uma série sobre a história do pensamento econômico, e pensava-se que Friedman ofereceria um contrapeso ideológico às visões mais keynesianas de Galbraith. Então, 2,5 milhões de dólares foram levantados para filmar uma série de documentários consistindo em dez episódios. Em cada programa, Friedman fazia uma apresentação de meia hora sobre um assunto específico, e seguia-se uma discussão de igual duração. *Livre para escolher* rendeu a Friedman mais em royalties do que todos os seus outros livros combinados, e a série de televisão que o acompanhou o tornou um nome conhecido.

A influência política de Friedman

Após a publicação de *A Monetary History* em 1963, Friedman se afastou da economia acadêmica para se dedicar a escritos mais políticos. Em sua juventude, ele nunca havia apresentado fortes inclinações políticas, mas, a essa altura, suas obrigações como docente haviam diminuído bastante e suas atividades acadêmicas eram menos intensas do que antes. Ele sentia que os Estados Unidos estavam tomando uma direção mais libertária, e o alistamento militar obrigatório para combater na Guerra do Vietnã tornara suas ideias populares entre os egressos do ensino superior. Era, também, a época de pensadores libertários como Ayn Rand e Friedrich Hayek.

Milton Friedman também estava se tornando cada vez mais reconhecido como um importante economista conservador. Em 1964, ele se envolveu na campanha presidencial de Barry Goldwater, então senador republicano pelo Arizona. Um artigo da *Newsweek* sugerira que ele podia fazer por Goldwater o que J. K. Galbraith havia feito por John F. Kennedy. Embora Goldwater tenha perdido por uma diferença esmagadora para o presidente Lyndon B. Johnson, a campanha deu a Friedman exposição e aumentou seu prestígio. Isso levou a uma coluna regular na *Newsweek*, para a qual ele escreveu mais de trezentos artigos entre 1966 e 1984.

Na corrida presidencial de 1968, ele novamente entrou no debate ao lado dos republicanos. Seu ex-mentor Arthur Burns, agora assessor presidencial e futuro presidente do Federal Reserve, havia sido convidado a formar um conselho consultivo sobre a economia para dar recomendações a Richard Nixon, caso ele ganhasse. Ele ganhou, e, entre 1970 e 1971, Friedman e o presidente se reuniram em várias ocasiões, mas a relação entre eles estava se tornando tensa. Nixon tentara persuadir Friedman a usar sua relação com Burns para pressionar o Fed a baixar as taxas de juros, mas Friedman se recusou a fazê-lo. Em 1971, os controles sobre os preços e os salários implementados por Nixon eram uma afronta à ortodoxia de livre mercado de Friedman. Em suas memórias, Friedman descreveu isso como a coisa mais danosa que Nixon fez aos Estados Unidos, incluindo o escândalo de Watergate que levou à sua renúncia em 1974. Seu firme apoio inicial a Nixon havia se tornado um tanto tépido já em 1972.

Em 1976, Friedman dirigiu seu apoio a Ronald Reagan. Ele conhecera Reagan em 1967, quando era professor visitante na UCLA, e Reagan havia acabado de ser eleito governador da Califórnia. Eles tinham visões similares sobre o financiamento da educação superior. Reagan era ideologicamente próximo de Friedman. Ele havia lido alguns dos maiores economistas do livre mercado, incluindo Ludwig von Mises e Friedrich Hayek. Dizia-se que ele leu *Capitalismo e liberdade* enquanto concorria a governador. Em 1975, Reagan deixou o cargo, e um pouco depois Friedman indicou que apoiaria sua campanha presidencial.

Reagan não conseguiu ser escolhido pelo partido naquele ano, mas em 1980 ele se tornou o candidato republicano à presidência. Reagan deixou claras suas convicções econômicas: controlar os gastos federais e frear a regulação, reduzir as alíquotas do imposto de renda de pessoas físicas e introduzir políticas monetárias previsívelmente sólidas e estáveis. Todas essas medidas poderiam ter vindo de Friedman. Reagan obteve uma vitória esmagadora sobre o democrata Jimmy Carter, candidato à reeleição. Embora Friedman não tenha trabalhado para o governo durante a administração Reagan, ele foi visto como o guru nos bastidores através do Economic Policy Advisory Board [Conselho Consultivo para Políticas Econômicas]. Apesar de seu posicionamento claro, nunca se considerou que Friedman quisesse uma posição política em tempo integral. Ele recusou em várias ocasiões um lugar no Conselho de Assessores Econômicos, o organismo mais importante que assessora o presidente dos Estados Unidos. É quase certo que ele teria aceitado o cargo de presidente do Federal Reserve[12], mas, ao que parece, este nunca lhe foi oferecido. Com Rose, ele desfrutava de um estilo de vida que incluía passar várias partes do ano em Chicago, Vermont, Califórnia e, é claro, Washington, DC. Talvez ele também pensasse que seria melhor para sua influência no longo prazo se ele não fosse obrigado a sempre ter de seguir ordens por ser funcionário do governo.

Do outro lado do Atlântico, o pensamento de Friedman encontrou um segundo lar no Reino Unido. A primeira-ministra Margaret Thatcher era ideologicamente similar a Reagan, e o Reino Unido estava destinado a uma mudança de rumo radical. Nos anos 1970, o debate de política econômica no Reino Unido foi, essencialmente, Friedman versus Keynes. Friedman inclusive debatera com keynesianos conhecidos na TV britânica, revelando-se um comunicador eficaz. O estilo de Friedman era dar uma mensagem simples e impactante e ater-se a ela. Seus adversários apontavam para todas as complexidades e dificuldades, e provavelmente perdiam o público em consequência disso. Depois de um desses debates, um jornalista perguntou a um keynesiano quem ganharia se Friedman tivesse debatido com o próprio Keynes. A resposta foi: Friedman ganharia, mas Keynes teria razão!

Além disso, grande parte do pensamento de Friedman foi disseminada por meio do direitista Instituto de Assuntos Econômicos, no qual suas visões sobre a inadequação da política de estabilização keynesiana e os benefícios da estabilidade monetária e de uma economia pouco regulada e pouco tributada foram recebidas pelo público com grande entusiasmo. Em Reagan e Thatcher, Milton Friedman havia encontrado dois líderes mundiais seguidores do capitalismo de livre mercado e das ideologias monetaristas que ele defendera durante as duas décadas anteriores.

A influência de Friedman não parou aí. Sua obra seminal de economia não foi menos influente na definição de como o sistema moderno de bancos centrais funciona ainda hoje. *A Monetary History of the United States, 1867-1960* [História monetária dos Estados Unidos, 1867-1960] foi, possivelmente, a grande obra de Milton Friedman em se tratando de ideias econômicas. Tem coautoria de Anna Jacobson Schwartz, com quem ele começou a trabalhar em 1948, mas só em 1963 seu tratado de 884 páginas foi publicado. A obra inicialmente havia sido encomendada pela Agência Nacional de Pesquisa Econômica. Arthur Burns havia substituído Wesley Mitchell como diretor, e pedira a Friedman que ele estudasse os fatores monetários na atividade econômica, especialmente no ciclo econômico.

A pesquisa viria a questionar a visão keynesiana da Grande Depressão. Keynes havia identificado que a causa principal da Grande Depressão era a diminuição da demanda agregada decorrente do excesso de poupança e de uma escassez de investimento após a quebra da bolsa de valores de 1929. Isso deu crédito à ideia de que os programas do New Deal, do presidente Franklin D. Roosevelt, ajudavam a resolver a crise. A visão keynesiana deu pouca importância a fatores monetários. Com as taxas de juros tendo caído para quase zero, uma política monetária ativa que procurasse incentivar a economia por meio de modificações nas taxas seria o mesmo que "empurrar uma corda". Assim como empurrar uma corda não faz nada de concreto, taxas de juros tão baixas não podem mover a economia em direção alguma. Então os keynesianos concluíram que o Fed havia feito tudo que podia e que as políticas monetárias simplesmente não surtiam mais efeito.

Friedman e Schwartz discordavam categoricamente e situaram as forças monetárias no cerne da crise. O projeto baseava-se em muitos dados, principalmente porque grande parte das informações necessárias sobre a oferta de moeda ainda não havia sido coletada. Até Friedman e Schwartz desenvolverem as métricas M1 e M2 para medir a oferta de moeda, o Federal Reserve não tinha nenhuma maneira de calcular a quantidade de dinheiro na economia. Eles viriam a concluir que, se o Federal Reserve estivesse publicando essas estatísticas entre 1929 e 1933, o Grande Crash talvez jamais tivesse se tornado a Grande Depressão, ou pelo menos a magnitude e a persistência da retração teria sido mitigada porque o impacto negativo das políticas monetárias teria sido claro.

Na verdade, ele disse que a quebra do mercado de ações de 1929 foi, em parte, resultado das medidas do Federal Reserve em 1928. O mercado de ações havia subido vertiginosamente no fim dos anos 1920, levando o Fed a implementar políticas monetárias deliberadamente mais restritivas na primavera de 1928 para evitar a especulação em Wall Street. O governador do influente Fed de Nova York, Benjamin Strong, tinha muitas reservas quanto ao uso de políticas monetárias para frear o crescimento, mas ele faleceu em outubro de 1928. Sua morte criou um vácuo de liderança em um dos doze bancos regionais que alimentam as decisões dos bancos centrais norte-americanos. Friedman e Schwartz argumentaram que, não fosse pela morte prematura de Strong, muitos dos erros subsequentes cometidos pelo Fed poderiam ter sido evitados. Seu sucessor, George Harrison, estava mais alinhado com o restante do pensamento do banco central no sentido de pressionar por um aumento na taxa de juros. Em seguida, as taxas subiram para 5%, as mais altas desde 1921. Isso foi suficiente para desacelerar o crescimento da economia norte-americana, que atingiu seu pico cíclico em agosto de 1929. A retração econômica foi precursora da quebra do mercado de ações em outubro.

Friedman e Schwartz, no entanto, não viram a Grande Depressão como a conclusão inevitável do crash de 1929. O mercado de ações de fato perdeu metade do valor entre setembro e novembro, incluindo uma grande queda na Terça-Feira Negra, 29 de outubro. No entanto, o mercado havia dobrado nos dezoito meses anteriores, e, na realidade, as ações recuperaram 20% nos seis meses que se seguiram à quebra. Também houve várias outras quedas significativas no mercado de ações na história recente que não resultaram em depressão. A economia norte-americana havia passado por choques maiores que não foram seguidos de uma retração prolongada.

No primeiro ano da Grande Depressão, o PIB dos Estados Unidos caiu 12%, e o desemprego aumentou para 9%. No entanto, a queda nos preços ou deflação de 1920-1921 foi acompanhada de uma redução de aproximadamente 7% no PIB e de um aumento da taxa de desemprego, que ficou entre 9% e 12%. Apesar disso, o restante dos anos 1920 havia sido um período empolgante para a economia norte-americana.

Uma das principais descobertas em *A Monetary History* foi aquilo que Friedman e Schwartz descreveram como a "Grande Contração" entre 1929 e 1933. Eles estavam se referindo não a uma grande queda no PIB ou nos preços, mas a um declínio na quantidade de dinheiro disponível na economia em consequência das muitas falências bancárias. No ano que se seguiu ao crash, a oferta de moeda nos Estados Unidos caiu apenas 2,6%, já que o Federal Reserve reduziu as taxas de juros e emprestou muito dinheiro ao setor bancário. Injetar uma grande quantidade de dinheiro nos bancos lhes deu parte da tão necessária liquidez, e impediu que o colapso do mercado de ações precipitasse uma crise bancária imediata. Contudo, o Fed acreditava que continuar afrouxando a política monetária poderia inflar a bolha do mercado de ações e levar à inflação.

Entre 1930 e 1933, a oferta de moeda nos Estados Unidos foi reduzida em mais de um terço, coincidindo com um grande número de falências bancárias. Entre outubro de 1930 e março de 1933, houve quatro grandes corridas aos bancos. A maioria destas ocorreu entre agosto de 1931 e janeiro de 1932, quando houve 1.860 falências bancárias e a oferta de moeda caiu a uma taxa anual de 31%. À medida que os depósitos eram sacados por medo de falência, os bancos tinham menos dinheiro para emprestar, de modo que a oferta de crédito na economia evaporou, o que levou a uma queda na produção e nos preços.

Não foi só o medo de incentivar uma nova alta nos preços das ações e de outros ativos que deixou o Federal Reserve relutante em injetar dinheiro na economia, algo que era particularmente necessário para um setor bancário cujos depósitos estavam sendo escoados. Os Estados Unidos haviam mantido sua adesão ao padrão-ouro, um sistema internacional de taxas de câmbio fixas. Em setembro de 1931, uma onda de ataques especulativos à libra esterlina forçara o Reino Unido a abandonar o padrão-ouro. Os especuladores pensavam que a economia estava fraca, então a moeda também deveria ser enfraquecida, o que não era possível, já que estava fixada em um valor determinado em relação ao ouro. Eles venderam libra esterlina, e resultou que o governo britânico precisou usar suas reservas de ouro para manter o valor da moeda. Isso foi considerado caro demais, e o Reino Unido abandonou o padrão-ouro. Quando os especuladores dirigiram seus ataques aos Estados Unidos, o Fed foi forçado a aumentar as taxas de juros para tornar a compra de dólares mais atraente. Eles endureceram a política monetária entre agosto de 1931 e janeiro de 1932 para conter a saída de ouro conforme os investidores internacionais liquidavam seus depósitos em dólares.

Friedman não era um defensor das taxas de câmbio fixas. A adesão continuada ao padrão-ouro, segundo acreditava, havia impedido o Fed de usar um estímulo monetário mais convincente. Ele observou que os países com melhor desempenho no início dos anos 1930 eram aqueles que não estavam no padrão-ouro, aqueles que haviam abandonado o sistema e aqueles que estavam no padrão, mas tinham grandes reservas de ouro. Em todos os três casos, os países envolvidos tinham mais flexibilidade na política monetária em resposta à depressão econômica.

Friedman e Schwartz afirmaram que isso pode ter impedido o Federal Reserve de ser mais ativo e vigoroso. Para deixar claro seu ponto de vista, eles citaram os acontecimentos de abril a agosto de

1932, quando o Fed, sob pressão do Congresso, fez uma compra de títulos no mercado aberto no valor de 1 bilhão de dólares (uma injeção monetária equivalente a cerca de 2% da renda nacional) que foi capaz de conter a queda na oferta de moeda e incentivar um pequeno aumento no PIB e na produção industrial. Mas quando o Congresso fechou para recesso e a economia dava sinais de mudança, o afrouxamento da política cessou. Friedman e Schwartz afirmaram que, não fosse por isso, a economia poderia muito bem ter continuado a melhorar.

O Fed também foi um mau credor de última instância para o sistema bancário. Havia pouca coordenação entre o Conselho Diretor do Federal Reserve com sede em Washington e os bancos regionais do Fed. Havia também um estigma associado às operações de redesconto do Federal Reserve – que permitiam que as instituições financeiras tivessem acesso a fundos de emergência do banco central em épocas de tensão –, visto que os bancos não queriam tornar pública sua vulnerabilidade para que isso não desencadeasse uma corrida a seus depósitos. De todo modo, o acesso às operações de redesconto era limitado, e somente os bancos associados eram elegíveis. O auxílio à liquidez do sistema bancário era extremamente falho.

Em novembro de 1932, Franklin D. Roosevelt obteve uma vitória esmagadora contra Herbert Hoover, e os democratas também obtiveram grandes maiorias em ambas as câmaras do Congresso. Entretanto, Roosevelt só tomou posse em março de 1933 e, enquanto isso, as falências bancárias continuaram. Acreditava-se que Roosevelt desvalorizaria o dólar ou abandonaria por completo o padrão-ouro. Era custoso manter uma taxa de câmbio fixa em relação ao ouro, sobretudo quando a economia enfrentava graves dificuldades. Isso incentivava a conversão em larga escala de dólares em ouro, colocando ainda mais pressão sobre o sistema bancário quando os depósitos em dólares eram sacados.

Uma das primeiras medidas de Roosevelt ao tomar posse foi um feriado bancário de uma semana, após o qual 5 mil bancos jamais reabriram suas portas. Porém, isso possibilitou que os bancos insolventes fossem eliminados. O programa do New Deal que aumentou significativamente o gasto público para fomentar a economia também estava em vigor, mas Friedman e Schwartz apontaram para a desvalorização do dólar em 60% e o abandono do padrão-ouro como os fatores mais importantes para frear a Grande Contração. Isso devolveu liberdade monetária aos políticos norte-americanos. Entre 1933 e 1936, houve uma sólida recuperação e reflação na economia dos Estados Unidos. As Leis dos Bancos de 1933 e 1935 introduziram mudanças ao sistema do Federal Reserve para melhorar a capacidade do Fed de estabilizar o sistema bancário. As medidas incluíam: ampliar a capacidade do Federal Reserve para conceder empréstimos mais facilmente com base no recebimento de garantia, inclusive para empresas não financeiras; a Lei Glass--Steagall, que resultou na separação das funções bancárias comercial e de investimentos; a regulação das taxas de juros dos depósitos; e limites estritos à entrada no mercado. Também foi importante a criação da Corporação Federal de Garantia de Depósitos (FDIC, na sigla em inglês) em 1933 para estancar o problema das corridas aos bancos. A FDIC continua vigente e garante que os depositantes não perderão seu dinheiro (atualmente, até o limite de 250 mil dólares) se um banco falir.

A conclusão de *A Monetary History* foi que o Fed causou a crise, transformando uma quebra do mercado de ações em uma grande depressão ao não conseguir gerar liquidez suficiente na economia para ajudar os bancos. Em vez disso, eles permitiram que as corridas aos depósitos bancários prosseguissem relativamente sem controle, resultando em falências bancárias e em uma deflação severa na produção e nos preços. Em um discurso feito em 2002 para comemorar o aniversário de noventa anos de Friedman, o presidente do Fed, Ben Bernanke, pediu desculpas em nome da organização. Ele falou: "Você tem razão, nós fizemos isso. Sentimos muito. Mas, graças a você, não faremos novamente".[13]

Ele mal sabia que, pouco tempo depois, teria a oportunidade de fazer valer suas palavras.

Friedman e a crise financeira de 2008

A crise financeira global ocorreu em 2008 com repercussões em toda a economia mundial. A desregulação financeira desde os anos 1980 significou que os mercados financeiros e as relações globais para além das fronteiras nacionais se tornaram muito mais diversos. Então, em 1999, a Lei Gramm-Leach-Bliley revogou a Lei Glass--Steagall, de 1933, que anteriormente havia separado os bancos de investimento dos bancos de varejo. Uma parte maior dos riscos assumidos pelos bancos de investimentos poderia ser transmitida aos bancos de varejo (que recebem depósitos). Na crise de 2008, estávamos no ápice da primeira possível falência bancária sistêmica desde o crash de 1929, que havia levado à aprovação da Lei Glass--Steagall.

Os bancos europeus foram expostos às hipotecas subprime norte-americanas e alguns deles também tomaram empréstimos dos mercados monetários interbancários dos Estados Unidos. Isso significou que os empréstimos bancários europeus se tornaram menos dependentes dos depósitos, já que podiam acessar o mesmo dinheiro barato que os norte-americanos. Quando o Northern Rock faliu, em 2007, foi a primeira corrida aos bancos no Reino Unido em mais de um século. O Reino Unido tem estreita relação com os mercados financeiros norte-americanos e também enfrentou a perspectiva de um colapso do sistema bancário durante a crise de 2008.

Então, os bancos centrais agiram o suficiente para evitar repetir os erros do crash de 1929? Os bancos centrais aprenderam as lições da Grande Depressão, incluindo as expostas por Milton Friedman, cuja pesquisa influente mudou nossa visão dos anos 1930?

Ben Bernanke, como Friedman, também foi um estudioso da Grande Depressão. Portanto, quando a crise financeira global eclodiu em 2008, ele estava bem posicionado como presidente do Fed para evitar que os mesmos erros se repetissem.

Assim como a Grande Depressão, a crise financeira recente foi precedida por um rápido aumento nos preços dos ativos, mas desta vez centrou-se no mercado habitacional, e não na bolsa de valores. De acordo com o índice de vendas repetidas Case-Shiller, os preços das casas norte-americanas dobraram entre 1999 e 2007. Isso se deveu, em grande parte, a uma enorme expansão do crédito habitacional. As empresas Fannie Mae e Freddie Mac, garantidas pelo governo dos Estados Unidos, apoiaram firmemente as políticas públicas para ampliar o acesso das famílias de baixa renda à casa própria, efetivamente autorizando hipotecas que requeriam pagamentos menores e permitindo um comprometimento maior da renda com o empréstimo. O resultado foi um aumento nos créditos hipotecários para famílias com menor segurança financeira. NINJA (no income, no job, no assets) e NO-DOC (no documentations)* são acrônimos que se tornaram lugar-comum no mercado de crédito hipotecário. Houve um alto crescimento nos dois componentes mais arriscados do mercado, as hipotecas subprime e Alt-A, que estão abaixo do "prime", ou medida padrão de credibilidade.

Apesar disso, o setor bancário havia encontrado, ou pelo menos é o que se pensava, uma maneira de mitigar o risco aumentado dos empréstimos. As hipotecas mais arriscadas podiam ser colocadas junto com outras em títulos lastreados em hipotecas (MBS, na sigla em inglês) e recebiam as classificações de crédito mais altas (AAA) quanto à credibilidade da dívida, ainda oferecendo uma taxa de retorno mais alta do que outros ativos seguros, como os títulos do Tesouro. Swaps de risco de incumprimento (CDS, na sigla em inglês) podiam ser comprados para oferecer garantia contra quaisquer perdas caso houvesse inadimplência. Os banqueiros criaram fundos, como os veículos de propósito específico (SPVs, na sigla em inglês) e os veículos de investimento estruturado (SIVs), tanto para absorver esses títulos produzidos pela engenharia financeira com melhores retornos do que ativos seguros, como para vender SPVs e SIVs aos clientes. Esses fundos especiais geralmente contraíam muitos empréstimos nos mercados monetários e, com sede no exterior, evitavam as exigências de capital e a supervisão regulatória de outras instituições financeiras. Entre 2001 e 2005, houve, nos Estados Unidos, um aumento sem igual no volume de empréstimos.

---

* Respectivamente, "sem renda, sem emprego, sem ativos" e "sem documentos" (N.T.)

O colapso nos preços das casas em 2007 provocou inadimplência em massa no mercado de crédito hipotecário norte-americano. Os proprietários com patrimônio líquido negativo abandonaram suas casas. Isso significou que os originadores das hipotecas, ou aqueles que haviam comprado títulos garantidos por hipotecas, se viram com ativos que valiam menos do que seus passivos. Os bancos estavam em apuros.

É verdade que essa crise financeira, no entanto, diferia da Grande Depressão em vários aspectos importantes; portanto, as lições dos anos 1930 talvez não sejam totalmente aplicáveis, mas ainda assim é útil comparar as duas. A Grande Depressão analisada por Friedman e Schwartz em *A Monetary History* foi, essencialmente, uma crise de liquidez. Os bancos que foram alvo de corridas a seus depósitos precisavam de um competente e vigoroso credor de última instância para conter o fluxo. Aqui, o Federal Reserve falhou.

Na crise financeira global, o maior problema era a solvência, e não a liquidez. Tornou-se difícil precificar títulos complicados e pouco transparentes garantidos por um conjunto de ativos em que o valor, a qualidade e o grau de risco individual eram difíceis de determinar. Portanto, o mercado de crédito era incapaz de determinar quais empresas eram solventes e quais não o eram. Naturalmente, os credores não estavam dispostos a estender os empréstimos sem que pudessem determinar a credibilidade dos tomadores. A maioria desses problemas estava nos bancos de investimentos.

O Fed reagiu rapidamente à crise. Reduziu drasticamente as taxas de juros e ampliou as operações de redesconto. Aprendendo as lições das crises anteriores, o TAF (*Term Auction Facility*, um programa de leilões de empréstimos de curto prazo com garantia) permitiu que os bancos solicitassem fundos ao Fed de maneira anônima, evitando, assim, o estigma de serem vistos como instituições em apuros. A transparência na elaboração de políticas normalmente é considerada preferível, mas, durante a crise, a opacidade possivelmente era a melhor opção.

O Federal Reserve também fez uma série de compras de ativos em grande escala em um processo conhecido como flexibilização quantitativa (QE). Entre novembro de 2008 e junho de 2010, comprou em torno de 175 bilhões de dólares em títulos de longo prazo, injetando essa quantidade de dinheiro na economia. Em novembro de 2010, quando a economia oscilou, o Fed fez mais compras de obrigações do Tesouro de longo prazo, totalizando 600 bilhões de dólares em seu programa de flexibilização quantitativa conhecido como QE2. Finalmente, uma terceira dose de QE foi iniciada em setembro de 2012, quando o Fed anunciou a compra de 40 bilhões de dólares em títulos garantidos por hipoteca mensalmente por tempo indeterminado. Esta foi chamada pelos investidores de "QE infinity" (flexibilização quantitativa infinita). O último programa de QE foi elevado a 85 bilhões de dólares em dezembro, antes de ser reduzido para 65 milhões de dólares por mês em junho de 2013. Na época em que a QE foi freada em outubro de 2014, o Federal Reserve havia acumulado assombrosos 4,5 trilhões de dólares em ativos por meio dos três programas de QE.

Em consequência, a medida M2 de oferta de moeda, que havia despencado durante a Grande Depressão, aumentara vertiginosamente na crise financeira global após a grande expansão do balanço patrimonial do Federal Reserve. Uma repetição do pânico e das corridas aos bancos vistas entre 1930 e 1933 também foi evitada.

Friedman teria aprovado a QE e outras políticas usadas para lidar com a crise de 2008?

No que concerne à compra de títulos da dívida pública, tais como obrigações do Tesouro, a fim de forçar uma queda nas taxas de juros de longo prazo e injetar liquidez no sistema bancário, ele, sem dúvida, teria sido a favor. No entanto, a compra de títulos garantidos por hipoteca poderia ter sido vista por ele como o socorro financeiro de um ativo problemático. Sua prescrição para a Grande Depressão era que o Fed fornecesse liquidez, não socorro.

A resposta do Fed à crise também envolveu o resgate direto de certas instituições financeiras consideradas sistemicamente importantes demais para falir. O banco de investimentos Bear Stearns foi particularmente exposto ao mercado de crédito hipotecário norte-americano e, em 2008, foi resgatado pelo JPMorgan em uma jogada que contou com forte apoio do Federal Reserve. Esta foi justificada pelo risco apresentado pelo Bear, cujo colapso poderia ter derrubado todo o sistema bancário. Em julho de 2008, o Tesouro dos Estados Unidos socorreu e nacionalizou parcialmente as empresas garantidas pelo governo que estavam no centro da crise, a Fannie Mae e a Freddie Mac.

No entanto, poucos meses depois, deixou que o Lehman Brothers fosse à falência. A consequência foi transformar uma crise no mercado de crédito hipotecário norte-americano em uma crise financeira global. Bernanke mais tarde argumentaria, em um discurso de 2012, que como o Lehman era insolvente e apresentava um risco menos sistêmico do que o Bear Stearns, o Federal Reserve não tinha obrigação legal de socorrê-lo usando fundos públicos. No dia seguinte, porém, a gigante do ramo de seguros AIG foi resgatada, já que o Fed estava preocupado com o impacto sobre o mercado de swaps de risco de incumprimento caso deixasse que ela falisse.

Na crise financeira global, o Federal Reserve forneceu crédito direto a mercados e empresas específicos com necessidade de liquidez. A abordagem recomendada por Friedman na Grande Depressão era simplesmente inundar a economia com liquidez geral, e deixar que as questões de solvência se resolvessem por si sós. Ele possivelmente teria considerado que as intervenções feitas pelo Fed, isto é, socorrer o Bear Stearns e a AIG, mas permitir que o Lehman Brothers falisse, minavam sua independência e credibilidade ao se envolver em casos específicos.

Entretanto, o mundo em 2008 era diferente de 1929. Dessa vez, havia atores no setor financeiro que eram literalmente grandes demais para falir, no sentido de que poderiam derrubar todo o sistema consigo. Isso não era tanto um problema durante a Grande Depressão, quando os riscos sistêmicos de um banco específico falir eram bastante baixos. Com isso em mente, Friedman talvez tivesse aceitado, ainda que com relutância, a abordagem de Bernanke como a melhor maneira de avançar. É claro que, para começar, ele teria sido contra o envolvimento de empresas garantidas pelo governo no mercado habitacional norte-americano, e teria visto a crise como, em grande medida, resultado da intervenção malsucedida do governo no mercado de crédito hipotecário.

Não há dúvida de que os estudos de Friedman mudaram as percepções sobre a Grande Depressão. Ao focar no papel das políticas monetárias, eles foram de grande ajuda na resposta à crise mais recente. Mas e quanto às políticas monetárias pouco convencionais usadas após a crise para auxiliar a recuperação? A efetividade da flexibilização quantitativa ainda depende, em certa medida, de um sistema bancário falho. Não há problema em criar dinheiro; mas esse dinheiro ainda precisa ir para a economia, para que as pequenas empresas em particular possam obter empréstimos e investir. Houve alguns indícios de impacto positivo dessas políticas monetárias pouco convencionais nesse sentido, mas alguns se preocupam com os efeitos colaterais de se criar oferta de dinheiro de maneira tão acentuada, sobretudo considerando que parte do dinheiro fluiu para os mercados de ações, que haviam atingido níveis astronômicos no mundo todo. Claramente, o assunto ainda é controverso.

Milton Friedman, no entanto, em geral foi um apoiador da flexibilização quantitativa, algo que ele testemunhou em ação no Japão. O Japão foi o primeiro país a adotar a QE depois que sua bolha imobiliária estourou no início dos anos 1990; portanto, essa política foi usada inicialmente quase duas décadas antes da crise financeira global. Friedman aprovou o que o banco central do Japão fez, comentando acerca de sua política: "O caminho mais certo para a recuperação econômica é aumentar a taxa de crescimento monetário".[14] Ele afirmou que o Banco do Japão deveria adotar a QE, já que as taxas de juros haviam sido reduzidas ao mínimo e a economia ainda estava em dificuldade:

> Os defensores do Banco do Japão dirão, "Como? O banco já reduziu sua taxa de desconto para 0,5%. O que mais pode fazer para aumentar a quantidade de dinheiro?". A resposta é simples: o Banco do Japão pode comprar obrigações do

governo no mercado aberto, pagando por elas com moeda ou com depósitos no Banco do Japão, o que os economistas chamam de "moeda de alta potência". A maior parte da renda acabará nos bancos comerciais, aumentando suas reservas e permitindo que eles expandam seus passivos por meio de empréstimos e compras no mercado aberto. Mas, independentemente de fazerem isso ou não, a oferta de moeda aumentará [...] Não há limite para até que ponto o Banco do Japão pode aumentar a oferta de moeda se assim o desejar.[15]

Uma vez que Friedman apoiou a flexibilização quantitativa no Japão, ele teria visto o uso de políticas não convencionais, como as injeções de dinheiro feitas pelos Estados Unidos, o Reino Unido, a área do euro e outras partes, como igualmente necessárias para que se começasse a conceder empréstimos nessas economias. A estipulação de taxas de juros negativas pelos bancos centrais do Japão e da Europa também pode ser entendida como uma ferramenta monetária nova para tentar aumentar o fluxo de dinheiro na economia.

Mas Friedman teria visto com mais cautela a adoção de políticas macroprudenciais que dão aos bancos centrais mais poder direto para regular os mercados a fim de promover seus objetivos políticos monetários. No entanto, o sistema financeiro é hoje muito mais complexo e global, e os seguidores de Friedman poderiam muito bem apoiar a noção de que a definição dos níveis de crédito e de débito se tornou uma área importante a ser gerenciada pelos bancos centrais como parte da manutenção de um sistema monetário estável. Decifrar como essas políticas de controle da inflação e de garantia da estabilidade financeira deveriam trabalhar em conjunto certamente é algo que teria interessado a Friedman, agora que os economistas estão concebendo um modelo para uma nova era de políticas monetárias.

Por fim, para aqueles que questionam a eficácia de ferramentas pouco convencionais, em particular a flexibilização quantitativa, Friedman provavelmente teria observado que essa política foi sendo deixada de lado, de maneira gradual e acertada, à medida que a economia norte-americana se recuperava. Mesmo que essas políticas tenham gerado algumas consequências adversas, como o aumento dos preços das ações, a prioridade seria manter políticas monetárias que apoiassem a economia até que esta tivesse uma base sólida. Friedman diria que a inação para garantir que o dinheiro continuasse fluindo para o sistema foi a razão pela qual a Grande Depressão foi "Grande". Em resposta às críticas à política monetária frouxa do Japão, Friedman escreveu no *Wall Street Journal*: "Após a experiência norte-americana durante a Grande Depressão, e após a inflação e o aumento das taxas de juros nos anos 1970 e a desinflação e a queda nas taxas de juros nos anos 1980, achei que a falácia de identificar dinheiro difícil com altas taxas de juros e dinheiro fácil com baixas taxas de juros estivesse morta. Aparentemente, as velhas falácias nunca morrem".[16]

Ele alertou que esse erro não deveria se repetir. Afinal, quatro anos depois que a economia norte-americana foi considerada recuperada, o país entrou novamente em recessão, em 1937. Como os políticos contemplam possíveis paralelos com os anos 1930, Friedman os teria instado a prestar atenção a esta lição e a não refrear as políticas monetárias prematuramente.

Duas pessoas de sorte

A longa relação matrimonial e de parceria entre Milton e Rose Friedman ia além da vida familiar. Eles formavam um par prolífico, especialmente em seus últimos anos no Instituto Hoover, quando Friedman havia se afastado da economia acadêmica para se focar na escrita popular. Foi durante esse período colaborativo que eles escreveram, em coautoria, o best-seller *Livre para escolher* (1980), bem como *Tirania do status quo*, publicado em 1984. Eles também foram coautores de *Two Lucky People: Memoirs* [Duas pessoas de sorte: memórias], publicado em 1998.

O próprio Friedman considerava *Capitalismo e liberdade*, publicado em 1962, um "livro melhor" do que o best-seller *Livre para escolher*, publicado duas décadas depois.[17] Ele o considerava "mais filosófico e abstrato e, portanto, mais fundamental".[18] Em sua visão, o segundo livro complementa o primeiro. Friedman inclusive batizou sua casa na colina em Vermont, situada em 48 hectares, de "Capitaf", em homenagem ao primeiro livro (cujo título original é *Capitalism and Freedom*).[19] No entanto, a maioria dos economistas consideraria seu *A Monetary History of the United States, 1867-1960*, escrito em coautoria com Anna Jacobson Schwartz, sua melhor obra.

Rose viveu três anos a mais do que Friedman e faleceu aos 98 anos de idade, em 2009. Ela teria testemunhado a obra do marido ser evocada e aplicada à primeira crise bancária sistêmica desde aquela vivida em sua juventude, nos anos 1930.

Milton Friedman teria adorado o fato de sua viúva ter visto sua pesquisa sendo aplicada: "O verdadeiro teste da obra de todo acadêmico não é o que dizem seus contemporâneos, e sim o que acontece com a obra nos próximos 25 ou 50 anos. E aquilo que realmente me deixaria orgulhoso é se parte das obras que escrevi continuasse sendo citada nos livros muito depois da minha morte".[20]

Capítulo 11

Douglass North: Por que tão poucos países são prósperos?

Este é um dos enigmas permanentes de nossa época: por que tão poucos países são prósperos. Mas continuará sendo assim? Houve muitíssimo progresso, tanto que o Banco Mundial parou de categorizar os países como "desenvolvidos" ou "em desenvolvimento", e hoje usa classificações regionais. Estamos realmente prestes a testemunhar o fim da pobreza e encontrar a solução para a questão que nos intriga há décadas, a de por que tão poucos países são ricos?

Poucos, quantos? Bem, dos quase duzentos países no mundo que produzem dados econômicos, apenas cerca de cinquenta são classificados como de alta renda. É difícil entrar para esse clube. O Banco Mundial estima que, dos 101 países classificados como classe média em 1960, apenas uma dúzia havia se tornado próspera em 2008.[1] Aqueles cuja renda média ou PIB per capita se aproximaram do nível dos Estados Unidos são: Guiné Equatorial, Grécia, Hong Kong (China), Irlanda, Israel, Japão, Maurício, Portugal, Porto Rico, Singapura, Coreia do Sul, Espanha e Taiwan.

Para responder por que apenas treze países se tornaram ricos nos últimos cinquenta anos seria preciso incluir uma análise dos tipos de instituições que sustentam suas economias. A existência de boas instituições foi no que os economistas passaram a focar depois de os fatores econômicos convencionais – como capital, mão de obra (incluindo capital humano, que corresponde à educação e a qualificações) e progresso tecnológico –, especificados nos modelos de crescimento neoclássicos, terem sido incapazes de explicar totalmente por que algumas nações prosperam enquanto outras não. Douglass North foi pioneiro nas pesquisas sobre instituições e desenvolvimento econômico. Ele, e aqueles que o seguiram, analisaram sistematicamente como alguns países adotavam boas instituições e o que poderia ser feito para reformar as ruins. North observou:

> A evolução do governo de seu caráter medieval e mafioso para um governo que incorpora instrumentos e instituições legais modernas é uma parte importante da história da liberdade. É uma parte que tende a ser obscurecida ou ignorada por causa da visão míope de muitos economistas, que insistem em representar o governo como nada além de uma forma gigante de roubo e redistribuição de renda.[2]

Na visão de North, os modelos existentes eram incapazes de responder à pergunta essencial sobre por que o crescimento econômico varia de uma nação para outra:

> O que explica as suas características de desempenho extremamente discrepantes? Afinal de contas, todos nós descendemos de bandos primitivos de caçadores e coletores. Essa divergência é ainda mais desconcertante sob o referencial da teoria neoclássica do comércio internacional, segundo a qual as economias convergiriam gradualmente à medida que comerciassem bens, serviços e fatores produtivos. Ainda que, de fato, observemos alguma convergência entre as principais nações industrializadas que estabeleceram relações comerciais entre si, é espantoso que, no transcorrer dos dez últimos milênios, tenham se constituído sociedades radicalmente diferentes nos sentidos religioso, étnico, cultural, político e econômico, e que hoje a disparidade entre nações ricas e

pobres, entre nações desenvolvidas e não desenvolvidas, seja tão grande quanto sempre foi ou talvez consideravelmente maior do que antes.³

Isso pode não parecer radical, mas North tirou a ciência econômica de sua zona de conforto, que consistia em examinar dados mais facilmente mensuráveis, como mão de obra e capital; em vez disso, ele reuniu a política, a sociologia e a história a fim de entender por que alguns países prosperam e outros fracassam. North ganhou o Prêmio Nobel de Economia em 1993.

Juntamente com seus colegas Ronald Coase (que ganhou o Nobel em 1991) e Oliver Williamson (que o ganhou mais de uma década depois, em 2009), ele fundou o campo da Nova Economia Institucional. Esse trabalho posteriormente foi expandido pelo economista Daron Acemoglu, do MIT, e pelo cientista político James Robinson, da Universidade de Chicago, notadamente em seu livro *Por que as nações fracassam: As origens do poder, da prosperidade e da pobreza*, e por muitos outros que se apoiaram na obra de North sobre o papel das instituições no desenvolvimento econômico.

North passou sua carreira tentando encontrar as razões por trás da disparidade econômica, que ele formalizou como: "O que faz com que as sociedades passem por estagnação em longo prazo ou por um cabal declínio do bem-estar econômico?".⁴ Esta é a pergunta apresentada neste capítulo, e também, possivelmente, o principal desafio econômico de nossa época.

A vida e a época de Douglass North

Douglass North nasceu em 1920 em Cambridge, Massachusetts. O trabalho de seu pai como executivo de seguros fez com que a família se mudasse frequentemente durante a infância de North. Ele morou no Canadá e na Suíça, bem como em vários estados dos Estados Unidos. Para sua primeira graduação, North buscou uma tripla titulação em filosofia, ciência política e economia na Universidade da Califórnia em Berkeley. A maneira como ele recorda seus estudos dará esperança a muitos: "Meu histórico na Universidade da Califórnia como aluno de graduação foi medíocre, para dizer o mínimo".[5]

Após a graduação, ele se tornou navegador na marinha mercante durante a Segunda Guerra Mundial. Seu desejo era frequentar a faculdade de direito, mas a guerra interveio, e ele acabou servindo. North explicou: "Eu era um objetor de consciência. Eu não queria matar ninguém. Escolhi algo em que outras pessoas atirariam em mim, mas eu não atiraria de volta".[6]

Foi durante esses três anos, que, segundo North, lhe deram tempo para ler, que ele acabou abdicando de seus planos de uma carreira em direito. Em vez disso, pensou que deveria se tornar economista ou fotógrafo. Estas certamente eram opções diversas. A primeira foi escolhida porque, como ele lembrou: "o que eu queria fazer da vida era melhorar as sociedades, e a maneira de fazer isso era descobrir o que fazia as economias funcionar como funcionavam ou não funcionar".[7]

Perto do fim da Segunda Guerra Mundial, North se casou pela primeira vez, e logo depois teve três filhos. Seu segundo casamento foi em 1972, com Elisabeth Case. Eles se conheceram quando ela era editora na Cambridge University Press, depois de ter trabalhado na Michigan University Press. Após o casamento, ela foi creditada como editora em alguns de seus artigos.

Após a guerra, North regressou à Universidade da Califórnia em Berkeley para obter um PhD em economia. Seu primeiro cargo acadêmico, que ele assumiu em 1951, foi na Universidade de Washington. Ele permaneceu lá por 32 anos, até que entrou para a Universidade de Washington em St. Louis, onde passou o resto de sua carreira. Também foi professor visitante nas universidades Rice, Stanford e Cambridge, embora nenhuma de suas nomeações permanentes tenha sido nas universidades mais prestigiadas. Isso ilustra não só que é possível ter sucesso fora das principais universidades, como também o quão difícil é obter a aceitação dessas universidades para ideias pouco ortodoxas.

Como mencionamos, depois de quatro décadas de pesquisa ele conquistou o maior prêmio na disciplina, recebendo o Prêmio

Nobel de economia em 1993 por sua obra pioneira sobre as instituições e como elas influenciam o desenvolvimento econômico. Esta era uma questão que interessava a North desde o início de sua carreira. Sua tese de doutorado focou em explicar as diferenças entre as taxas de crescimento regionais nos Estados Unidos, e foi a base para seu primeiro livro, *The Economic Growth of the United States from 1790 to 1860* [O crescimento econômico dos Estados Unidos de 1790 a 1860], publicado em 1961.

Em 1966-1967, houve uma mudança de foco quando North decidiu estudar as economias europeias, depois que recebeu um bolsa para morar em Genebra por um ano. Foi um momento decisivo em sua carreira intelectual:

> Logo me tornei convencido de que as ferramentas da teoria econômica neoclássica não estavam à altura da tarefa de explicar o tipo de mudança social fundamental que caracterizara as economias europeias dos tempos medievais em diante. Precisávamos de novas ferramentas, mas elas simplesmente não existiam [...] não era possível explicar o mau desempenho econômico de longo prazo em um modelo neoclássico. Então, comecei a explorar o que havia de errado.[8]

Foi um longo caminho, que finalmente o levou a trabalhar com cientistas políticos nos anos 1980. Essa pesquisa culminou em sua obra mais influente, *Instituições, mudança institucional e desenvolvimento econômico*, publicada em 1990. Sua pesquisa preencheu uma lacuna em economia, oferecendo uma explicação para por que tantos países continuam pobres:

> A disparidade no desempenho das economias e a persistência de economias díspares ao longo do tempo não foram satisfatoriamente explicadas pelos economistas do desenvolvimento, apesar de quarenta anos de tremendos esforços. O fato é que a teoria adotada simplesmente não está à altura da tarefa. [...] Dito de modo simples, o que falta é um discernimento

da natureza da coordenação e cooperação humanas. Ora, isso certamente não haveria de surpreender um discípulo de Adam Smith, que estava preocupado não somente com as formas de cooperação que gerassem resultados conchavados e monopolísticos, mas também com aquelas que possibilitassem a consecução dos ganhos com o comércio.[9]

North criou uma nova maneira de pensar em economia, que colocava no centro o comportamento humano. Isso levou a uma longa carreira não só de pesquisa, como também de engajamento político. Aos oitenta anos de idade, North aconselhava países no mundo inteiro sobre a aplicação da análise institucional a suas políticas de crescimento.[10]

Douglass North acreditava que as instituições são essenciais para entender o desenvolvimento de uma economia. No Prefácio a *Instituições, mudança institucional e desenvolvimento econômico*, ele escreveu: "A história importa. Importa não só porque podemos aprender com o passado, mas também porque o presente e o futuro estão relacionados com o passado por meio da continuidade das instituições de uma sociedade".[11]

Ele não foi o primeiro estudioso a empregar a história no argumento econômico, mas foi pioneiro ao incorporar as instituições à análise econômica. North definiu as instituições como: "as regras do jogo em uma sociedade [...] As instituições reduzem a incerteza ao conferir uma estrutura à vida cotidiana".[12] Portanto, as instituições podem ser formais, como as leis, ou informais, como aquelas que policiam as normas sociais de comportamento. North acredita que ambas podem evoluir com o tempo, e é por isso que a história importa muito para entender como essa evolução ocorre. Sua obra rejeitava a separação entre as instituições políticas e sociais e o funcionamento da economia.

North argumentou: "As instituições afetam o desempenho da economia mediante o seu efeito sobre os custos de transação e de produção".[13] Em outras palavras, as instituições fracas são custosas.

No mínimo, regulações excessivas são onerosas e agregam custos à realização de negócios. No extremo, as economias não podem crescer se há instituições políticas instáveis que levam a guerras ou conflitos.

Entender essa relação entre as instituições e o desenvolvimento assinala o caminho para as reformas necessárias. Por exemplo, North atribui o sucesso dos Estados Unidos a suas instituições: "A história econômica norte-americana foi caracterizada por um sistema político federal, freios e contrapesos, e uma estrutura básica de direitos de propriedade que incentivou os contratos de longo prazo essenciais à criação de mercados de capitais e crescimento econômico", e contrasta isso com seus vizinhos do sul, que tiveram dificuldade de ir além do status de classe média: "Já a história econômica da América Latina perpetuou as tradições burocráticas centralizadas trazidas de sua herança espanhola e portuguesa".[14]

Por meio do estudo dessas economias, North conclui que as instituições que foram boas para o desenvolvimento incluem o estado de direito, bem como a abertura à globalização. Essas instituições fornecem incentivos para que as pessoas participem de negócios e de atividades produtivas, o que gera crescimento econômico. Especificamente, ele aponta para a importância de instituições que apoiam o mercado: "o quadro institucional subjacente persistentemente reforçava os incentivos para que as organizações se dedicassem a atividades produtivas".[15] Em particular, North acreditava que as instituições são importantes para o progresso tecnológico, um elemento essencial do crescimento econômico. North descobriu que isso era comum entre as economias prósperas, como o Reino Unido: "A segurança dos direitos de propriedade e o desenvolvimento do mercado de capitais público e privado foram fatores instrumentais não só no rápido desenvolvimento econômico subsequente da Inglaterra, como também em sua hegemonia política e sua derradeira dominação do mundo".[16]

Ele acreditava que a ausência de tais instituições fortes é o motivo pelo qual alguns países em desenvolvimento ficaram para trás. Em sua visão, muitas de suas instituições não proporcionam o tipo de incentivo que existe nos Estados Unidos e no Reino Unido:

As oportunidades para os empreendedores políticos e econômicos ainda são uma mistura heterogênea, mas em sua esmagadora maioria favorecem atividades que promovem práticas redistributivas em vez de produtivas, que criam monopólios em vez de condições competitivas e que restringem oportunidades em vez de ampliá-las. Elas raramente induzem a investimentos em educação que aumentem a produtividade.[17]

Ele também acreditava que as instituições se autoperpetuam. Sua visão de que as instituições fracas e fortes tendem a se autoperpetuar implica que há "dependência de trajetória" no desenvolvimento econômico. Dependência de trajetória foi um conceito usado por North para explicar círculos viciosos de pobreza e círculos virtuosos de crescimento. Em um círculo virtuoso, o governo investia em educação e em melhorias tecnológicas que fortaleciam as boas instituições, o que gerava crescimento que ajudava essas boas instituições a persistirem. Em outras palavras, a dependência de trajetória significa que instituições fortes ou fracas levam a instituições persistentemente fortes ou fracas, o que reforça a trajetória de crescimento de uma economia – positivamente ou negativamente. O que vem depois depende do que veio antes.

Para North, a dependência de trajetória ajuda a explicar os resultados econômicos diferentes no longo prazo. Também por isso ele afirmou que é difícil reformar as economias para que mudem seu curso, pois isso requer mudanças políticas e sociais que podem demorar para acontecer: "A reversão de trajetórias (da estagnação ao crescimento ou vice-versa) [...] tipicamente ocorre por meio de mudanças na política".[18]

Antes de analisarmos o que North diria sobre como lidar com o atual desafio do desenvolvimento, primeiro examinemos em mais detalhe por que tantos países continuam pobres.

O desafio do desenvolvimento

Um aspecto do desenvolvimento talvez não exista por muito tempo. A Organização das Nações Unidas (ONU), com o apoio de todos os países do mundo e do Banco Mundial, estipulou uma meta ambiciosa de acabar com a pobreza extrema até 2030. Isso significaria que, pela primeira vez, não haveria ninguém vivendo com menos de 1,90 dólar por dia, ajustado para o que um dólar compra no país, a "paridade do poder de compra". O que seria preciso para isso? Poderíamos realmente ver o fim da pobreza?

Em primeiro lugar, muito progresso já foi feito. A taxa de pobreza no mundo em desenvolvimento caiu drasticamente desde 1981. Naquele ano, mais de metade (52%) da população mundial vivia com menos de 1,25 dólar por dia. Esse número caiu para cerca de 10% segundo a medida comparável de 1,90 dólar por dia.

Um dos Objetivos de Desenvolvimento do Milênio (ODMs) da ONU foi reduzir a pobreza pela metade até 2015 em relação aos níveis de 1990. De fato, isso foi alcançado cinco anos antes. Em 1990, mais de um terço (36%) da população mundial vivia na pobreza extrema. Isso caiu para 18% em 2010, devido, em grande medida, ao rápido crescimento econômico da China e ao progresso na região do Leste Asiático. Quatro de cada cinco pessoas viviam na pobreza em 1981, e isso caiu para 8%. Com base nas tendências atuais, a região que mais cresce no mundo poderia ver o fim da pobreza em uma geração.

A África Subsaariana é a única região onde o número de pessoas vivendo na pobreza extrema aumentou durante as últimas três décadas. Embora o percentual da população africana vivendo na pobreza extrema seja ligeiramente menor do que em 1981, o crescimento populacional significa que há um número maior de pessoas vivendo na pobreza. Elas representam mais de metade dos pobres extremos do mundo, apesar de a África corresponder a apenas 11% da população mundial.

Ao todo, mais de um bilhão de pessoas foram tiradas da pobreza no mundo todo desde 1990, o que é um feito extraordinário. Pela primeira vez na história, apenas uma em cada dez pessoas no mundo vivem na pobreza extrema, e tanto a ONU como o Banco Mundial acreditam que estamos avançando rumo ao objetivo histórico de acabar com a pobreza extrema até 2030, alcançando, assim, o primeiro dos Objetivos de Desenvolvimento Sustentável (ODSs) adotados em 2015.* Poderíamos realmente ser a primeira geração na história a conseguir erradicar a pobreza mundial? Em que consiste exatamente o fim da pobreza? Não significa que ninguém vive com menos de 1,90 dólar por dia. O Banco Mundial assume que uma taxa de pobreza de 3% é equivalente ao fim da pobreza, já que haverá alguns que entram na pobreza apenas temporariamente, talvez quando perdem o emprego. Isso é conhecido como pobreza "friccional".

Para chegar a esse ponto, seria necessário um esforço heroico. O número de pessoas pobres terá de diminuir 50 milhões por ano até 2030. Isso é o equivalente a um milhão de pessoas por semana. O ritmo é assombroso. Se alcançado, significaria tirar praticamente um quarto de um bilhão de pessoas, de um total estimado de 8,6 bilhões de pessoas no planeta, da pobreza extrema.

Que políticas poderiam nos levar a esse resultado? Um país com o qual talvez possamos aprender é a China, que está em rápido crescimento. Nos anos 1990, a China tinha uma taxa de pobreza mais alta do que a África, mas foi responsável pela maior parte da redução da pobreza mundial nas últimas décadas. Mas o crescimento, por si só, claramente não é o bastante, visto que a África, a região com o segundo maior crescimento econômico no mundo, atrás apenas da Ásia, não conseguiu fazer progresso similar.

Tirar lições de um país ou região para aplicar em outro é algo que sempre deve ser feito com cuidado, e a economia chinesa

---

* Os outros dezesseis Objetivos de Desenvolvimento Sustentável são: fome zero; saúde e bem-estar; educação de qualidade; igualdade de gênero; água potável e saneamento; energia limpa e acessível; trabalho digno e crescimento econômico; indústria, inovação e infraestrutura; redução das desigualdades; cidades e comunidades sustentáveis; consumo e produção responsáveis; ação contra a mudança global do clima; vida na água; vida terrestre; paz, justiça e instituições eficazes; parcerias e meios de implementação.

está em transição, abandonando o planejamento centralizado sob governança de um Estado monopartidário, como discutimos no capítulo sobre Marx. Isso significa, por exemplo, que a terra é propriedade do governo e deve ser alugada do Estado. Não significa que alguns não se tornaram muito ricos explorando terras obtidas com favores do governo, mas a maioria das pessoas foi tirada da pobreza trabalhando como autônoma, e não explorando a terra e seus recursos. Isso contrasta com o que acontece na África, onde, como observa o economista de Oxford Paul Collier, o crescimento da renda se baseou nos recursos naturais, e os ganhos não foram amplamente partilhados.[19]

Na China, conceberam-se políticas para aumentar a produtividade da agricultura, o que tirou centenas de milhões de pessoas da pobreza em zonas rurais. O Banco Mundial propôs políticas similares para fomentar o crescimento, tais como apoiar a produtividade agrícola, nos países em desenvolvimento.

Ao contrário da África, a China não dependia muito de ajuda do exterior, uma ferramenta convencional nas políticas de alívio da pobreza. Isso contribuiu para as evidências mistas sobre o impacto da ajuda na redução da pobreza, o que levou a um debate acirrado. Ainda assim, o Overseas Development Institute (ODI), com sede no Reino Unido, acredita que há um papel para a ajuda, mas que precisa haver uma supervisão do modo como é usada.

Portanto, é complicado aplicar lições tiradas do passado aos bolsões de pobreza que ainda persistem. Cerca de metade dos que vivem na pobreza extrema estão na África, e um terço no Sudeste Asiático. Por exemplo, a Tanzânia, que apresentou um bom crescimento e esteve livre de conflitos, viu o número de pobres aumentar de 9 milhões há duas décadas para 15 milhões. O Sul Asiático também fica atrás em relação ao progresso feito na Ásia Oriental, apesar de seu crescimento; por isso, mais uma vez, não é possível contar somente com o crescimento para tirar da pobreza os 767 milhões de pessoas restantes.

Sem dúvida, as circunstâncias de cada país importam muito quanto ao que funciona, como North enfatizaria. Mas se o progresso feito nas duas últimas décadas puder ser replicado de alguma maneira e adaptado a cada país, então é possível que os pobres restantes sejam tirados da pobreza extrema. Isso implicaria que a taxa de pobreza de 36% em 1990, que caiu para 18% em 2010, cairia em magnitude comparável até 2030. Isso, de fato, significaria o fim da pobreza em nossa geração. Como observou Robert Lucas Jr., laureado com o Nobel:

> Existe alguma medida que o governo da Índia possa tomar para levar a economia indiana a crescer como a da Indonésia [...]? Se existe, *qual*, exatamente? Se não, o que há na "natureza da Índia" que faz com que seja assim? As consequências para o bem-estar humano envolvido em questões como essas são simplesmente alarmantes: quando começamos a pensar sobre elas, é difícil pensar sobre qualquer outra coisa.[20]

Há, também, a perspectiva de que uma crise prejudique o crescimento econômico. Esta tem sido uma característica dos países em desenvolvimento no período pós-guerra. Uma vez propensos à crise, a teoria da dependência de trajetória de Douglass North sugeriria que não é de surpreender que esta se repita de tempos em tempos.

Uma história de crises

Mesmo entre economias emergentes ou mercados emergentes, que são termos alternativos para países em desenvolvimento que têm um histórico de reforma econômica e boas perspectivas de crescimento, as últimas décadas foram caracterizadas por uma série de crises financeiras que impediu períodos de crescimento sustentado. A China pode ter tido um período de crescimento de quatro décadas que não foi interrompido pela crise e praticamente erradicou a pobreza extrema, mas este não é o caso para muitos outros países em desenvolvimento.

Aquela que é conhecida como crise cambial de primeira geração se refere à crise latino-americana de 1981-1982. Países como o Brasil, o México, a Argentina e o Chile tinham três características que os tornavam vulneráveis: um grande déficit orçamentário, o que significa que os governos estavam fazendo empréstimos para gastar; um grande déficit comercial ou em balança corrente, isto é, eles estavam importando mais do que exportando; e inflação alta, ou seja, os preços estavam subindo depressa. Essas características criaram pressão sobre sua taxa de câmbio fixa em relação ao dólar norte-americano, conhecida coletivamente por esses países como *tablitas*. Grandes déficits e inflação em um país geralmente levam os investidores a vender seu estoque da moeda em questão e comprar outras mais estáveis, normalmente o dólar, que foi o que aconteceu na América Latina. O "déficit duplo" (orçamentário e comercial) e a inflação alta são o motivo pelo qual as economias emergentes são vistas como vulneráveis a crises que corroem o crescimento.

A crise cambial de segunda geração se refere ao colapso do mecanismo europeu de taxas de câmbio (MTC) em 1992. Embora esta tenha sido uma crise envolvendo as economias desenvolvidas, tinha características similares ao episódio latino-americano. Muitos britânicos ainda se lembram da Quarta-Feira Negra, quando a libra esterlina e outras moedas, como a lira italiana, abandonaram o câmbio fixo em relação ao marco alemão, ao qual haviam aderido dois anos antes. Uma perda de confiança no mercado mostrou que manter suas moedas ancoradas ao marco alemão teria significado elevar as taxas de juros a níveis inaceitáveis a fim de que os investidores fossem persuadidos a comprar libra esterlina e manter a taxa de câmbio fixa. As taxas de juros do Reino Unido haviam chegado a 15%, e o impacto sobre o crescimento econômico de permanecer no MTC simplesmente teria sido muito prejudicial durante uma recessão. As taxas de juros altas tornaram os empréstimos mais caros e diminuíram os investimentos, afetando o crescimento. Ao contrário das economias latino-americanas, as nações europeias em dificuldade se saíram razoavelmente bem após a crise. Com as moedas mais fracas, seus produtos ficaram mais baratos no exterior, de modo que as exportações se tornaram mais competitivas, e o Reino Unido, por exemplo, teve um bom crescimento durante os anos 1990. Uma diferença entre a América Latina e a Europa é que esta tinha instituições mais estáveis, como banco centrais bem conceituados, que emergiram da crise com a reputação mais ou menos intacta, ao passo que na América Latina a crise levou a uma perda de confiança nos sistemas econômicos, e os investidores deram o fora. Isso está de acordo com a teoria de North de que instituições fortes persistem e geram prosperidade, mesmo em épocas de crise.

A crise cambial e financeira de terceira geração aconteceu na Ásia em 1997-1998. O que distingue a crise asiática das duas primeiras é que lá foi uma crise financeira que levou a uma crise cambial. Quando os investidores estrangeiros subitamente tiraram seu dinheiro da Tailândia, depois de anos de fluxos de capital entrando no país, isso levou o baht, a moeda tailandesa, ao colapso. Houve uma "pausa repentina" no influxo de dinheiro que havia sido emprestado aos negócios tailandeses. A crise se espalhou para Malásia, Indonésia, Hong Kong e Coreia do Sul. Para tentar reter o dinheiro estrangeiro ao qual seus negócios estavam acostumados, essas economias tiveram de aumentar as taxas de juros, o que prejudica o crescimento. (Nesse sentido, foi similar à crise do MTC.) Quando o dinheiro saiu desses países, suas moedas perderam totalmente o valor, já que os investidores não tinham mais necessidade de mantê-las. É por isso que esta é conhecida como uma crise financeira, acima de tudo.

O surpreendente sobre a crise de terceira geração foi que ela afetou as economias asiáticas, que, ao contrário da América Latina no início dos anos 1980, eram tidas como em franco crescimento e não tinham grandes déficits fiscais ou comerciais. Mas as cinco economias inicialmente envolvidas foram atoladas em crises que prejudicaram seu crescimento durante anos. A outra característica preocupante da crise de terceira geração foi o contágio: o impacto da crise financeira asiática também foi sentido em economias emergentes do mundo todo. Afetou a Rússia em 1998, a Turquia em 1999 e o Brasil e a Argentina no início dos anos 2000. Isso não aconteceu porque essas economias comercializassem muito com as nações asiáticas afetadas ou investissem muito nelas, mas provavelmente porque os investidores passaram a desconfiar de todos os mercados em desenvolvimento de maneira indiscriminada, lançando essas economias na crise também. A Argentina, do outro lado do mundo de onde a crise começou, acabou tendo o maior default soberano da era moderna, até que a Grécia conquistou esse título uma década depois.

Essa história enfatiza que as mais vulneráveis a crises são as economias emergentes com maior parte de suas dívidas nas mãos de estrangeiros. Quando os investidores já não querem manter essa dívida, é mais caro para esses países obter dinheiro emprestado em mercados de títulos de dívidas porque eles têm de pagar uma taxa de juros mais alta para atrair credores. A razão pela qual a dívida externa está em foco é que, quando seus empréstimos e outros investimentos, chamados "dinheiro quente", deixam o país, esses investidores também vendem a moeda do país em questão. Uma moeda mais fraca, então, torna mais caro quitar a dívida, que é denominada em dólares norte-americanos, o que agrava o problema. Obter empréstimos em dólares é considerado o "pecado original" dos países em desenvolvimento por essa razão. É por isso que há tanto foco nas reservas cambiais de um país, para que as economias vulneráveis possam mostrar que têm moeda estrangeira suficiente para pagar por suas importações e dívidas e são menos afetadas por movimentos cambiais e de capital.

Tais crises podem comprometer o crescimento econômico por anos. Uma crise cambial ou financeira pode impedir, e de fato tem impedido, as economias emergentes de se tornarem ricas, já que um período de crescimento prolongado é uma característica necessária dos países que superaram a armadilha da classe média discutida anteriormente. A Coreia do Sul e Taiwan, por exemplo, tiveram um crescimento sólido durante mais de duas décadas. Se os países em desenvolvimento pudessem crescer por períodos sustentados, não só a pobreza acabaria nesses países como eles poderiam chegar a alcançar os níveis dos países ricos.

Quando se trata de altas taxas de crescimento por um período prolongado, há mais uma preocupação. O crescimento econômico dos mercados emergentes desacelerou desde a década de 2010. Entre as grandes economias emergentes, as chamadas economias do BRIC (por suas iniciais), o Brasil e a Rússia têm se esforçado para crescer, ao passo que a Índia e a China continuam a se desenvolver, mas a um ritmo mais moderado. É uma tendência que se reflete nas economias emergentes menores. E isso leva à pergunta sobre se a história do crescimento do mercado emergente pode chegar ao fim antes de eles terem acabado com a pobreza e se tornado prósperos.

Mas esse baixo crescimento não deveria ser uma surpresa, visto que muitos deles se tornaram países de classe média nos anos recentes, após algumas décadas de sólido crescimento. Pela primeira vez, as economias emergentes representam mais da metade do PIB mundial, e, como os países ricos sabem por experiência própria, as nações mais ricas crescem mais lentamente do que as mais pobres. Não é de surpreender que o período de rápido crescimento das economias emergentes tenha desacelerado.

Depois que a China, a Índia e a ex-União Soviética se abriram no início dos anos 1990, suas economias imediatamente se beneficiaram do acesso aos mercados mundiais. A integração com a economia mundial ajudou a iniciar uma era de globalização em que termos como *offshoring* entraram em voga e a globalização surgiu: a exportação de bens e serviços aumentou de 20% do PIB mundial para cerca de 30% na década de 2010. Houve um grande fluxo de investimento estrangeiro para as economias emergentes, mais baratas e em rápido crescimento, quando estas se abriram, o que ajudou suas empresas a aprenderem com multinacionais estabelecidas e contribuiu para uma nova classe média crescente nesses países.

À medida que os países se tornam mais ricos, seu ritmo de crescimento inevitavelmente diminui. Os países em desenvolvimento crescem rápido porque estão começando do zero o processo de industrialização e comércio, de modo que os ganhos são relativamente maiores e chegam depressa. As nações mais ricas crescem mais lentamente, já que precisam inovar e atualizar suas indústrias a fim de aumentar a produtividade. Para a China, 4% de crescimento seria motivo de decepção; para os Estados Unidos, seria magnífico.

De acordo com Douglass North, o que determina o quanto uma economia irá desacelerar, e, portanto, suas perspectivas de crescimento no longo prazo, é a qualidade de suas instituições. O Vietnã e Myanmar, duas economias que se globalizaram recentemente, são úteis como estudos de caso. Ambos são grandes promessas, mas também enfrentam obstáculos importantes. A África do Sul é outro caso notável. Consideremos cada um deles.

O desafio institucional do Vietnã

Em 1986, o governo vietnamita lançou uma série de reformas de mercado conhecidas como *doi moi*. Desde então, o país tem estado em transição do planejamento centralizado para uma "economia de mercado socialista", com o Partido Comunista ainda no poder. O Vietnã é um país de tamanho considerável: não chega ao 1,3 bilhão da China, mas, com mais de 90 milhões de pessoas, sua população está entre as vinte maiores do mundo. Então, o Vietnã é uma economia potencialmente importante, considerando sua população. Como a China, o Vietnã instituiu reformas econômicas em uma economia defasada enquanto manteve o regime político comunista.

Uma herança do antigo sistema é que as empresas estatais dominam os empréstimos bancários e detêm mais de metade da dívida irrecuperável do país. O Vietnã é, às vezes, visto como a "próxima China", devido à transição estável e ao governo comunista, mas há preocupação quanto a uma crise iminente da dívida pública. A criação de instituições de mercado e o desmantelamento do aparato centralmente planejado que o governara trarão a tarefa desafiadora de mudar o rumo da economia, o tipo complexo de "dependência de trajetória" descrito por Douglass North.

Entre as instituições mais difíceis de se reformar estão as empresas estatais. Para o Vietnã, a dominância de tais empresas, e suas dívidas irrecuperáveis associadas, continuam sendo um problema, anos depois do lançamento do *doi moi*. Em comum com outras nações, o Vietnã criou os "bad banks" ou empresas de gestão de ativos para tirar as dívidas irrecuperáveis dos livros contábeis dos bancos estatais. Foi isso que a China fez em 1999, quando criou quatro dessas empresas para tentar limpar os balanços patrimoniais de seus grandes bancos estatais antes de abrir o setor quando entrou para a Organização Mundial do Comércio em 2001. Mas o problema com as dívidas irrecuperáveis não é só o estoque, mas também o fluxo. Em outras palavras, a acumulação continuada de dívidas de empresas estatais ineficientes não pode ser ignorada.

Em meados dos anos 1990, a China deu um grande passo rumo à privatização ou reestruturação da maioria de suas empresas estatais. O número de grandes empresas estatais caiu de cerca de 10 milhões para menos de 300 mil no fim daquela década. O país ainda tem um setor estatal considerável, mas houve uma tentativa notável de cortar o fluxo de dívidas irrecuperáveis por meio do aumento da eficiência das empresas estatais restantes. Isso foi feito privatizando parcialmente ou vendendo ações até mesmo das maiores empresas estatais, incluindo bancos. É claro que a China criou outros problemas para si quando usou o sistema bancário para prover a maior parte do financiamento por trás de seu grande estímulo fiscal para fomentar a economia durante a crise financeira global de 2008, como discutimos no Capítulo 3.

O Vietnã se comprometeu a reformar suas empresas estatais, mas tem progredido lentamente. Foi só em 2011 que o país começou a reduzir de maneira significativa o número de empresas estatais, de 1.309 para 958 nos cinco anos até 2015. E há muito mais a ser privatizado para que a meta de 190 até 2020 seja alcançada. Portanto, são necessárias cerca de três décadas para reformar as empresas estatais.

Mais uma vez como a China, o Vietnã decidiu não seguir o caminho da "terapia de choque" adotado pela ex-União Soviética quando esta fez uma transição rápida de uma economia centralmente planejada no início dos anos 1990. Em vez disso, introduziu forças do mercado de maneira gradual, inclusive permitindo que empresas não estatais atuassem, para que o governo pudesse reformar lentamente o setor estatal.

Examinando a recessão de uma década em que as nações do antigo bloco oriental padeceram após sua rápida transição, provavelmente não é de surpreender que a China e o Vietnã pareçam ter feito a coisa certa. No entanto, há um importante impedimento para ambas as reformas: realizar uma transição mais rápida elimina a "mão" ineficiente do Estado. Desmantelar rapidamente o velho sistema impede o surgimento de interesses declarados e a criação de novas bases de poder na economia de mercado por aqueles que mais se beneficiam das reformas em andamento e podem prever o progresso futuro. (É claro, houve vários problemas com a transição da Rússia e de outros países, incluindo a expectativa pouco realista de que uma economia privada poderia simplesmente ocupar o vácuo se o antigo Estado fosse desmantelado.)

A China realizou uma reforma numa sequência que foi descrita como "do mais fácil para o mais difícil", ou seja, as reformas políticas mais fáceis, como incentivar a produção agrícola, foram feitas primeiro, enquanto as reformas mais difíceis do setor estatal foram deixadas para depois. Como a teoria previra, essas novas bases de poder tornaram mais difícil implementar reformas posteriores. De maneira similar, as reformas do Vietnã parecem estar atoladas na incapacidade daqueles que administram as empresas estatais de permitir que estas se tornem pelo menos parcialmente, se não totalmente, privatizadas. Em outras palavras, aqueles que se beneficiaram das reformas da economia estão agora se aferrando às empresas ineficientes, que são um ônus para o sistema bancário.

Há consequências para a economia vietnamita. A dívida pública do Vietnã é metade do PIB e, o que é muito importante, mais de um terço é devido a credores estrangeiros. Quando a dívida das empresas estatais é somada, o número dobra para 100% do PIB. Quando a dívida total do governo é da mesma magnitude que o PIB de um país, aumenta a preocupação com relação a uma possível crise da dívida pública. Para evitar isso, seria necessário cortar o fluxo de dívidas irrecuperáveis das empresas estatais, além de persistir com certo grau de privatização. Para tanto, seria necessário superar muitos dos interesses declarados.

A lição para os países que estão realizando reformas é, como North havia alertado, que o poder dos interesses declarados em manter as instituições inalteradas deve ser considerado, bem como a eficiência das medidas propostas. Para o Vietnã, é um alerta a ser considerado.

As instituições de Myanmar, em rápida transformação

Myanmar, antes conhecido como Birmânia, também se abriu para o mercado recentemente. O país enfrenta um desafio diferente do enfrentado pelo Vietnã, mas também está reformando a própria estrutura de sua economia e instituições a fim de alterar a trajetória econômica.

Os investidores chamam o país de "a última fronteira". Referência a *Jornada nas estrelas* à parte, há em Myanmar um sentido de algo ainda a ser explorado. É a última grande economia asiática a se tornar conectada globalmente, e só se abriu em 2011, depois de meio século de governo militar e da libertação de Aung San Suu Kyi, laureada com o Nobel da Paz, da prisão domiciliar.

As estatísticas dizem tudo: em 2011, apenas 6% da população tinha acesso a um telefone móvel, e apenas cerca de 10% tinha uma conta bancária. Décadas de governo militar fizeram de Myanmar um país subdesenvolvido e um dos mais pobres da Ásia. Mas isso também significa que, com os tipos adequados de reformas institucionais, tem grande potencial para crescer rapidamente. Fica na região do mundo que apresenta a taxa mais alta de crescimento, com cadeias de fornecimento globais bem consolidadas, o que pode ajudar uma economia a se industrializar e a crescer rapidamente se fizer parte da rede mundial de produtores industriais. Ao contrário de muitos países menores na Ásia em desenvolvimento, Myanmar, com uma população similar em tamanho à da Coreia do Sul, pode usar um mercado interno significativo para promover o crescimento, bem como expandir suas exportações. Isso explica o interesse de muitas corporações multinacionais que estão de olho em um mercado malservido. Além disso, é rico em petróleo, gás natural e minerais. Portanto, Myanmar é um dos países que podem atrair investimentos estrangeiros por todas as três razões que tipicamente motivam as empresas multinacionais: recursos naturais, custos mais baixos e novos mercados.

O potencial de Myanmar certamente atraiu a atenção das maiores empresas do mundo à procura da nova economia com crescimento de dois dígitos. Porém, abrir-se rápido demais aos fluxos de investimento tem suas armadilhas, como visto nas inúmeras crises que afetaram as economias emergentes. Isso foi evitado pela China, o que levou a discussões sobre se o chamado Consenso de Pequim serviria como um modelo alternativo para as nações que se abriram para o mercado recentemente.

Em voga após o sucesso do crescimento da China e das críticas ao Consenso de Washington, poderia o modelo chinês ser um modelo para Myanmar, agora que o país embarca em uma abertura histórica à economia global?

É claro, pode até não haver um consenso sobre o Consenso de Pequim, já que a experiência de crescimento chinesa não pode ser facilmente tomada como modelo. E há muitos elementos no processo de abertura econômica da China que são similares à versão de Washington. O Consenso de Washington foi um modelo de desenvolvimento econômico promulgado durante os anos 1980 e 1990 que derivou do FMI e do Tesouro dos Estados Unidos, ambos situados em Washington, DC. O modelo se baseava em privatização e em liberalização comercial e financeira. Como vários países em desenvolvimento não se beneficiaram ao seguir essas prescrições, observou-se que, tanto na recessão de uma década que acometeu a ex-União Soviética durante os anos 1990 como na crise latino-americana dos anos 1980, o Consenso de Washington foi deixado de lado, e os países em desenvolvimento procuraram uma alternativa. Alguns se voltaram para a China, cujas reformas de mercado foram realizadas a um ritmo mais gradual e seguindo uma sequência de reformas estratégicas. Por exemplo, os empreendimentos estatais foram reformados lentamente e não foram submetidos à privatização em massa até duas décadas depois de iniciado o processo de reforma. A China também estabeleceu um setor não estatal que absorveu os trabalhadores demitidos, evitando assim o desemprego persistente em grande escala. Mas, como discutimos, uma consequência é que as reformas são incompletas e a propriedade estatal persiste. A China não é o único país a crescer rapidamente na região. Coreia do Sul, Taiwan, Singapura e Hong Kong fizeram o mesmo, servindo como um modelo parcial para a China quando esta implementou reformas para fomentar a integração global nas cadeias de fornecimento e produção, que permitiu que essas economias se industrializassem ao se conectar com o setor industrial mundial. O crédito dirigido pelo Estado também ajudou a evitar a especialização em áreas menos desejáveis, tais como produtos primários (agrícolas, recursos naturais).

Como modelo de desenvolvimento, o Consenso de Pequim, ao enfatizar a abertura gradual e controlada à economia mundial e as reformas mais lentas das instituições econômicas existentes, poderia ser mais atraente do que um modelo de abertura mais rápida. Central ao Consenso de Pequim é a industrialização, que, no caso da China, envolveu a reindustrialização, já que empresas industriais novas e existentes foram reformadas e incentivadas a entrar nos setores tecnológicos. Para Myanmar, que não é uma economia de transição e, portanto, não tem empresas estatais como a China para reestruturar, o modelo de Lewis, mais convencional, se aplicaria. Elaborado pelo ganhador do Nobel Arthur Lewis, esse modelo concebe que o crescimento econômico ocorre quando os trabalhadores passam da agricultura de baixa produtividade para os setores industrial e de serviços, mais produtivos. Embora com uma ênfase diferente, o resultado é o mesmo: a industrialização apoia o desenvolvimento econômico. Essa mudança para a indústria poderia lançar Myanmar na fase de alto crescimento vivenciada por outros países asiáticos.

Portanto, o Consenso de Pequim talvez ofereça um conjunto de diretrizes mais adequadas para Myanmar do que o Consenso de Washington, já que deriva da experiência de seus vizinhos do Leste Asiático. Cerca de 70% da população de Myanmar está empregada no setor agrícola e de recursos naturais, que responde por mais de metade da produção econômica do país. Isso significa que há muito espaço para a industrialização, o que pode levar o país a um rápido crescimento enquanto "se atualiza", como ocorreu nas economias "milagrosas" da Coreia do Sul, Taiwan, Singapura e Hong Kong, no Leste Asiático, que estão entre as poucas que se tornaram ricas no período pós-guerra. Entretanto, tendo chegado tarde e sendo um país rico em recursos naturais, conectar-se às cadeias de produção regionais será essencial, ou então Myanmar arrisca se especializar em recursos e ser abarrotado de empresas estrangeiras mais competitivas. O país está na direção correta para explorar seu potencial, visto que metade dos eletrônicos de consumo do mundo são produzidos na Ásia. Isso significa que o país tem potencial para crescer de uma maneira diversificada e pode se desenvolver rapidamente ao se industrializar. Mas o caminho mais acidentado percorrido por alguns de seus vizinhos do Sudeste Asiático indica que o sucesso não é garantido. E dependerá de políticas públicas, inclusive na área crucial de estabilidade social. Os "tigres" asiáticos – como são conhecidas as economias de Hong Kong, Singapura, Coreia do Sul e Taiwan – também implementaram reformas sobre a terra e outras formas de redistribuição que permitiram que seu crescimento fosse acompanhado por maior igualdade. Já a falta de tais políticas na China contribuiu para que o país tenha níveis de desigualdade que estão causando ressentimento social. Esta é outra lição a se observar da experiência de crescimento de seus vizinhos. Reformas institucionais, tais como a adoção de políticas redistributivas para promover a igualdade de renda junto com a industrialização, podem permitir que Myanmar se desenvolva economicamente sem os altos níveis de desigualdade econômica observados na China. Estes são exatamente os tipos de reforma que Douglass North proporia. Myanmar já começou a alterar a trajetória de sua economia e, se tiver sucesso, a economia um dia próspera do Sudeste Asiático pode ressurgir e ocupar seu lugar na região que mais cresce no mundo.

    Como mostram Vietnã e Myanmar, a Ásia está progredindo com reformas institucionais, e seu crescimento tem levado a expectativas de que a pobreza extrema mundial possa ser erradicada. Mas a África continua sendo a grande incógnita, onde tantos dos pobres do mundo ainda residem. Mesmo assim, a transformação da África do Sul, liderada por outra mudança política que tem alterado sua trajetória econômica, permite vislumbrar o que é possível.

O progresso e os desafios da África

Quando o apartheid finalmente terminou na África do Sul no início dos anos 1990, a expressão "África em ascensão" era ouvida com frequência. Ao longo das últimas décadas, a África foi a região com o segundo crescimento mais acelerado, ficando atrás apenas da Ásia. Isso é bem diferente dos anos em que as questões dominantes na região eram discussões sobre o perdão da dívida. Mas as taxas de pobreza continuam insistentemente altas.

Mesmo apesar do fato de que, por conta do extraordinário boom das commodities nos anos 2000, as nações africanas cresceram bastante, muitas delas bem depressa, em média 5% ao ano na última década. Esta foi a mais longa expansão de rendas na região em trinta anos.

Se esses países podem ou não sustentar esse crescimento econômico e fazer mais pela redução da pobreza é algo que depende de uma série de fatores, incluindo sua capacidade de se industrializar e mecanizar a agricultura usando os proventos do boom nas commodities. Isso tornaria o crescimento mais inclusivo, pois os benefícios seriam amplamente partilhados, o que contribuiria muito para a redução da pobreza. Se eles têm feito o suficiente para se adaptar ao fim desse período de crescimento é algo que logo ficará claro em suas economias.

Para a economia dominante na região, a transformação pós--apartheid foi notável, e serve como estudo de caso de mudança institucional efetiva. Em uma etapa, a África do Sul respondia por um terço de toda a produção dos quase cinquenta países da África Subsaariana. Sua renda média durante os anos 1980 era menos de 3 mil dólares per capita, o que a situava como um país de classe média baixa. Nos anos 2010, duas décadas depois do fim do apartheid, as rendas haviam dobrado e impelido a África do Sul a se tornar um país de classe média alta. E se tornou parte do BRICS, o "S" depois de Brasil, Rússia, Índia e China. A África do Sul é uma das cinco grandes economias emergentes destacadas pelos mercados financeiros. A popularidade entre os investidores que buscavam retornos mais altos sinalizou sua chegada como um dos novos atores na economia mundial.

Isso não quer dizer que não tenha desafios. Para citar apenas alguns, a desigualdade econômica e a falta de emprego continuam sendo questões difíceis. A renda média dos africanos negros no país é de um décimo a um quinto da dos brancos. O trabalho é outro problema persistente. Com a taxa de desemprego em mais de 25%, a falta de empregos, em particular para a população negra, é uma preocupação recorrente. Algumas dessas dificuldades econômicas são heranças do apartheid, que foi um sistema de segregação racial em vigor entre 1948 e o início dos anos 1990. Terminou com a soltura da prisão, em 1990, de Nelson Mandela, que depois foi eleito presidente. Mandela havia trabalhado durante décadas para acabar com o sistema injusto que designava a maioria da população sul--africana como cidadãos de segunda classe. Embora a discriminação oficial contra os negros tenha acabado, eles continuam em pior situação econômica, mais de duas décadas depois. Este é um exemplo da dependência de trajetória de Douglass North, e de por que as instituições são lentas em mudar, mesmo quando há vontade de fazê-lo. E de como leva tempo para que um grupo em desvantagem avance, mesmo após as barreiras formais terem sido removidas, visto que eles partem de uma posição econômica mais frágil. Este é um dos desafios que detêm o potencial de crescimento do país décadas depois de Nelson Mandela ter liderado a nação para uma nova era.

Isso contrasta com a percepção de que a África do Sul é um destino atraente para os investidores. Por esse motivo o país foi descrito como um mercado financeiro de Primeiro Mundo com um sistema econômico de Terceiro Mundo. Para reduzir essa diferença, são necessárias reformas adicionais de suas instituições políticas e econômicas, já que a África do Sul tem sido um guia para a região subsaariana, mas também encarna os desafios de desenvolvimento ainda enfrentados pela região. Para outras nações africanas, a África do Sul demonstra o quanto um país pode avançar quando as instituições são reformadas para serem mais equitativas. Isso está alinhado com o trabalho de Douglass North: o desenvolvimento econômico focado na compreensão dos impedimentos institucionais ao crescimento. Cada nação africana tem sua própria história e instituições com as quais lidar, mas não há dúvida de que seu sucesso determinará se a pobreza global será erradicada nos próximos anos.

Analisando a situação

Então, o que Douglass North diria dos desafios ao desenvolvimento nos próximos anos? O que ele diria sobre por que algumas nações continuam pobres enquanto outras se tornam ricas? A divisão abrupta nas economias do mundo está fadada a continuar? Afinal, a tendência atual aponta não só para o fim da necessidade de distinguir entre países desenvolvidos e em desenvolvimento, como também para uma preocupação de que a história de crescimento das economias emergentes possa chegar ao fim antes que esses países tenham superado a pobreza.

North certamente reconheceria que crescimento econômico não necessariamente significa redução da pobreza. Ele acreditava que instituições fracas podem persistir e enriquecer alguns sem que isso resulte em crescimento econômico beneficiando o país como um todo: "Os governantes formulariam os direitos de propriedade em interesse próprio".[21] Portanto, North acreditava que as instituições podem ser corruptas, particularmente quando se trata de quem é dono de ativos como terra e recursos naturais, que foram motivo de conflitos na África.

Mas North argumentaria que os países podem aprender com casos de sucesso como aqueles na Ásia em que as instituições trabalharam para fomentar o desenvolvimento econômico e reduzir a pobreza: "Claramente, a existência de instituições relativamente produtivas em alguma parte do mundo e as informações acessíveis sobre as características resultantes do desempenho dessas instituições podem ser um incentivo para mudar economias de baixo desempenho".[22] Notadamente em nações do Leste Asiático como a Coreia do Sul e Singapura, a boa governança parece ter exercido um papel em seu crescimento. Suas políticas públicas foram dirigidas à promoção da produção industrial e da exportação. Elas também focaram na expansão da educação para toda a sociedade. Instituições desse tipo são as que North descreveria como boas para o crescimento econômico. Mas boas instituições não são fáceis de se encontrar. Simplesmente transplantar um conjunto de regras bem elaborado ou mesmo todo um sistema jurídico para um país em desenvolvimento não funciona. Isso fica claro se considerarmos a tentativa malsucedida da ex-União Soviética de adotar sistemas jurídicos ocidentais durante a transição do comunismo para o capitalismo. Após o colapso da União Soviética no início dos anos 1990, os países que haviam acabado de se tornar independentes na Europa Central e Oriental adotaram as regulações e o estado de direito do Ocidente. Mas, décadas depois, os direitos e proteções legais ainda não estão efetivamente implementados em muitos desses países. Leis impostas de maneira artificial em vez de desenvolvidas organicamente não necessariamente funcionam. O desafio para as economias é como construir instituições fortes adequadas a seus contextos nacionais. Como North observou:

> Ao passo que as regras formais podem mudar da noite para o dia em virtude de decisões políticas ou judiciais, as restrições informais incorporadas nos costumes, tradições e códigos de conduta são bem mais impermeáveis às políticas deliberadas. Essas restrições culturais não somente ligam o passado ao presente e ao futuro, como também nos proporcionam uma chave para explicar a trajetória da mudança histórica.[23]

Assim, North diria que sustentar o estado de direito leva tempo, já que as culturas mudam de maneira gradativa, mas desenvolver instituições baseadas em regras que garantam a boa governança acabará determinando como esses países se desenvolverão no futuro. É claro que a estabilidade política e a ausência de conflitos também são essenciais, ou as boas instituições terão dificuldade de se estabelecer. North estava ciente dos desafios de se desenvolver instituições fortes em contextos políticos e econômicos muitas vezes conturbados nos países mais pobres do mundo. Foi por isso que ele defendeu que se prestasse atenção às instituições informais, o que inclui fazer negócios com aqueles em quem se confia enquanto o sistema jurídico é melhorado. As redes sociais ou o capital social ajudam a explicar como os países com sistemas jurídicos frágeis fazem negócios conforme a pressão moral, geralmente de suas próprias comunidades, e restringem o mau comportamento; por exemplo, se o vizinho foge com seu dinheiro, a família dele será marginalizada na vizinhança. O modo como as sociedades interagem é crucial para entender como as instituições evoluem. North salientou: "As restrições informais importam. Precisamos saber muito mais sobre as normas de comportamento determinadas culturalmente e sobre como elas interagem com as regras formais para obter respostas melhores para tais questões".[24]

Para obter as respostas sobre como as normas de comportamento influenciam a reforma de instituições formais como o estado de direito, é necessário que a economia amplie sua perspectiva para incluir os aspectos mais caóticos de como as sociedades funcionam. Como colocou North em uma de suas últimas contribuições:

> O que mais tem me incomodado ao longo dos últimos vinte ou trinta anos tem sido a estreiteza dos economistas – de fato, de todos os cientistas sociais – ao não se abrir para áreas totalmente novas [...] Penso que a coisa mais importante que quero deixar com vocês é como passamos a estudar mais sobre como a mente e o cérebro funcionam e como a estrutura evolui com o tempo à medida que obtemos mais informações, mais conhecimento, e quando vai em direções criativas.[25]

A pesquisa de North sem dúvida ampliou o assunto. Graças a seu trabalho pioneiro e a seu legado, os economistas passaram a considerar as instituições muito mais cuidadosamente como parte essencial da compreensão do desenvolvimento econômico. Por exemplo, baseando-se na obra de North, Daron Acemoglu e James Robinson, cujo livro mencionamos como um exemplo do atual pensamento econômico, examinaram em detalhes casos do mundo inteiro em que instituições fracas levaram a resultados catastróficos. Eles concluíram que isso ocorre quando as instituições que sustentam a economia são extrativistas e incentivam a exploração, em vez de incentivar o esforço produtivo:

> Hoje, as nações fracassam porque suas instituições econômicas extrativistas são incapazes de engendrar os incentivos necessários para que as pessoas poupem, invistam e inovem, e suas contrapartes políticas lhes dão suporte à medida que consolidam o poder dos beneficiários do extrativismo. As instituições políticas e econômicas extrativistas, ainda que seus pormenores variem sob diferentes circunstâncias, encontram-se sempre na origem do fracasso [...] O resultado é a estagnação econômica e – como comprovam as histórias recentes de Angola, Camarões, Chade, República Democrática do Congo, Haiti, Libéria, Nepal, Serra Leoa, Sudão e Zimbábue – conflitos civis, migrações em massa, fomes e epidemias, tornando muitos desses países mais pobres hoje do que eram nos anos 1960.[26]

Eles concordam com North que a dependência de trajetória leva a um círculo vicioso de desenvolvimento persistentemente ruim, mas também que é possível quebrar o ciclo: "A solução para o fracasso político e econômico das nações, hoje, é transformar suas instituições extrativistas em inclusivas. O fenômeno do círculo vicioso dificulta bastante essa tarefa, mas não é impossível".[27]

Acemoglu e Robinson apontam para casos de sucesso, incluindo Botsuana, China e a América do Sul, que são "exemplos vívidos de que história não é destino".²⁸ Mas será preciso uma ampla coalizão política e social para pressionar por reformas, como proposto por North, e um pouco de sorte "porque a história sempre se desenrola de forma contingente".²⁹

Hoje há mais casos de sucesso do que nunca. As pesquisas da OCDE estimam que, até 2030, pela primeira vez na história, mais de metade da população mundial será considerada classe média. Isso são 4,9 bilhões de um total estimado de 8,6 bilhões de pessoas. Em 2009, 1,8 bilhão (de cerca de 7 bilhões) de pessoas ganhavam entre 10 dólares e 100 dólares por dia, uma medida da renda que define a nova classe média global. Isso é suficiente para comprar um refrigerador, ajustado para o que um dólar compra em cada país.

Em 2030, praticamente dois terços da classe média do mundo – 3 bilhões de pessoas – estará na Ásia, segundo as tendências atuais. A Organização das Nações Unidas descreve isso como uma mudança histórica não vista há 150 anos. A classe média europeia e a norte-americana cairão de mais de metade da classe média total do mundo para um terço.

Por causa das contribuições de Douglass North, estamos mais perto do que nunca de entender como acabar como a pobreza. Seguindo seus preceitos, vários países conseguiram se desenvolver nas últimas décadas, levando a uma expansão sem precedentes da classe média no mundo. Mesmo que a economia não tenha todas as soluções, olhar de maneira mais ampla para as instituições traz a promessa de que um dia entenderemos por que algumas nações são ricas e outras pobres e, o que é mais importante, por que algumas nações fracassam e por que outras conseguem prosperar.

North concordaria: "Estamos apenas começando o estudo sério das instituições. A promessa está aí. Talvez nunca tenhamos as respostas definitivas para todas as nossas perguntas. Mas podemos melhorar".³⁰

Capítulo 12

Robert Solow: Estamos diante de um futuro de baixo crescimento?

O crescimento econômico nas principais economias é mais lento hoje do que antes da crise financeira global de 2008, mas não só em consequência do crash. Economias como as dos Estados Unidos, da área do euro, do Japão e do Reino Unido vinham passando por uma desaceleração acentuada no crescimento da produtividade desde meados dos anos 2000.

Alguns economistas estão alertando sobre o crescimento permanentemente mais baixo nas economias avançadas, em parte porque suas populações, que estão envelhecendo, serão cada vez menos produtivas. Essas economias poderiam estar enfrentando o que o economista de Harvard Lawrence Summers, ex-Secretário do Tesouro dos Estados Unidos, descreve como "estagnação secular"? Se sim, então esses países têm um futuro econômico preocupante. Menos trabalhadores requerem menos edifícios comerciais e menos equipamentos, o que também diminui os investimentos e, portanto, as perspectivas econômicas. Esse ponto parece estar se aproximando: nos Estados Unidos, o crescimento da mão de obra desacelerou para apenas 0,2% em 2015, de 2,1% das décadas de 1960 a 1980; para o Reino Unido, a taxa média anual de crescimento da mão de obra é um pouco melhor, mas ainda está em torno de 0,6%.

Uma grande preocupação é de que a situação no Japão no início dos anos 1990 se repita no Ocidente. Quando a bolha imobiliária estourou, o colapso econômico que se seguiu revelou uma estagnação que havia sido mascarada pela crise. Os problemas do Japão são agravados por uma população que vem diminuindo desde 2010. Uma mão de obra menos numerosa torna mais difícil melhorar a produtividade e elevar a taxa de crescimento da produção. O baixo crescimento da produtividade, em particular, é um problema para o Reino Unido, que está enfrentando a recuperação mais débil de sua história moderna. Esta é uma lição a considerar, já que o PIB se recuperou aos níveis anteriores à crise, mas a produtividade continua a ficar atrás da recuperação como um todo.

Então, a taxa de crescimento normal pode ser mais baixa do que antes. Ou, pior, ficar estagnada. Quão preocupados devemos estar?

O autor do carro-chefe dos modelos de crescimento econômico, Robert Solow, pode fornecer algumas das respostas. O modelo de Solow mostra que o crescimento econômico ocorre quando os trabalhadores e o capital são incluídos na economia, mas que isso só se sustenta quando há também progresso tecnológico. Melhor tecnologia aumenta a produtividade da mão de obra, o que, por sua vez, aumenta a acumulação de capital ao desacelerar os rendimentos decrescentes sobre o capital. Os rendimentos decrescentes acontecem quando um trabalhador recebe mais do que, por exemplo, dois computadores; esse trabalhador não produzirá tanto com o terceiro computador em comparação com os dois primeiros, a não ser que haja um software melhor que permita que os processos computacionais sejam realizados sem que a pessoa o use o tempo todo. O progresso tecnológico permite que os fatores de produção existentes de trabalhadores e capital sejam usados de maneira mais eficiente. Um aumento na produção devido à tecnologia é chamado de produtividade total dos fatores (PTF) nos modelos de crescimento econômico. O capital físico, bem como o capital humano – a formação e as qualificações dos trabalhadores – são centrais a esse modelo. É uma questão premente sobretudo para os países ricos, onde a população economicamente ativa está envelhecendo ou mesmo diminuindo, e ter trabalhadores mais qualificados é ainda mais importante. A forma de aumentar a produtividade está no cerne da questão de se estamos ou não fadados a um futuro estagnado.

O que Robert Solow, cuja obra pioneira nos ajudou a entender o que gera crescimento econômico, diria da perspectiva de baixa produtividade e um futuro de baixo crescimento para as principais economias?

A vida e a época de Robert Solow

Robert Solow nasceu em 1924 no Brooklyn. Filho de judeus imigrantes, ele foi a primeira geração da família a ir para a faculdade. Ele atribui seu despertar intelectual ao sistema de escolas públicas da cidade de Nova York, onde um professor o levou a se interessar por romancistas russos e franceses do século XIX. Este não foi o único incentivo que Solow descreve: "Como muitos dos filhos da Depressão, eu tinha curiosidade de entender como a sociedade funcionava".[1]

Essa curiosidade o levou a obter uma bolsa de estudos para frequentar a Universidade de Harvard em 1940. Depois de servir no exército norte-americano de 1942 a 1945, ele voltou para Harvard e para sua noiva, Barbara Lewis, conhecida como Bobby. Eles se conheceram antes de ele ir para a guerra, e escreveram um para o outro diariamente enquanto ele serviu na África do Norte e na Itália. Depois do fim da guerra, Bobby se graduou pelo Radcliffe College, a faculdade feminina de Harvard. Em 1945, eles se casaram, e ambos embarcaram em seus estudos de doutorado em economia em Harvard. Bobby concluiu sua tese após uma interrupção de treze anos para criar seus três filhos, e mais tarde lecionou nas universidades Brandeis e de Boston, onde focou em história econômica caribenha e irlandesa. Eles foram casados por quase setenta anos até que ela faleceu, em 2014, aos noventa anos.

Bobby possivelmente foi a razão pela qual Solow se tornou economista. Ele perguntou à esposa se os cursos de economia que ela fizera valeram a pena. Solow foi persuadido e seguiu os estudos em economia, o que o colocou sob a tutela de Wassily Leontief, entre outros.² Leontief foi um ganhador do Nobel que recebeu o prêmio mais importante de economia em 1973 por seu estudo sobre a medição de fatores de produção, como mão de obra e capital, e sua relação com o PIB, apresentada em "tabelas de input-output". Como seu assistente de pesquisa, Solow produziu o primeiro conjunto de medições de como os investimentos de capital contribuíam para a produção na economia norte-americana.

Como os interesses de Solow se voltaram para modelos estatísticos e probabilísticos, ele passou os anos de 1949 e 1950 estudando esses assuntos na Universidade de Columbia, que tinha professores mais experientes nessa área. Isso o ajudou a terminar sua tese de doutorado, que tratou de explicar como ocorrem as mudanças nas distribuições de salário e no desemprego. Sua tese obteve o prêmio Wells em Harvard, que oferecia não só a publicação em forma de livro, como também quinhentos dólares, que era uma soma considerável em 1951. Mas, ao reler a tese, Solow pensou que podia melhorá-la, de modo que continua não publicada – e o cheque, ainda não compensado.

Depois que obteve o PhD em economia naquele ano, ele entrou para o Instituto de Tecnologia de Massachusetts, onde se tornou professor em 1958. Solow passou sua carreira acadêmica nessa importante faculdade de economia, embora também tenha sido professor visitante nas universidades de Cambridge e Oxford nos anos 1960.

Desde o início, Solow participou ativamente de políticas públicas. Depois de obter seu PhD, ele foi consultor da RAND Corporation em 1952. Durante a época em que trabalhou com o Conselho de Assessores Econômicos do presidente, de 1962 a 1968, Solow ajudou a esboçar as políticas econômicas de influência keynesiana que foram a marca das administrações de John F. Kennedy e Lyndon B. Johnson. De 1965 a 1969, ele serviu no Comitê de Tecnologia, Automação e Progresso Econômico do presidente Johnson, e então, de 1969 a 1970, no Comitê de Manutenção de Renda do presidente Nixon. Solow inclusive passou um período como banqueiro central, quando foi diretor e depois presidente do conselho do Federal Reserve de Boston de 1975 a 1980. Em reconhecimento por sua longa contribuição como servidor público, ele recebeu a Medalha Presidencial da Liberdade em 2014, a maior honra concedida a civis pelo governo dos Estados Unidos.

Solow fora premiado desde o início de sua carreira. Em 1961, ele recebeu a prestigiosa Medalha John Bates Clark, concedida ao melhor economista norte-americano com menos de quarenta anos. Atualmente, esta é vista como uma precursora do Prêmio Nobel. Ele foi prestigiado durante toda a sua carreira, que incluiu o cargo de presidente da Associação Americana de Economia em 1979. Também foi presidente da Sociedade de Econometria, membro do Conselho Nacional de Ciências e premiado com a Medalha Nacional de Ciências dos Estados Unidos, e membro da Academia Britânica. Como se poderia esperar, Solow recebeu o maior prêmio de economia em 1987 por sua obra sobre crescimento econômico. Antes do prêmio, ele fora mencionado regularmente como possível candidato ao Nobel, o que o levou a brincar: "Meus amigos sempre me diziam que eu ganharia um se vivesse o bastante".[3]

Mas o crescimento econômico não foi seu primeiro interesse. A intenção de Solow era focar em estatística e econometria em sua carreira acadêmica. Ele atribui ao acaso essa mudança para a macroeconomia. No MIT, ele foi instalado em um escritório próximo do ganhador do Nobel Paul Samuelson. Em sua autobiografia para o Prêmio Nobel em 1987, ele comentou: "assim começou o que são hoje quase quarenta anos de conversas quase diárias sobre economia, política, nossos filhos, repolhos e reis".[4]

Solow se aposentou em 1995 para dar lugar a acadêmicos mais jovens, embora permaneça ativo em vários projetos acadêmicos, e ainda ocupe o escritório vizinho ao que foi de Samuelson até que este faleceu, em 2009.

O modelo de crescimento de Solow

Em artigos influentes de 1956 e 1957,[5] Robert Solow estabeleceu as bases para a compreensão do crescimento econômico. O modelo de crescimento de Solow é o modelo neoclássico convencional ensinado em todos os manuais de economia, inclusive o meu. O resultado mais conhecido dos modelos de crescimento é o residual de Solow. O residual de Solow se refere à porção inexplicada do crescimento econômico que não é atribuída ao aumento de fatores de produção como trabalhadores e capital. O residual capta o progresso tecnológico, que gera mais produção a partir de um conjunto de fatores. Obviamente, também capta tudo aquilo não relacionado com mão de obra e investimentos, de modo que os aumentos temporários no gasto público e a expansão monetária são incluídos. Isso significa que parte, mas não o todo, do que é captado no residual de Solow é a produtividade promovendo tecnologia necessária para sustentar o crescimento econômico no longo prazo. Esta é a produtividade total dos fatores (PTF) mencionada anteriormente.

Em vários países, há uma clara associação entre períodos de alto crescimento da produção e progresso tecnológico significativo. Todas as nações desenvolvidas apresentaram um crescimento expressivo entre 1950 e 1973, e então desaceleraram juntas durante 1974-1987. Parece haver uma relação com a adoção de tecnologias similares. Por exemplo, o período de sólido crescimento nos anos 1950 e 1960 está associado com avanços tecnológicos pós-guerra, tais como a disseminação das viagens aéreas e os robôs industriais.

Curiosamente, melhorias tecnológicas recentes, centradas na computação, nas tecnologias da informação e comunicação (TIC) e na internet, não parecem ter aumentado a produtividade na economia. A observação de Solow de 1987 de que "podemos ver a era do computador em toda parte, menos nas estatísticas de produtividade" é conhecida como o paradoxo de Solow.[6] Ele revisitou esta questão décadas depois, mas concluiu que ainda não temos uma resposta, visto que o papel da computação ainda está evoluindo. Solow observa que, considerando que nossa vida e nosso trabalho foram transformados pelos computadores, essa tecnologia deveria melhorar nossa produtividade. Mas o crescimento da produtividade foi lento aproximadamente de 1970 a 1995, que é o período em que a computação deslanchou. Em um período mais curto, de 1995 a 2000, o crescimento da produtividade foi mais rápido, o que pode ser atribuído aos efeitos tardios de se adotar a computação. Solow acredita que leva tempo para que os negócios aprendam a usar computadores de maneira produtiva, e que, portanto, os primeiros anos não são um bom indicador. Em uma entrevista de 2002, ele duvidou que o crescimento da produtividade seria revertido ao ritmo acelerado observado anteriormente porque "comparar o computador com a eletricidade ou com o motor de combustão interna simplesmente ainda não me parece justificado". Solow também revelou: "Sempre achei que a principal mudança que o computador provocou em meu escritório é que antes do computador minha secretária trabalhava para mim, e depois eu passei a trabalhar para ela".[7]

O ceticismo de Solow reflete uma visão de que a revolução das TIC não geraria tantas melhorias na produtividade da economia como um todo quanto a Revolução Industrial anterior, que introduziu tecnologias para finalidade geral, como a máquina a vapor, na época de Adam Smith, ou a Segunda Revolução Industrial, que viu a introdução de ferrovias e da eletricidade no período do fim do século XIX à Primeira Guerra Mundial. Outros discordam e esperam que a produtividade melhore uma vez que essas novas TIC e tecnologias digitais se tornem verdadeiramente inseridas nas práticas profissionais e empresariais. Um importante desafio à visão de Solow está relacionado com a tecnologia. Os desenvolvedores de modelos de crescimento endógeno dos anos 1960 em diante criticaram Solow por não explicar de onde vinha a tecnologia.

Os modelos de crescimento endógeno tratam a tecnologia como determinada no interior do modelo; em outras palavras, gerada "endogenamente" pelo capital e pela mão de obra de uma economia. Afirmou-se que o modelo neoclássico de Solow trata o progresso tecnológico como se tivesse "vindo do céu". As teorias de crescimento endógeno, ao contrário, tentam explicar como ocorrem os avanços tecnológicos, aumentando a produtividade de uma economia. Esses modelos afirmam que pesquisadores capacitados e investimento em P&D são o que gera avanços tecnológicos, os quais, por sua vez, fomentam o crescimento econômico.

Solow não estava convencido de algumas das suposições do crescimento endógeno, particularmente em sua forma mais simples, conhecida como modelo AK. (O "A" no título do modelo se refere à tecnologia, ao passo que "K" se refere a capital.) Essa teoria afirma que a taxa de avanço técnico em uma economia é proporcional à sua taxa de crescimento; em outras palavras, a tecnologia e a economia crescem no mesmo ritmo. Solow pensava que esse processo parecia organizado demais para ser plausível. Embora diferissem quanto ao modo como o crescimento acontece, esses modelos seguem as implicações determinadas pelo modelo de Solow. As teorias de crescimento endógeno ampliam o modelo neoclássico de Solow descrevendo como os inovadores geram progresso tecnológico.

Outra crítica está relacionada com a obra de Douglass North discutida no capítulo anterior. Uma dificuldade do modelo de Solow é que ele só é capaz de explicar as diferenças nas taxas de crescimento entre os países recorrendo ao progresso tecnológico. Portanto, instituições como as defendidas por North têm pouca importância para explicar por que alguns países são ricos ao passo que a maioria, não.

Por outro lado, o modelo de Solow pode explicar por que os países têm níveis diferentes de renda per capita, e indicar se estamos convergindo para um futuro de baixo crescimento. O crescimento deveria acelerar se uma economia está operando abaixo de seu estado estacionário ou do nível de produção que é capaz de produzir. Portanto, se uma economia está começando a se desenvolver e tem baixos níveis de estoque de capital, deve obter rendimentos mais altos sobre seu capital do que um país que é desenvolvido e tem um grande acúmulo de capital. Se essas economias tiverem os mesmos níveis de tecnologia, taxa de investimento e crescimento populacional, então o país em desenvolvimento crescerá mais depressa do que o desenvolvido, por causa dos rendimentos decrescentes sobre o capital que discutimos anteriormente. A diferença da produção por trabalhador entre esses países diminuirá com o tempo, quando ambas as economias se aproximarem do estado estacionário. Essa previsão importante do modelo neoclássico é conhecida como hipótese da convergência: os países em desenvolvimento crescerão mais depressa do que os países desenvolvidos se tiverem o mesmo estado estacionário até convergirem para o mesmo nível de renda.

Isso se sustenta empiricamente? Se há convergência, então deve haver uma relação inversa entre o nível de renda inicial de uma nação e o crescimento subsequente. O Japão, que começou em um nível de desenvolvimento muito mais baixo no período pós-guerra, cresceu mais depressa do que outras economias mais desenvolvidas. De 1950 a 1990, o Japão registrou uma taxa de crescimento que foi, em média, muito maior que a dos Estados Unidos. Para os países ricos, houve uma relação inversa entre o nível inicial de renda per capita e a taxa de crescimento entre 1880 e 1973. No entanto, não há uma relação clara nos períodos mais recentes nem para os países ricos, nem para todos os países do mundo. Portanto, há poucas evidências de convergência.

Alguns países mais pobres e de classe média (particularmente a China) cresceram mais depressa e começaram a acompanhar as nações mais ricas, que é o que o modelo prevê. Mas há muitos países pobres que cresceram lentamente. No que concerne à distribuição de renda mundial, em vez de convergência, há sinais de polarização entre nações pobres e ricas.

E quanto às nações que são desenvolvidas e passam por uma desaceleração no crescimento? O que pode ser feito para aumentar a produtividade nas economias avançadas? Esta é uma questão que outras nações também podem acabar enfrentando.

O desafio da produtividade

A Organização para a Cooperação e Desenvolvimento Econômico (OCDE) destaca o desafio da produtividade como uma das questões mais importantes desde a crise financeira de 2008.[8]

O Reino Unido está entre os países mais afetados. Por qualquer métrica, a produtividade no Reino Unido (produção por hora) é mais baixa do que deveria ser com base nas tendências observadas antes da crise, o que é intrigante. Em outras palavras, o crescimento da produtividade desacelerou consideravelmente desde a crise.

Uma maneira de se pensar sobre o período imediatamente após a crise é que foi uma recessão sem desemprego. O emprego se recuperou um ano antes do que a produtividade, e o desemprego nunca atingiu a marca dos 3 milhões alcançada durante as recessões do início dos anos 1980 e 1990. Mas a produção por trabalhador foi mais baixa durante esse período, visto que menos produção era requerida em uma recessão do que em épocas normais. Desde a crise de 2008, a produção por trabalhador cresceu apenas 0,2% ao ano, que é uma fração da taxa de crescimento média de 2,1% entre 1972 e 2007. A flexibilidade salarial ajudou a manter os empregos durante a última recessão, pois uma queda nos salários reais tornou possível manter as pessoas trabalhando.[9]

Mas o fato de que os empregadores mantiveram seus empregados em vez de demiti-los não explica toda a questão da produtividade.[10] Parte da resposta pode ser que a economia britânica tem um grande setor de serviços em que é difícil medir com precisão os investimentos ou a produção.[11] Porém, os Estados Unidos também têm um grande setor de serviços e não sofrem do problema de produtividade na mesma medida; portanto, é improvável que a medição inadequada seja a resposta completa.

O Banco da Inglaterra concluiu que a produção por hora é cerca de 16% menos do que o esperado.[12] Ao contrário do que ocorreu nas recessões anteriores, a produtividade não aumentou durante a recuperação. Esta é a essência do "enigma da produtividade".

Dito isso, o crescimento da produtividade já estava desacelerando antes da crise. A OCDE aponta para o baixo investimento como uma explicação. Com relação ao PIB, o investimento do Reino Unido começou a ficar atrás do de Estados Unidos, Canadá, França e Suíça nos anos 1990. O investimento caiu de cerca de um quarto do PIB no fim dos anos 1980 para pouco mais de 15%. O baixo investimento significa que há menos capital produtivo para os empregados trabalharem, e, portanto, menos produção por trabalhador.

Esta também foi uma das conclusões do Banco da Inglaterra. Elas podem explicar de metade a três quartos do enigma da produtividade. A medição imprecisa explica cerca de um quarto. Então, eles analisaram os fatores cíclicos associados ao ciclo econômico e as possíveis razões estruturais por trás da defasagem na produtividade, isto é, o modo como a economia é estruturada em oposição às variações cíclicas. Alguns dos fatores cíclicos dizem respeito à manutenção de trabalhadores e à realização de trabalho que não contribui imediatamente para a produção. As razões estruturais incluem pouco investimento de capital e alocação ineficiente de recursos, quando os trabalhadores não migram de setores menos produtivos para outros mais produtivos. Isso pode acontecer quando há altos índices de sobrevivência empresarial nas chamadas empresas zumbis, que só sobreviveram devido ao ambiente com taxas de juros extraordinariamente baixas.

Este, no entanto, não é um problema exclusivo do Reino Unido. O termo "estagnação secular" foi revivido como uma questão que afeta todas as economias desenvolvidas, e requer que revisitemos nossos modelos de crescimento. A lenta recuperação dos Estados Unidos foi o que levou o economista de Harvard Lawrence Summers a alertar sobre o futuro de baixo crescimento para as economias avançadas. Na linha de frente desta questão está o Japão. Desde a crise no início dos anos 1990, o país passou por várias "décadas perdidas" de crescimento, não ajudadas pela sobrevivência das empresas zumbis durante sua recuperação inicial, o que contribuiu para esses anos improdutivos. Desde então, o Japão lançou a política econômica mais agressiva do mundo em uma tentativa de colocar um fim em décadas de estagnação. Sendo a economia rica com a população mais envelhecida, o que é um fator importante que contribui para a estagnação secular, o desempenho do Japão traz lições para outros países.

As "décadas perdidas" do Japão

O crescimento do Japão desde o início dos anos 1990 ficou entre 0 e 1%, e o crescimento da produtividade foi baixo. As três principais "flechas" da política econômica implementada pelo primeiro-ministro japonês Shinzo Abe no fim de 2012 com o objetivo de revitalizar a terceira maior economia do mundo foram chamadas de "abenomia".

A primeira flecha – expansão agressiva da oferta de moeda em uma tentativa de acabar com a deflação ou queda nos preços – não conseguiu atingir seu alvo. Houve sinais positivos, mas o desafio de acabar com anos de preços estagnados é imenso. Os mercados de ações atingiram altas por vários anos consecutivos, mas a economia real não se beneficiou o suficiente. Os valores de mercado mais altos, por si sós, não foram suficientes para as empresas aumentarem os salários, que são fundamentais para sustentar os aumentos dos preços. Em vez disso, elas estão em busca de mais produção por trabalhador a fim de justificar os salários mais altos. Os salários reais médios foram atingidos pela crise de 2008 e ainda não se recuperaram totalmente.

A segunda flecha, a política fiscal, também não atingiu o alvo. Em uma situação, uma decisão do governo de 2014 de aumentar o imposto sobre vendas de 5% para 8%, o primeiro aumento desse tipo em dezessete anos, provocou uma queda no consumo e fez a economia entrar em recessão novamente. Logo depois disso, o PIB se contraiu a um ritmo anual de 7,3% no trimestre de abril a junho, a pior contração desde que a economia encolheu 15% durante a crise financeira global de 2008. Isso também aconteceu em 1997, quando um aumento do imposto sobre vendas fez a economia entrar em recessão, revelando uma demanda baixa. O aumento dos impostos pretendia reduzir o endividamento do Japão. É certo que toda tentativa de lidar com a dívida alarmante do país, que, sendo cerca de 240% do PIB, é a mais alta do mundo, seria um fardo para a economia, mas sua magnitude é um lembrete da fragilidade da renovação da economia japonesa.

A flecha mais difícil de lançar sempre seria a terceira – as reformas estruturais que abordam a maneira como a economia é constituída e administrada. Como o Japão poderia aumentar a produtividade quando sua população e mão de obra estão diminuindo?

As empresas poderiam ser seduzidas a investir em um país onde, depois de anos de estagnação, a demanda de consumo é baixa e as pessoas estão receosas de contrair dívidas? As reformas estruturais de Abe incluem mais de 240 iniciativas para aumentar a produtividade. Tais reformas levam tempo, e os ministros alertam que poderia ser preciso uma década para a que abenomia funcionasse. Portanto, pode levar anos até que se perceba o impacto positivo de quaisquer reformas estruturais. Abe é o sexto primeiro-ministro do Japão em dez anos. Tempo é, ao que parece, um luxo para os líderes japoneses, mas é exatamente do que eles precisam para transformar uma economia que vem enfrentando dificuldades há décadas, durante as quais o Japão passou da segunda à terceira maior economia do mundo.

O país que o ultrapassou também enfrenta um crescimento mais lento e uma população que envelhece. Para um país de classe média, a China tem um perfil demográfico similar ao das nações ricas. Sua população economicamente ativa está diminuindo, embora o país tenha eliminado a "política do filho único" para conter o envelhecimento demográfico. Além disso, se o Reino Unido e os Estados Unidos, assim como o Japão, estão contando com a inovação para se manter ricos, a China necessita chegar lá antes que seu crescimento desacelere, conforme discutimos em capítulos anteriores.

Para a Europa, o foco também é o crescimento, e muito depende da capacidade dos governos para promovê-lo. A chanceler alemã Angela Merkel afirmou que a legitimidade do projeto europeu depende de as pessoas terem um melhor padrão de vida. Portanto, a União Europeia também está focada em aumentar o crescimento por meio de investimentos, como discutimos no capítulo sobre John Maynard Keynes.

Aumentar o crescimento e a produtividade para evitar um futuro estagnado é, então, um desafio comum às principais economias. E é um desafio que vem sendo cada vez mais reconhecido pelos políticos. Voltando à Grã-Bretanha, o governo começou a focar em crescimento econômico, em especial com relação a seu desafio particularmente preocupante: a baixa produtividade.

O foco renovado do governo britânico no crescimento

Durante a crise financeira de 2008, a "negligência benigna" da questão da produtividade por parte de sucessivos governos que estavam focados na crise imediata resultou que se prestou atenção insuficiente ao crescimento econômico. Como o país mais afetado pela desaceleração da produtividade global, o Reino Unido, desde então, colocou essa questão no cerne da pauta do crescimento econômico. Em primeiro lugar, seguindo pesquisas do Banco da Inglaterra e de outros, o governo focou em aumentar os investimentos. Por exemplo, estabeleceu uma Comissão Nacional de Infraestrutura. O Reino Unido necessita de investimentos em infraestrutura "física" (como redes de transporte) e também "lógica" (como redes digitais), que pode ser igualmente importante para promover o investimento em negócios. A trajetória do Reino Unido nesse quesito tem sido um tanto heterogênea. O desenvolvimento da economia digital tem sido impressionante em alguns aspectos. Por exemplo, a Silicon Roundabout, em Londres, atraiu mais capital de risco do que outras cidades europeias. Mas também existem áreas no país onde até mesmo obter um sinal de celular é difícil. A outra área importante em que são necessários investimentos é a qualificação da mão de obra. As pesquisas empresariais rotineiramente apontam que o crescimento é prejudicado por uma escassez de mão de obra qualificada. Pelo visto, é necessário investimento tanto em infraestrutura física e digital como em capital humano.

A devolução de maiores poderes de tributação para os governos locais descentraliza as tomadas de decisão, o que pode impulsar os investimentos. Isso funcionou na Alemanha e na China, onde as autoridades e os bancos locais conhecem melhor sua região. Mas também pode criar uma concorrência ineficiente entre as localidades e gerar atividades duplicadas que são protegidas por interesses pessoais locais.

É necessário aumentar o investimento privado; portanto, é importante que haja regulações transparentes e clareza quanto às políticas adotadas. Como exemplo, devido a mudanças regulatórias, algumas empresas são dissuadidas de fazer investimentos consideráveis em infraestrutura, o que poderia ser atraente, considerando seus rendimentos fixos. Outras se preocupam com o Brexit, que contribui para a incerteza quanto às futuras relações econômicas do Reino Unido com a União Europeia.

Aumentar o investimento público pode ajudar a fomentar o investimento privado, visto que o gasto público em infraestrutura pode ter um efeito de "atração". Em outras palavras, o investimento público pode tornar o investimento privado mais eficiente – por exemplo, uma boa infraestrutura de telecomunicações aumenta o retorno sobre o dinheiro investido por uma empresa privada. No entanto, desde 1997 o investimento público no Reino Unido foi, em média, de apenas 2,4% do PIB, que é 1,1 ponto percentual abaixo da média das economias avançadas do G7.

Como mencionamos no capítulo sobre Keynes, o debate é sobre se o governo deve tirar vantagem das taxas de juros baixíssimas para obter empréstimos e aumentar o investimento público. Os keynesianos defenderiam separar o investimento público das despesas orçamentárias correntes porque investir hoje irá gerar retornos maiores no futuro.

Obviamente, não são só as políticas públicas que importam para o investimento. O Banco da Inglaterra também identificou a má alocação de capital como uma questão correlata. Para investir, os negócios precisam de financiamento. Este não é tanto um problema para as grandes empresas, mas a vasta maioria das empresas do país é pequena. Um sistema financeiro dominado por bancos que estão mais focados em reparar seus balanços patrimoniais do que em conceder empréstimos é um impedimento. Recorrer aos mercados de capitais não é tão fácil por causa do tamanho pequeno dos mercados de títulos da dívida para empresas no Reino Unido. Esta é uma questão que os Estados Unidos não enfrentam, visto que a maior parte dos empréstimos vem não dos bancos, e sim dos mercados de ações ou de obrigações, nos quais as empresas emitem títulos da dívida ou ações para levantar fundos. Também é uma questão para a União Europeia, que está tentando reduzir a dependência dos empréstimos bancários por meio da criação de uma nova União dos Mercados de Capitais, que visa promover um mercado de títulos da dívida maior e mais integrado na União Europeia.

Não há dúvida de que o investimento é importante, e de que está relacionado com as mudanças estruturais por trás do enigma da produtividade no Reino Unido. A questão dos baixos salários foi discutida no capítulo sobre Joan Robinson. Salários mais baixos denotam que algumas empresas contratam trabalhadores em vez de instalar mais unidades de capital, o que diminui o investimento.[13] A OCDE examinou essa questão e descobriu que o baixo crescimento da produção tem impacto negativo sobre a produtividade. Isso nos leva de volta ao ponto de que a produção por trabalhador ou máquina não pode crescer de maneira sólida se o crescimento econômico como um todo permanecer baixo. Um aspecto importante é que os salários estão relacionados com a produtividade. A OCDE afirma que, como a produtividade da mão de obra tem sido "excepcionalmente baixa" desde a crise, os salários reais e o PIB per capita ou renda média ficaram praticamente inalterados. Portanto, não é só a economia como um todo que sofre: os indivíduos também.

Mesmo que as preocupações com a queda recente na produção por trabalhador sejam menores porque os empregos foram preservados, a tendência no longo prazo ainda é grande motivo de preocupação, visto que a produtividade é importante para o crescimento econômico. Por exemplo, o caminho sustentável para que todos desfrutemos de rendas mais altas requer um aumento na produtividade. As causas da baixa produtividade não são totalmente desconhecidas, e as consequências afetam nosso padrão de vida futuro. Portanto, se o enigma da produtividade se tornou mais relevante na agenda política, isso ajuda o governo a focar no que realmente importa para o padrão de vida no Reino Unido no longo prazo.

O que Solow diria sobre o dilema do baixo crescimento

O que Robert Solow teria sugerido como solução para o dilema do baixo crescimento?

Garantir que o investimento permaneça forte é particularmente urgente após uma crise financeira e recessão. Solow argumentou que as perspectivas de crescimento no longo prazo podem ser afetadas por uma retração econômica. Esta foi uma questão para a Europa durante muitos anos. Ele observou:

> como sugerido, por exemplo, pela história das grandes economias europeias desde 1979, é impossível acreditar que a própria trajetória de equilíbrio não seja afetada pela experiência de curto a médio prazo. Em particular, a quantidade e a direção da formação de capital estão fadadas a ser afetadas pelo ciclo econômico, seja por meio de investimento bruto em novos equipamentos ou por meio do descarte acelerado de velhos equipamentos.[14]

O baixo investimento tende a se seguir a uma crise financeira em que os bancos não estavam concedendo empréstimos e as empresas não estavam dispostas a investir. Isso pode ter efeitos duradouros sobre o potencial de crescimento de uma economia. Portanto, os ciclos econômicos, que são considerados acontecimentos de curto ou médio prazo, podem alterar as perspectivas de longo prazo de uma economia. Isso foi visto no Japão depois da crise no início dos anos 1990, e hoje, após a crise financeira de 2008, é uma preocupação para o Reino Unido, os Estados Unidos, a área do euro e outras economias desenvolvidas.

Solow também observa que a alta taxa de desemprego associada, que é um problema para a zona do euro após a crise de 2010 que eclodiu com o socorro financeiro da Grécia, pode ter um impacto no futuro de uma economia, visto que a falta de emprego poderia fazer com que esta fique presa em uma trajetória de crescimento mais baixo por um longo período: "Estou inclinado a acreditar que a segmentação do mercado de trabalho por ocupação, indústria e região, com quantidades variáveis de desemprego de um segmento para outro, também terá impacto sobre a trajetória de equilíbrio".[15]

Este é o conhecido conceito de histerese, segundo o qual longos períodos de desemprego tornam obsoletas as qualificações dos trabalhadores. Isso os impede de voltar ao mercado de trabalho e, assim, reduz o número de trabalhadores produtivos, o que significa que o desemprego tende a permanecer mais alto do que antes da crise e a prejudicar o potencial de crescimento do país. As altas taxas de desemprego que perduram na área do euro, particularmente o desemprego entre os jovens, que está na casa dos dois dígitos em alguns países há quase uma década, salientam essa preocupação de Solow. Os trabalhadores são crucialmente importantes nos modelos de crescimento econômico, pois são não só a mão de obra, como também os inovadores.

Desse modo, Solow provavelmente concordaria que mais investimento é necessário para fomentar o crescimento. Em seu modelo, o progresso tecnológico, ingrediente crucial no crescimento econômico, poderia ser impedido pelo baixo investimento: "grande parte do progresso tecnológico, talvez a maior parte, poderia chegar à produção real apenas com o uso de bens de capital novos e diferentes. Portanto, a eficácia da inovação em aumentar a produtividade teria seu ritmo determinado pela taxa de investimento bruto".[16]

Reverter a queda no investimento, especialmente desde a crise de 2008, adquire uma nova urgência, visto que, como Solow observou: "o caminho continua aberto para que uma pessoa razoável acredite que o incentivo ao investimento tende a favorecer crescimento mais acelerado no médio prazo por seu efeito sobre a transferência de tecnologia do laboratório para a fábrica".[17]

Em suma, se enfrentaremos ou não um futuro de baixo crescimento é algo que depende do aumento do investimento e da diminuição do desemprego, porque ambos os fatores afetam a inovação e os avanços tecnológicos por trás do crescimento econômico, segundo o modelo de Solow. Visto que a tecnologia determina as perspectivas de uma economia, o quanto é investido em capital e pessoas tem muita importância. Esses fatores produtivos determinam o quão inovadora uma economia pode ser, e, portanto, seu futuro econômico, ou sua nova trajetória de equilíbrio. Na visão de Solow:

A nova trajetória de equilíbrio dependerá da quantidade de acumulação de capital que aconteceu durante o período de desequilíbrio, e provavelmente também da quantidade de desemprego, sobretudo o desemprego de longo prazo. Até mesmo o nível de tecnologia pode ser diferente, se a mudança tecnológica for endógena [determinada pela quantidade de capital e de trabalhadores na economia] em vez de arbitrária [em que as inovações acontecem de tempos em tempos de maneira menos determinista].[18]

A nova trajetória de crescimento econômico, seja rápida ou lenta, encontra-se dentro da esfera de controle do governo e é determinada pelas decisões de empresas e trabalhadores, de modo que não é simplesmente o resultado inevitável de uma sociedade que envelhece ou de outros fatores. Acredita-se que parte da estagnação econômica do Japão esteja relacionada com sua demografia, visto que sua população é a mais velha e a que mais rapidamente envelhece no mundo. Seu investimento pesado em robótica é, talvez, uma maneira de usar a tecnologia para complementar uma mão de obra que vem diminuindo. Os trabalhadores podem ser substituídos por robôs no processo de produção. Mas isso também cria a possibilidade de que os robôs levem a desemprego em certos setores. A produção automatizada de bens e serviços pode ser usada simplesmente para substituir trabalhadores que se aposentam, mas também pode expulsar outros do emprego.

Solow veria a possibilidade de enfrentarmos um futuro de baixo crescimento como dependente do desempenho dos trabalhadores e dos investimentos, já que eles determinam o aumento da produtividade da economia. O investimento por parte dos governos (que depende do debate sobre austeridade discutido no capítulo sobre Keynes) ou de empresas privadas pode ajudar a restaurar o estoque de capital que diminuiu muito desde a crise, o que ajudaria a reduzir a probabilidade de um futuro de baixo crescimento. O governo pode tornar mais atraente investir oferecendo incentivos fiscais para promover inovação ou melhorar infraestrutura. Contanto que se possam aumentar os investimentos, Solow não consideraria inevitável um futuro de baixo crescimento. Seu modelo se baseia no crescimento oriundo de capital acumulado por meio de investimentos e trabalhadores produtivos, de modo que políticas que apoiem ambos os fatores gerariam mais produção.

É um desafio, como atesta o Japão, e alguns fatores como demografia são difíceis de se alterar, mas as sugestões anteriores podem ajudar, e o advento de novas tecnologias pode mudar o jogo. Solow provavelmente veria o debate sobre se as tecnologias da era digital são tão produtivas como a máquina a vapor ou a eletricidade das revoluções industriais anteriores como relacionado ao investimento. Para que a era do computador aumente a produtividade e, desse modo, leve a uma fase de crescimento econômico mais sólido, é necessário investimento não só em P&D, como também em qualificações profissionais e em práticas empresariais que incorporem essas tecnologias na maneira como os negócios funcionam.

Os princípios básicos do modelo de crescimento econômico de Robert Solow mostram o caminho. Como se diz, demografia não é destino. Afinal, enquanto escrevo isso, Solow é um economista ativo trabalhando aos noventa anos de idade.

*

Robert Solow não só é um acadêmico como entende a importância de contribuir para discussões públicas de questões econômicas. Ele certa vez escreveu um ensaio intitulado "How Economic Ideas Turn to Mush" [Como as ideias econômicas são deturpadas]. Ele observou que era difícil comunicar ideias complicadas fora da profissão. Quando uma ideia econômica chega ao público, já foi modificada de uma forma ou de outra.[19] Solow oferece este conselho aos economistas:

> Tente formular um problema econômico de uma maneira clara e focada. Tente responder uma pergunta por vez, e insista nisso. E, acima de tudo (esta é realmente a parte difícil,

pelo menos eu sei que tendo a esquecê-la): não omita as ressalvas. Nunca afirme mais do que você de fato acredita ou pode justificar. O que torna isso difícil é que o que as pessoas querem – especialmente se estão sendo alimentadas com frases de efeito em um programa de televisão ou em uma citação de duas frases no *The Wall Street Journal* –, o que elas querem é algo bem definido. Elas nem sempre querem essas ressalvas. E você nunca deve deixá-las sem isso. O interessante é que eu acho que é útil. Um economista tentando falar para o público geral ganha respeito ao insistir nas ressalvas, ao não aparecer como um especialista, como alguém que tem todas as respostas.[20]

Solow talvez também seja um dos poucos acadêmicos que apreciam a importância do equilíbrio entre vida e trabalho. Todo verão, ele escapa para Martha's Vineyard, um refúgio litorâneo popular para os que moram em Massachusetts, onde ele trabalha em sua pesquisa e também veleja.[21] Ele gastou parte do dinheiro de seu Prêmio Nobel milionário em uma bujarrona para seu barco. Mesmo nas atividades de lazer, Solow enxerga paralelos com a vida de um economista:

> Além da atividade em si, o que eu mais gosto em velejar é que ensina que a água e o vento lá fora não dão a mínima para você. Eles estão fazendo o que as leis da física determinam, e cabe a você se ajustar o melhor que puder. E aprender a se ajustar, a se adaptar, não é algo ruim para os economistas aprenderem: adaptar-se às mudanças no mundo [...] você precisa adequar seu modelo ao mundo, e não o mundo ao seu modelo.[22]

Epílogo
O futuro da globalização

A prosperidade econômica tem sido associada à globalização. O alto crescimento econômico mundial do período pós-guerra foi acompanhado pela rápida expansão dos investimentos e do comércio internacional. Conforme compramos produtos e acessamos informação, muitas vezes sem prestar atenção às fronteiras nacionais, é improvável que a globalização retroceda. Mas a expansão do comércio e a abertura dos mercados estão estagnadas. O sistema de comércio global abarcando as exportações e as importações de praticamente todos os países sob a Organização Mundial do Comércio (OMC) está se fragmentando em um conjunto de acordos de livre-comércio bilaterais e regionais. Este desafio colossal ao futuro da globalização e ao crescimento da economia mundial se beneficiaria das ideias dos grandes economistas.

 Alguns acontecimentos dramáticos nos últimos anos ressaltaram uma forte reação aos ganhos desiguais da globalização. Embora existam muitas diferenças entre a decisão do Reino Unido de sair da União Europeia e a ascensão de Donald Trump, um outsider político, à Casa Branca, os dois acontecimentos revelam uma série de coisas sobre o descontentamento do eleitorado com o status quo, incluindo a globalização.

 Em um referendo histórico em junho de 2016, o Reino Unido se tornou a primeira nação soberana a votar para sair da União Europeia. Algumas das pesquisas com eleitores indicam que uma forte reação à globalização teve influência sobre o Brexit, ao lado

Epílogo

de temas dominantes como soberania e imigração. O governo do Reino Unido insistiu que o país manterá sua perspectiva global, a qual constituirá um conjunto de políticas diferentes de suas atuais relações comerciais com os países dentro e fora da União Europeia e certamente será importante para a prosperidade futura.

Do outro lado do Atlântico, na acirrada eleição presidencial dos Estados Unidos em 2016, o candidato republicano Trump havia identificado o comércio internacional como um dos problemas que ele corrigiria a fim de "tornar a América grande novamente". Em seu discurso inaugural, Trump deixou claro que, em sua administração, a política econômica seria guiada pelo princípio de "América em primeiro lugar". Ele disse que isso significa que há duas regras: "Compre americanos, contrate americanos". É claro que, como no Reino Unido, a insatisfação do eleitorado norte-americano não é só com o comércio internacional. Mas o fato de mirar a globalização em resposta aos desafios econômicos reflete um descontentamento subjacente com os benefícios desiguais oriundos da abertura para a economia global. O populismo que alimenta o sentimento antissistema apresenta um desafio para as políticas econômicas atuais.

O predecessor de Trump, Barack Obama, atribui parte do descontentamento à globalização:

> A globalização, combinada com a tecnologia, combinada com as mídias sociais e com a informação constante, perturbou a vida das pessoas de maneiras muito concretas – uma fábrica fecha suas portas e de súbito uma cidade inteira já não tem a que era sua principal fonte de emprego –, e as pessoas estão menos certas de suas identidades nacionais ou de seu lugar no mundo [...] Não há dúvida de que [isso] produziu movimentos populistas de esquerda e de direita em muitos países da Europa [...] Quando vemos um Donald Trump e um Bernie Sanders, candidatos pouco convencionais que tiveram sucesso considerável, obviamente há algo aí que está sendo usado: uma desconfiança da globalização, um desejo de frear seus excessos, uma desconfiança das elites e das instituições

governantes que as pessoas sentem que não respondem às suas necessidades imediatas.[1]

Então, a globalização está em apuros? O que os grandes economistas diriam dessa forte reação a ela? E, o que é mais importante, o que eles recomendariam para ajudar da melhor forma aqueles que perdem com ela?

A face cambiante do livre-comércio

Houve um afastamento dos acordos de comércio multilaterais que se aplicam a todos os membros da OMC, que engloba quase a totalidade das nações que comerciam. Ainda há uma pressão por acordos de livre-comércio que reduzam as tarifas aduaneiras e pela adoção de outras medidas para facilitar o comércio e os investimentos, mas estes são, cada vez mais, na forma de acordos de comércio bilaterais e regionais. A Europa tem acordos comerciais e aduaneiros, em vigor ou pendentes, com cerca de oitenta países, quase todos eles com outros membros da OMC, o que reflete a importância da liberalização continuada e da abertura dos mercados externos ao comércio para além da cobertura atual da OMC.

Recordemos o que as tarifas aduaneiras englobam e por que são ineficientes do ponto de vista econômico. As tarifas aduaneiras são cargas tributárias que os governos impõem às importações e exportações. Elas são, com efeito, um imposto, e por isso podem distorcer os preços. Como essas tarifas agregam um custo – e, portanto, reduzem a eficiência econômica –, elas podem ser um empecilho para o crescimento. Tratados de livre-comércio (TLCs) como o mercado único da União Europeia visam eliminar a maioria delas. Porém, uma série de governos usa tarifas aduaneiras para proteger suas indústrias da concorrência de rivais globais maiores, até que elas estejam mais maduras. Grupos de trabalhadores também querem proteção para os empregos no mercado interno. Portanto, as tarifas aduaneiras são mais do que apenas uma decisão econômica de cobrar um imposto. Frequentemente, há motivos políticos por trás de sua imposição.

Epílogo

Há também barreiras não tarifárias (BNTs) a serem consideradas. Estas são outras maneiras de se ser protecionista sem impor tarifas, como por exemplo insistir em normas para certas indústrias que podem restringir as importações. Por exemplo, os tailandeses exportadores de camarão consideraram difícil atender as exigências norte-americanas para o tipo de rede que lhes permitia vender para os Estados Unidos. As regulações são ainda mais importantes para o setor de serviços, que é a maior parte das economias do Reino Unido, dos Estados Unidos e de outros países avançados. Esta é a principal razão para a pressão feita pela União Europeia por um acordo internacional sobre os serviços. O Acordo sobre o Comércio de Serviços (TiSA, na sigla em inglês) tem o potencial de abrir a maior parte da economia global e se tornar um elemento importante da próxima grande rodada de liberalização multilateral do comércio sob a OMC. O TiSA foi lançado em 2013 e pretende abrir o mercado de serviços, que compreende 70% do PIB global e da União Europeia, mas apenas 25% das exportações da União Europeia e do mundo. Em outras palavras, o comércio de bens pode ter sido liberalizado sob o atual regime da OMC, mas, para as grandes economias, a maior parte de seu PIB, que é de serviços, enfrenta barreiras nos mercados globais.

Os países querem reduzir as barreiras comerciais, e estão cada vez mais buscando fazê-lo via TLCs regionais complementares à participação na OMC. Se o presidente Trump não tivesse retirado os Estados Unidos, a Parceria Transpacífica (TPP, na sigla em inglês) teria sido a maior área de livre-comércio do mundo, ligando a América do Norte aos países do Círculo do Pacífico, que engloba partes da América Latina e da Ásia. Durante o governo de Obama, os Estados Unidos esperavam ganhar com esse novo acordo de comércio, visto que 61% das exportações de produtos e 75% das exportações agrícolas do país vão para a região da Ásia-Pacífico. A União Europeia também vem buscando um acordo de livre-comércio igualmente ambicioso com os Estados Unidos. O Acordo de Parceria Transatlântica de Comércio e Investimento (TTIP, na sigla em inglês) seria um TLC que associaria os Estados Unidos com a União Europeia.

A busca de TLCs regionais massivos é uma reação ao fato de que a expansão da Organização Mundial do Comércio está emperrada. Já se passou muito tempo desde a última grande iniciativa da OMC, a Rodada de Doha de 2001, quando os países iniciaram negociações para abrir ainda mais os mercados globais. Então, em vez de tentar discutir um acordo com praticamente o mundo inteiro, brotaram acordos de comércio regionais, e os acordos bilaterais se expandiram, embora fosse melhor para todos os países comerciar com todos os outros nos mesmos termos.

O problema com essa abordagem é que se um país não adere às regras das novas áreas de livre-comércio (ou nem sequer foi convidado a participar) é excluído e não pode partilhar dos benefícios. Por ter sido deixada de fora do TPP e do TTIP, a China está fazendo seus próprios acordos. Está negociando com a Associação de Nações do Sudeste Asiático (ASEAN, na sigla em inglês) e outras nações da Ásia para formar um acordo de livre-comércio regional, a Associação Econômica Integral Regional (RCEP, na sigla em inglês). A China também se ofereceu para criar uma Área de Livre-comércio da Ásia-Pacífico (FTAAP, na sigla em inglês) como alternativa à TPP.

Estes TLCs regionais não são o melhor resultado com relação a um acordo multilateral sob a OMC, mas talvez sejam melhores do que não ter nenhum novo acordo comercial. A criação de áreas de livre-comércio de tamanho considerável, em que as empresas nacionais podem ganhar economias de escala ao vender para uma base de consumidores muito maior, é uma das motivações, sobretudo para as economias menores.

É por isso que o Sudeste Asiático também está em busca de uma área de livre-comércio ambiciosa. O mercado único que a ASEAN lançou no fim de 2015, conhecido como Comunidade Econômica da ASEAN (CEA), é comparável com a União Europeia quanto à população. Com mais de 600 milhões de pessoas, a CEA associa as dez nações do Sudeste Asiático, indo da rica Singapura ao pobre Laos, em um único bloco, com o objetivo de eliminar tarifas e seguir as mesmas normas. A CEA pretende rivalizar com a União Europeia e, talvez, até mesmo superá-la, com base na taxa de crescimento econômico de mais de 5% da ASEAN em comparação com o crescimento de 1%-2% da União Europeia. A CEA também está considerando um único regime de visto, similar a uma versão asiática do Acordo de Schengen da Europa.

Os políticos da ASEAN enfatizam que o ímpeto por trás da CEA é concorrer com os grandes mercados da União Europeia e dos Estados Unidos, bem como das nações vizinhas China e Índia. Com uma população que é o dobro da dos Estados Unidos e pouco maior do que a da União Europeia, a CEA tem o potencial de se tornar uma das maiores entidades econômicas do mundo. Se, como a União Europeia, a CEA se tornar um ponto de referência em comum para o resto do mundo e, como os Estados Unidos, um mercado no qual os negócios globais se sentem obrigados a estar, terá sido bem-sucedida. Pelo visto, os países do Sudeste Asiático certamente têm essa ambição.

Os Estados Unidos estão acrescentando incerteza ao focar em acordos de comércio bilaterais, que é uma mudança significativa de sua agenda anterior de livre-comércio regional e multilateral. Para o presidente Donald Trump, a razão é que ele está colocando a "América em primeiro lugar". Com a mudança na maior economia do mundo, a questão de como lidar com a forte reação contra a globalização será ainda mais importante.

Trumpismo

A ascensão de Donald Trump é, talvez, o exemplo mais surpreendente de como aqueles que perderam economicamente nas últimas décadas procuraram uma saída política para comunicar suas frustrações. Uma sondagem à boca das urnas realizada pelo *The New York Times* revelou que seus eleitores consideravam que a economia estava mal e que a situação financeira de sua família estava pior em comparação com aqueles que votaram na candidata do Partido Democrata, Hillary Clinton.[2] Também há outras causas de insatisfação. Mas a globalização está na mira de Trump. Isso tem ramificações preocupantes.

Como discutimos no capítulo sobre Joan Robinson, os salários medianos estão estagnados nos Estados Unidos há quarenta anos. O cenário não melhorou com a Grande Recessão de 2009. Os empregos ocupados por aqueles que se encontravam na metade da pirâmide de distribuição salarial, ganhando de 13,83 a 21,13 dólares por hora, correspondiam a 60% daqueles que foram perdidos durante a última recessão, mas apenas 27% dos que foram criados na recuperação. E isso não é só nesta recessão. Lembro de ter assistido a uma palestra do então presidente Bill Clinton, que falou sobre quantos empregos haviam sido criados durante a recuperação após a recessão do início da década de 1990. Uma mulher ergueu a mão e falou: "Sim, sr. Presidente, eu tenho três desses empregos, e ainda assim não consigo chegar ao fim do mês".

Os economistas atribuem a estagnação dos padrões de vida a dois fatores principais: a globalização e o "progresso técnico enviesado em favor das altas qualificações". Este último se refere ao progresso tecnológico que beneficia os trabalhadores qualificados. Nos Estados Unidos e em muitos dos países industrializados, inovações como a informatização e a automação complementaram e melhoraram as qualificações dos profissionais. Mas as mesmas inovações substituíram trabalhos que costumavam ser feitos por pessoas com qualificação média. O crescimento da automação em particular transformou drasticamente a produção industrial. O número de robôs tem aumentado e, embora atualmente esteja concentrado em setores como a produção automobilística, seu uso está se disseminando por toda a economia. Portanto, os empregos em ambos os extremos do espectro de qualificações estão crescendo, ao passo que aqueles no meio estão diminuindo.

Isso está entrelaçado com a globalização. Como discutimos no capítulo sobre Ricardo, o comércio cria "perdedores" quando uma economia importa o que antes era produzido internamente. Os "ganhadores" são aqueles que trabalham nas indústrias que estão se expandindo porque um país está se especializando naquele setor e exportando o que produz. Como a importação de produtos industrializados tem crescido nos Estados Unidos, os empregos

Epílogo

com qualificação média nesse setor vêm desaparecendo. Depois de crescer de 13 milhões de empregos em 1950 para um pico de quase 20 milhões em 1980, 2010 viu uma queda para a baixa histórica de cerca de 11,5 milhões. Uma retomada desde a recessão fez os empregos na indústria manufatureira subirem para cerca de 12,3 milhões, mas esse número ainda é mais baixo do que em 1950. No Reino Unido, o padrão é similar. Cerca de 2,6 milhões de pessoas trabalham na produção industrial, um número que caiu pela metade desde o fim dos anos 1970. A produção industrial representa 8% de todos os empregos, sendo que representava um quarto em 1978.

Essa combinação de fatores resultou em uma ausência de melhora nos padrões de vida para muitos norte-americanos que se encontram no meio da distribuição de renda, e é grande parte da insatisfação com o status quo expressada na última eleição.

Eu tive minha própria experiência da ascensão de Trump quando apresentei um documentário para a BBC intitulado *Linda for Congress* [Linda para o Congresso]. Fui para a estrada para tomar o pulso do eleitorado antes das eleições de 2016, embarcando em uma campanha hipotética para concorrer a deputada federal dos Estados Unidos. Nós "contratamos" pessoas para gerenciar a campanha, realizar pesquisas de opinião, levantar fundos, escrever discursos etc. – a equipe completa para uma campanha política. Como economista e radialista, estou familiarizada com os políticos, mas nunca passou pela minha cabeça querer ser uma.

A fim de permanecer imparcial, eu concorri como independente. Isso piorou minhas chances logo de cara, porque eu não tinha apoio, financeiro nem de outro tipo, nem a base de eleitores dos partidos republicano e democrata. John Whitbeck, líder do Partido Republicano na Virgínia, disse que iria me "aniquilar" se eu concorresse com seu candidato.

Ele estava brincando, espero, porque era aí que ficava meu distrito hipotético. Escolhemos a Virgínia porque é um dos poucos estados extremamente divididos na eleição presidencial dos Estados Unidos. É roxo em sua compleição (uma mistura de democratas e republicanos; portanto, de azul e vermelho), e isso se refletia no fato de que tinha um governador democrata, mas era representado por deputados federais predominantemente republicanos. Focamos no quinto distrito, já que seu representante era republicano e o anterior havia sido um democrata. Eu viajei pelo estado para conhecer os eleitores. Conheci o dono de uma plantação de tabaco em Keysville, que administrava um negócio global vendendo seus cultivos, incluindo soja, para Rússia, Vietnã e Brasil, entre outros. Eu o encontrei em sua impressionante residência, situada em um terreno de 4 hectares, com cavalos e um lago particular. Como exportador, ele defendia a abertura dos mercados globais, mas não achava que a globalização funcionasse para os norte-americanos. Por exemplo, ele me disse que se opunha às políticas imigratórias e comerciais do presidente Obama, que promoveram maior abertura. Mas, quando lhe perguntei como administrava sua fazenda, ele me contou que escreveu para que seu deputado no Congresso o ajudasse a obter permissão para empregar mão de obra mexicana.

Vivenciei reações similares em uma igreja metodista em Farmville e em um desfile de Natal em Cumberland. Os eleitores que encontrei eram uma mistura de republicanos e democratas, entre os quais havia uma avó que estava assistindo o desfile na traseira de uma picape com toda a família. Essa dona de casa me disse que parecia errado que uma família de seis pessoas vivesse com apenas 12 dólares por hora. Ela, como a maioria dos outros que conheci, era uma operária cuja subsistência havia se tornado mais difícil com a globalização e com as mudanças tecnológicas que reduziram o número de empregos fabris bem remunerados para trabalhadores com qualificação média.

E, como outros, ela estava votando em Trump, embora eles fossem receptivos à minha campanha hipotética. O que chamou minha atenção foi o apoio que Trump tinha, especialmente entre aqueles que acreditavam que saíram perdendo nas últimas décadas. Agora que Trump é presidente, seus apoiadores querem uma fatia maior do bolo econômico.

Epílogo

Ajudando os que perderam com a globalização

A pergunta é como fazer isso da melhor forma. Esse desafio não é só dos Estados Unidos, mas de todos os países onde os benefícios da globalização não foram partilhados de maneira equitativa. O crescimento impressionante das economias emergentes nas últimas décadas levou a menos desigualdade entre as nações à medida que mais países pobres "alcançam" os ricos, numa época em que os mercados do mundo têm se tornado cada vez mais conectados por meio do comércio e dos investimentos. A globalização ajudou as economias emergentes a crescer, visto que elas foram capazes de exportar para os Estados Unidos e a Europa enquanto se beneficiavam do investimento ocidental.

Portanto, por causa do crescimento relativamente mais rápido das economias emergentes, a desigualdade entre as nações diminuiu, visto que a diferença de renda entre países desenvolvidos e em desenvolvimento foi reduzida. Ainda assim, a desigualdade econômica global permaneceu praticamente inalterada. Isso porque, *no interior* dos países, a desigualdade, em média, não melhorou de maneira significativa ou, em alguns casos, até mesmo piorou.

Recordemos, do capítulo sobre Alfred Marshall, o quão acentuado foi o aumento da desigualdade nos Estados Unidos. A desigualdade nos Estados Unidos cresceu tanto na era atual que esta foi chamada de Segunda Era Dourada. Embora nem sempre tão gritante, a desigualdade é um problema para muitas nações, incluindo o Reino Unido, onde a disparidade econômica contribuiu para uma forte reação contra a globalização e até mesmo ao próprio capitalismo. O termo "crescimento inclusivo", que se refere ao crescimento econômico que beneficia a todos em uma sociedade, se popularizou no Reino Unido. Também foi ouvido nos Estados Unidos, que sofreram com uma classe média "espremida" e salários estagnados.

Embora o aumento na desigualdade de renda possa ser atribuído parcialmente à globalização, isso não sugere que a solução só será encontrada nas políticas comerciais. Como detalhamos no capítulo sobre David Ricardo, sem dúvida o comércio tem efeitos distributivos – alguns grupos ganham, outros perdem –, ainda que a economia como um todo ganhe. Mas há, também, outros fatores em jogo. É difícil separar os efeitos sobre a desigualdade oriundos do comércio internacional daqueles efeitos que vêm das mudanças tecnológicas que premiam mais os trabalhadores altamente qualificados do que aqueles de qualificação média; estas últimas têm um impacto maior. Embora existam medidas que possam ser incluídas nos acordos comerciais para garantir que sejam seguidas as normas apropriadas para proteção do meio ambiente e da mão de obra, as medidas políticas nacionais, tais como redistribuição e despesas do governo com qualificação, têm mais probabilidade de conseguir lidar de maneira direta com a desigualdade crescente.

Um exemplo de política fiscal que pode ajudar a redistribuição e o crescimento econômico é um investimento apoiado pelo governo tanto em infraestrutura física como em infraestrutura lógica, como observamos no capítulo sobre Keynes. Com os baixos custos dos empréstimos após a crise financeira, os governos norte--americano, britânico, europeu, japonês e outros não têm de pagar muito para aumentar o capital nos mercados de obrigações; portanto, este pode ser um bom momento para investir, como discutimos naquele capítulo. O investimento em infraestrutura poderia gerar empregos bem remunerados para trabalhadores medianamente qualificados, visto que o setor abrange tanto a produção industrial como a economia digital. Essa política fiscal direcionada poderia aumentar a renda para certos segmentos da população, no lugar de políticas gerais que redistribuem a renda. Melhorar a infraestrutura e aumentar a renda da classe média, que compreende a maior parte dos consumidores, são duas medidas que tendem a fomentar o crescimento.

Ajudar aqueles que perdem com a globalização e enfrentar a desigualdade deveria, portanto, ser primordialmente uma questão interna, e não comercial, para os governos. No entanto, a forte reação contra a globalização leva os políticos a focarem sua atenção nos acordos comerciais, o que significa que existem empecilhos à

Epílogo

promoção de mais abertura. Mas a explosão de investimento estrangeiro direto, que acompanhou o rápido crescimento do comércio internacional desde o início dos anos 1990, foi uma das razões pelas quais os países em desenvolvimento cresceram tanto que um bilhão de pessoas foram tiradas da pobreza extrema e a diferença entre eles e os países ricos foi reduzida.

O que nossos grandes economistas diriam de tudo isso? Eles diriam que a globalização está em apuros?

O que os grandes economistas diriam sobre a forte reação contra a globalização

Para Adam Smith e David Ricardo, o livre-comércio estava no topo de suas prioridades. Na época dos economistas clássicos, que incluiu a revogação das Leis do Trigo, o fato de ser uma economia aberta ajudou o Reino Unido, apesar do seu porte pequeno, a dominar o mundo. Eles, sem dúvida, instariam os países a focarem nos benefícios da globalização.

Para Karl Marx, a eleição de Trump poderia ser lida como uma revolta populista contra os capitalistas que ganharam com a globalização enquanto as classes trabalhadoras perderam. Joan Robinson, que viria a apoiar os regimes comunistas na China e na Coreia do Norte, poderia muito bem partilhar desse sentimento. Entre seus objetivos, estaria o de querer ver uma mudança radical nas instituições, em particular com relação ao emprego, para combater as desigualdades.

Consistente com suas políticas para reduzir a desigualdade, Alfred Marshall insistiria no uso de redistribuição moderada na forma de impostos e transferências para ajudar os que saem perdendo com a globalização. Considerando sua conversão posterior às políticas redistributivas, ele provavelmente concordaria que o foco deveria ser nas políticas internas, e não primordialmente comerciais, para enfrentar o impacto distributivo causado pela globalização.

Irving Fisher estaria atento aos sinais de grandes economias se fechando, o que contribuiria para o risco de repetirmos os anos

1930. Isso aconteceu quando medidas protecionistas como a Lei Smoot-Hawley impuseram tarifas altas sobre as importações dos Estados Unidos, o que agravou a Grande Depressão. Fisher também estaria monitorando o impacto da maior incerteza econômica que deriva do sentimento crescente de antiglobalização com relação aos investidores internacionais que compram títulos da dívida pública e determinam o custo dos empréstimos para todos nós. Os menos abastados seriam os mais atingidos, já que eles têm mais probabilidade de depender de empréstimos para financiar suas casas, por exemplo.

Para John Maynard Keynes, um governo ativo que gasta para ajudar os que perdem com a globalização seria uma resposta. Ele defenderia o aumento do gasto público para criar esses empregos medianamente qualificados que foram eliminados pelo processo de globalização. Ele certamente não hesitaria em empregar uma gama de políticas internas para enfrentar a forte reação contra a globalização e fomentar o crescimento econômico ao mesmo tempo.

Seu contemporâneo Joseph Schumpeter concordaria com a necessidade de que todas as nações mantenham uma perspectiva global. Mercados mais abertos e competitivos aceleram o processo de destruição criativa, o que é bom para o crescimento no longo prazo. Ele escreveu durante a pior fase da Grande Depressão e da guerra mundial subsequente; portanto, não é de surpreender que ele valorizaria a abertura ao mundo e diria que esta é essencial para que as nações tenham um crescimento sólido.

Friedrich Hayek e Milton Friedman concordariam. Eles defenderiam os livres mercados, em particular, garantindo que acontecimentos políticos como a política de "América em primeiro lugar" de Trump e o Brexit não significassem que os Estados Unidos e o Reino Unido tenham se fechado e comprometido o funcionamento dos mercados. Na visão de Hayek, a globalização permite que nações pioneiras avancem, o que então possibilita que outros países se beneficiem do crescimento ao imitar as nações bem-sucedidas. Eles aplaudiriam tanto a abertura de muitos mercados no mundo todo quanto a maior interligação entre as nações que se seguiu.

Epílogo

Douglass North instaria para que se examinasse em que ponto os atuais acordos comerciais falharam, a fim de encontrar soluções para as preocupações dos que saíram perdendo e reformar tais acordos quando apropriado. Ele também poderia encarnar as visões mais pertinentes quanto a como lidar com o Brexit em particular. A saída do Reino Unido da União Europeia apresenta uma circunstância totalmente diferente daquela de um país procurando um novo acordo comercial. A obra de North enfatiza que a dependência de trajetória e a história são importantes. Para ele, basear-se nas instituições existentes seria vital para formular uma relação futura entre o Reino Unido e a União Europeia.

Robert Solow enfatizaria que o investimento é essencial para um crescimento mais sólido e melhores empregos. Mas os acordos internacionais sobre investimentos são poucos (a União Europeia e a China pretendem firmar um); portanto, ele supostamente apoiaria um esforço para estabelecer normas comuns para os investimentos e liberalizar ou abrir o setor de serviços, para o qual as regras e regulações são mais importantes do que as tarifas aduaneiras.

Sem dúvida, a maioria dos grandes economistas defenderia firmemente um processo contínuo de liberalização, e não se fechar em si mesmo, considerando o quão importante a globalização tem sido para o crescimento econômico. O sentimento teria sido ainda mais forte para seus seguidores intelectuais que viveram durante o período extraordinário da globalização desde o fim da Guerra Fria no início dos anos 1990 e incorporaram essas visões em suas pesquisas. Foram muitos os que se beneficiaram da pesquisa pioneira dos grandes economistas, mas Paul Samuelson, do MIT, se destaca. Suas teorias encarnam a síntese das ideias keynesianas e neoclássicas que caracterizam a ciência econômica em nossos dias. Samuelson ajudou a desenvolver o modelo da "síntese neoclássica", que é o modelo básico para a macroeconomia moderna, discutido no capítulo sobre Keynes.

Além disso, a obra seminal de Paul Samuelson desenvolveu em mais detalhes o modelo de David Ricardo e se tornou o conjunto de teorias padrão para analisar o impacto do comércio internacional sobre as economias das nações comerciantes. A pesquisa de Samuelson explicou como o comércio promovia o crescimento, mas, ao mesmo tempo, afetava os trabalhadores de maneira desigual. Sua obra pode nos ajudar a pensar sobre os que "saíram perdendo" com o comércio internacional. Portanto, as ideias desse grande economista podem indicar como lidar com a forte reação contra a globalização.

Paul Samuelson, "o último dos grandes economistas generalistas"

Paul Samuelson nasceu em 1915 e chegou à maioridade nos anos 1930, quando a ascensão do protecionismo prejudicou a economia norte-americana. Samuelson foi o principal keynesiano nos Estados Unidos após a Segunda Guerra Mundial, embora ele descrevesse a si mesmo como um "keynesiano de cafeteria", pois meramente selecionava as partes de que gostava.[3] Ele adotou o keynesianismo depois de estudar com os principais economistas neoclássicos da Universidade de Chicago, onde se matriculou aos dezesseis anos; então, obteve seu PhD na Universidade de Harvard e entrou para o MIT em 1940.

Com relação à sua abordagem à economia, Samuelson observou: "Eu não rejeitei minha formação, mas o que me estava sendo ensinado não tinha utilidade alguma para explicar o que eu via à minha volta. Era a Grande Depressão [...] o keynesianismo realmente se adequava muito bem ao que estava acontecendo".[4]

Mas ele mudou de ideia depois de 1967: "Eu desconfiava [...] do keynesianismo norte-americano. Para melhor ou pior, o keynesianismo nos Estados Unidos estava muito distante de onde havia começado".[5]

Samuelson, a essa altura, havia unido o pensamento econômico neoclássico à abordagem de John Maynard Keynes, uma visão consensual que começara a emergir no período pós-guerra, em um modelo conhecido como "síntese neoclássica". O manual de sua autoria, *Economia*, ajudou a popularizar essa abordagem. Novas tiragens continuam sendo impressas desde 1948. Edições posteriores

Epílogo

foram revisadas pelo economista de Yale William Nordhaus; a 19ª edição foi publicada em 2009, o ano de sua morte. *Economia* foi o manual de economia mais vendido durante décadas; milhões de exemplares foram vendidos no mundo todo. Samuelson teria dito: "Que aqueles que assim o desejam escrevam as leis do país se eu puder escrever seus manuais".[6] Como reconhecimento de sua estatura, ele recebeu o Prêmio Nobel em 1970, o primeiro norte-americano a ser agraciado, no segundo ano da premiação.

Portanto, a obra desse grande economista, incluindo suas ideias sobre o comércio internacional, incorpora o legado das correntes dominantes da economia que cobrimos neste livro. Quando ele faleceu, aos 94 anos, *The Economist* o descreveu como "o último dos grandes economistas generalistas".[7] Samuelson foi um generalista que estudou uma grande variedade de assuntos relacionados à economia, como comércio internacional e finanças públicas. Ele não se especializou em uma área em particular, como economistas posteriores tenderam a fazer.

É apropriado que este último capítulo inclua o que o "último dos grandes economistas generalistas" teria dito sobre a forte reação contra a globalização. Paul Samuelson não presenciou a recuperação da crise financeira global que acendeu o debate sobre o impacto da globalização. Sua obra acerca dos efeitos do comércio internacional sobre o bem-estar social, apoiando-se no modelo ricardiano, pode ajudar a avaliar como as políticas de globalização podem ser redefinidas, considerando-se o descontentamento político revelado pelo Brexit e pelo trumpismo.

Sua pesquisa ajudou a explicar como a subsistência das pessoas é afetada pelo comércio internacional; especificamente, ele mostrou como este afeta os salários e as rendas em um país. Seu teorema da equalização do preço dos fatores afirma que, quando as nações comerciam, os preços dos bens comercializados tendem a convergir, e, portanto, também os salários daqueles que produzem esses bens. Isso significa que, com o tempo, os salários nos Estados Unidos tendem a cair e a se aproximar daqueles de seus parceiros comerciais, por exemplo, a China, nos setores em que eles comerciam. Isso ajuda a explicar os salários medianos estagnados, em particular dos operários, sobretudo na produção industrial.

O comércio internacional, portanto, tem um impacto direto sobre as rendas e os padrões de vida. Após ter ajudado a identificar esse efeito, Samuelson, cuja linhagem aproximada é keynesiana, provavelmente teria olhado para as políticas fiscais internas a fim de auxiliar aqueles que "saem perdendo" com a globalização. Com base em seu trabalho sobre bem-estar social ou bem-estar para uma sociedade, ele teria recomendado que todas essas políticas redistributivas fossem avaliadas pelas lentes de um observador ético para decidir qual política seria preferível. Esses aspectos práticos e desafiadores de se implementar tal abordagem também ajudam a explicar por que boas políticas nem sempre são adotadas.

Mas deixar sem resposta as consequências distributivas da globalização permitiria a continuidade das atitudes negativas com relação a ela, e poderia inclusive suscitar dúvidas sobre se comerciar é benéfico. Isso é preocupante para o futuro do próprio crescimento econômico global. O desafio seria levar os líderes a agirem. Como assessor de presidentes norte-americanos, Paul Samuelson certa vez declarou: "Não consigo pensar em um presidente sobrecarregado por entender de economia".[8]

Pelo menos, agora, as perguntas certas estão sendo feitas, embora as soluções não estejam claras. Samuelson teria aprovado. Em certa ocasião, ele observou: "Boas perguntas valem mais do que respostas simples".[9]

O próximo passo

O Brexit e o trumpismo estão entre as expressões políticas mais proeminentes do descontentamento com o status quo. O impacto desigual da globalização, que cria ganhadores e perdedores, é parte desse status quo. Mas também existem outros fatores em jogo, como a robótica e a automação. Ainda assim, pode ser mais fácil estar insatisfeito com a globalização porque ela é mais discernível do que o impacto da mudança tecnológica pervasiva. Samuelson acreditava

Epílogo

que, se o comércio não aumentasse o bem-estar social e beneficiasse uma nação, os países não comerciariam, e voltariam a um estado de "autarquia" em que não haveria comércio internacional.[10] Mas há comércio entre as nações há séculos; é uma questão de avaliar onde e por que não funciona para todos. Este seria precisamente o tipo de desafio que os grandes economistas apreciariam. Para eles, a chance de redefinir a maneira como a globalização é gerenciada para que os benefícios possam se disseminar mais amplamente seria vista como uma oportunidade de repensar alguns conceitos fundamentais. Eles certamente abraçariam como intelectualmente estimulante o desafio de reexaminar a maneira de aumentar a qualidade do crescimento econômico, e não apenas sua velocidade. Explicar como a economia funciona idealmente e analisar o que não funcionou e o que pode ser melhorado foi a maneira de eles deixarem sua marca coletiva no mundo.

Os grandes economistas neste livro assentaram as bases da ciência econômica e criaram os modelos que sustentam a área até os dias de hoje. Eles formularam os modelos gerais para explicar como a economia funciona. Da "mão invisível" de Adam Smith ao modelo de crescimento econômico de Solow, temos, respectivamente, o modelo geral de como um mercado eficiente funciona e do que gera prosperidade. Os grandes economistas também tinham em comum uma propensão a testar os limites da economia para propor modelos capazes de explicar melhor o mundo real; por exemplo, Joan Robinson não estava satisfeita com o pressuposto de que os mercados operavam perfeitamente o tempo todo, e por isso desenvolveu uma teoria da concorrência imperfeita.

E os grandes economistas foram todos atraídos pelas questões econômicas mais prementes de sua época, para as quais ofereceram análises e planos de ação. Recordemos que a teoria de David Ricardo sobre o comércio internacional contribuiu para a revogação das Leis do Trigo, protecionistas, ao passo que John Maynard Keynes exerceu um papel importante na recuperação após a Grande Depressão dos anos 1930. Milton Friedman abordou as causas da depressão, o que ajudou os banqueiros centrais a cargo da Grande Recessão de 2009 a evitarem a repetição dos erros da última crise financeira sistêmica. Portanto, as ideias dos grandes economistas, que foram colhidas ao longo de mais de dois séculos de estudos dos problemas econômicos do mundo, podem nos ajudar a definir o futuro da globalização e a confrontar os desafios de hoje.

Embora fossem muito diferentes uns dos outros, e às vezes discordassem firmemente quanto ao modo que a economia funciona, os grandes economistas eram semelhantes em vários aspectos. O principal é que eles formularam modelos gerais para lidar com os maiores desafios econômicos. É por isso que o pensamento deles continua relevante ainda hoje. Seus legados demonstram que as ideias sempre tiveram um impacto duradouro na sociedade – no passado e no presente.

Agradecimentos

Sou extremamente grata a Graeme Chamberlin por seu firme apoio a este projeto. Suas muitas contribuições ao livro, incluindo vários acréscimos lúcidos baseados em seu conhecimento impressionante de economia, foram de valor inestimável.

Também sou extremamente grata a Martin Slater. Seu conhecimento enciclopédico de economia e dos economistas contribuiu muitíssimo para este livro. Ele trouxe cor e contexto histórico de grande utilidade, o que foi muito apreciado.

Este livro não teria sido possível sem o apoio e incentivo do meu brilhante editor, Daniel Crewe, na Viking. Suas edições criteriosas e seu interesse genuíno melhoraram o texto, e foi um prazer trabalhar com ele durante todo o processo. Sinto-me afortunada por ele ter me apresentado a ideia para este livro, que vem tão ao encontro dos meus interesses.

Outra pessoa essencial é meu agente, Will Francis, da Janklow & Nesbit UK. Ele é simplesmente incrível em todos os aspectos. Tenho muita sorte de tê-lo por perto como um apoio permanente.

Eu gostaria de agradecer a meu editor norte-americano, Pronoy Sarkar, da Picador, um selo da Macmillan. Seu entusiasmo por este livro é contagiante! Sinto-me felizarda por ter seu apoio e incentivo.

Também gostaria de agradecer aos muitos jornalistas maravilhosos com quem trabalhei ao longo dos anos. Sua dedicação a contar histórias relevantes para a vida das pessoas tornou possível,

Agradecimentos

para mim, apresentar uma ampla variedade de programas de TV e de rádio que tratam de algumas das questões empresariais e econômicas mais importantes de nossa época. Estou muito feliz de incluir algumas dessas aventuras aqui.

Um agradecimento especial a Hannah Ludbrook por sua promoção entusiástica do livro, e a Connor Brown por toda a sua ajuda ao logo do processo. Também aprecio o trabalho de Sarah Scarlett na Penguin Random House, que cuidou tão bem dos direitos internacionais. E agradeço a Trevor Horwood pela revisão diligente do original, bem como a Dave Cradduck por sua compilação atenciosa do índice remissivo. De fato, meu grande "obrigada" vai para toda a equipe de Ellie Smith na Viking/Penguin Random House por seu apoio vigoroso a este livro.

As contribuições dos meus alunos, colegas e integrantes do público também são visíveis em todo o trabalho, já que eles me ajudaram a identificar as questões econômicas mais importantes. Nossas interações em sala de aula, em conferências e em fóruns públicos deixaram uma marca indelével em mim quanto à maneira como a ciência econômica afeta nossas vidas. Sou imensamente grata por ter tido tantas oportunidades de ouvir e discutir o impacto de políticas econômicas.

Finalmente, eu gostaria de agradecer a todos vocês – os leitores deste livro – pelo interesse nos grandes desafios econômicos de nossa época. É somente por meio do seu engajamento que podemos conseguir criar um futuro econômico melhor para todos nós.

Glossário

Banco Mundial Uma instituição de Bretton Woods focada em diminuir a pobreza.

BRIC O acrônimo significa Brasil, Rússia, Índia e China, um termo cunhado pelo banco de investimentos Goldman Sachs para identificar os grandes mercados emergentes com bom potencial de crescimento.

crescimento inclusivo Crescimento econômico que beneficia a todos em uma sociedade.

crise cambial de primeira geração A crise latino-americana de 1981-1982.

crise cambial de segunda geração O colapso do mecanismo europeu de taxas de câmbio (MTC) em 1992.

crise cambial e financeira de terceira geração A crise financeira asiática de 1997-1998.

crise financeira global A falência de muitas das principais instituições financeiras do mundo precipitada em 2008 pelo colapso do mercado de crédito hipotecário subprime dos Estados Unidos.

déficit/superávit em balança corrente A diferença entre o valor dos produtos e serviços comercializados e o capital de portfólio, entrando e saindo do país.

equivalência ricardiana A teoria de David Ricardo de que as pessoas racionais sabem que a dívida pública terá de ser paga em algum momento na forma de impostos mais altos e, por isso, poupam antecipadamente e não aumentam o consumo atual que promove o crescimento.

GLOSSÁRIO

flexibilização quantitativa (QE, na sigla em inglês) Injeções de dinheiro feitas por um banco central em uma economia.

FMI (Fundo Monetário Internacional) Uma instituição de Bretton Woods focada na estabilidade econômica global.

G7 Um grupo formado por sete das principais economias do mundo – Canadá, França, Alemanha, Itália, Japão, Reino Unido e Estados Unidos –, com a intenção de determinar a política econômica global.

Grande Crash O colapso da bolsa de valores dos Estados Unidos em outubro de 1929. Também conhecido como a Quebra de Wall Street.

Grande Depressão A retração econômica mundial que se seguiu ao Grande Crash e durou a maior parte da década de 1930.

Grande Recessão A recessão que se seguiu à crise financeira global em 2009.

laissez-faire Literalmente, "deixar fazer". Termo usado para descrever uma política de não intervenção por parte do Estado ou do governo.

Longa Depressão A recessão global que ocorreu durante o último trimestre do século XIX.

monopólio Uma empresa que tem poder de mercado no mercado de produtos.

monopsônio Uma empresa que tem poder de mercado no mercado de trabalho.

OCDE (Organização para a Cooperação e Desenvolvimento Econômico) Um gabinete estratégico para as economias avançadas, com sede em Paris.

OMC (Organização Mundial do Comércio) Uma organização intergovernamental formada em 1995 que regula o comércio internacional, precedida pelo Acordo Geral sobre Tarifas Aduaneiras e Comércio (GATT), em vigor desde 1947.

orientação futura da política monetária Orientação dos bancos centrais quanto ao ponto em que as taxas de juros podem estar no futuro.

padrão-ouro Sistema de taxa de câmbio em vigor no século XIX e início do século XX em que os países participantes fixaram suas moedas para serem trocadas por uma quantidade específica de ouro.

paridade do poder de compra (PPP) Uma teoria sobre a determinação de taxa de câmbio que argumenta que a taxa de câmbio tende a mudar de modo que o preço de um produto ou serviço específico seja o mesmo, independentemente de onde você o compre.

políticas macroprudenciais Regulações dos bancos centrais visando a estabilidade financeira.

Quebra de Wall Street *Ver Grande Crash.*

renda mediana O nível de renda do indivíduo no ponto médio da pirâmide de distribuição.

STEM Ciência, tecnologia, engenharia e matemática (na sigla em inglês).

taxas de juros negativas Taxas que os bancos centrais cobram dos bancos comerciais por depositarem dinheiro com eles.

Bibliografia

ACEMOGLU, Daron; ROBINSON, James A. *Why Nations Fail: The Origins of Power, Prosperity, and Poverty*. Londres: Profile Books, 2012. [Ed. bras.: *Por que as nações fracassam: as origens do poder, da prosperidade e da pobreza*. Trad. Cristiana Serra. Rio de Janeiro: Campus/Elsevier, 2012.]

AGÉNOR, Pierre-Richard; CANUTO, Otaviano; JELENIC, Michael. "Avoiding Middle-Income Growth Traps". *Economic Premise*, n. 98. Washington, DC: Banco Mundial, 2012.

ALLEN, Robert Loring. *Irving Fisher: A Biography*. Cambridge, MA e Oxford: Blackwell, 1993.

ASLANBEIGUI, Nahid; OAKES, Guy. *The Provocative Joan Robinson: The Making of a Cambridge Economist*. Durham, NC: Duke University Press, 2009.

BAGEHOT, Walter. "Ricardo". In: BAGEHOT, Walter. *Economic Studies*. Org.: Richard Holt Hutton. Londres: Longmans, Green & Co., 1895. p. 197-208.

BANCO Mundial. The East Asian Miracle: Economic Growth and Public Policy. Washington, DC: Banco Mundial, 1993.

BARNETT, Alina; BATTEN, Sandra; CHIU, Adrian; FRANKLIN, Jeremy; SEBASTIÁ-BARRIEL, María. "The UK Productivity Puzzle". *Bank of England Quarterly Bulletin*, Q2, p. 114-128, 2014.

BEHRENS, Kristian; MION, Giordano; MURATA, Yasusada; SÜDEKUM, Jens. "Trade, Wages, and Productivity". *International Economic Review*, v. 55, n. 4, p. 1305-1348, 2014.

BERNANKE, Ben. "Nonmonetary Effects of the Financial Crisis in the Propagation of the Great Depression". *American Economic Review*, v. 73, n. 3, p. 257-276, 1983.

_____. "Deflation: Making Sure 'It' Doesn't Happen Here". Comentários do diretor Ben S. Bernanke perante o National Economists Club, Washington, DC, 21 nov. 2002. Disponível em: www.federalreserve.gov/boarddocs/speeches/2002/20021121/

BLAUG, Mark. "The Empirical Content of Ricardian Economics". *Journal of Political Economy*, v. 64, n. 1, p. 41-58, 1956.

_____. *Economic Theory in Retrospect*. Cambridge: Cambridge University Press, 1985.

BUCHHOLZ, Todd. *New Ideas from Dead Economists: An Introduction to Modern Economic Thought*. Nova York: Penguin, 2007.

BURNS, J. H.; HART, H. L. A. (orgs.). *A Comment on the Commentaries and A Fragment on Government, The Collected Works of Jeremy Bentham*. Oxford: Clarendon Press, 1977.

CAIRNCROSS, Alec. *Austin Robinson: The Life of an Economic Adviser*, Basingstoke: Palgrave Macmillan, 1993.

CALDWELL, Bruce. "Why Didn't Hayek Review Keynes's *General Theory*?". *History of Political Economy*, v. 30, n. 4, p. 545-569, 1998.

_____. *Hayek's Challenge: An Intellectual Biography of F. A. Hayek*. Chicago: University of Chicago Press, 2004.

CAMPBELL, John. *Margaret Thatcher*, v. II: *The Iron Lady*. Londres: Vintage, 2008.

CHAMBERLIN, Graeme; YUEH, Linda. *Macroeconomics*. Londres: Cengage, 2006.

CHURCHILL, Winston. "Speech, House of Commons, November 11, 1947". In: RHODES James, Robert (org). *Winston S. Churchill: His Complete Speeches, 1897-1963*, v. VII. Londres: R. R. Bowker, 1974. p. 7566.

CLEMENT, Douglas. "Interview with Robert Solow". *The Region*, Federal Reserve Bank of Minneapolis, 1 set. 2002. Disponível em: www.minneapolisfed.org/publications/the-region/interview-with-robert-solow

COLANDER, David C.; LANDRETH, Harry. *The Coming of Keynesianism to America: Conversations with the Founders of Keynesian Economics*. Cheltenham: Edward Elgar, 1996.

COLLIER, Paul. *The Bottom Billion: Why the Poorest Countries are Failing and What Can Be Done About It*. Oxford: Oxford University Press, 2007.

COOPER, Douglas P. "Dr. Paul Samuelson". *The Douglas P. Cooper Distinguished Contemporaries Collection*, 1 set. 1973. Disponível em: www.wnyc.org/story/paul-samuelson/

CRAFTS, Nicholas, "The First Industrial Revolution: Resolving the Slow Growth/Rapid Industrialization Paradox". *Journal of the European Economic Association*, v. 3, n. 2/3, p. 525-534, 2005.

DAVID, Paul A. "The Dynamo and the Computer: A Historical Perspective on the Modern Productivity Paradox". *American Economic Review*, v. 80, n. 2, p. 355-361, 1990.

DE VECCHI, Nicolò. "Hayek and the General Theory". *European Journal of the History of Economic Thought*, v. 13, n. 2, p. 233-258, 2006.

DWORKIN, Ronald W. *How Karl Marx Can Save American Capitalism*. Lanham, MD: Lexington Books, 2015.

EBENSTEIN, Alan. *Friedrich Hayek: A Biography*. Nova York: St. Martin's Press, 2001.

EBENSTEIN, Lanny. *Milton Friedman: A Biography*. Nova York: Palgrave Macmillan, 2007.

FISHER, Irving. "Mathematical Investigations in the Theory of Value and Prices". *Transactions of the Connecticut Academy*, n. 9, p. 119, 1892.

_____. "Economists in Public Service: Annual Address of the President". *American Economic Review*, v. 9, n. 1, Suplemento: Papers and Proceedings of the Thirty-First Annual Meeting of the American Economic Association, p. 5-21, 1919.

_____. *The Stock Market Crash – and After*. Nova York: The Macmillan Company, 1930.

_____. "The Debt-Deflation Theory of Great Depressions". *Econometrica*, v. 1, n. 4, p. 337-357, 1933.

_____. *The Works of Irving Fisher*, 14 volumes. Organização: William J. Barber, Robert W. Dimand e Kevin Foster. Londres: Pickering & Chatto, 1997.

FISHER, Irving; BROUGHAM, H. Bruce. *Prohibition Still at its Worst.* Nova York: Alcohol Information Committee, 1928.

FISHER, Irving Norton. *My Father: Irving Fisher.* Nova York: Comet Press Books, 1956.

FITZGIBBONS, Athol. *Keynes's Vision: A New Political Economy.* Oxford: Oxford University Press, 1988.

FLATAU, Paul. "Some Reflections on the 'Pigou-Robinson' Theory of Exploitation". *History of Economics Review*, n. 33, p. 1-16, 2001.

FOSTER, Richard. "Creative Destruction Whips Through Corporate America". *Innosight Executive Briefing*, 2012. Disponível em: www.innosight.com/wp-content/uploads/2016/08/creative-destruction-whips-through-corporate-america-final2015.pdf

FRIEDMAN, Milton. *Inflation: Causes and Consequences.* Bombaim: Asia Publishing House, 1963.

_____. "Economic Freedom, Human Freedom, Political Freedom". Discurso de Milton Friedman, The Smith Center, Seattle Central College, 1 nov. 1991. Disponível em: http://seattlecentral.edu/faculty/jhubert/friedmanspeech.html

_____. "Transcript for: Friedrich Hayek". *Think Tank with Ben Wattenberg*, PBS, 1999. Disponível em: www.pbs.org/thinktank/transcript726.html

_____. *Capitalism and Freedom: Fortieth Anniversary Edition*, Chicago: University of Chicago Press, 2002 [1962]. [Ed. bras.: *Capitalismo e liberdade*. Trad. Afonso Celso da Cunha Serra. Rio de Janeiro: LTC/GEN, 2014.]

_____. "Milton Friedman in His Own Words". Becker Friedman Institute for Research in Economics, Universidade de Chicago, 2012. Disponível em: https://bfi.uchicago.edu/news/post/milton-friedman-his-own-words

FRIEDMAN, Milton; FRIEDMAN, Rose. *Free to Choose.* San Diego: Harcourt. 1980. [Ed. bras.: *Livre para escolher*. Trad. Ligia Filgueiras. Rio de Janeiro: Record, 2015.]

_____. *Two Lucky People: Memoirs*, Chicago: University of Chicago Press, 1998.

FRIEDMAN, Milton; SCHWARTZ, Anna Jacobson. *A Monetary History of the United States, 1867-1960*. Princeton: Princeton University Press, 1971 [1963].

GOODRIDGE, Peter; HASKEL, Jonathan; WALLIS, Gavin. "Can Intangible Investment Explain the UK Productivity Puzzle?" *National Institute Economic Review*, n. 224, p. R48-R58, 2013.

GROENEWEGEN, Peter. *A Soaring Eagle: Alfred Marshall 1842-1924*. Aldershot: Edward Elgar, 1995.

HANSEN, Alvin H. "Economic Progress and Declining Population Growth". *American Economic Review*, v. 29, n. 1, p. 1-15, 1939.

HAUSMANN, Ricardo; STURZENEGGER, Federico. "The Missing Dark Matter in the *Wealth of Nations* and Its Implications for Global Imbalances". *Economic Policy*, v. 22, n. 51, p. 470-518, 2007.

HAYEK, Friedrich A. *A Conversation with Friedrich A. von Hayek: Science and Socialism*. Washington, DC: American Enterprise Institute for Public Policy Research, 1979.

_____. "The Moral Imperative of the Market". In: *The Unfinished Agenda: Essays on the Political Economy of Government Policy in Honour of Arthur Seldon*. Londres: Instituto de Assuntos Econômicos, 1986.

_____. *Hayek on Hayek: An Autobiographical Dialogue*. Org.: Stephen Kresge e Leif Wenar. Chicago: University of Chicago Press, 1994.

_____. *The Road to Serfdom*. Londres e Nova York: Routledge Classics, 2001 [1944]. [Ed. bras.: *O caminho da servidão*. Trad. Anna Maria Capovilla, José Ítalo Stelle e Liane Moraes Ribeiro. Rio de Janeiro: Instituto Liberal, 1990.]

_____. *The Constitution of Liberty*. Londres e Nova York: Routledge, 2006 [1960]. [ed. port.: *A constituição da liberdade*. Lisboa: Edições 70, 2018.]

JÖRBERG, Lennart. "Robert W. Fogel and Douglass C. North". In: *Nobel Lectures in Economic Sciences, 1991-1995*. Org.: Torsten Persson. Singapura: World Scientific, p 61-126, 1997.

KEYNES, John Maynard. "Alfred Marshall, 1842-1924". *Economic Journal*, v. 34, n. 135, p. 311-372, 1924.

_____. "The Pure Theory of Money: A Reply to Dr Hayek". *Economica*, n. 34, p. 387-397, 1931.

_____. *The General Theory of Employment, Interest and Money*. Londres: Palgrave Macmillan, 1936. [Ed. bras.: *Teoria geral do emprego, do juro e da moeda*. Trad. Manuel Resende. São Paulo: Saraiva, 2014.]

_____. "The General Theory of Employment". *Quarterly Journal of Economics*, v. 51, n. 2, p. 209-223, 1937.

_____. "Economic Possibilities for Our Grandchildren". In: *Essays in Persuasion*. Nova York: W. W. Norton, 1963 [1931].

_____. *The Collected Writings of John Maynard Keynes*, 30 v. Org.: Elizabeth Johnson e Donald Moggridge. Cambridge: Cambridge University Press, 1971-1989.

KING, John E. *David Ricardo*. Basingstoke: Palgrave Macmillan, 2013.

KRUGMAN, Paul. "The Hangover Theory". *Slate*, 4 dez. 1998. Disponível em: www.slate.com/articles/business/the_dismal_science/1998/12/the_hangover_theory.html

LUCAS JR., Robert E. "On the Mechanics of Economic Development". *Journal of Monetary Economics*, v. 22, n. 1, p. 3-42, 1988.

MARSHALL, Alfred. *Principles of Economics*, v. I. Londres: Macmillan, 1890. [Ed. bras.: *Princípios de economia*, v. I. Trad. Rômulo Almeida e Ottolmy Strauch. São Paulo: Nova Cultural, 1996.]

_____. *Principles of Economics*, v. II. Londres: Macmillan for the Royal Economic Society, 1961. [Ed. bras.: *Princípios de economia*, v. II. Trad. Rômulo Almeida e Ottolmy Strauch. São Paulo: Nova Cultural, 1996.]

MARX, Karl, 1978 [1853]. "The Future Results of British Rule in India". *New York Daily Tribune*, 8 ago. 1853. In: TUCKER, Robert (org.). *The Marx-Engels Reader*. 2. ed. rev. Nova York: W. W. Norton, 1978.

_____. *Capital*. Org.: Friedrich Engels; trad. Ben Fowkes (v. I) e David Fernbach (v. II e III). Londres: Penguin Classics, 1990-1992 [1881-1883]. [Ed. bras.: *O capital*. Trad. Rubens Enderle. São Paulo: Boitempo, 2017.]

_____. *The Eighteenth Brumaire of Louis Bonaparte*. Rockville, MD: Wildside Press, 2008 [1852]. [Ed. bras.: *O 18 de brumário de Luís Bonaparte*. Trad. Renato Zwick. Porto Alegre: L&PM Editores, 2020.]

MARX, Karl; ENGELS, Friedrich. *The Communist Manifesto*. Londres: Penguin Classics, 2015 [1848]. [Ed. bras.: *Manifesto do Partido Comunista*. Trad. Sérgio Tellaroli. São Paulo: Companhia das Letras, 2012.]

McCRAW, Thomas K. *Prophet of Innovation: Joseph Schumpeter and Creative Destruction*, Cambridge, MA: Harvard University Press, 2007.

McCULLA, Stephanie H.; HOLDREN, Alyssa E.; SMITH, Shelly. "Improved Estimates of the National Income and Product Accounts: Results of the 2013 Comprehensive Revision". Escritório de Análise Econômica dos Estados Unidos, Washington, DC, 2013.

MILANOVIC, Branko, *Global Inequality: A New Approach for the Age of Globalization*. Cambridge, MA: Harvard University Press, 2016.

MILGATE, Murray; STIMSON, Shannon. *Ricardian Politics*. Princeton: Princeton University Press, 1991.

MILL, John Stuart. *Principles of Political Economy*, Londres: John W. Parker, 1848. [Ed. bras.: *Princípios de economia política*. Trad. Luiz João Baraúna. São Paulo: Nova Cultural, 1996.]

MINSKY, Hyman P. "The Financial Instability Hypothesis". The Jerome Levy Economics Institute of Bard College, Working Paper n. 74, 1992.

MITCHELL, Brian R. *Abstract of British Historical Statistics*. Cambridge: Cambridge University Press, 1988.

MURO, Mark; ROTHWELL, Jonathan; ANDES, Scott; FIKRI, Kena; KULKARNI, Siddharth. "America's Advanced Industries". Brookings Institution, Washington, DC, 2015. Disponível em: www.brookings.edu/wp-content/uploads/2015/02/AdvancedIndustry_FinalFeb2lores-1.pdf

NASAR, Sylvia. *Grand Pursuit: The Story of the People Who Made Modern Economics*. Nova York: Simon & Schuster, 2011.

NEWCOMB, Simon. *Principles of Political Economy*. Nova York: Harper, 1885.

BIBLIOGRAFIA

Nobelprize.org. "Friedrich August von Hayek – Banquet Speech", 1974. Nobel Media AB 2014. Disponível em: www.nobelprize.org/nobel_prizes/economic-sciences/laureates/1974/hayek-speech.html

Nobelprize.org. "Robert M. Solow – Biographical", 1987. Nobel Media AB 2014. Disponível em: www.nobelprize.org/nobel_prizes/economic-sciences/laureates/1987/solow-bio.html

Nobelprize.org. "Robert M. Solow – Prize Lecture: Growth Theory and After", 1987. Nobel Media AB 2014. Disponível em: www.nobelprize.org/nobel_prizes/economic-sciences/laureates/1987/solow-lecture.html

Nobelprize.org. "Douglass C. North – Biographical", 1993. Nobel Media AB 2014. Disponível em: www.nobelprize.org/nobel_prizes/economic-sciences/laureates/1993/north-bio.html

NORTH, Douglass C. "Institutions, Economic Growth and Freedom". In: *Freedom, Democracy, and Economic Welfare: Proceedings of an International Symposium.* Org.: Michael A. Walker. Vancouver: Fraser Institute, 1988.

_____. *Institutions, Institutional Change and Economic Performance*, Cambridge: Cambridge University Press, 1990. [Ed. bras.: *Instituições, mudança institucional e desenvolvimento econômico.* Trad. Alexandre Morales. São Paulo: Três Estrelas, 2018.

NORTH, Douglass C.; BROWN, Gardner; LUECK, Dean. "A Conversation with Douglass North". *Annual Review of Resource Economics*, n. 7, p. 1-10, 2015.

OCDE. "Income Inequality and Growth: The Role of Taxes and Transfers". Notas de política econômica do Departamento de Economia da OCDE, n. 9, 2012.

_____. "New Sources of Growth: Intangible Assets". Paris: OCDE, 2013. Disponível em: www.oecd.org/sti/inno/46349020.pdf

_____. Economic Surveys: United Kingdom. Paris: OCDE, 2015.

OSTRY, Jonathan D.; BERG, Andrew; TSANGARIDES, Charalambos G. "Redistribution, Inequality, and Growth". Nota de discussão do corpo técnico SDN/14/02, Fundo Monetário Internacional, 2014. Disponível em: www.imf.org/external/pubs/ft/sdn/2014/sdn1402.pdf

PARSONS, Talcott. "Wants and Activities in Marshall". *Quarterly Journal of Economics*, v. 46, n. 1, p. 101-140, 1931.

PESSOA, João Paulo; VAN REENEN, John. 2013. "Decoupling of Wage Growth and Productivity Growth? Myth and Reality". Discussion Paper n. 1246, Centro para o Desempenho Econômico, Escola de Economia e Ciência Política de Londres, 2013. Disponível em: http://cep.lse.ac.uk/pubs/download/dp1246.pdf

PIGOU, A. C. *Alfred Marshall and Current Thought*, Londres: Macmillan, 1953.

PIGOU, A. C. (org.). *Memorials of Alfred Marshall*, Londres: Macmillan, 1925.

PIKETTY, Thomas. *Capital in the Twenty-First Century*, Cambridge, MA: Harvard University Press, 2014. [Ed. bras.: *O capital no século XXI*. Trad. Monica Baumgartten de Bolle. Rio de Janeiro: Intrínseca, 2014.]

RANELAGH, John. *Thatcher's People: An Insider's Account of the Politics, the Power and the Personalities*. Londres: HarperCollins, 1991.

REAGAN, Ronald. "The President's News Conference", 12 ago. 1986. Disponível em: www.presidency.ucsb.edu/ws/?pid=37733

_____. "Remarks to State Chairpersons of the National White House Conference on Small Business", 15 ago. 1986. Disponível em: www.reaganlibrary.gov/sites/default/files/archives/speeches/1986/081586e.htm

REICH, Robert. *Beyond Outrage: What Has Gone Wrong with Our Economy and Our Democracy, and How to Fix It*. Nova York: Vintage Books, 2012.

RICARDO, David. *On the Principles of Political Economy and Taxation*, Londres: John Murray, 2011 [1817]. [Ed. bras.: *Princípios de economia política e tributação*. Trad. Paulo Henrique Ribeiro Sandroni. São Paulo: Nova Cultural, 1996.]

ROBINSON, Joan. *Economics is a Serious Subject: The Apologia of an Economist to the Mathematician, the Scientist and the Plain Man*. Cambridge: Heffer, 1932.

_____. *Economic Philosophy*. Harmondsworth: Pelican Books, 1962.

_____. *The Economics of Imperfect Competition*. Londres: Palgrave Macmillan, 1969 [1933].

_____. *Reflections on the Theory of International Trade: Lectures Given in the University of Manchester*. Manchester: Manchester University Press, 1974.

_____. "Marx, Marshall, and Keynes". *Collected Economic Papers*, v. II-V. Cambridge, MA: MIT Press, 1980.

ROSS, Ian Simpson. *The Life of Adam Smith*. 2. ed., Oxford: Oxford University Press, 2010.

SAMUELSON, Paul A. "The Way of an Economist". In: SAMUELSON, Paul A. (org.) *International Economic Relations*. International Economic Association Series, Londres: Macmillan, 1969, p. 1-11.

_____. "Joseph A. Schumpeter". *Dictionary of American Biography*. Nova York: Scribner, 1977.

_____. "Gold and Common Stocks". In: CROWLEY, Kate (org.) *The Collected Scientific Papers of Paul Samuelson*, v. V, Cambridge, MA: MIT Press, 1986.

_____. *On Being an Economist*. Nova York: Jorge Pinto Books Inc., 2005.

SCHUMPETER, Joseph. "The Instability of Capitalism". *Economic Journal*, n. 38, p. 361-386, 1928.

_____. *The Theory of Economic Development*. Cambridge, MA: Harvard University Press, 1934. [Ed. bras.: *Teoria do desenvolvimento econômico: uma investigação sobre lucros, capital, crédito, juro e o ciclo econômico*. Trad. Maria Sílvia Possas. São Paulo: Nova Cultural, 1997.]

_____. *Business Cycles: A Theoretical, Historical and Statistical Analysis of the Capitalist Process*. 2 v., Nova York: McGraw-Hill, 1939.

_____. *Capitalism, Socialism and Democracy*. Nova York: Harper & Brothers, 1942. [Ed. bras.: *Capitalismo, socialismo e democracia*. Trad. Luiz Antônio Oliveira de Araújo. São Paulo: Unesp, 2016.]

_____. *Ten Great Economists from Marx to Keynes*. Nova York e Oxford: Oxford University Press, 1951.

_____. *History of Economic Analysis*. Nova York: Oxford University Press, 1954. [Ed. bras.: *História da análise econômica*. Rio de Janeiro: Fundo de Cultura, 1964.]

_____. "Social Classes in an Ethnically Homogeneous Environment". Trad. Heinz Norden. In: *Imperialism, Social Classes: Two Essays by Joseph Schumpeter*, Nova York: Meridian Books, 1955.

_____. "The Crisis of the Tax State". In: *The Economics and Sociology of Capitalism*. Org.: Richard Swedberg. Princeton: Princeton University Press, 1991 [1918].

_____. *History of Economic Analysis*. Londres: Routledge, 1997 [1954]. [Ed. bras.: *História da análise econômica*. Rio de Janeiro: Fundo de Cultura, 1964.]

SHOVE, Gerald F. "The Place of Marshall's *Principles* in the Development of Economic Theory". *Economic Journal*, v. 52, n. 208, p. 294-329, 1942.

SKIDELSKY, Robert. *John Maynard Keynes, v. II: The Economist as Saviour, 1920-1937*. Londres: Penguin, 1995.

_____. *John Maynard Keynes 1883-1946: Economist, Philosopher, Statesman*. Nova York: Penguin, 2003.

_____. *Keynes: The Return of the Master*. Londres: Penguin, 2010.

SKOUSEN, Mark. *The Making of Modern Economics*. Armonk, Nova York e Londres: M. E. Sharpe, 2001.

SMITH, Adam. *The Theory of Moral Sentiments*. Londres: A. Millar; Edimburgo: A. Kincaid & J. Bell, 1759. [Ed. bras.: *Teoria dos sentimentos morais*. Trad. Lya Luft. São Paulo: WMF Martins Fontes, 2015.]

_____. *Lectures on Jurisprudence* (título alternativo para *Lectures on Justice, Police, Revenue and Arms*). Org.: Ronald E. Meek, David D. Raphael e Peter G. Stein. Oxford: Clarendon Press, 1978 [1763].

_____. *An Inquiry into the Nature and Causes of the Wealth of Nations by Adam Smith*. Org.: R. H. Campbell, A. S. Skinner e W. B. Todd. Oxford: Clarendon Press, 1979 [1776]. [Ed. bras.: *A riqueza das nações*. Trad. Norberto de Paula Lima. Rio de Janeiro: Nova Fronteira, 2017.]

BIBLIOGRAFIA

SOLOW, Robert. "A Contribution to the Theory of Economic Growth". *Quarterly Journal of Economics*, v. 70, n. 1, p 65-94, 1956.

_____. "Technical Change and the Aggregate Production Function". *Review of Economics and Statistics*, v. 39, n. 3, p. 312-320, 1957.

SPERBER, Jonathan. *Karl Marx: A Nineteenth-Century Life*. Nova York: Liveright, 2013. [Ed. bras.: *Karl Marx: uma vida do século XIX*. Trad. Lúcia Helena de Seixas. São Paulo: Amarilys, 2014.]

STEWART, Dugald. "Account of the Life and Writings of Adam Smith". Lido para a Sociedade Real de Edimburgo e publicado na obra póstuma de Adam Smith, *Essays on Philosophical Subjects*, de 1795. Londres e Edimburgo: T. Cadell Jun and W. Davies, 1793.

STIGLITZ, Joseph. *The Price of Inequality: How Today's Divided Society Endangers Our Future*. Nova York: W. W. Norton, 2012. [ed. port.: *O preço da desigualdade*. Lisboa: Bertrand, 2013.]

SUTTER, Robert G. *Foreign Relations of the PRC: The Legacies and Constraints of China's International Politics Since 1949*. Lanham, MD: Rowman & Littlefield, 2013.

TAYLOR, John B. "Discretion Versus Policy Rules in Practice". *Carnegie-Rochester Conference Series on Public Policy*, n. 39, p. 195-214, 1993.

_____. "A Historical Analysis of Monetary Policy Rules". In: TAYLOR, John B. (org.) *Monetary Policy Rules*. Chicago: University of Chicago Press, 1999, p. 319-348.

_____. "The Need to Return to a Monetary Framework". *Business Economics*, v. 44, n. 2, 2009, p. 63-72.

_____. "Why We Still Need to Read Hayek". The Hayek Lecture, The Manhattan Institute for Policy Research, Nova York, 2012. Disponível em: www.hoover.org/sites/default/files/hayek--lecture.pdf

THATCHER, Margaret. *The Downing Street Years*, Londres: HarperPress, 1993.

THOMPSON, Derek. "An Interview with Paul Samuelson, Part One". *The Atlantic*, 17 jun. 2009. Disponível em: www.theatlantic.com/

business/archive/2009/06/an-interview-with-paul-samuelson-
-part-one/19586/

TURNER, Michael J. "Before the Manchester School: Economic Theory in Early Nineteenth-Century Manchester". *History*, v. 79, n. 256, p. 216-241, 1994.

WAPSHOTT, Nicholas. *Keynes Hayek: The Clash That Defined Modern Economics*. Nova York: W. W. Norton, 2011.

WOOD, John Cunningham (org.) *Alfred Marshall: Critical Assessments, Volume IV*. Londres: Routledge, 1993.

YELLEN, Janet. "A Minsky Meltdown: Lessons for Central Bankers". Apresentação para a 18ª conferência anual Hyman P. Minsky sobre o estado das economias norte-americana e mundial – "Meeting the Challenges of the Financial Crisis", 2009. Disponível em: www.frbsf.org/our-district/press/presidents-speeches/yellen-
-speeches/2009/april/yellen-minsky-meltdown-central-bankers/

YERGIN, Daniel; STANISLAW, Joseph. *The Commanding Heights: The Battle Between Government and the Marketplace that is Remaking the Modern World*. Nova York: Free Press, 1998.

YUEH, Linda. *The Economy of China*. Cheltenham: Edward Elgar, 2010.

_____. *Enterprising China: Business, Economic, and Legal Developments Since 1979*. Oxford: Oxford University Press, 2011.

_____. *China's Economic Growth: The Making of an Economic Superpower*. Oxford: Oxford University Press, 2013.

Notas

Introdução: O que os grandes economistas teriam a dizer sobre nossos desafios econômicos

1. SMITH, Adam. *An Inquiry into the Nature and Causes of the Wealth of Nations.* Org.: R. H. Campbell, A. S. Skinner e W. B. Todd. Oxford: Clarendon Press, 1979 [1776]. livro II, cap. 3, par. 2.
2. HANSEN, Alvin H. "Economic Progress and Declining Population Growth". *American Economic Review*, v. 29, n. 1, pt. I, p. 1-15, 1939.

Capítulo 1 – Adam Smith: O governo deve reequilibrar a economia?

1. SMITH, Adam. *An Inquiry into the Nature and Causes of the Wealth of Nations.* Org.: R. H. Campbell, A. S. Skinner e W. B. Todd. Oxford: Clarendon Press, 1979 [1776]. livro IV, cap. 2, par. 10.
2. Ibid., livro V, cap. 2, pt. II, apêndice aos arts. I & II, par. 12.
3. Ibid., livro V, cap. 1, pt. III, art. II, par. 15.
4. Ibid., livro V, cap. 1, pt. III, art. II, par. 8.
5. STEWART, Dugald. "Account of the Life and Writings of Adam Smith". Lido para a Sociedade Real de Edimburgo e publicado na obra póstuma de Adam Smith, *Essays on Philosophical Subjects* de 1795. Londres e Edimburgo: T. Cadell Jun and W. Davies, 1793. p. lxxx, lxxxi.
6. ROSS, Ian Simpson. *The Life of Adam Smith.* 2. ed., Oxford: Oxford University Press, 2010. p. xxxi.
7. SMITH, op. cit., livro V, cap. 3, par. 92.
8. ROSS, op. cit., p. xxxi.
9. MITCHELL, Brian R. *Abstract of British Historical Statistics.* Cambridge: Cambridge University Press, 1988. p. 869-873.

Notas

10. McCulla, Stephanie H.; Holdren, Alyssa E.; Smith, Shelly. "Improved Estimates of the National Income and Product Accounts: Results of the 2013 Comprehensive Revision". Escritório de Análise Econômica dos Estados Unidos, Washington, DC, 2013.
11. OCDE. "New Sources of Growth: Intangible Assets". Paris: OCDE, 2013; www.oecd.org/sti/inno/46349020.pdf
12. Smith, Adam. *Lectures on Jurisprudence* (título alternativo para *Lectures on Justice, Police, Revenue and Arms*). Org.: Ronald E. Meek, David D. Raphael e Peter G. Stein. Oxford: Clarendon Press, 1978 [1763]. p. 499.
13. Smith, *Wealth of Nations*, livro I, cap. 2, par. 12.
14. Smith, Adam. *The Theory of Moral Sentiments*. Londres: A. Millar; Edimburgo: A. Kincaid and J. Bell, 1759. pt. IV, s. 1, par. 10.
15. Ibid.
16. Smith, *Wealth of Nations*, livro IV, cap. 2, par. 9.
17. Ibid., livro II, cap. 2, par. 106.
18. Ibid., livro II, cap. 4, pars. 14-15.
19. Ibid., livro I, cap. 11, pt. 1, par. 5.
20. Ibid., livro V, cap. 1, pt. 3, art. II, par. 50.
21. Ibid., livro V, cap. 1, pt. 3, art. III, par. 14.
22. Ibid., livro IV, cap. 7, pt. 2, par. 44.
23. Smith, *Lectures on Jurisprudence*, p. 514.
24. Ibid., livro V, cap. 3, par. 92.; Ross, op. cit., p. 315.
25. Ross, op. cit., *p. 302*.
26. Smith, *Wealth of Nations*, livro IV, cap. 5, "Digression concerning the Corn Trade and Corn Laws", par. 43.

Capítulo 2 – David Ricardo: os déficits comerciais têm importância?

1. King, John E. *David Ricardo*. Basingstoke: Macmillan, 2013. p. 5.
2. Ibid., p. 15-16.
3. Piketty, Thomas. *Capital in the Twenty-First Century*. Cambridge, MA: Harvard University Press, 2014. p. 314-315.
4. Crafts, Nicholas. "The First Industrial Revolution: Resolving the Slow Growth/Rapid Industrialization Paradox". *Journal of the European Economic Association*, v. 3, n. 2/3, p. 525-534, 2005.
5. Ricardo, David. *The Works and Correspondence of David Ricardo*, v. IV. Org.: Piero Sraffa. Cambridge: Cambridge University Press, 2011 [1817]. p. 21.
6. Milgate, Murray; Stimson, Shannon. *Ricardian Politics*. Princeton: Princeton University Press, 1991. p. 144.
7. King, op. cit., p. 36.
8. Blaug, Mark. "The Empirical Content of Ricardian Economics". *Journal of Political Economy*, v. 64, n. 1, p. 41-58, 1956.

NOTAS

9. BAGEHOT, Walter. "Ricardo". In: BAGEHOT, Walter. *Economic Studies*. Org.: Richard Holt Hutton. Londres: Longmans, Green & Co., 1895. p. 197-208.
10. BLAUG, Mark. *Economic Theory in Retrospect*. Cambridge: Cambridge University Press, 1985. p. 136.
11. SCHUMPETER, Joseph. *History of Economic Analysis*. Londres: Routledge, 1997 [1954]. p. 472-473.
12. SMITH, Adam. *An Inquiry into the Nature and Causes of the Wealth of Nations*. Org.: R. H. Campbell, A. S. Skinner e W. B. Todd. Oxford: Clarendon Press, 1979 [1776]. livro IV, cap. 2. par. 12.
13. RICARDO, op. cit., *p. 23*.
14. Ibid., p. 21.
15. KING, op. cit., p. 88.
16. RICARDO, op. cit., p. 28, 32.
17. Ibid., p. 35.
18. Ibid., p. 33.
19. Ibid., p. 41.
20. HAUSMANN, Ricardo; STURZENEGGER, Federico. "The Missing Dark Matter in the *Wealth of Nations* and Its Implications for Global Imbalances". *Economic Policy*, v. 22, n. 51, p. 470-518, 2007.
21. MURO, Mark; ROTHWELL, Jonathan; ANDES, Scott; FIKRI, Kenan; KULKARNI, Siddharth. "America's Advanced Industries". Brookings Institution, Washington, DC, 2015. Disponível em: www.brookings.edu/wp-content/uploads/2015/02/AdvancedIndustry_FinalFeb2lores-1.pdf
22. SAMUELSON, Paul A. "The Way of an Economist". In: *International Economic Relations*. Org.: Paul A. Samuelson, International Economic Association Series. Londres: Macmillan, p. 1-11, 1969. p. 9.
23. ROBINSON, Joan. *Reflections on the Theory of International Trade: Lectures Given in the University of Manchester*. Manchester: Manchester University Press, 1974, p. 1.
24. Ibid., p. 1, 6.
25. SKOUSEN, Mark. *The Making of Modern Economics*. Armonk, NY e Londres: M. E. Sharpe, 2001. p. 18.
26. SMITH, op. cit., livro IV, cap. 2, par. 43.
27. SKOUSEN, op. cit., p. 103.

Capítulo 3 – Karl Marx: A China pode se tornar um país rico?

1. MARX, Karl; ENGELS, Friedrich. *The Communist Manifesto*. Londres: Penguin Classics, 2015 [1848]. p. 9.
2. BUCHHOLZ, TODD. *New Ideas from Dead Economists: An Introduction to Modern Economic Thought*, Nova York: Penguin, 2007. p. 129.
3. Ibid., p. 116.

4. Sperber, Jonathan. *Karl Marx: A Nineteenth-Century Life*. Nova York: Liveright, 2013. p. 4.
5. Ibid., p. 5.
6. Ibid., p. 24.
7. Ibid., p. 72.
8. Ibid., p. 99.
9. Marx; Engels, op. cit., p. 39.
10. Ibid.
11. Sperber, op. cit., p. 255.
12. Marx, Karl. *The Eighteenth Brumaire of Louis Bonaparte*. Rockville, MD: Wildside Press, 2008 [1852]. p. 1.
13. Marx, Karl. "The Future Results of British Rule in India". *New York Daily Tribune*, 8 ago. 1853. In: Tucker, Robert (org.) *The Marx-Engels Reader*. 2. ed. rev. Nova York: W. W. Norton, 1978. p. 662.
14. Sperber, op. cit., p. 450.
15. Ibid., p. 431.
16. Yueh, Linda. *China's Growth: The Making of an Economic Superpower*. Oxford: Oxford University Press, 2013. cap. 5.
17. Centro de Pesquisa em Desenvolvimento do Conselho de Estado da China. "China 2030: Building a Modern, Harmonious, and Creative Society", Washington, DC, 2013. Disponível em: http://documents.worldbank.org/curated/en/781101468239669951/China-2030-building-a-modern-harmonious-and-creative-society
18. Marx, Karl. *Capital: Volume III*. Org. Friedrich Engels; trad. David Fernbach. Londres: Penguin Classics, 1991 [1883]. p. 678.
19. Marx; Engels, op. cit., p. 27.
20. Sutter, Robert G. *Foreign Relations of the PRC: The Legacies and Constraints of China's International Politics Since 1949*. Lanham, MD: Rowman & Littlefield, 2013. p. 23.
21. Yueh, Linda. *The Economy of China*. Cheltenham: Edward Elgar, 2010. cap. 4.
22. Buchholz, op. cit., p. 136.
23. Dworkin, Ronald W. *How Karl Marx Can Save American Capitalism*. Lanham, MD: Lexington Books, 2015. p. 72.
24. Ibid.
25. Sperber, op. cit., p. 65.

Capítulo 4 – Alfred Marshall: A desigualdade é inevitável?

1. Stiglitz, Joseph. *The Price of Inequality: How Today's Divided Society Endangers Our Future*. Nova York: W. W. Norton, 2012.
2. Groenewegen, Peter. *A Soaring Eagle: Alfred Marshall 1842–1924*. Aldershot: Edward Elgar, 1995. p. 227.

3. Ibid., p. 294.
4. TURNER, Michael J. "Before the Manchester School: Economic Theory in Early Nineteenth-Century Manchester". *History*, v. 79, n. 256, p. 216-241, 1994.
5. KEYNES, John Maynard. "Alfred Marshall, 1842-1924". *Economic Journal*, v. 34, n. 135, p. 311-372, 1924.
6. SHOVE, Gerald F. "The Place of Marshall's *Principles* in the Development of Economic Theory". *Economic Journal*, v. 52, n. 208, p. 294-329, 1942.
7. PIGOU, A. C. (org.) *Memorials of Alfred Marshall*. Londres: Macmillan, 1925. p. 334.
8. MARSHALL, Alfred. *Principles of Economics*, v. II. Londres: Macmillan for the Royal Economic Society, 1961. p. 598-614.
9. BURNS, J. H.; HART, H. L. A. (orgs.) *A Comment on the Commentaries and A Fragment on Government, The Collected Works of Jeremy Bentham*. Oxford: Clarendon Press, 1977. p. 393.
10. WOOD, John Cunningham. *Alfred Marshall: Critical Assessments, Volume IV*. Londres: Routledge, 1993. p. 290.
11. MILANOVIC, Branko. *Global Inequality: A New Approach for the Age of Globalization*, Cambridge, MA: Harvard University Press, 2016. p. 166.
12. Pew Research Center. "The American Middle Class is Losing Ground: No Longer the Majority and Falling Behind Financially", 9 dez. 2015. Disponível em: www.pewsocialtrends.org/2015/12/09/the-american-middle-class-is--losing-ground/
13. REICH, Robert. *Beyond Outrage: What Has Gone Wrong with Our Economy and Our Democracy, and How to Fix It*. Nova York: Vintage Books, 2012. p. 142.
14. OCDE. "Income Inequality and Growth: The Role of Taxes and Transfers". Notas de política econômica do Departamento de Economia da OCDE, n. 9, Paris: OCDE, 2012.
15. MARSHALL, Alfred. *Principles of Economics*, v. II. Londres: Macmillan for the Royal Economic Society, 1961. p. 96-97.
16. PARSONS, Talcott. "Wants and Activities in Marshall". *Quarterly Journal of Economics*, v. 46, n. 1, p. 101-140, 1931. p. 128, n. 7, citando a carta de Alfred Marshal ao editor do *The Times*, "The Post Office and Private Enterprise", 24 de março de 1891.
17. MILL, John Stuart. *Principles of Political Economy*. Londres: John W. Parker, 1848. p. 13-14.
18. PIGOU, A. C. (org.), op. cit., *p. 363*.
19. PIGOU, A. C. *Alfred Marshall and Current Thought*. Londres: Macmillan, 1953. p. 56.
20. OSTRY, Jonathan D.; BERG, Andrew; TSANGARIDES, Charalambos G. "Redistribution, Inequality, and Growth". Nota de discussão do corpo técnico SDN/14/02, Fundo Monetário Internacional, 2014. Disponível em: www.imf.org/external/pubs/ft/sdn/2014/sdn1402.pdf

21. GROENEWEGEN, op. cit., p. 737.
22. PIGOU, A. C. (org.), op. cit., p. 427.

Capítulo 5 – Irving Fisher: Corremos o risco de repetir os anos 1930?

1. "Fisher Sees Stocks Permanently High". *The New York Times*, 16 out. 1929, p. 8.
2. Ibid.
3. SCHUMPETER, Joseph. *Ten Great Economists from Marx to Keynes*. Nova York e Oxford: Oxford University Press, 1951. p. 223.
4. FISHER, IRVING. "Mathematical Investigations in the Theory of Value and Prices". *Transactions of the Connecticut Academy*, n. 9, p. 119, 1892.
5. ALLEN, Robert Loring. *Irving Fisher: A Biography*. Cambridge, MA e Oxford: Blackwell, 1993. p. 229.
6. Ibid., p. 17.
7. FISHER, Irving Norton. *My Father: Irving Fisher*. Nova York: Comet Press Books, 1956. p. 26.
8. FISHER, Irving. *The Works of Irving Fisher*, 14 v. Org.: William J. Barber, com colaboração de Robert W. Dimand e Kevin Foster. Londres: Pickering & Chatto, 1997. v. I, p. 4.
9. ALLEN, op. cit., p. 147-148.
10. FISHER, Irving; BROUGHAM, H. Bruce. *Prohibition Still at its Worst*. Nova York: Alcohol Information Committee, 1928.
11. FISHER, Irving. "Economists in Public Service: Annual Address of the President". *American Economic Review*, v. 9, n. 1, Suplemento: Papers and Proceedings of the Thirty-First Annual Meeting of the American Economic Association, p. 5-21, 1919. p. 16.
12. Ibid., p. 10.
13. NEWCOMB, Simon. *Principles of Political Economy*. Nova York: Harper, 1885. p. 346.
14. FRIEDMAN, Milton. *Inflation: Causes and Consequences*. Bombaim: Asia Publishing House, 1963. p. 17.
15. FISHER, Irving. "The Debt-Deflation Theory of Great Depressions". *Econometrica*, v. 1, n. 4, p. 337-357, 1933. p. 349.
16. Ibid., p. 344.
17. BERNANKE, Ben. "Nonmonetary Effects of the Financial Crisis in the Propagation of the Great Depression" *American Economic Review*, v. 73, n. 3, p. 257-276, 1983.
18. BERNANKE, Ben. "Deflation: Making Sure 'It' Doesn't Happen Here". Comentários do diretor Ben S. Bernanke perante o National Economists Club, Washington, DC, 21 nov. 2002. Disponível em: www.federalreserve.gov/boarddocs/speeches/2002/20021121/

19. MINSKY, Hyman P. "The Financial Instability Hypothesis". The Jerome Levy Economics Institute of Bard College, Working Paper n. 74, 1992.
20. Ibid.
21. "Minsky's Moment". *The Economist*, 30 jul. 2016. Disponível em: www.economist.com/news/economics-brief/21702740-second-article-our-series--seminal-economic-ideas-looks-hyman-minskys
22. YELLEN, Janet. "A Minsky Meltdown: Lessons for Central Bankers". Apresentação para a 18ª conferência anual Hyman P. Minsky sobre o estado das economias norte-americana e mundial – "Meeting the Challenges of the Financial Crisis", 2009. Disponível em: www.frbsf.org/our-district/press/presidents-speeches/yellen-speeches/2009/april/yellen-minsky-meltdown--central-bankers/
23. Ibid.
24. ALLEN, op. cit., p. 9.

Capítulo 6 – John Maynard Keynes: Investir ou não investir?

1. KEYNES, John Maynard. *The General Theory of Employment, Interest and Money*. Londres: Palgrave Macmillan, 1936. p. 129.
2. Ibid.
3. KEYNES, John Maynard. "Economic Possibilities for Our Grandchildren". In: *Essays in Persuasion*. Nova York: W. W. Norton, 1936 [1931]. p. 373.
4. KEYNES, John Maynard. *The Collected Writings of John Maynard Keynes*, 30 v. Org.: Elizabeth Johnson e Donald Moggridge, v. XII: *Economic Articles and Correspondence: Investment and Editorial*. Cambridge: Cambridge University Press, 1971-1989. p. 109.
5. SKIDELSKY, Robert. *John Maynard Keynes 1883–1946: Economist, Philosopher, Statesman*. Nova York: Penguin, 2003. p. 53.
6. Ibid., p. 53.
7. Ibid., p. 36.
8. Ibid., p. 43.
9. Ibid., p. 45.
10. Ibid., p. 60.
11. KEYNES, *General Theory*, p. 5.
12. BUCHHOLZ, Todd. *New Ideas from Dead Economists: An Introduction to Modern Economic Thought*. Nova York: Penguin, 2007. p. 210.
13. SKIDELSKY, Robert. *Keynes: The Return of the Master*. Londres: Penguin, 2010. p. 62.
14. KEYNES, *General Theory*, p. 103.
15. Ibid., p. 158.
16. Ibid.
17. KEYNES, *Collected Writings*, p. 65.

18. KEYNES, *Collected Writings*, p. 390.
19. KEYNES, John Maynard. "The General Theory of Employment". *Quarterly Journal of Economics*, v. 51, n. 2, p. 209-223.
20. Ibid., p. 215-216.
21. Ibid., p. 216.
22. SKIDELSKY. *Keynes: The Return of the Master*, p. 107.
23. REAGAN, Ronald. "Remarks to State Chairpersons of the National White House Conference on Small Business", 15 ago. 1986. Disponível em: www.reaganlibrary.gov/sites/default/files/archives/speeches/1986/081586e.htm
24. REAGAN, Ronald. "The President's News Conference", 12 ago. 1986. Disponível em: www.presidency.ucsb.edu/ws/?pid=37733
25. CHAMBERLIN, Graeme; YUEH, Linda. *Macroeconomics*. Londres: Cengage, 2006. cap. 4.
26. KEYNES, *General Theory*, p. 373.
27. Ibid., p. 322.
28. Ibid., p. 164, 378.
29. Ibid., p. 383-384.
30. KEYNES, *Essays in Persuasion*, p. 366.
31. Ibid., p. 369.
32. Ibid., p. 366.

Capítulo 7 – Joseph Schumpeter: O que impulsiona a inovação?

1. SCHUMPETER, Joseph. *Capitalism, Socialism and Democracy*. Nova York: Harper & Brothers, 1942. p. 84.
2. MCCRAW, Thomas K. *Prophet of Innovation: Joseph Schumpeter and Creative Destruction*. Cambridge, MA: Harvard University Press, 2007. p. x.
3. SCHUMPETER, *Capitalism*, p. 83.
4. SCHUMPETER, Joseph. *Business Cycles: A Theoretical, Historical and Statistical Analysis of the Capitalist Process*, v. II. Nova York: McGraw-Hill, 1939. p. 1033.
5. SCHUMPETER, Business Cycles, p. 107.
6. SCHUMPETER, *Capitalism*, p. 67-68.
7. SAMUELSON, Paul A. "Joseph A. Schumpeter". *Dictionary of American Biography*. Nova York: Scribner, 1977. Suplemento Quatro, p. 722.
8. MCCRAW, op. cit., p. 40.
9. SCHUMPETER, Joseph. *History of Economic Analysis*. Nova York: Oxford University Press, 1954. p. 571.
10. MCCRAW, op. cit., p. 60.
11. SCHUMPETER, Joseph. "The Crisis of the Tax State". In: *The Economics and Sociology of Capitalism*. Org.: Richard Swedberg. Princeton: Princeton University Press, 1991 [1918]. p. 114-116.
12. MCCRAW, op. cit., p. 104-105.

13. Ibid., p. 117-119.
14. Ibid., p. 165.
15. Ibid., p. 213.
16. Ibid., p. 223.
17. Ibid, p. 225.
18. Ibid.
19. Ibid., p. 271.
20. DE VECCHI, Nicolò. "Hayek and the General Theory". *European Journal of the History of Economic Thought*, v. 13, n. 2, 2006. p. 233-258.
21. SCHUMPETER, *Business Cycles*, v. I, p. vi.
22. SCHUMPETER, *Capitalism*, p. 83.
23. SCHUMPETER, *Business Cycles*, p. 104-107.
24. SCHUMPETER, *Capitalism*, p. 93, 99-100.
25. Ibid., p. 99-100.
26. SCHUMPETER, *Business Cycles*, p. 243-244.
27. Ibid., p. 100-102.
28. SCHUMPETER, *Capitalism*, p. 167, 170, 190-191.
29. Ibid., p. xiv.
30. SCHUMPETER, Joseph. "Social Classes in an Ethnically Homogeneous Environment". Trad. Heinz Norden. In: *Imperialism, Social Classes: Two Essays by Joseph Schumpeter*. Nova York: Meridian Books, 1955. p. 120-122.
31. SCHUMPETER, Joseph. "The Instability of Capitalism". *Economic Journal*, n. 38, p. 361-386, 1928.
32. SCHUMPETER, *Business Cycles*, p. 103-104.
33. Banco Mundial. *The East Asian Miracle: Economic Growth and Public Policy*. Washington, DC: Banco Mundial, 1993.
34. SCHUMPETER, "The Instability of Capitalism", p. 361-386, 1928. p. 364-366.
35. SCHUMPETER, Joseph. *The Theory of Economic Development*. Cambridge, MA: Harvard University Press, 1934. p. 75-78.
36. SCHUMPETER, *Business Cycles*, p. 102-103.
37. SCHUMPETER, *Business Cycles*, p. 907-1033.
38. SCHUMPETER, *Economic Development*, p. 75-78.
39. Ibid., p. 66.
40. SCHUMPETER, *Capitalism*, p. 101-102, 110.
41. FOSTER, Richard. "Creative Destruction Whips Through Corporate America". *Innosight Executive Briefing, 2012*. Disponível em: https://www.innosight.com/wp-content/uploads/2016/08/creative-destruction-whips-through-corporate-america_final2015.pdf
42. SCHUMPETER, *History of Economic Analysis*, p. 19, 27.
43. MCCRAW, op. cit., p. 500.

Capítulo 8 – Friedrich Hayek: O que podemos aprender com as crises financeiras?

1. FRIEDMAN, Milton. "Transcript for: Friedrich Hayek". *Think Tank com Ben Wattenberg*, PBS, 1999. Disponível em: www.pbs.org/thinktank/transcript726.html
2. CALDWELL, Bruce. *Hayek's Challenge: An Intellectual Biography of F. A. Hayek*. Chicago: University of Chicago Press, 2004. p. 2.
3. HAYEK, Friedrich A. *Hayek on Hayek: An Autobiographical Dialogue*. Org.: Stephen Kresge e Leif Wenar. Chicago: University of Chicago Press, 1994. p. 40.
4. CALDWELL, op. cit., p. 150.
5. CALDWELL, Bruce. "Why Didn't Hayek Review Keynes's *General Theory?*". *History of Political Economy*, v. 30, n. 4, p. 545-569, 1998. p. 556.
6. WAPSHOTT, Nicholas. *Keynes Hayek: The Clash That Defined Modern Economics*. Nova York: W. W. Norton, 2011. p. xi.
7. NASAR, Sylvia. *Grand Pursuit: The Story of the People Who Made Modern Economics*. Nova York: Simon & Schuster, 2011. p. 402.
8. Ibid.
9. KEYNES, John Maynard. "The Pure Theory of Money: A Reply to Dr Hayek". *Economica*, n. 34, p. 387-397, 1931. p. 394.
10. KRUGMAN, Paul. "The Hangover Theory". *Slate*, 4 dez. 1998. Disponível em: www.slate.com/articles/business/the_dismal_science/1998/12/the_hangover_theory.html
11. EBENSTEIN, Alan. *Friedrich Hayek: A Biography*. Nova York: St. Martin's Press, 2001. p. 81.
12. FITZGIBBONS, Athol. *Keynes's Vision: A New Political Economy*. Oxford: Oxford University Press, 1988. p. 178.
13. EBENSTEIN, op. cit., p. 128.
14. HAYEK, Friedrich A. *The Road to Serfdom*. Londres e Nova York: Routledge Classics, 2001 [1944]. p. 124-125.
15. CALDWELL, op. cit., p. 133.
16. HAYEK, Friedrich A. *The Constitution of Liberty*. Londres e Nova York: Routledge, 2006 [1960]. p. 44.
17. EBENSTEIN, op. cit., p. 196, 238.
18. Ibid., p. 261.
19. RANELAGH, John. *Thatcher's People: An Insider's Account of the Politics, the Power and the Personalities*. Londres: HarperCollins, 1991. p. ix.
20. HAYEK, Friedrich A. "The Moral Imperative of the Market". In: *The Unfinished Agenda: Essays on the Political Economy of Government Policy in Honour of Arthur Seldon*. Londres: Instituto de Assuntos Econômicos, 1986.
21. TAYLOR, John B. "The Need to Return to a Monetary Framework". *Business Economics*, v. 44, n. 2, p. 63-72, 2009.

22. TAYLOR, John B. "Why We Still Need to Read Hayek". The Hayek Lecture, The Manhattan Institute for Policy Research, Nova York, 31 mai. 2012. Disponível em: www.hoover.org/sites/default/files/hayek-lecture.pdf
23. CHURCHILL, Winston. "Speech, House of Commons, November 11, 1947". In: *Winston S. Churchill: His Complete Speeches, 1897–1963*. Org.: Robert Rhodes James, Londres: R. R. Bowker, 1974. v. VII, p. 7566.
24. HAYEK, Friedrich A. *A Conversation with Friedrich A. von Hayek: Science and Socialism*. Washington, DC: American Enterprise Institute for Public Policy Research, 1979. p. 6.
25. THATCHER, Margaret. *The Downing Street Years*. Londres: Harper-Press, 1993. p. 618.
26. CAMPBELL, John. *Margaret Thatcher*, v. II: *The Iron Lady*. Londres: Vintage, 2008. p. 628.
27. Nobelprize.org. "Friedrich August von Hayek – Banquet Speech", 1974. Nobel Media AB 2014. Disponível em: www.nobelprize.org/nobel_prizes/economic-sciences/laureates/1974/hayek-speech.html
28. YERGIN, Daniel; STANISLAW, Joseph. *The Commanding Heights: The Battle Between Government and the Marketplace that is Remaking the Modern World*. Nova York: Free Press, 1998. p. 150.

Capítulo 9 – Joan Robinson: Por que os salários são tão baixos?

1. "The Inquiry". Apresentado por Linda Yueh, BBC World Service, 8 mar. 2016.
2. ASLANBEIGUI, Nahid; OAKES, Guy. *The Provocative Joan Robinson: The Making of a Cambridge Economist*. Durham, NC: Duke University Press, 2009. p. 1.
3. "Prof. Joan Robinson Dies at 79; Cambridge". *The New York Times*, 11 ago. 1983.
4. FLATAU, Paul. "Some Reflections on the 'Pigou-Robinson' Theory of Exploitation". *History of Economics Review*, n. 33, p. 1-16, 2001.
5. ASLANBEIGUI; OAKES, op. cit., p. 2-3.
6. ROBINSON, Joan. *Economics is a Serious Subject: The Apologia of an Economist to the Mathematician, the Scientist and the Plain Man*. Cambridge: Heffer, 1932. p. 4.
7. ASLANBEIGUI; OAKES, op. cit., p. 48-49.
8. SKIDELSKY, Robert. *John Maynard Keynes*, v. II: *The Economist as Saviour, 1920–1937*. Londres: Penguin, 1995. p. 448-449.
9. CAIRNCROSS, Alec. *Austin Robinson: The Life of an Economic Adviser*. Basingstoke: Macmillan, 1993. p. 172.
10. ASLANBEIGUI; OAKES, op. cit., p. 9.
11. Ibid., p. 133.
12. ROBINSON, Joan. *Economic Philosophy*. Harmondsworth: Pelican Books, 1962. p. 25.

13. Ibid., p. 28.
14. Ibid.
15. ROBINSON, Joan. *The Economics of Imperfect Competition*. 2. ed. Londres: Macmillan, 1969 [1933]. cap. 18, sobre monopsônio.
16. Organização Internacional do Trabalho. *Global Wage Report 2014/15*. Genebra: Escritório Internacional do Trabalho, 2014. p. 10.
17. Organização Internacional do Trabalho; Organização para a Cooperação e Desenvolvimento Econômico. "The Labour Share in G20 Economies". Relatório preparado para o Grupo de Trabalho sobre Emprego do G20, com contribuições do Fundo Monetário Internacional e do Grupo do Banco Mundial. Antália, Turquia, 26-27 fev. 2015.
18. ROBINSON, Joan. "Marx, Marshall and Keynes". *Collected Economic Papers*, v. II. Cambridge, MA: MIT Press, 1980. p. 17.
19. ROBINSON, Joan, op. cit., p. 45.

Capítulo 10 – Milton Friedman: Os bancos centrais estão fazendo muito?

1. FRIEDMAN, Milton; FRIEDMAN, Rose. *Two Lucky People: Memoirs*. Chicago: University of Chicago Press, 1998. p. 22.
2. Ibid., p. 262.
3. Ibid., p. xi.
4. Ibid., p. 165.
5. EBENSTEIN, Lanny. *Milton Friedman: A Biography*. Nova York: Palgrave Macmillan, 2007. p. 100.
6. Ibid., p. 47.
7. Ibid., p. 52.
8. FRIEDMAN, Milton; FRIEDMAN, Rose. *Free to Choose*. San Diego: Harcourt, 1980. p. 310.
9. FRIEDMAN, Milton. "Milton Friedman in His Own Words". Becker Friedman Institute for Research in Economics, Universidade de Chicago, 2012. Disponível em: https://bfi.uchicago.edu/news/post/milton-friedman-his-own-words
10. Ibid.
11. Ibid.
12. EBENSTEIN, op. cit., p. 187.
13. BERNANKE, Ben. "On Milton Friedman's Ninetieth Birthday". Comentários do diretor Ben S. Bernanke na conferência em homenagem a Milton Friedman. Universidade de Chicago, 8 nov. 2002. Disponível em: www.federalreserve.gov/boarddocs/speeches/2002/20021108/default.htm
14. FRIEDMAN, Milton. "Rx for Japan: Back to the Future". *Wall Street Journal*, 17 dez. 1997.
15. Ibid.

16. Ibid.
17. FRIEDMAN, Milton. "Economic Freedom, Human Freedom, Political Freedom". Discurso de Milton Friedman, The Smith Center, Seattle Central College, 1 nov. 1991. Disponível em: http://seattlecentral.edu/faculty/jhubert/friedmanspeech.html
18. FRIEDMAN, Milton. *Capitalism and Freedom: Fortieth Anniversary Edition*, Chicago: University of Chicago Press, 2002 [1962]. p. xii.
19. EBENSTEIN, op. cit., p. 182.
20. FRIEDMAN, Milton. "Milton Friedman in His Own Words". Becker Friedman Institute for Research in Economics, Universidade de Chicago, 2012. Disponível em: https://bfi.uchicago.edu/news/post/milton-friedman-his-own-words

Capítulo 11 – Douglass North: Por que tão poucos países são prósperos?

1. AGÉNOR, Pierre-Richard; CANUTO, Otaviano; JELENIC, Michael. "Avoiding Middle-Income Growth Traps". *Economic Premise*, n. 98. Washington, DC: Banco Mundial, 2012. p. 1.
2. NORTH, Douglass C. "Institutions, Economic Growth and Freedom". In: *Freedom, Democracy and Economic Welfare: Proceedings of an International Symposium*. Org.: Michael A. Walker. Vancouver: Fraser Institute, 1988. p. 7.
3. NORTH, Douglass C. *Institutions, Institutional Change and Economic Performance*. Cambridge: Cambridge University Press, 1990. p. 6.
4. Ibid., p. 7.
5. JÖRBERG, Lennart. "Robert W. Fogel and Douglass C. North". In: *Nobel Lectures in Economic Sciences, 1991–1995*. Org.: Torsten Persson. Singapura: World Scientific, 1997. p. 107-108.
6. NORTH, Douglass C.; BROWN, Gardner; LUECK, Dean. "A Conversation with Douglass North". *Annual Review of Resource Economics*, n. 7, p. 1-10, 2015. p. 6.
7. Nobelprize.org. "Douglass C. North – Biographical", 1993. Nobel Media AB 2014. Disponível em: www.nobelprize.org/nobel_prizes/economic-sciences/laureates/1993/north-bio.html
8. Ibid.
9. NORTH, op. cit., p. 11, 12.
10. Nobelprize.org. "Douglass C. North – Biographical".
11. NORTH, op. cit., p. vii.
12. Ibid., p. 3.
13. Ibid., p. 5.
14. Ibid., p. 116.
15. Ibid., p. 9.
16. Ibid., p. 139.
17. Ibid., p. 9.
18. Ibid., p. 112.

19. COLLIER, Paul. *The Bottom Billion: Why the Poorest Countries are Failing and What Can Be Done About It*. Oxford: Oxford University Press, 2007.
20. LUCAS JR., Robert E. "On the Mechanics of Economic Development". *Journal of Monetary Economics*, v. 22, n. 1, p. 3-42, 1988. p. 5.
21. NORTH, op. cit., p. 7.
22. Ibid., p. 137.
23. Ibid., p. 6.
24. Ibid., p. 140.
25. NORTH; BROWN; LUECK, op. cit., p. 8, 9.
26. ACEMOGLU, Daron; ROBINSON, James A. *Why Nations Fail*. Londres: Profile Books, 2012. p. 372-373.
27. Ibid., p. 402.
28. Ibid., p. 426.
29. Ibid., p. 427.
30. NORTH, op. cit., p. 140.

Capítulo 12 – Robert Solow: Estamos diante de um futuro de baixo crescimento?

1. Nobelprize.org. "Robert M. Solow – Biographical", 1987. Nobel Media AB 2014. Disponível em: www.nobelprize.org/nobel_prizes/economic-sciences/laureates/1987/solow-bio.html
2. FEDER, Barnaby J. "Man in the News: Robert Merton Solow; Tackling Everyday Economic Problems". *The New York Times*, 22 out. 1987.
3. Ibid.
4. Nobelprize.org. "Robert M. Solow – Biographical", 1987. Nobel Media AB 2014. Disponível em: www.nobelprize.org/nobel_prizes/economic-sciences/laureates/1987/solow-bio.html
5. SOLOW, Robert. "A Contribution to the Theory of Economic Growth". *Quarterly Journal of Economics*, v. 70, n. 1, p. 65-94, 1956; SOLOW, Robert. "Technical Change and the Aggregate Production Function". *Review of Economics and Statistics*, v. 39, n. 3, p. 312-320, 1957.
6. DAVID, Paul A. "The Dynamo and the Computer: A Historical Perspective on the Modern Productivity Paradox". *American Economic Review*. v. 80, n. 2, p. 355-361, 1990.
7. CLEMENT, Douglas. "Interview with Robert Solow". *The Region*, Federal Reserve Bank of Minneapolis, 1 set. 2002. Disponível em: www.minneapolisfed.org/publications/the-region/interview-with-robert-solow
8. OCDE. *Economic Surveys: United Kingdom*. Paris: OCDE, 2015.
9. PESSOA, João Paulo; VAN REENEN, John. "Decoupling of Wage Growth and Productivity Growth? Myth and Reality". Discussion Paper n. 1246, Centro para o Desempenho Econômico, Escola de Economia e Ciência Política de Londres, 2013. Disponível em: http://cep.lse.ac.uk/pubs/download/dp1246.pdf

10. BARNETT, Alina; BATTEN, Sandra; CHIU, Adrian; FRANKLIN, Jeremy; SEBASTIÁ-BARRIEL, María. "The UK Productivity Puzzle". *Bank of England Quarterly Bulletin*, Q2, p. 114-128, 2014.
11. GOODRIDGE, Peter; HASKEL, Jonathan; WALLIS, Gavin. "Can Intangible Investment Explain the UK Productivity Puzzle?". *National Institute Economic Review*, 224, p. R48-R58, 2013.
12. BARNETT et al., op. cit.
13. BEHRENS, Kristian; MION, Giordano; MURATA, Yasusada; SÜDEKUM, Jens. "Trade, Wages, and Productivity". *International Economic Review*, v. 55, n. 4, p. 1305-1349, 2014.
14. Nobelprize.org. "Robert M. Solow – Prize Lecture: Growth Theory and After", 1987. Nobel Media AB 2014. Disponível em: www.nobelprize.org/nobel_prizes/economic-sciences/laureates/1987/solow-lecture.html
15. Ibid.
16. Ibid.
17. Ibid.
18. Ibid.
19. SOLOW, Robert. "How Economic Ideas Turn to Mush". In: *The Spread of Economic Ideas*. Org.: David Colander e A. W. Coats, Cambridge: Cambridge University Press, 1989. p. 75-84.
20. CLEMENT, op. cit.
21. FEDER, op. cit.
22. CLEMENT, op. cit.

Epílogo: O futuro da globalização

1. "Globalization and Rapid Change Sparked Backlash, Says Obama". *Financial Times*, 15 nov. 2016.
2. HUANG, Jon; JACOBY, Samuel; STRICKLAND, Michael; LAI, K. K. Rebecca. "Election 2016: Exit Polls". *The New York Times*, 8 nov. 2016. Disponível em: www.nytimes.com/interactive/2016/11/08/us/politics/election-exit-polls.html
3. THOMPSON, Derek. "An Interview with Paul Samuelson, Part One". *The Atlantic*, 17 jun. 2009. Disponível em: www.theatlantic.com/business/archive/2009/06/an-interview-with-paul-samuelson-part-one/19586/
4. CASSIDY, John. "Postscript: Paul Samuelson". *The New Yorker*, 14 dez. 2009.
5. THOMPSON, op. cit.
6. COLANDER, David C.; LANDRETH, Harry. *The Coming of Keynesianism to America: Conversations with the Founders of Keynesian Economics*. Cheltenham: Edward Elgar, 1996. p. 28.
7. "Paul A. Samuelson obituary". *The Economist*, 17 dez. 2009. Disponível em: www.economist.com/node/15127616

8. COOPER, Douglas P. *The Douglas P. Cooper Distinguished Contemporaries Collection*, 1 set. 1973. Disponível em: www.wnyc.org/story/paul-samuelson/
9. SAMUELSON, Paul A. "Gold and Common Stocks". In: *The Collected Scientific Papers of Paul Samuelson*, v. V. Org.: Kate Crowley. Cambridge, MA: MIT Press, 1986. p. 561.
10. SAMUELSON, Paul A. *On Being an Economist*. Nova York: Jorge Pinto Books Inc., 2005.

Índice remissivo

Os números de páginas em negrito referem-se a um capítulo completo dedicado a um economista.

Abe, Shinzo 328
aceleradores financeiros 140
Acemoglu, Daron 289, 315
ações
　das ferrovias norte-americanas 78
　e Fisher 120, 129-131, 138
　e taxas de juros 105, 170
Acordo de Parceria Transatlântica de Comércio e Investimento (TTIP) 341
Acordo sobre o Comércio de Serviços (TiSA) 58, 341
acumulação de capital 51, 235, 241, 318, 324, 335
administração pública 32
África 9, 295-297, 312
　África do Sul 310-312
　Botsuana 315
　subsaariana 295, 310, 315
　Tanzânia 297
África do Sul 303, 310-312
agricultura 23-25, 27, 38-39, 50, 53-54, 64, 67, 91-92, 95-96, 267, 297, 308, 310
　China 96, 297
　e Marx 91
　e os fisiocratas 27, 38
　industrialização 24-25

mecanização 310
protecionismo 50, 54
AIG 282
Alemanha
　comércio internacional 248
　competitividade e salários 247
　desigualdade 105
　dinheiro retido das empresas 169
　e a Grande Depressão 185
　e China 247
　e Marshall 103
　e Marx 70-74, 76
　e o Tratado de Versalhes 214
　estagnação salarial 16, 233, 247-248
　industrialização/Revolução Industrial 22, 70
　produção industrial 23, 185
　produtividade e crescimento salarial 246
　representação de trabalhadores 252
　reunificação e salários 246, 247
América Latina 9, 293, 299-300, 341. ver também países específicos
crise cambial (1981–1982) 299, 307

ÍNDICE REMISSIVO

American Economic Review 267
American Telephone and Telegraph (AT&T) 193
análise da utilidade marginal 102
apartheid 310-311
Apple 196-200, 204, 206
área do euro 9, 164-165, 169, 257, 284, 317, 333-334
Argentina 299-301
Arrow, Kenneth J. 239
Arts Council, Reino Unido 174
ASEAN (Associação de Nações do Sudeste Asiático) 342-343
Ásia 9, 86, 107, 247, 296-297, 300, 306, 309-310, 312, 316, 341, 342. *ver também* países específicos
crise financeira (1997–1998) 300
Associação Americana de Economia (AEA) 207, 239-240, 321
Associação Econômica Integral Regional 342
Associação Internacional dos Trabalhadores (AIT) 79
Aung San Suu Kyi 306
austeridade 15, 153, 159, 163-166, 168-169, 171, 208, 335
automação 61, 62, 249, 344, 354. *ver também* inteligência artificial; robótica
BAE Systems 31

Bagehot, Walter 52, 67
Banco Central Europeu (BCE) 148, 165
Banco Europeu de Investimentos (BEI) 168
Banco Mundial 83, 174, 287, 295-297
e pobreza 295-296
bancos centrais 18, 123, 147-151, 228-229, 256-258, 272-273, 278, 284. *ver* Federal Reserve
Banco Central Europeu 148, 165
Banco da Inglaterra 46, 49, 55, 77, 99, 155, 166, 256, 326, 327, 330-331
Banco do Japão 148, 283-284
política macroprudencial 149, 256, 284
bancos/sistema bancário 88-90, 143, 151, 160, 169, 217, 276-278, 281-283, 304-305. *ver* Banco Mundial; *ver* bancos centrais; *ver* crédito hipotecário; *ver* crises financeiras; *ver* taxas de juros
"bad banks" 303
Banco Europeu de Investimentos 168
bancos de investimentos 141, 149, 168, 228, 278-280
China 89, 93, 303
concorrência 39
e a Grande Recessão 278, 280, 356
empréstimos restritos 169

e o Grande Crash (1929) e a
    Grande Depressão 130,
    272-274
e Schumpeter 184
garantias do governo aos depósitos 144
Lei Bancária de Peel (1844) 55
Lei dos Bancos dos Estados
    Unidos (1933 e 1935)
    278
regulação 24, 39, 149, 270
sistema bancário paralelo 89
socorros financeiros 149, 164
barreiras não tarifárias (BNTs)
    341
Barro, Robert 173
Bear Stearns 149, 228, 281-282
bebidas alcoólicas 31, 42
Lei Seca 122, 127
vinho português 63-64
Bentham, Jeremy 39, 49, 51,
    104
Bernanke, Ben 140, 145-149,
    256, 277-278, 282
"Big Bang" (1986) 23
Bitcoin 226
Bitterlich, Helene 222
BlackBerry 195, 197
Blackett, Basil 155
Blaug, Mark 52
Böhm von Bawerk, Eugen 181-182
Bolsa de Valores de Londres 47,
    77, 208
Bonaparte, Luís Napoleão 77
Bonaparte, Napoleão 76
Boody Firuski, Romaine Elizabeth 187

Botsuana 315
Brasil 29, 299-300, 302, 311,
    346
Brexit 167, 331, 338, 350-351,
    353-354
investimento estrangeiro depois do 46
BRIC, economias do 302. *ver também* Brasil; China;
    Índia; Rússia
Brookings Institution 58, 61
Brown, Douglas V. 186
Buccleuch, Henry Scott, terceiro
    duque de 27
Burns, Arthur 260, 270
Burns, Mary 74

Callaghan, James 161-162
Canon 196
capital físico 35, 318
capital humano 34-35, 288, 318,
    330
capitalismo 13-14, 16, 76-77,
    79-80, 95-97, 99, 176-178,
    180, 189-192, 194, 205,
    208-210, 218, 227-228,
    230-231, 257, 265, 272,
    313, 347
após a crise financeira de 2008
    208, 228-229
desigualdade e economias
    capitalistas 14, 98
e a crise financeira de 2008 96
e a "destruição criativa" de
    Schumpeter 176-178,
    190-207
e comunismo 95, 208-209,
    227

e Engels 74-75
e Hayek 209-210, 231
e Marx 75, 80, 95, 180, 189, 349
e o movimento Occupy 16
livre mercado 272
origem do termo 176
socialismo versus capitalismo de bem-estar social 208-209
capital social 87, 314
Carney, Mark 256
Carter, Jimmy 162, 271
Case, Elizabeth 290
cereais, livre-comércio de 55
Chamberlin, Edward 186, 239-240
Chile 137, 265-266, 299
China 9, 11-13, 23-24, 29, 59-60, 63, 69-70, 82-96, 105, 107-111, 117, 178, 198-199, 201-206, 236, 241, 245, 247-248, 287, 295-298, 302-305, 307-309, 311, 315, 325, 329-330, 342-343, 349, 351, 353
 abertura 85
 acordo de livre-comércio regional 342
 aumentos salariais 245
 comércio internacional em relação ao PIB 83
 como segunda maior economia 13, 96, 206
 Consenso de Pequim 307-308
 desafio da inovação 201-205
 desigualdade 105, 107-110, 117, 309

dívida corporativa 89
dívida pública 89-90, 303
e Alemanha 246
"efeito" / "preço" 66 86
e Marx 70, 82, 91, 93-97
empreendedores 87, 108-109
empresas de gestão de ativos 304
e URSS 82, 92-93
exportações 202
industrialização e reindustrialização 84, 308
inovação interna 86
institucionais legais 87
investimento em P&D 84, 86, 201-203
investimento estrangeiro direto (IED) 85
maoismo 82, 93
mulheres 94
"paradoxo" 83
Partido Comunista 82-83, 109, 236
Plano Quinquenal (1953) 92
privatização 304
produção industrial 88
redes sociais 87
redução da pobreza 83, 296, 298
renminbi (RMB) 88
Revolução Cultural 108-109
Revolução de 1949 91
setor de serviços 23, 88
sistema bancário 89-90, 93, 303
sistema bancário paralelo 89
sistema de emprego 93
smartphones 198-200

transformação econômica 70, 82-90, 296
Chipre 165
Churchill, Winston 99, 220, 230
classe
  A situação da classe trabalhadora na Inglaterra, de Engels 74
  assalariada 51
  e Marx 69, 74-75, 80, 91, 349
  e Ricardo 51, 55
classe média
  China 107-110
  como proporção da população mundial 316
  e crescimento econômico 87
  e desigualdade econômica 106
  e Heinrich Marx 71
  e industrialização 23, 38
  e Keynes 153
  e revolucionários europeus 69
  e Schumpeter 181
  Estados Unidos 107, 249, 347
  renda 347
  ressentimento social 109
classificação de crédito 164, 168
Clinton, Bill 344
Clinton, Hillary 343
Coase, Ronald 289
coletivização 13
Collectivist Economic Planning 218
Collier, Paul 297
comércio internacional
  Acordo de Parceria Transatlântica de Comércio e Investimento 341
  alemão 247-248
  barreiras não tarifárias 340
  barreiras/tarifas aduaneiras 42, 67, 340
  com base na vantagem comparativa 12, 62-66, 355
  criação de "ganhadores" e "perdedores" 19, 66, 344
  déficits. *ver* déficits comerciais
  e desindustrialização 30, 46
  e especialização 55
  e globalização 19, 20, 338-343
  em relação ao PIB 83
  em serviços. *ver* setor de serviços
  entre o Reino Unido e os Estados Unidos 43
  e produtividade 53
  e salários 353
  expansão 19
  exportações. *ver* exportações
  face cambiante do 340-343
  forte reação dos eleitores 20
  impacto distributivo 65, 348
  livre-comércio. *ver* livre--comércio
  modelo ricardiano de 51-54, 355
  nova teoria do comércio internacional 64
  OMC. *ver* Organização Mundial do Comércio
  padrões alterados pela indústria avançada 61-62
  Parceria Transpacífica 341
  Reino Unido como maior comerciante mundial 50
  superávit 30, 53, 66, 86
comércio varejista 50

Comissão Cowles 263-264
Comissão Europeia 165, 168, 170
Comissão Nacional de Infraestrutura (Reino Unido) 168, 330
computadores 250, 318, 322-323
Comunidade Econômica da ASEAN (CEA) 342
comunismo 69-70, 74-75, 82, 95, 189, 211, 217-218, 227, 313. *ver* marxismo chinês 83-97, 108, 236
e capitalismo 14, 95, 208-209, 227
e Robinson 235-236
Liga dos Comunistas 75-76
Partido Bolchevique 81
Primeira Internacional 79
Segunda Internacional/Internacional Socialista 79
Terceira Internacional 79
versus capitalismo de bem--estar social 208-209
vietnamita 303
Conard, Ed 112
concorrência 39-40
"*competing down*" [enfraquecer a concorrência] (Schumpeter) 191
entre os fornecedores de dinheiro 226
e Robinson 234, 236-237, 242-244, 251
imperfeita 234, 236, 242-244, 251
perfeita 190, 234, 242

salários e competitividade 247
Conferência de Paz de Paris 156
Consenso de Pequim 307-308
Consenso de Washington 307-308
construção 32
consumismo 109
consumo 38, 50, 63, 88, 95, 101-102, 106, 109, 141, 159, 163, 171-173, 228, 247, 249, 261-262, 296, 309, 328-329
despesa de consumo 170
e análise da utilidade marginal 101
e teoria da vantagem comparativa 62
Coreia
Coreia do Norte 63, 236, 241, 349
Coreia do Sul 287, 300-301, 306, 308-309, 313
Corporação Federal de Garantia de Depósitos (FDIC) 277
Crafts, Nicholas 30
crédito hipotecário 142
e a crise financeira de 2008 278, 280
subprime 146, 228, 278
crescimento da mão de obra 317
crescimento econômico. *ver* desafios do desenvolvimento econômico; *ver também* inovação; instituições; investimento público; tecnologia
baixo, e o futuro 317-337
barreiras 145

ÍNDICE REMISSIVO

crescimento do Japão 325
crescimento inclusivo 347
debates políticos sobre aumentar o 11
desafios do desenvolvimento ao 10, 17-18, 29, 176, 190-193, 350
doutrina mercantilista do 53
e as "décadas perdidas" do Japão 327-329
e austeridade 15
e debate/desafio da produtividade 15, 318, 325-327
e desemprego 334
e novas tecnologias 176-177, 322-324, 334-335
e redução da pobreza 83, 296, 298, 312
foco renovado do governo do Reino Unido no 330-332
hipótese da convergência 325
modelo de Lewis 308
modelo de Solow 318, 321-325, 332-336
por meio de investimento 158, 167-170, 330, 334
teorias do crescimento endógeno 323-324
crescimento inclusivo 347
criptomoedas 226
crise creditícia 141
crise do euro 164-165
crises cambiais 298-301
  de primeira geração 298
  de segunda geração 299
  de terceira geração 300
crises financeiras. *ver* crises cambiais; *ver também* recessão/depressão

crise de 1857 78-80
crise de 2008 11-12, 15, 18, 23, 35, 56, 106, 123, 163, 278, 281, 326, 328, 334
crise do euro 164-165
e desenvolvimento em economias emergentes 298-302
e estabilidade financeira 88
e Marx 76, 78-80, 88
Grande Crash de 1929 228
levando a baixo investimento 333
pânicos bancários 78, 141
quebra do mercado imobiliário do Japão nos anos 1990 14, 145, 248, 283, 318, 327, 333

defesa 31, 32, 42, 73, 122
déficits comerciais
  déficit em balança corrente 30, 46, 56, 299
  e Ricardo 46-68
  Estados Unidos 43, 46, 57-59, 86
  importância dos 46-47, 67
  Reino Unido 13, 29, 35, 43, 46-47, 55-58, 67
déficits orçamentários 160, 165-166, 168, 173
  e austeridade 163-165
deflação 14, 81, 123, 139-141, 144-149, 274, 277, 328
  autoconcretizada 144
  espiral deflacionária da dívida 14
  Fisher e o combate à deflação 144-145, 147, 149

397

ÍNDICE REMISSIVO

Japão 143, 145-146
Deng Xiaoping 70
Depressão. *ver* Grande Depressão (anos 1930); Longa Depressão (anos 1880); recessão/depressão
desafios do desenvolvimento econômico 287-289, 295-316
África do Sul 310-312
crises financeiras/cambiais 298-301
e dependência de trajetória 294, 298, 303, 315, 351
e instituições 18, 287-289, 292-294, 303-309
e modelo de Lewis 308
e North 288-289, 293-294, 312-316
e o Consenso de Pequim 308
e o Consenso de Washington 307
Myanmar 306-309
Objetivos de Desenvolvimento Sustentável 295
redução/erradicação da pobreza 11, 83, 295-298, 312
Vietnã 303-306
descentralização 115
desemprego 14-15, 80-81, 115, 138, 152, 158, 161-162, 188, 225, 229, 233, 240, 246, 252-253, 274, 307, 311, 320, 326, 333-335
disfarçado/oculto 15, 253
e a Grande Depressão 15, 138, 158, 189, 260, 273
e crescimento econômico 333

e histerese 334
e marxismo 79-80
e Robinson 253
e robótica 249, 335
Estados Unidos 137, 158, 188, 245, 253
estagflação 162, 225
juvenil 15
taxa de desemprego no longo prazo 14-15
taxa U-6 253
desemprego juvenil 15
desequilíbrios macroeconômicos globais 86
desigualdade 13-14, 42, 50, 80, 96, 98-99, 104-107, 109-118, 209, 223, 309, 311, 347-349
China 105, 107-110, 117
crescente 105-112
e capitalismo 14, 99
econômica 98, 105-107, 109-111, 310, 347-348
e globalização 112, 347-348
e impostos 112
e Marshall 104, 113-116
e mudanças tecnológicas 348
e progresso técnico enviesado em favor das altas qualificações 111, 344
e sistemas de bem-estar social 111
Estados Unidos 105, 111, 117, 347
fatores da 111
Hayek e desigualdade mundial 223
na África do Sul 311-312

398

ÍNDICE REMISSIVO

na China 309
razões para, ao longo do último século 110-113
desigualdade econômica 14, 98-99, 105, 107, 109-111, 116, 309, 311, 347
desindustrialização 22-25, 30, 46, 58
e comércio internacional 29, 46
e globalização 57
Estados Unidos 22, 24, 57
globalização 24
prematura 24
reversão/reindustrialização 22, 31, 60, 84, 308
dívida. *ver* dívida pública
corporativa chinesa 89
corporativa privada 146
e hipótese da instabilidade financeira 146-147
em relação ao PIB 147, 163
espiral deflacionária da 14, 123
e títulos públicos 138
hipotecária 141
indexação e proteção contra a 137
dívida corporativa 109, 146
dívida nacional. *ver* dívida pública
dívida pública 48, 89-90, 145, 147, 153, 160-161, 163-164, 166, 169, 173, 257, 281, 303, 305, 350
área do euro 165
Áustria 212
China 88-89, 303

devidas a estrangeiros 301
e bancos centrais 284
e credores 301
e déficits 162
e equivalência ricardiana 173
e flexibilização quantitativa 165
e investimento 169
e reservas cambiais estrangeiras 301
Estados Unidos 147
Japão 145, 147, 328
principais economias 147, 164
Reino Unido 52, 147, 161, 163
Vietnã 304-305
Douglas, David, Lord Reston 28
Douglas, Janet 28
DuPont 193

Eastman Kodak 193
Econometrica 139, 186, 236
economia matemática 124-125
economia neoclássica 99, 113, 152-153, 235. *ver também* Fisher, Irving; Marshall, Alfred; Solow, Robert
hipótese da convergência 325
Nova Síntese Neoclássica 163
"síntese neoclássica" 153
economias. *ver* deflação; *ver* dívida pública; *ver* inflação
crescimento. *ver* crescimento econômico
crises. *ver* crises financeiras
desequilíbrios macroeconômicos globais 86

de serviços. *ver* setor de serviços
e comércio internacional 19, 29
e investimento. *ver* investimento; investimento público
emergentes. *ver* economias emergentes
equilíbrio nas 13, 36, 37, 101, 133, 162, 333, 348
e salários estagnados 10, 17, 233, 245, 247
"espíritos animais" das 216
intervenção estatal 11-12, 26, 40, 112, 217
PIB. *ver* produto interno bruto
QE. *ver* flexibilização quantitativa
recessão. *ver* recessão/depressão
reequilíbrio das 12, 24, 28-35, 66, 87
economias emergentes. *ver também* desafios ao desenvolvimento econômico
BRICs 29, 311
crises financeiras/cambiais 298-302
e globalização 344
e PIB mundial 302
hipótese da convergência 325
economias emergentes 9, 24
Economic Journal 154, 237
Economist, The 52, 67, 146, 353
educação 34-35, 40, 56, 58, 92, 104, 115, 118, 128, 156, 259, 270, 288, 294, 296, 313
papel na redução da desigualdade 105, 115
superior 31, 269
universal 40, 105
Eliot, T. S. 223
empreendedores/empreendedorismo 15, 87, 108-109, 177, 181, 183-184, 191-194, 200, 202, 205-207, 209, 242, 294
China 87, 107-110
e Schumpeter 15, 177, 180, 183-185, 190-191, 193-194, 200, 206-207
emprego 60, 117, 311
e automação 249
e concorrência imperfeita 234, 251
e gasto público 171
e progresso técnico enviesado em favor das altas qualificações 111, 344
e Robinson 234-235
exploração dos trabalhadores 255
incentivo para o trabalho 93
perdas com as importações 344
salários e níveis de 244
sistema da China pós-1949 92
trabalhadores temporários 248
empregos
trabalhadores temporários 253
empresas de consultoria 33

empresas de gestão de ativos 303
Engels, Friedrich 69, 74-75, 78-80. *ver também* Marx, Karl: Manifesto do Partido Comunista (com Engels) A situação da classe trabalhadora na Inglaterra 74 e Marx 69, 73-75, 79
equação de Fisher 132-133
equação de troca 132
equivalência ricardiana 173
Ermen & Engels 74, 80
Escola Austríaca de economia 16, 211, *ver também* Hayek, Friedrich
Escola Clássica de Economia 180. *ver também* Mill, John Stuart; Ricardo, David; Smith, Adam
Escola de Cambridge 118. *ver também* Keynes, John Maynard; Marshall, Alfred; Robinson, Joan
Escola de Chicago 17, 173, 214, 222, 265. *ver também* Friedman, Milton
Escola de Economia e Ciência Política de Londres 16, 118, 213
Escola Historicista Alemã de Economia 180, 182
Espanha 15, 165, 248, 287
especialização 12, 36, 41, 55, 64-65, 308
esquemas de indexação 137

estabilidade da moeda 53
estabilidade financeira 88, 149-150, 256, 284. *ver também* bancos centrais; política macroprudencial
hipótese de Minsky 146-147
Estado
intervenção na economia 11, 13, 22, 26, 36-37, 40, 112, 172, 267, 271
laissez-faire 13, 21, 37, 99, 162, 257, 265
regulação do governo 40, 43, 229
Estado de bem-estar social 15, 114, 116-117, 161, 172, 208-209, 211, 220, 225
socialismo versus capitalismo de bem-estar social 208
Estados Unidos
Acordo de Parceria Transatlântica de Comércio e Investimento 341
Agência Nacional de Pesquisa Econômica (NBER) 272
classe média 107, 250, 348
comércio britânico com 44
Conselho de Assessores Econômicos 112, 233, 271, 320
crescimento da mão de obra 317
déficit comercial 44, 46, 58-59, 86
desemprego 138, 158, 188, 246, 253
desigualdade 105, 110-111, 117, 347

ÍNDICE REMISSIVO

desindustrialização 22, 24, 58
e a crise financeira de 2008 9,
 14
e Hayek 219, 220, 223-225
e o padrão-ouro 135, 136,
 144-145, 275-276
Fed. *ver* Federal Reserve
fusões de empresas 190
Guerra de Independência 27
Guerra de Secessão dos Estados Unidos 79
Guerra do Vietnã 269
Guerra Fria 70, 96, 227, 351
indústria automobilística
 59-60
industrialização 22
instituições e sucesso econômico 293
laissez-faire 162
Lei Nacional de Recuperação
 Industrial 159
Leis dos Bancos (1933 e 1935)
 277
mercado habitacional 278-279, 283
na Grande Depressão 139,
 262, 272-277
New Deal 160, 188-189, 262,
 272, 277
o dólar 135, 136
Parceria Transpacífica 341
PIB 138, 250, 274, 276
política "América em primeiro
 lugar" 58, 339, 343, 350
produção industrial 23, 29,
 58, 59, 179, 344
produtividade e crescimento
 salarial 246

reequilíbrio da economia 24,
 43
reindustrialização 24, 59-60,
 62
relocalização 60, 62
salários baixos/estagnados 9,
 17, 233, 249-250, 344
sentimento de rechaço às
 grandes empresas 190
setor de serviços 23, 178, 326
sindicatos de trabalhadores
 250
taxas de juros 228
Tesouro 279, 281-282
Trumpismo 343
estagflação 162, 225
estagnação secular 19, 317, 327
estatísticas oficiais/nacionais
 25, 35
China 83
Estados Unidos 131, 272
Reino Unido 25
eugenia 127
exploração dos trabalhadores
 255
exportações 29, 299
China 201
Estados Unidos 343
Reino Unido 30, 56-58
tarifas 43
externalidades 239

fabricação de alfinetes 36
Fairfax Financial 196
Fannie Mae 228, 279, 282
Fear the Boom and Bust 213
Federal Reserve 17, 140, 160,
 188, 213, 216, 228, 259,

260, 270, 273-277, 280-282, 321. *ver também* flexibilização quantitativa (QE)
  e a crise financeira de 2008 280-282
  e a Grande Depressão 273-274, 280
  e Friedman 270-277
Fermi, Enrico 223
finanças Ponzi 146
Financial Times, The 266
Fisher, Antony 226
Fisher, Ella 123
Fisher, George Whitefield 123, 125
Fisher, Herbert 124
Fisher, Irving 10, 14, **120-151**, 236
  A teoria do juro 122
  a vida e a época de 120, 122-132, 149-151
  Booms and Depressions 139
  como conselheiro presidencial 123, 144
  e ações 120, 129-130, 138
  e a forte reação à globalização 349-350
  e a "ilusão monetária" 134, 136
  e a *Index Visible Company* 129
  e a Lei Seca 122, 127
  e a Sociedade de Econometria 121, 186
  e bancos centrais 145, 148-151
  economia matemática 124-125
  e eugenia 127
  e Minsky 146-147
  e o dólar 135-136
  e o *Index Number Institute* 130, 137
  e o *Life Extension Institute* 127
  e ouro 135, 144-145
  equação de Fisher 132-133
  e Remington Rand 129, 137
  How to Live 126
  marca na ciência econômica 132-140
  modelo de defasagens distribuídas 134
  riqueza 126, 129-132, 151
  sobre o combate à inflação 144-145, 148-149
  teoria de ciclos econômicos 138
  teoria de deflação de dívidas da depressão 14, 123, 139-143
  teoria dos ciclos econômicos 134, 136, 139-141
  teoria quantitativa da moeda 132-134, 144
  tese de doutorado 124
  The Making of Index Numbers 137
  The Nature of Capital and Income 132
  The Purchasing Power of Money 134
  The Rate of Interest 132
  The Stock Market Crash – and After 138
  Why is the Dollar Shrinking? 136
Fisher, Margaret ("Margie") Hazard 125, 162, 226, 231, 271

fisiocratas 27, 38, 91
Fitzgerald, F. Scott 107
flexibilização quantitativa (QE) 18, 145, 148, 165-166, 229, 256, 280-281, 283-284
forças do mercado/economia de mercado. *ver* concorrência; *ver* economias emergentes; *ver* oferta e procura
"Big Bang" (1986) 23
e equilíbrio econômico. *ver* equilíbrio econômico
e *laissez-faire* 21, 37, 99, 162, 257, 265
e Marx 13
Hayek e a supremacia das forças do mercado 16
laissez-faire 13
"mão invisível" 12-13, 21, 25-26, 36-37, 227, 242, 355
mercados autorregulados 37
Forster, E. M. 156
França 23, 27-28, 49, 55, 72, 74, 77-78, 105, 111, 246, 248, 326
desigualdade 105
e Trier 71
fisiocratas 27, 38, 91
Revolução Francesa 71
Freddie Mac 228, 279, 282
Friedman, David 261
Friedman, Janet 261
Friedman, Milton 17, 133, 209, 214, 217, 226, **256-286**, 350

A Monetary History of the United States, 1867–1960 (com Schwartz) 17, 217, 272, 286
A Theory of the Consumption Function 262
a vida e a época de 259-277, 285-286
Capitalismo e liberdade 224, 266-267, 270, 285
e a crise financeira de 2008 278-285
e a Grande Depressão 258-260, 272-277, 281-283, 285, 355-356
e flexibilização quantitativa 283-284
e Goldwater 269
e Keynes 272
e Nixon 270
e o Federal Reserve 270-271, 273-277
e Pinochet/Chile 265
e políticas monetárias 258
e previsão 264
e Reagan 270
e Stigler 263
e Thatcher 271
influência política 269-277
Livre para escolher 268-269, 285
Medalha John Bates Clark 264
Prêmio Nobel 258, 262, 265
Tirania do status quo 285
Two Lucky People 285
visões libertárias 266-267
Volker Lectures 267
Friedman, Rose 285

Frisch, Ragnar 186
Fuji 196
Fundo Europeu para Investimentos Estratégicos (FEIE) 168
Fundo Monetário Internacional (FMI) 116, 161
Furman, Jason 112, 233

Galbraith, John Kenneth 269
gasto do governo 11, 15, 152-153, 299. *ver também* políticas fiscais: ativismo fiscal de Keynes
déficit público 159, 174, 188
e emprego 171
e Keynes 15, 152-156, 159-161, 167, 171-174
gasto/investimento público. *ver* investimento público; gasto público
gasto público 11, 15, 32, 40, 42, 88, 149, 152-153, 160-164, 171, 277, 322, 331, 350
enxugar. *ver também* austeridade
gasto público geral. *ver* gasto do governo
investimento público. *ver* investimento público
General Electric (GE) 193
gilts 167
globalização 10, 19, 20, 24-25, 29, 41, 47, 58, 66, 68, 111, 246-247, 251, 293, 302, 338-340, 343-344, 346-356

e baixos salários 245-246
e comércio internacional 19, 338-343
e desigualdade 111, 347-348
e desindustrialização 24, 58
e economias emergentes 345
e especialização 41
e prosperidade 19, 338
forte reação à 20, 338, 348-350, 352-353
futuro da 338-56
perdedores da 20, 66, 344, 347-348, 354
Goldwater, Barry 269
Google 196, 206
Android 196, 199
Grande Depressão (anos 1930) 14, 15, 17, 81, 120, 123, 138-139, 141, 144, 147, 158-159, 185, 188-189, 213-214, 216-217, 219, 222, 225, 228, 230, 257-258, 260, 262, 272-274, 278, 280-283, 285, 350, 352, 355
como uma crise de liquidez 274, 276-277, 280-282
desemprego 158
e a economia/revolução keynesiana 158-161, 213, 272, 355
e a "Grande Contração" 274, 277
e desemprego 15, 138, 188, 260, 274
e Friedman 257-261, 273-277, 281-285, 355
e o Federal Reserve 273-277, 280

e o PIB dos Estados Unidos 274
Fisher e o risco de repetir os anos 1930 120-151
Quinta-Feira Negra 120
Terça-Feira Negra 120, 130, 274
Grécia 164-165, 287, 301, 333. *ver também* crise do euro
grupo Alibaba 205
Grupo de Bloomsbury 156
Grupo dos Sete Sábios de Schumpeter 186
Guerra da Crimeia 77
Guerra Fria 70, 96, 227, 351
Guerras Napoleônicas 55
Guillebaud, Claude 118
Guiné Equatorial 287

Haberler, Gottfried 186
Hansen, Alvin 19
Hardenberg, Karl August von 71
Harrison, George 273
Harris, Seymour 186
Hausmann, Ricardo 57
Hayek, Friedrich 16, 182, **208-232**, 263, 269-270
  A constituição da liberdade 223-226
  A desestatização do dinheiro 225
  a vida e a época de 210-227
  caminho para a fama 218-227
  Collectivist Economic Planning 218
  Direito, legislação e liberdade 225-226
  e a crise financeira global de 2008 227-230
  e a forte reação à globalização 350
  e capitalismo 209-210, 231
  e Keynes 213-217, 219, 222
  e o Instituto de Assuntos Econômicos 226
  e ordem espontânea 212
  e Schumpeter 212
  e Thatcher 226, 231
  filosofia política 218-222
  influência 231-232
  O caminho da servidão 209, 219, 221-222, 224, 226
  Os erros fatais do socialismo 226
  "paradoxo da poupança" 213
  Prêmio Nobel 225, 231
  presidência da Sociedade Mont Pèlerin 221
  Prices and Production 217
  Pure Theory of Capital 217
  teoria dos ciclos econômicos 16, 212-213, 216-217
  The Sensory Order 221
Hayek, Hella 222, 224
Hazard, Caroline 132
Hazard, Margaret. *ver* Fisher, Margaret
Hazard, Rowland 125
Hegel, Georg Wilhelm 73
Hicks, John R. 239
hiperinflação 134, 184, 211-212
hipótese da convergência 325
histerese 334
Holanda 55

Hong Kong 109, 199, 202, 287, 300, 308-309
Hoover, Herbert 123, 268, 276, 285
Huawei 200, 202-204, 206
Hume, David 26, 42, 44

Iluminismo
  escocês 26, 40
  europeu 27, 71
Império Austro-Húngaro 178, 179, 181-182, 210-211, 259
importações 36, 42, 50, 161, 301, 338, 340-341, 350
Index Number Institute (INI) 130, 137
Index Visible Company 129
Índia 29, 154-156, 237, 241, 245, 298, 302, 311, 343
individualismo 219
Indonésia 298, 300
indústria aeroespacial 31, 62
indústria automobilística 249, 344
indústria do gás natural 306
industrialização 12, 22- 23, 27, 50, 70, 74, 81, 84, 302, 308-309. *ver também* desindustrialização
  a agricultura 23
  e o movimento operário 80, 81
  na China 83, 308
  reindustrialização 59-62, 84
  Revolução Industrial 13, 21, 38, 43, 50-51, 54, 70, 74

Segunda Revolução Industrial 323
indústria manufatureira. *ver* produção industrial
indústria petrolífera 31
inflação 16-17, 49-50, 123, 133-135, 137-140, 145, 148, 161-162, 225, 228, 233, 245-246, 256, 274, 284-285, 299
  e indexação da dívida 137-138
  e poupanças 134
  e regimes dos bancos centrais 273
  e salários 246
  estagflação 162, 225
  hiperinflação 134, 184, 211
Information Technology and Innovation Foundation (EUA) 61
infraestrutura de transportes 40, 160
inovação 10-11, 15-16, 33-34, 59-61, 86, 176, 178, 183, 190-195, 197, 200-207, 209, 296, 329, 334-335
  como motor do crescimento econômico 176
  "destruição criativa" schumpeteriana e 176, 178, 185, 191-207
  e o desafio de permanecer no topo 195-200
  específica da indústria 192
  o desafio da China 201-205
instituições
  autoperpetuação das 294

Índice remissivo

desafio institucional do Vietnã 303-305
e desenvolvimento econômico 18-19, 287-289, 292-294, 303-309
e North 18, 288-289, 292-294, 300, 312-316
e progresso tecnológico 293
Myanmar 306-309
Instituto de Assuntos Econômicos (IEA) 226, 229, 271
inteligência artificial 204
interesse próprio 37-38, 312
internet 146, 202, 206, 226, 228, 243, 322
investimento
 baixo após crises financeiras 333
 bancos de 139, 149, 169, 228, 278-282
 com renda fixa 170
 crescimento por meio do 159, 167-170, 330, 334
 e baixas taxas de juros 166-170, 217, 331
 e demanda agregada na economia 171
 e impostos 330
 em capital humano 34, 330
 em infraestrutura. *ver* investimento em infraestrutura
 em P&D. *ver* investimento em pesquisa e desenvolvimento
 em relação ao PIB 326
 e produtividade 335
 estrangeiro (direto) 85-86, 307, 349

 estrangeiro no Reino Unido depois do Brexit 46
 investimento de capital 169, 216, 327
 privado 167, 169, 172, 330-331
 público. *ver* investimento público
 Robinson, sobre a acumulação de capital oriundo do 235
 "socializar os investimentos" 173
 visão de Keynes acerca dos investidores 157
investimento estrangeiro depois do Brexit
oferta de ouro 49
investimento público 15, 159-160, 167-169, 171-172, 174, 331
 e Keynes 159-160, 167-168, 172-174, 350
Irlanda 29, 165, 287
 exportações do Reino Unido para a 29
Israel 287
iTunes 199

Japão 9, 11, 14, 16, 19, 90, 123, 143-148, 193, 201, 204, 206, 229, 233, 246, 248-249, 257, 283-285, 287, 317-318, 325, 327-329, 333, 335-336
 "abenomia" 328-329
 como segunda maior economia 201

crescimento econômico 246, 325
"décadas perdidas" 327-329
dívida pública 145, 147, 329
estagnação econômica 327-328, 335
PIB 329
produção industrial 201
produtividade 246, 329
quebra do mercado imobiliário nos anos 1990 14, 143, 248, 283, 317, 327, 333
robótica 335
salários medianos estagnados 16, 233, 248-249
trabalhadores temporários 248-249
Jevons, W. Stanley 181
Jobs, Steve 196, 201
Johnson, Lyndon B. 270, 320
Jones, Homer 260
Journal of Economic Perspectives 258
Journal of Political Economy 261
Jovens Hegelianos 73
JPMorgan 282

Kahn, Richard 238-239
Kant, Immanuel 103
Keynes, John Maynard 14-15, 106, 117, **152-175**, 354
  As consequências econômicas da paz 156
  ativismo fiscal 15, 152, 159-160, 163, 171-172, 188
  A Tract on Monetary Reform 215
  A Treatise on Money 215
  a vida e a época de 153-158
  e a forte reação à globalização 350
  efeito de expulsão 167
  e Friedman 271-273
  e gasto público 152, 155, 159-161, 171-174
  e Hayek 209, 213-217, 219, 221
  e investidores 157
  e investimento público 159-160, 167-168, 172-174, 331, 350
  e Marshall 156
  e Niemeyer 155
  e o Grupo de Bloomsbury 156
  e o "paradoxo da parcimônia" 172, 213
  e os déficits orçamentários 160, 173
  e o Sistema de Bretton Woods 174
  e o Tesouro 155, 158, 160
  e Robbins 213
  e Schumpeter 188-189
  e "socializar os investimentos" 173
  gasto público 15, 153
  legado 153, 159, 174-175
  na Conferência de Paz de Paris 156
  políticas contracíclicas 173
  Prices and Production 215
  revolução keynesiana 158-163
  riqueza 157
  Robinson e Keynes/economia keynesiana 234-235, 238-241

sobre a depressão/recessão 140, 215, 272
sobre o papel do governo na economia 171-174
Teoria geral do emprego, do juro e da moeda 122, 140, 155, 159, 174, 188, 217, 235, 239-240
Keynes, John Neville 14-16, 100, 106, 117-118, 122, 136, 140, 152-163, 167-168, 170-175, 188, 213-217, 219, 222, 235-236, 238-240, 242, 254, 271-272, 329, 331, 335, 348, 350-352, 355
Khrushchev, Nikita 92-93
Knight, Frank 260-261, 263
Kodak 193, 196, 198
Krugman, Paul 64, 106, 111, 217
Krupp 178
Kuznets, Simon 262

Laboratório Nacional Oak Ridge 59-60
laissez-faire 13, 21, 37, 99, 101, 152, 162, 257, 265
Lassalle, Ferdinand 103
Lehman Brothers 149, 228, 282
Lei Bancária de Peel 55
Lei Glass-Steagall 277-278
Lei Gramm-Leach-Bliley 278
Leis de Navegação 54
Leis do Trigo 47, 49, 51, 54-55, 67-68, 101, 349, 355
  e revogação 55
  e Ricardo 48-50, 54-55, 355
  revogação 66-67, 101
Lei Seca 122, 127
Lenin, Vladimir 81-82
Leontief, Wassily 186, 319-320
Leste Europeu 10, 246-247
Lewis, Arthur 308
Lewis, Barbara ("Bobby") 319
liberdade econômica 41, 181, 269
libra esterlina 29-30, 35, 275, 299
Life Extension Institute 127
Liga das Nações 122
Liga dos Comunistas 75-76
Linda for Congress, documentário da BBC 345
livre-comércio 12, 19, 41-42, 51, 55, 65, 67, 101, 338, 340-343, 349
  acordos bilaterais e regionais 20, 340-343
  de cereais 55
  e a teoria da vantagem comparativa 12, 62-66, 355
  e concorrência. *ver* concorrência
livre mercado 16-17, 39, 182, 209, 211, 222, 226, 230-231, 257, 265, 267, 270, 272. *ver também* capitalismo; *ver* concorrência; *ver também* livre-comércio
Londres 16, 19, 27, 33, 48-49, 51, 72, 76-78, 81, 96, 99, 118, 156, 182, 208, 213-214, 222, 226, 330, 370, 372

Longa Depressão (anos 1880)
  81, 101, 158
Lopokova, Lydia 156, 174
LSE. *ver* Escola de Economia
  e Ciência Política de
  Londres
Lucas, Jr, Robert 298
Luís XIV 37

Ma, Jack (Ma Yun) 108
Malásia 300
Malthus, Thomas 49, 79, 91
Manchester 74, 78, 101
Mandela, Nelson 311
Mao Tsé-Tung 82, 91-92
"marcha dos produtores" 22, 29
marginalismo 180, 182
Marshall, Alfred 13-14, **98-119**,
    154, 182
  análise da utilidade marginal
    101
  a vida e a época de 99-104
  e a Escola de Cambridge 118
  e a forte reação à globalização
    349
  Economics of Industry 100, 102
  e descentralização 115
  e desigualdade 104, 113-117
  e Keynes 156
  e *laissez-faire* 13, 99
  e Marx 103
  e o papel da educação na
    redução da desigualdade
    104, 115
  e pobreza 104, 115
  e teoria da utilidade 104
  legado 117-119
  Princípios de economia 47, 49,
    100, 102, 114, 133
  sobre abordagem à economia
    119
Marshall, Mary Paley 13-14, 98-
    104, 113-118, 154, 156,
    182, 235, 347, 349, 374
Marx, Heinrich 71-72
Marx, Henriette Pressburg 72
marxismo 79, 82, 92, 96, 176,
    189, 211-212. *ver tam-
    bém* Marx, Karl
  e a Escola Austríaca 211
  e desemprego 79-80
  URSS. *ver* União Soviética
Marx, Jenny von Westphalen 72
Marx, Karl 13, **69-97**
  a vida e a época de 70-79, 97
  *Contribuição à crítica da econo-
    mia política* 79
  e a forte reação à globalização
    349
  e agricultura 91-92
  e capitalismo 76, 80, 96, 180,
    189, 349
  e China 70, 82-83, 91-96
  e classe 69, 74, 80, 91, 349
  e classes 75
  e Engels 69, 74-75, 79
  e Marshall 104
  e os Jovens Hegelianos 73
  e Ricardo 79, 91
  e Rússia 69, 70, 79, 82
  e taxa de lucro 94
  jornalismo 73, 76-78
  *Manifesto do Partido Comunis-
    ta* (com Engels) 69, 75,
    91, 93
  *O 18 de brumário de Luís Bo-
    naparte* 77

O capital 69, 79, 81, 84, 91, 93, 176, 318
  sobre os trabalhadores do setor de serviços 95
  teoria da mais-valia 80
  teorias comunistas 69, 80-82
  tese de doutorado 73
Marx, Laura 79
Mason, Edward 186
Maurício 287
May, Theresa 98
Meade, James 238
Menger, Carl 181, 211-212
mercado habitacional 32, 228, 278, 283
Merkel, Angela 329
México 299
Mill, James 49, 79
Mill, John Stuart 26, 49, 69, 79, 95, 103, 104, 114, 180, 267
  A liberdade 267
  Princípios de economia política 47
Minsky, Hyman 10, 146-147
Mises, Ludwig von 182, 212, 218, 270
Mitchell, Wesley 262, 272
modelo de defasagens distribuídas 134
monetarismo 133, 265. *ver também* Friedman, Milton
monopólios
  e Marx 76, 92
  e Robinson 238, 243, 244, 253-254
  e Schumpeter 190-191
  e Smith 39-42
  e Sraffa 237
  naturais 116
  monopsônio 242-243, 252
Morgenthau, Henry 262
movimento Occupy 16, 208
Myanmar 303, 306-309
Myrdal, Gunnar 225

Napoleão I 77
Napoleão III 77
neoclassicistas 162. *ver também* Lucas, Jr, Robert
Newcomb, Simon 133
New Deal 160, 188-189, 262, 272, 277
New Rhineland News (Colônia) 76
New Rhineland News: Review of Political Economy (Londres) 77
Newsweek 266, 269-270
New York Herald 130
New York Times 98, 220, 265, 343
New York Tribune 78
Niemeyer, Sir Otto 155
Nissan 59, 61
Nixon, Richard 268, 270, 320
Nokia 195-198
Nordhaus, William 353
North, Douglass 18, **287-316**
  a vida e a época de 289-294
  e a forte reação à globalização 351
  e instituições 18, 289, 292-294, 300, 313-315
  e os desafios ao desenvolvimento 289, 312-316

e Smith 292
Instituições, mudança institucional e desenvolvimento econômico 291-292
Prêmio Nobel 289, 291
teoria da dependência de trajetória 294, 298, 303, 311, 315, 351
tese de doutorado 291
The Economic Growth of the United States from 1790 to 1860 291
North, Elizabeth Case 290
Northern Rock 278
Nova Economia Institucional 289. *ver também* North, Douglass
Nova Síntese Neoclássica 162-163
nova teoria do comércio internacional 64
novos keynesianos 162. *ver também* Stiglitz, Joseph

Obama, Barack 22, 112, 233, 339, 341, 346
Objetivos de Desenvolvimento Sustentável 296
oferta e procura 166. *ver também* forças do mercado/ economia de mercado: "mão invisível"
ofícios 50
ordem espontânea 212
Organização das Nações Unidas (ONU) 295, 316
Organização Internacional do Trabalho (OIT) 246

Organização Mundial do Comércio (OMC) 19, 31, 57, 67, 85, 304, 338, 342
Organização para a Cooperação e Desenvolvimento Econômico (OCDE) 14, 325
Osborne, George 22
ouro 49, 135
e o dólar 135-136, 144-145, 275, 276
padrão-ouro 135-136, 144-145, 275-277
Overseas Development Institute (ODI) 297

Paine, Thomas 71
Paley, Mary 99, 117
parcerias público-privadas 169
Parceria Transpacífica (TPP) 341
Partido Bolchevique 81
pequenas e médias empresas (PMEs) 168
Philips 198
Philips, Lion 72
Pigou, Arthur Cecil 115, 118, 239
Piketty, Thomas 14, 98, 105, 111-112
Pinochet, Augusto 265
Plano Juncker 168
pobreza
auxílio à 297
e desenvolvimento. *ver* desafios ao desenvolvimento econômico
e Marshall 104, 115
e Marx 80
e renda mediana 110-111

friccional 297
na África do Sul 310-312
pessoas tiradas da 108
redução/erradicação da 11, 83, 108, 294-298, 312, 316
política macroprudencial 256, 284. *ver também* bancos centrais; estabilidade financeira
políticas fiscais 17, 112, 116, 144-145, 149, 152, 161, 163, 171-172, 213, 354. *ver* austeridade; *ver* gasto público; *ver* redistribuição
ativismo fiscal de Keynes 16, 188
e dívida pública 144
políticas mercantilistas 36-37, 41. *ver também* Leis do Trigo
políticas monetárias 16-18, 145, 147-149, 165, 171, 213, 216, 229-230, 256-258, 270, 272-275, 283-285. *ver também* bancos centrais
e Friedman 257-258
ferramentas. *ver também* flexibilização quantitativa (QE)
populismo 339
Porto Rico 287
Portugal 63-65, 165, 287
poupança 85, 115, 140, 172, 193, 213, 267, 272
e inflação 134
e Keynes 156, 160-161, 172

e o "paradoxo da parcimônia" 172, 213
para investimento de capital 216-217
prata 36, 53, 75, 132
produção industrial 22-25, 29-31, 33, 35, 43, 59-62, 80, 88, 249, 276, 313, 344-345, 348, 354. *ver também* industrialização
alemã 23, 185
automação na 249
China 88
contribuição para o PIB no Reino Unido 30, 61
de alta tecnologia 22, 31, 61-62
e desindustrialização 23-24
e estatísticas nacionais 25
e industrialização 23
e Smith 27
Estados Unidos 22-23, 29, 58, 179, 344
fabricação aditiva (impressão 3D) 60
frear o processo de desindustrialização 22
Japão 201
"manu-services" 34, 57
"Marcha dos Produtores" 22, 29
padrões de comércio internacional alterados pela indústria avançada 61-62
produtos manufaturados em massa 38
relocalização 59-62

ÍNDICE REMISSIVO

produtividade
  aumento 16, 33, 177, 318, 326, 328, 336
  baixa 94, 332
  baixo crescimento econômico e da produtividade e o futuro 317-337
  e agricultura 297, 308
  e Alemanha 246
  e comércio internacional 53
  e computadores 322
  e crescimento econômico 15, 317-318, 325-326
  e educação 294
  e empregos 253
  e especialização 36
  e estagnação secular 19, 317, 327
  e Hayek 224
  e indústria/revolução industrial 38, 302
  e inovação 16, 33, 177
  e investimento 335
  e Marshall 102
  e precificação 37
  e realocação dos fatores 84
  e salários 242, 245, 251, 326, 328, 332
  e Schumpeter 186
  e tecnologia 59, 322
  e terra 52
  incentivos 128
  Japão 327-328
  mão de obra. *ver* produtividade da mão de obra
  mudando para setores mais produtivos 23, 253
  "negligência benigna" da 330
  no Reino Unido, enigma da 34, 326, 332
  produtividade total dos fatores 318, 322
  produtividade da mão de obra 62, 245, 318, 332
  e incentivo para o trabalho 94
  produtividade total dos fatores (PTF) 318, 322
produto interno bruto (PIB) 19, 23-24, 30, 34, 56-57, 61, 67, 83, 85, 89, 107, 133, 138, 143, 147-148, 160, 163-164, 167-168, 216, 250, 274, 276, 287, 302, 305, 318, 320, 326, 328, 331-332, 341
  comércio internacional em relação ao 83
  declínio dos Estados Unidos com a Grande Depressão 137, 274
  dívida em relação ao 147, 163
  dos Estados Unidos em 2015 250
  e gasto público 326
  Japão 328
  mundial 67, 301-302
  mundial, economias emergentes e 301
  per capita 107, 287
progresso técnico enviesado em favor das altas qualificações 111, 344
proprietários de terras 50-51, 54, 91, 210

415

ÍNDICE REMISSIVO

protecionismo 41, 352
  agrícola 50. *ver também* Leis
    do Trigo
  Leis de Navegação 54

Rand, Ayn 269
RAND Corporation 320
Reagan, Ronald 162, 166, 201,
  257, 268, 270-272
realocação dos fatores 84
recessão/depressão 12, 14-18,
  24, 31-33, 61-62, 78, 81,
  89, 101, 105, 120, 123,
  138-139, 141, 143-144,
  146-147, 157-160, 162,
  164, 167, 169, 171, 185,
  188, 189, 213-214, 216-
  217, 219, 222, 225, 228-
  230, 233, 247-248, 250,
  257-260, 262, 272-274,
  278, 280-283, 285, 299,
  304, 307, 319, 326, 328,
  333, 344-345, 350, 352,
  355. *ver* Grande Depressão (anos 1930)
  e Keynes 140, 158-161, 213,
    216, 272, 355
Grande Recessão (2009) 9,
  14-16, 18, 61, 89, 98, 105,
  146-147, 163-165, 170,
  214, 245-247, 253, 344, 356
Grécia 164
Hayek sobre 216
Longa Depressão (anos 1880)
  81, 101, 158
no Reino Unido nos anos 1970
  161
segunda recessão (1937-1938:
  recessão na Depressão) 14

"teoria da ressaca" 217
teoria de deflação de dívidas
  da depressão 14, 122,
  139-143
redes sociais 87, 197, 314
redistribuição 13, 112, 114, 116,
  172, 288, 309, 348-349
regulação do governo 39, 43
Reich, Robert 112
reindustrialização 22, 31, 60,
  84, 308
Reino Unido. *ver* déficits orça-
    mentários
  administração pública 32
  baixo crescimento da produti-
    vidade 318
  baixos salários 16, 233, 245-
    246
  classificação de crédito 164
  comércio com os Estados
    Unidos 43
  comércio internacional em
    relação ao PIB 83
  Comissão Nacional de Infraes-
    trutura 168, 330
  como maior comerciante
    mundial 50
  como "oficina do mundo" 55
  crescimento da mão de obra
    317
  déficit comercial 13, 29, 35,
    46, 56-58, 67
  déficit na balança corrente 30,
    46, 57
  desemprego 158, 246
  desigualdade 347
  desindustrialização 22-24, 58
  dificuldades do setor bancário
    32

ÍNDICE REMISSIVO

dívida pública 52, 147, 160, 163
e a crise financeira de 2008 9, 14, 22
e a Grande Depressão 160
enigma da produtividade 34, 326, 332
e o padrão-ouro 275
Estado de bem-estar 172
Estado de bem-estar social 15, 161
exportação de serviços 30, 56-57
exportações (gerais) 21-45, 62
foco renovado do governo no crescimento 330-332
indústria aeroespacial 31
indústria de petróleo e gás natural 31
indústria de telecomunicações 32
industrialização/Revolução Industrial 21-22, 38, 43, 50-51, 54, 74
indústrias de tecnologia da informação 32
investimento em relação ao PIB 326
investimento estrangeiro depois do Brexit 46
PIB 30, 34, 57, 83, 163
produção industrial 23, 29, 41, 50, 61, 66
produtividade e crescimento salarial 325-327
Quarta-Feira Negra 299
reequilíbrio da economia 24, 29-44, 66
referendo da União Europeia 9, 164, 166-167, 338, 351
reindustrialização 22-24
saída da libra esterlina do MTC 29, 299
salários e produtividade 246, 325
setor de serviços 22-23, 29-35, 56-58, 66, 178, 326
socorro do FMI (1976) 161, 163
Tesouro 155, 158, 160
Reisinger, Anna Josefina 184
Relatório Beveridge 161
Remington Rand 129, 137
"renda econômica" 52, 242
renda econômica 52, 242
renda mediana 110, 250
rendimentos decrescentes sobre o capital 318, 324
rent-seeking 53
Research in Motion (RIM) 195
Rhineland News 73, 76-77
Ricardo, David 10, **46-68**, 95, 97, 173
a vida e a época de 47-53
como negociador de contratos 48
como proprietário de terras 48
e a forte reação à globalização 349
e as Leis do Trigo 49, 54-55, 355
e classe 51, 55
e Marx 79, 91
Ensaio sobre a influência de um baixo preço do cereal sobre os lucros do capital 49
e Schumpeter 52

e Smith 53, 66
Princípios de economia política e tributação 47, 49
riqueza 48, 51
teoria da vantagem comparativa 13, 62-66
teoria do comércio internacional 51-54, 355
The High Price of Bullion 49
Ricardo, Priscilla 49
Robbins, Lionel 213-215, 222
Robinson, Austin 237
Robinson, James 289, 315
Robinson, Joan 16, 65, 214, **233-255**
a vida e a época de 242, 254-255
e a AEA 239-240
e a forte reação à globalização 349
e comunismo 236
e concorrência imperfeita 235-236, 238, 242-244, 251
Economic Philosophy 241
e desemprego 253
e economia keynesiana 235, 238, 240-241
e Keynes 238-239
e monopólios 238, 243, 254
e Schumpeter 240
Essays in the Theory of Employment 235, 240
Introduction to the Theory of Employment 235, 239
teoria da determinação de salários 251-254
teoria do monopsônio 243
The Accumulation of Capital 235, 241

The Economics of Imperfect Competition 234, 238-240
robótica 62, 335, 354
Rodrik, Dani 24, 202
Rolls-Royce 31, 34, 108
Roosevelt, Franklin D. 123, 144, 159, 262, 272, 276
New Deal 160, 188-189, 262, 272, 277
Rússia 29, 69-70, 79, 81-82, 91, 261, 300, 302, 305, 311, 346
e Marx 69-70, 78, 81
Revolução de 1905 e Lenin 81

salários 50
controles de Nixon 270
e comércio internacional 354
e competitivade 247
e concorrência imperfeita 234, 237, 242, 244, 251
e globalização 246
e inflação 246
e níveis de emprego 244
e produtividade 242, 245, 251, 326-327, 332
estagnados 9, 16, 233, 245-246, 249, 251, 344, 353
e tecnologia/automação 250
medianos 17, 111, 344, 354
mínimos 267
negociações/poder de barganha 248, 252-253
problemas com os baixos salários 17, 233, 245-250
teoria de determinação de salários de Robinson 251-255

salários e níveis de
  e concorrência imperfeita 244
Samsung 197-200, 204
Samuelson, Paul 10, 20, 63, 124,
  153, 179, 186, 235, 321,
  351-354, 364
  e a forte reação à globalização
  352-354
  Economia 353
  Prêmio Nobel 353
  teorema da equalização do
  preço dos fatores 354
Say, Jean-Baptiste 79
Schmoller, Gustav von 180
Schumpeter, Anna Reisinger
  184-185
Schumpeter, Gladys Seaver 182-
  183, 185
Schumpeter, Joseph 15, **176-
  207**
  "A crise do Estado fiscal" 183
  a vida e a obra de 177-189,
  207
  Business Cycles 183, 187-188
  Capitalismo, socialismo e democracia 176, 183, 187, 189
  como banqueiro/investidor
  183
  "destruição criativa", inovação
  e 176-178, 185, 191-207
  e a forte reação à globalização
  350
  e a Sociedade de Econometria
  186
  e capitalismo 176-178, 189-
  194
  e concorrência perfeita 190,
  234
  economia 189-194
  e empreendedores 15, 177,
  181, 183-184, 190, 193-
  194, 200, 205
  e Hayek 212
  e Keynes 188
  e Ricardo 52
  e Robinson 254
  História da análise econômica
  188, 207
  legado 205
  riqueza 177, 184
  sobre Fisher 121
  *Teoria do desenvolvimento
  econômico* 183
  *The Nature and Content of
  Theoretical Economics*
  182
Schumpeter, Romaine Elizabeth
  Boody 187
Schwartz, Anna Jacobson 17,
  217, 272, 286
Schwarzenegger, Arnold 258
Seaver, Gladys Ricar-
  de. *ver* Schumpeter,
  Gladys
Serviço Nacional de Saúde (Reino Unido) 243
serviços financeiros. *ver
  também* bancos/sistema
  bancário
serviços sociais 88, 183
setor de serviços 11-12, 22-25,
  27, 29-35, 43, 57, 66-67,
  88, 95, 178, 206, 250,
  326, 341, 351. *ver* setor
  financeiro
  Acordo sobre o Comércio de
  Serviços (TiSA) 58, 341
  afastar-se do 23

ÍNDICE REMISSIVO

China 23, 87-88
comércio global de serviços 30
e desindustrialização 24
e estatísticas nacionais 25
e Marx 96
e Smith 25, 38
Estados Unidos 23, 178, 326
investimento em capital humano 35
invisibilidade do 57
liberalização do 57, 67
"manu-services" 34, 57
medidas de produção 34
produtividade e inovação 33
Reino Unido 22-24, 29, 30-31, 33-34, 57-58, 66, 178, 326
Shiller, Robert 137, 278
sindicatos de trabalhadores 80, 243
Singapura 109, 193, 287, 308-309, 313, 342
Síntese Neoclássica 153. *ver também* Samuelson, Paul
sistema bancário paralelo 89-90
Sistema de Bretton Woods 174
Skidelsky, Robert 154
smartphones/telefones móveis 195-200, 202, 204
Smith, Adam 11-12, **21-45**, 84, 97
A riqueza das nações 12, 26-28, 38, 41-42, 44, 48, 53, 102, 224
a vida e a época de 25-28
como comissário da alfândega para a Escócia 28
e a forte reação à globalização 349
e economia *laissez-faire* 21, 37
e fisiocracia 27, 38
e intervenção estatal 12, 22, 26, 37, 40
e Marx 79
e North 292
e o reequilíbrio da economia 36-44
e o setor de serviços 25, 39
e produção industrial 27
e Ricardo 53, 66
legado 25
liberdade econômica 269
sobre a "mão invisível" das forças do mercado 12, 21, 36
sobre a taxa de lucro 94
Teoria dos sentimentos morais 27
socialismo
comunista. *ver* comunismo versus capitalismo de bem--estar social 208-209
Sociedade de Econometria 121, 186, 236, 321
Sociedade Mont Pèlerin 221
sociedades por ações 25
Solow, Barbara ("Bobby") Lewis 319
Solow, Robert 18, **317-337**
a vida e a época de 319-321, 337
com o Conselho de Assessores Econômicos 320
e a forte reação à globalização 351
e economia keynesiana 320
e progresso tecnológico 318, 323-324, 334

"How Economic Ideas Turn to
    Mush" 336
Medalha John Bates Clark 321
Medalha Presidencial da Liberdade 321
modelo de crescimento econômico 318, 321-325, 332-336
Prêmio Nobel 337
progresso tecnológico 322
tese de doutorado 320
Sony 193, 197-198
Sorrell, Sir Martin 34
Sraffa, Piero 237-239
Stanley Black & Decker 59
STEM (ciência, tecnologia, engenharia e matemática), trabalhadores 59, 62
Stigler, George 263
Stiglitz, Joseph 14, 98, 106, 162
Strachey, Lytton 156
Strahan, William 42
Strong, Benjamin 273
Sturzenegger, Federico 57
Summers, Lawrence 19, 232, 317, 327
swaps de incumprimento de crédito (CDS) 279

Tailândia 300
Taiwan 193, 287, 301, 308-309
Tanzânia 297
tarifas aduaneiras 31, 67, 340, 351
taxa de lucro 94, 95
taxas de câmbio. *ver também* ouro: padrão-ouro fixas 268
mecanismo europeu de taxas de câmbio 299
mecanismo europeu de taxas de câmbio (MTC) 29
taxas de juros 18, 39, 105, 142, 148, 160, 166-168, 170-171, 173, 216-217, 228, 230, 256-257, 270, 272, 274-275, 277, 280-281, 283-285, 299-300, 327, 331
e ações 105, 170
e a crise financeira de 2008 280-281
e a Grande Depressão 228, 272-273
investimento e baixas taxas de juros 166-170, 217, 331
negativas 257, 284
Taylor, John 229-230
Taylor, Overton H. 186
tecidos 63-64
tecnologia
desigualdade e mudanças tecnológicas 347
e desemprego 62, 250
e o modelo de crescimento econômico de Solow 318, 322, 334-335
e salários 249
instituições e progresso tecnológico 293
novas tecnologias e crescimento econômico 176-177, 322-324, 334-335
robótica 59-60, 62, 249, 322, 335, 344, 354
TIC. *ver* tecnologias de informação e comunicação

tecnologias de informação e comunicação (TIC) 24. *ver também* smartphones/ telefones móveis
smartphones e melhoras na tecnologia 198-199
Tennessee 59-61
teorema da equalização do preço dos fatores 353
teoria da dependência de trajetória 298. *ver também* North, Douglass
teoria das expectativas racionais 163
teoria da utilidade 104
teoria da vantagem comparativa 12, 47, 49, 62, 64
teoria dos ciclos econômicos
   Fisher 133, 137, 139-141
   Hayek 16, 212-214, 216-217
   Schumpeter 183, 187
teoria quantitativa da moeda 132-133, 135, 144. *ver também* Friedman, Milton; monetarismo; equação de troca
teorias do crescimento endógeno 323
Term Auction Facility (TAF) 280
Thackeray, William Makepeace 176
Thatcher, Margaret 23, 162, 174, 226, 231, 257, 271-272
tigres asiáticos 309. *ver também* Hong Kong; Singapura; Coreia do Sul; Taiwan
títulos lastreados em hipotecas (MBS) 279

títulos públicos 48, 138, 166-168, 173. *ver também* gilts
Townshend, Charles 27
Toyota 201
trabalhadores temporários 248-249
Tratado de Maastricht 163
Tratados de livre-comércio (TLCs) 340
tributação
   antes da Grande Depressão 230
   devolução dos poderes de 330
   e austeridade 15
   e desigualdade 112, 348
   e investimento 330, 335
   e Marshall 113-114, 116
   e Reagan 270-271
   fixa 268
   imposto de renda negativo 268
   imposto pigouviano 239
   Japão 327
   para a dívida pública 173
   para quitar a dívida pública 52
   progressiva 114
   redistribuição por meio de 113-114
   Schumpeter, sobre 184
   Smith, sobre 21, 37
Trier, Alemanha 70-72
Trump, Donald 22, 58, 338-339, 341, 343, 345-346, 349-350
Trumpismo 343
Turquia 300

Ulyanov, Vladimir Ilich (Lenin) 81

União Europeia 9, 23, 46, 89, 163-166, 168-170, 173, 247, 257, 329, 331-332, 338-343, 351
Acordo de Parceria Transatlântica de Comércio e Investimento 341
austeridade 169
crescimento por meio do investimento 330
mercado único 340
Plano Juncker 168
referendo sobre saída do Reino Unido 9, 164, 257, 338
setor de serviços 23
União dos Mercados de Capitais 332
União Soviética 13, 70, 81-82, 91-92, 93, 95-96, 209, 227-228, 302, 304, 307, 313. *ver também* Rússia
colapso da 13, 209, 227, 313
e China 82, 92-93
Guerra Fria 70, 96
Universidade de Cambridge 99, 154, 236-237, 239, 241
e mulheres 237
Girton College 237
King's College 154
Newnham College 99, 237
St. John's College 99
Universidade de Columbia 261-263, 320
Universidade de Oxford 16, 26, 100, 155
Balliol College 26, 100
URSS. *ver* União Soviética

Vereinigte Stahlwerke 185

Versalhes, Tratado de 214
vestuário 38, 179
Viena 179, 182-184, 186-187, 210-212, 222
Instituto Austríaco para Pesquisa dos Ciclos Econômicos 212
quebra da bolsa de valores 184
Universidade de 179, 182-183, 210-212
Vietnã 94, 269, 303-306, 309, 346
desafio institucional 303-305
Partido Comunista 303
Viner, Jacob 260-261, 263-264
vinho 63

walkman 197
Wallis, Allen 262-263, 269
Wall Street Journal 266, 285, 337
Walras, Leon 181
Wang Jianlin 108-109
Wang Sicong 109
Weber, Max 180
Westphalen, Ferdinando von 72
Westphalen, Jenny von (Jenny Marx) 72
Westphalen, Johann Ludwig von 72
Whitbeck, John 345
Wiko 198
Wilson, James 67
Wilson, Woodrow 136
Wolff, Wilhelm 78
Woolf, Virginia 156
WPP 34

Yellen, Janet 147

lepmeditores

www.lpm.com.br
o site que conta tudo

Impresso na Gráfica BMF
2021